本成果受到中国人民大学
"统筹支持一流大学和一流学科建设"经费的支持

冷成金 著

論語的精神

中国人民大学古代文学与文献学研究丛书

上海古籍出版社

图书在版编目（CIP）数据

《论语》的精神／冷成金著. —上海：上海古籍
出版社，2016.11（2023.4 重印）
（中国人民大学古代文学与文献学研究丛书）
ISBN 978－7－5325－8292－1

Ⅰ.①论⋯　Ⅱ.①冷⋯　Ⅲ.①儒家②《论语》－研究
Ⅳ.①B222.25

中国版本图书馆 CIP 数据核字（2016）第 264300 号

中国人民大学古代文学与文献学研究丛书

《论语》的精神

冷成金　著

上海古籍出版社出版发行

（上海市闵行区号景路 159 弄 1－5 号 A 座 5F　邮政编码 201101）

（1）网址：www.guji.com.cn

（2）E-mail：guji1@guji.com.cn

（3）易文网网址：www.ewen.co

上海新艺印刷有限公司印刷

开本 635×965　1/16　印张 33.5　插页 2　字数 497,000

2016 年 11 月第 1 版　2023 年 4 月第 2 次印刷

ISBN 978－7－5325－8292－1

Ⅰ·3122　定价：188.00 元

如有质量问题，请与承印公司联系

绪论　人的内在亲证与价值建构

　　《论语》中蕴含着完备的价值建构思想系统,但这需要我们透过《论语》的"日常化"语言来进行开凿整理才能发现。这一过程复杂而曲折,即使经过两千多年的阐释,我们对于其中的某些最深层的含义,也可能仍然处于"百姓日用而不知"的状态,孔子的内在亲证的价值建构思想就是其中之一。

　　"子曰:'人能弘道,非道弘人。'"(《卫灵公》)在人和道的关系上,这是一个具有根本意义的性质命题,对中国哲学以及思想文化产生了根本性影响。在这里,人是由人类历史实践决定着的人,即历史合理性的体现者,道就是历史合理性的稳定乃至固化形态,道所体现的历史合理性最终要由人的内在亲证所激发的人的主观能动性来发动。

　　孔门仁学中的内在亲证是指不依赖于外在事物的人的内在亲切的感知性证明,它与人的具体物质性欲求无关,只是人要"活着"的根本性普遍性的感觉、愿望与冲动。人要"活着"不仅是人的动物性的生本能,同时也是人的社会性行为;人的生本能是人要"活着"的生物性基础,人的社会性则决定了人要"活着"的取向。

　　那么,人就一定会成为"仁人"吗?"子曰:'吾未见好德如好色者也。'"(《子罕》)在孔子看来,人性由人的动物性和社会性组成。动物性是基础,其本质特征是生本能,即要活着,其取向是物欲;社会性是对人的动物性的规范和提升,其取向是奉献。"好色"是人的动物性,"好德"是人的社会性;"好色"是人的动物性反应,"好德"是人的道德提升;"好色"自然产生,"好德"要克制物欲和私欲,艰苦修炼。虽然人生来未必愿意"好德",却必须"好德",因为不"好德"人类就不能产生、存在与发展;在人的动物性的生本能的基础上,人的高智商和高情商决定了人必然"痛苦"地选择"好德"。至于人乐于"好德",那是人的社会性发展得较为充分以及人格境界审美化的结果。所以,人未必愿意成为"仁人",却必须也必然成为"仁人"。

成为"仁人"的根据是人要"活着"。从根本上讲,人与动物的区别也仅仅在于人能够以自己的高智商和高情商来使自己更好、更长久地"活着",而要想实现这一目的,就必然要首先做出奉献,使别人更好、更长久地"活着"。这样,"我为人人,人人为我"的具有历史合理性的社会规则才得以建立。这一规则从正向讲是"己欲立而立人,己欲达而达人"(《雍也》),从反向讲是"己所不欲,勿施于人"(《颜渊》)。

为什么人能弘道?因为人必然会对要"活着"的内在亲证负责,而绝不会相反;有限的个人、集团会做出反人类的行为,但人类总体绝不会这样。因此,人要"活着"决定了人类总体原则(即为人类总体的存在与发展负责的原则)的价值建构指向。人根据人类总体意识来"弘道",就必定会在不同的历史情景中不断选择出具有正面价值的思想观念向"道"积淀,"道"就得到弘扬与发展,并总是处于开放状态中而不会僵化,总是与鲜活的现实相联系而不会变成先验或超验的东西。如果是"道弘人",把"道"放在第一位,那么,"道"就容易指向先验或超验,就容易变得禁锢和僵化,最终,"道"不仅不能"弘人",反而极易变成束缚人的桎梏。

人要"活着"、人想"活"得更好是绝于一切外待的唯一可靠的内在亲证,除此以外的其他证明都是不可靠的。人要"活着"的内在亲证是人的价值建构的逻辑起点。这个逻辑起点不是观念或概念,而是人的真切的感觉。

人要"活着"的内在亲证在价值建构中的表现形式是人的自证。人的自证与中国文化中人的"自足性"紧密相关。人的"自足性",是指人自身的价值完全依靠自己建立,不依赖任何外在因素,这在《论语》中有充分的论述。孔门仁学不奉鬼神,"王孙贾问曰:'与其媚于奥,宁媚于灶也',何谓也?子曰:'不然。获罪于天,无所祷也。'"(《八佾》)"子曰:'朝闻道,夕死可矣。'"(《里仁》)人生的所有价值都在于现实道德是否完满,鬼神是否"赦免"人的罪过对于人的道德的圆满毫无意义,因此,人和鬼神没有任何关系,鬼神有无的问题就是假问题;人生的全部意义在于"闻道","闻道"可以建立价值,超越生死。对鬼神无待，对他人同样无待。"子曰：'不怨天，不尤人，下学而上达，知我者其天乎！'"（《宪问》）剪除外在因素，通过"下学而上达"的进德方式，一切靠自我确认与确立，由现实到超越，最终达到与"天"同在的人格境界。

人既然绝待于鬼神和他人，不能通过天、人获得价值，就只能通过自己来证明自己，而证明自己绝非随心所欲，而是有着明确且唯一的判断标准，这个标准就是人类总体意识。这种以人要"活着"为永恒不竭的动力源泉，以人类总体意识为根本依据的人的自我证明的价值建构形式，就是人的自证。"子曰：'仁远乎哉？我欲仁，斯仁至矣。'"（《述而》）就是人的自证宣言。

关于"仁"是什么，历来争论极大。如牟宗三先生认为"良知是呈现"，"良知"是一个创生的实体，该实体既是"理"又是"心"，"理"不具有"活动性"，"心"具有"活动性"，"心"创生"良知"，使"良知"具有了"活动性"，故能滋道德，生善行。但牟宗三先生并未说明这一具有普遍必然性的"理"从哪里来，也没有说明"心"为什么有创生性，而是将"良知"作为本体甚至根本性的实体，其仍是受康德"倒逼"思路的影响，与原始儒家的思想相去甚远。

在原始儒家看来，"良知"、"仁"都是"现象"，其本体是历史实践，"仁"也罢，"良知"也好，都是一种审美性的心理结构，是历史性合理因素在人心中的审美性生成。这个审美生成的内在动力是人要"活着"的内在亲证，生成的依据是人类总体意识，生成的形式是人的自证。（参看正文7.29"讲记"）

孔门仁学以人要"活着"的内在亲证为永恒的"创生"动力，在人要"活着"意识的观照下对历史实践进行能动选择，在历史实践与人的相互创造中，人仍然是主动性因素。人要"活着"的内在亲证摒弃了理性的局限，却并不排斥外在实践，而是涵容外在实践，并进一步将外在实践化为内在亲证，形成审美化的人格境界；这样就打通了由理性产生的"天（历史总体、外在实践）、人（道德境界、内在亲证）"之隔，将被理性分离开的本体界（实践的无限性）与现象界（感知的有限性）贯通起来，实现了所谓的天人不二、彼岸与此岸的统一。

"仁"是以人的内在亲证为动力，以人类总体意识为依据，以人的自证为形式的审美生成。为了人类总体的存在与发展，"欲仁"是人的必然选择,"道不远人","仁在人心",所以只要"欲仁","仁"就会来到人的心中。

自证的同时会兴起悲剧意识,人的自证与悲剧意识的兴起是价值建构活动的一体两面。人的社会性决定了人会选择自证,人的自证是对人"活着"的正向思考:既然要"活着",就要好好地"活着",就要建构正确的价值观念;人的动物性决定了人的悲剧意识的兴起:生命为什么不能永恒,奉献与超越都很痛苦,人为什么要"活着",能不能不"活着",这是对人"活着"的反向思考:所以悲剧意识的兴起是通过追问和检讨从反面确认必须建立正面价值的观念,并保证正面价值不会因缺乏这一反思维度而滑落。因此,悲剧意识的兴起是正面价值建立的净化机制和保障机制。

"子在川上曰:'逝者如斯夫,不舍昼夜!'"(《子罕》)首先激起的是人要"活着"的内在亲证,继之而起的是绝待于天的人的自证,与自证同时兴起的是生命的悲情——无法超越人生的有限性;在经过这种反复的情—理相融的心灵磨啮之后,最终选择的是"天人合德"的生活方式和价值观念:"不舍昼夜。"在这里,"不舍昼夜"是即现实而又超现实的审美生活态度,也是孔门仁学所要求的人的基本生活态度。

在这个意义上讲,与西方相比,中国文化具有最彻底、最纯净的悲剧意识,因为这种悲剧意识并不与外在相关,只是人纯粹的内在生命感受,这样就避免了一些问题的困扰(例如,我们终究无法判定与外在命运作斗争是正确的还是错误的)。正是这种纯粹的悲剧意识,在最彻底的意义上保证了价值兴起的纯粹性和人类总体意识的纯粹性。"曾子曰:'士不可以不弘毅,任重而道远。仁以为己任,不亦重乎?死而后已,不亦远乎?'"(《泰伯》)所以,"仁以为己任"是中国人纯粹的宗教性选择,并由此建立起宏大刚毅的人格。这个价值建构的原点及其过程,既避免了"独断论",又避免了"怀疑论",其真实性、逻辑性与正当性是毋庸质疑的。

最后的问题是,人如何与天命合一:

> 孔子曰:"不知命,无以为君子也。不知礼,无以立也。不知言,无以知人也。"(《尧曰》)

子曰:"天生德于予,桓魋其如予何?"(《述而》)

子畏于匡,曰:"文王既没,文不在兹乎? 天之将丧斯文也,后死者不得与于斯文也。天之未丧斯文也,匡人其如予何?"(《子罕》)

《论语》中的天命与郭店楚简中《性自命出》篇相一致,该篇说:"凡人虽有性,心无定志,待物而后作,待悦而后行,待习而后定。喜怒哀乐之气,性也;及其见于外,则物取之也。性自命出,命自天降;道始于情,情生于性。始者近情,终者近义。……诗、书、礼、乐,其始皆生于人……理其情而出之,然后复以教。教,所以生得于中者也。礼作于情,或兴之也。"提出"道始于情"的思想和天—命—性—情—道—教的理路,这非常符合中国哲学文化的基本事实。

何谓天、命、性、情、道、教?

天是宇宙总体,是物质与超物质(被赋予意义的物质)、情感与超情感(以理性为指导的情感)的总和,是物质情感化、情感物质化的统一体,它是人类在漫长的历史实践中建立起来的最终的物质—精神依托。它拒绝理性分析,只要情感认同,因此是绝对的;但它又不是超验或先验的,因为它的绝对性是由经验积淀而来的;它与现实情感有着天然的密切联系,是"道始于情"而非"道始于理",因此它又不是宗教。

"命自天降",命本具有个体意义上的无定的偶然性,但命因天降,命必然具有超越偶然的品格,因此,人类总体的必然谓之天命,了解并奉行这种必然叫做知命,即所谓"君子知命"。如果将人类总体必然机械地照搬到个人命运上,则谓之宿命;例如,就总体或长远来讲必定是善有善报,恶有恶报,但对具体的个体来讲未必就善恶有报。"君子知命"是指君子对人类总体的光明前途与个人为实现这种光明前途而必然遭遇命运的坎坷有清醒的认识。

何谓性、情、道?《性自命出》言:"凡人虽有性,心无定志,待物而后作,待悦而后行,待习而后定。喜、怒、哀、乐之气,性也;及其见于外,则物取之也。"意思是说,人都有性,但性要依赖人的心情和外物,因此是不确定的,为了确定人性(人的本质规定性),故要"性自命出"。"喜、怒、哀、乐之气,性也",但此"性"具有浓厚的动物性——人的自然性——色彩,它需要在"命"的指导下人化,祛除其纯粹的物欲的一面,明辨善恶,充分培养人性心理,才能建构起人的性(人的本质规定性)。这种人性心理的感性显现便是人的"情",即"情生于性"。"始者近情,终者近义","道始于情","义"、"道"莫不从人的"情"(人的自然性,人要"活着"的内在亲证)开始,然后依据人类总体观念上升为具有普遍意义的社会规则;"情生于性"则是指"情"要经过人性心理化,方可成为"道始于情"的"情",是对"情"的规定。

简要地说,"道"是社会规则,"性"是对人的本质规定,"情"则分为以人要"活着"的内在亲证为基础表现出来的原初情感和人性心理的感性显现两种情形。只有在"性"的规定下"情"才可靠,而"情"是以人的动物性欲望为基础的心理情感,它具有最鲜活的开放性,因此只有以"情"为基础的"道"才会具有合理性和开放性,同样,只有以这样的"道"为基础的"性"("命"、"天")才是正确的。这样,三者之间就形成了一个相互制约促进的良性循环。在"情"、"道"、"性"("命"、"天")三个概念中,前者分别为后者的基础,后者分别为前者的导向,三者不可分离。在天、命、性、情、道、教这些概念中,"道始于情"是以情为本,可以称作"情本体";"情生于性"表面上是以"性"为基础,实际上这里的性是更高层次的情,即经过人性心理升华的情,而这种情是人生的根本和归宿,所以仍然是"情本体"。但必须看到的是,"情"归根结底是产生于历史实践中的,因此最终仍是要以人要"活着"的内在亲证为主导的历史实践为本体。

宣传此道并培养人的遵道之心谓之"教"。《中庸》中的"天命之谓性;率性之谓道;修道之谓教"就是此意,但少了核心因素"情"。

现实实践中的顺序往往是:由教而遵道,因道而生情(对理性选择的道的应然的情感体认),因情而定性(情的稳定形态、理性形态、"意识形态"),因性而知命,因命而依天。

以人要"活着"的内在亲证之"情"为起点,为核心,以"命"(对人类总体意识的审美体认,仍是情)为归宿;从个体情感出发,以"知命"(按照"命"的要求行动并对"命"进行体认)为人的归宿,是中国人情理(情是充分情感化了的理,理是尚未被充分情感化的应然推定)交融的生存方式,也是现实性与超越性的合一,即人道(君子)与天道(天命)的合一。以历史实践(以一定历史长度的物质实践和社会实践的总和)为本体,以人要"活着"的内在亲证为主导,儒学完成了具有历史合理性的开放的价值体系的建构。

　　孔子的人要"活着"的内在亲证的价值建构思想并不仅仅体现在《论语》中,而是已经深入到民族文化心理中,其证据就是中国优秀的文艺作品很多都贯穿或蕴含着这样的思想。以孔子的这种思想去解释中国思想文化中的许多问题,往往会豁然贯通。

目　录

学 而 第 一

1.1　子①曰:"学②而时③习之,不亦说④乎? 有朋⑤自远方来,不亦乐乎? 人不知⑥而不愠⑦,不亦君子⑧乎?"

【注释】

① 子:中国古代对于有道德、有学问的男子的尊称,有时也泛称男子;也指老师。《论语》中"子曰"的"子",皆指孔子。孔子(前551—前479),名丘,字仲尼,春秋时期鲁国陬邑(今山东曲阜东南)人,我国伟大的思想家、教育家,儒家学派的创始人。

② 学:此处主要指学习西周的典籍、文献和礼、乐、射、御、书、数"六艺"等。有训"学"为"觉"者,《白虎通》云:"学者,觉也,觉悟所未知也。"朱熹《四书集注·论语集注》(下文皆作《论语集注》,如引本章集注,则不注明章目):"学之为言效也。人性皆善,而觉有先后,后觉者必效先觉之所为,乃可以明善而复其初也。"

③ 时:周秦时代"时"为副词,意为"在一定的时候"或"在适当的时候"。朱熹将其解释为"时常"。

④ 说(yuè):通"悦",愉快、高兴。

⑤ 有朋:"有朋"一本作"友朋"。朋,旧注说,"同门曰朋"。《论语集注》:"朋,同类也。自远方来,则近者可知。""以善及人,而信从者众,故可乐。"

⑥ 知:了解。

⑦ 愠(yùn):恼怒,怨恨。

⑧ 君子：《论语》中的君子，一般指有道德的人，或指理想中具有高尚人格的人。有时也指有一定社会地位的人。

【今译】

孔子说："学并能经常温习、练习，不是很愉快吗？有志同道合的人从远方来，心里不是感到很高兴吗？人家不了解我，我也不心存怨怒之意，不也是一个有德的君子吗？"

【讲记】

《论语集注》："此为书之首篇，故所记多务本之意，乃入道之门、积德之基、学者之先务也。"

这是人生修养的历程。

"学而时习之，不亦说乎？"学习是快乐的吗？具有明确而长远功利目的的学习是不快乐的，只有超功利的娱乐活动才能令人快乐。但人类社会要产生、存在与发展，人就必须学习，这是人类社会发展的基本需要，也是人对这种基本需要的理性认知。但仅从理性上认识到应该学习还不够，还必须提高道德修养，从感性上感受到学习是快乐的，只有这样，学习才能持久而富有成效。这体现了儒学中客观需要——理性认识——情感体认的价值建构方式，这一建构方式在中国主流文化中具有普遍性意义。在这一价值建构过程中，先将理性认识上的应然道德化，再将这种道德审美化，这种道德化、审美化的过程就是人性心理的培养过程，而人性心理的提升并不止于"慷慨赴死"，而是要达到追求"从容就义"的具有宗教意味的审美境界。从人类总体基本的现实需要出发，以宗教意味的审美境界为精神归宿，是儒家——也是中国主流文化——的基本特征之一，也是"以美育（对应然之理进行情感体认）代宗教"之要义。

"有朋自远方来，不亦乐乎？"朱熹《论语集注》云："谢氏曰：'……朋，同类也。自远方来，则近者可知。'程子曰：'以善及人，而信从者众，故可乐。'"这是说一个人的道德产生了影响，远近都有仰慕他的人（朋友）前来拜访他。因此，评价一个人不是依据权位和财富这些僵化的外在标准，而是依据灵动、开放的内在道德标准。看上去这是个无法操作的标准，但事实上只有这个标准才是最具合理性的。

在原始儒家那里，道德不仅不排斥功业，还要求以功业显示道德，外在功业是道德的表现形式，人的外在功业只有转化为内在道德才能对社会产生正面影响，与后来的"空谈心性"的儒学有着本质的不同。

该句的意思是说，对社会发生影响的方式应该是道德的，而不是经济的、政治的，更不是暴力的，没有发生影响就要进行自我检讨和反省，以求做得更好。这就形成了一个圆融的道德系统，与后面的"己所不欲，勿施于人"一样，昭示的不仅是对个人的道德要求，更是人际、族际、国际的应有的关系和走向人类大同的必然取径。

"人不知而不愠，不亦君子乎？"此处的"君子"可作圣贤解。旧注中多以"不知"后面缺少宾语而难解，其实过于拘泥了。清刘宝楠《论语正义》解释："人不知者，谓当时君卿大夫不知己学有成举用之也。"较合原意而太浅。还是《论语集注》说得深刻一些："程子曰：'虽乐于及人，不见是而无闷，乃所谓君子。'愚谓及人而乐者顺而易，不知而不愠者逆而难，故惟成德者能之。""人不知而不愠"是只有"成德者"才能做到的，是对境界的体认和对天命的感悟。圣贤是走在历史前面的人，圣贤的境界很难被现实所理解和接受，所以"古来圣贤皆寂寞"，甚至可以说不寂寞就不是圣贤。在一定意义上讲，圣贤必定是心灵的成功者和现实的失败者。圣贤对自己的宿命当然会有清醒的认识，故"不愠"，"不愠"即是欣悦的具有宗教意味的审美境界。这是由命运向境界的转变，是人的境界的开启。人如果同命运作斗争，永远是失败者，因为命运就是在人同它作斗争的时候产生出来的。当人不再单纯地同命运作斗争，而是将同命运作斗争当作提高自己的道德境界的手段的时候，命运消失，境界显现。境界不是否弃命运，而是在更高的层次上涵容和观照命运——一种形上价值的涵容和观照！

晋德为仁，该段是对第二段人的道德的情感体认，并将这种体认本体化，从而完成了学习——以道德影响的方式对社会作出的贡献——对道德的审美体认这样一个人生境界的提升过程。

"今读《论语》，且熟读《学而》一篇，若明得一篇，其余自然易晓。"（《朱子语类》卷二十《论语》二）该章确实包含了原始儒家的很多基本思想。

1.2 有子①曰："其为人也孝弟②，而好犯上者，鲜③矣；不好犯上，而好作乱者，未之有也。君子务本④，本立而道⑤生。孝弟也者，其为仁⑥之本与！"

【注释】

① 有子：孔子的学生，姓有，名若，小孔子 33 岁，孔子晚年所收弟子。《论语》中出现孔子学生时一般称字，只有曾参和有若等称"子"。有人认为《论语》是由他们的学生编纂。

② 孝弟：《论语集注》："善事父母为孝，善事兄长为弟。"弟（tì），通"悌"。

③ 鲜（xiǎn）：少。《论语》书中的"鲜"字都是此意。

④ 务本：务，专心、致力于。本，根本。

⑤ 道：此处指孔子提倡的仁道。

⑥ 仁：在《论语》中，仁有多种不尽相同的含义，此处主要指对道德的情感体认，即一种心理状态或人格境界。

【今译】

有子说："如果一个人孝顺父母，顺从兄长，却喜好触犯上级，这样的人很少；不喜好触犯上级而喜好作乱造反的人是没有的。君子专力于建立根本，根本建立起来了，道就产生了。孝顺父母，顺从兄长，这就是仁的根本吧！"

【讲记】

《说文解字》："孝，善事父母者。从老省，从子。子承老也。"

孝的观念和制度应该是动物的智商和情商发展到一定高度时的产物。当一种动物的智商和情商发展到这样的高度以至于如果只是老动物生养、教育小动物，而小动物却成为老动物生存的阻碍时，老动物就不愿意再生养教育小动物了，在这种情形下，这种动物为了族类的存在和发展，"善事父母"（小动物善事老动物）的孝的观念和制度便产生了。

孝的观念和制度的产生是动物对物种延续本能的超越，是动物的智商和情商对死亡意识和生本能的理性确认。在这种情形下，动物的生本能超越了物种延续的本能，要求在保证自身生存的前提下延续族类。这种动物的智商和情商发展到如此之高的高度，只有依据"父慈子孝"的组织规则，这个动物族类才能存在和发展，否则就会走向衰落和灭亡。因此，孝的观念的产生是族类整体发展的历史性的客观要求。

但孝的观念又不仅仅是建立在外在的历史性客观要求上的，同时又是建立在动物性的自然血缘上的，"十月怀胎，一朝分娩，三年不免于怀"，自然血缘的内在情感成为孝观念的内在依据。因此，孝观念具有内外两个向度。孝观念的内向度使其变为自然而然，永不消失的情感，外向度则将这种情感规约化、制度化。这种孝的内外两个向度的生成方式，也是原始儒学对人的理性凝聚和人格提升的重要方式。

孝的观念和制度的产生应该是人类社会生成的第一种社会观念和社会制度，也应该是人类社会和动物社会区别的原点。事实上，"孝"是从人类历史实践的角度来区别人与动物的，这种方式或许比单纯从物质实践的角度区分人与动物更加全面和科学。

"孝"的内外两个向度变化消长在一定程度上决定了中国思想文化的开放与禁锢。当内向度（"情"）多一些的时候，就会相对开放一些；当外向度（"理"）多一些的时候，就会相对禁锢。当然，最理想的状态是二者的和谐统一，但实际上更多的情况是二者不断冲突，在冲突中达到新的平衡。

"君子务本，本立而道生。孝弟也者，其为仁之本与！"孝为根本，孝立道（社会规则）生，对道的情感体认是仁。这是原始的儒家价值建构的逻辑顺序。所谓"求忠臣必于孝子之门",在家孝敬父母者,出门未必就一定能忠君爱国;但在家打爹骂娘者,出门必不能忠君爱国。所以,在孝、道(德)、仁三者的关系中,前者是后者的基础,但后者却不一定是前者的必然结果,只有经过不断努力,才有可能获得人格境界的提升。

在原始儒家学派看来,在家为孝,出门为德,晋德为仁,仁以孝为本,这是符合人的情感逻辑和社会秩序的。但到了程朱理学,则将这种关系倒置。《论语集注》:

> 程子曰:"孝弟,顺德也,故不好犯上,岂复有逆理乱常之事。德有本,本立则其道充大。孝弟行于家,而后仁爱及于物,所谓亲亲而仁民也。故为仁以孝弟为本。论性,则以仁为孝弟之本。"或问:"孝弟为仁之本,此是由孝弟可以至仁否?"曰:"非也。谓行仁自孝弟始,孝弟是仁之一事。谓之行仁之本则可,谓是仁之本则不可。盖仁是性也,孝弟是用也,性中只有个仁、义、礼、智四者而已,曷尝有孝弟来。然仁主于爱,爱莫大于爱亲,故曰孝弟也者,其为仁之本与!"

"故为仁以孝弟为本。论性,则以仁为孝弟之本。"与原始儒家学派对此的论述恰好相反。这是说孝悌只是仁的体现,要达至仁就要行孝悌,但从人的本性来讲,仁是孝悌的根本。仁性孝用,或仁体孝用,这主要是程朱理学借鉴华严宗的思路为中国哲学寻找本体论依据的结果,走的是弃绝感性而追求超验的基本思路。但这一思路并不成功,因为它不符合我们民族基本的文化心理。这一思路不仅在后来的心学中被解构了,实际上也并未化为民族普遍的文化心理。在中国文学史上,能够体现这一思路的作品极少,而原始儒家学派的基本思想却在后来的文学作品,尤其在诗词中得到了广泛而深刻的体现。

要特别说明的是,强调读《论语》要读《四书集注》,尤其是其中的《论语集注》,也包括《朱子语类》中的卷十九至卷五十涉及《论语》的部分章节,并不是抹杀其他注疏对于理解《论语》的重要性,清人阮元主持校刻的《十三经注疏》,清人刘宝楠的《论语正义》,魏何晏的《论语集解》等都很重要。但《四书集注》是将孔子学说政治意识形态化的代表作,且被颁于学官,成为科举考试的法定教科书,对后世影响极大。通过研读《四书集注》,我们可以理解并发现很多基本问题,从而打开思路和视野。就"义理"一途而论,读《四书集注》无疑是研习《论语》的不二法门。

1.3 子曰:"巧言令色①,鲜矣仁。"

【注释】

① 巧言令色:《论语集注》:"巧,好。令,善也。好其言,善其色,致饰于外,务以悦人,则人欲肆而本心之德亡矣。圣人辞不迫切,专言鲜,则绝无可知,学者所当深戒也。""令色"此处应释为装出和颜悦色的样子。

【今译】

孔子说:"花言巧语,装出和言悦色的样子,这样的人就很难得到仁心了。"

【讲记】

朱熹认为,"巧言令色"者很难能得仁,因为饰外悦人必致本心消亡。本心是什么?《四书集注》有二十多处"本心",其中两处比较典型:《论语集注》"颜渊问仁"章注曰:"仁者,本心之全德。克,胜也。己,谓身之私欲也。复,反也。礼者,天理之节文也。为仁者,所以全其心之德也。盖心之全德,莫非天理,而亦不能不坏于人欲。"《孟子集注》"公孙丑章句上"注曰:"在人则为本心全体之德,有天理自然之安,无人欲陷溺之危。"可见,"本心"是与人欲相对的天理,是仁的基础,但却是可以被人欲败坏的。

孔子的本意是从生活经验出发,要求人本着"诚"的态度来培养仁心。巧言令色之行日长而诚心日消,诚心消伪饰盛,伪饰盛则悖乱生矣!日常生活中的纤芥之微,莫不与大体相关,不可时有轻忽。

孔子以具体历史情景中鲜活的感性经验为基础,从中发展出仁,故仁是不易僵化的;朱熹则从特定历史情景中推导出"天理",并将其高悬于感性经验之上,以之为事物的逻辑前提,再以"理一分殊"的方法将"天理"寓于具体事务中,故易于僵化。

在孔子看来,孝、德、仁都不是观念的产物,而是在社会实践中,尤其是在道德实践中积淀形成的,即所谓"历史建理性"。

1.4 曾子①曰:"吾日三省②吾身:为人谋,而不忠③乎?与朋友交,而不信④乎?传⑤不习乎?"

【注释】

① 曾子:孔子的学生,姓曾名参(shēn),字子舆,是被鲁国灭亡了的鄅国贵族的后代。孔子晚年弟子,以孝著名。

② 三省:多次检查、查看。三:多次。

③ 忠:《论语集注》:"尽己之谓忠。"此处指对人应当尽心。

④ 信:诚实。

⑤ 传:老师的传授。

【今译】

曾子说:"我每天多次对自身进行反省:为人谋事有不尽心竭力的地方吗?与朋友交往有不诚实的地方吗?老师传授给我的学业有不温习的吗?"

【讲记】

内省是儒家文化的必然选择。儒家文化没有外向超越的神可以依靠,就只能依靠自己;既要依靠自己,依靠的必然是自己基本的人性心理。

人性心理来源于人类总体(或称人类总体意识、观念),即人类作为一个总体存在与发展的合理因素,对这些合理因素的体认就是人性心理。当然,对人性心理体认的多少和深浅决定于体认者的道德水平和人格境界,所以自觉性成为自省的重要条件。

内省不仅是一种理性认知,更是一种情感体认。通过反省,即对自己思想行为的批判性思考来明辨是非,再以情感来体认正确的道理,人格境界就得以提升,仁得以生成。

人生来是未必愿意自省的,但却是必须自省的。因为人更愿意"率性而为",但这样做的结果往往是对社会规范的破坏;只有通过内省,对人类总体进行体认,并以人类总体观念来约束自己,其行动才能具有正面价值。

内省是人的自证的基本方式。人的自证是指人不依赖于外在价值评判系统的内在价值的自我贞立,是人的内在亲证在价值建构中的表现形式;只有通过人的自证,人要"活着"的内在亲证才能开始价值的建构;人要"活着"的内在亲证是人的自证的动力源泉,人类总体意识是人的自证的根据和指向。子曰:"内省不疚,夫何忧何惧?"(12.4)"自反而不缩,虽褐宽博,吾不惴焉;自反而缩,虽千万人,吾往矣。"(《孟子·公孙丑上》)这是"三军可夺帅也,匹夫不可夺志也"(9.25),这是人的自证,也是中国式的自由意志的建构方式。

《中庸集注》:"'诚者,天之道也;诚之者,人之道也。'此承上文'诚身'而言。诚者,真实无妄之谓,天理之本然也。诚之者,未能真实无妄,而欲其真实无妄之谓,人事之当然也。"剔除其中"天理"之说,朱熹的解释是正确的。天地自然真实无妄,以本然面目呈现,故"诚者,天之道也";人应该自然而然地体认人类总体,一样是"天地之道"。人有私欲机心,不能真实无妄,但应该也必然要追求真实无妄,使自己变得"诚",因此"诚之者,人之道也"。所以"自诚明,谓之性;自明诚,谓之教"。(《中庸》)从心理学意义上讲,"诚"是祛除私欲遮蔽后的心理状态,是对应然之理的认知和体认("明"则是对事物明晰正确的认识),是内省的心理基础和思想依据。

内省本来是对基本人性心理的体察和建构,但到朱熹那里就发展为一套"繁琐哲学",朱熹所说"谓省察于将发之际者,谓谨之于念虑之始萌也。谓省察于已发之后者,谓审之于言动已见之后也。念虑之萌,固不可以不谨;言行之著,亦安得而不察"(《答胡季随》)反而限制和束缚了人性心理的发展。

《论语集注》在该章下集谢良佐语:"谢氏曰:'诸子之学,皆出于圣人,其后愈远而愈失其真。独曾子之学,专用心于内,故传之无弊,观于子思、孟子可见矣。'"其实是对孔子思想和曾参原意的曲解。

1.5　子曰:"道①千乘之国,敬事②而信,节用而爱人③,使民以时④。"

【注释】

① 道:通"导"。领导,治理。

② 敬事:对所从事的事务要谨慎、严肃和专一。《论语集注》:"杨氏曰:'上不敬则下慢,不信则下疑,下慢而疑,事不立矣。敬事而信,以身先之也。'"

③ 爱人:古代"人"的含义有广义与狭义之分。广义的"人"指各类人群,狭义的"人"指士大夫以上各个阶层的人或官吏。此处"人"的用法当为广义。

④ 使民以时:按照农时的收种节律役使百姓。时,农时。

【今译】

孔子说:"治理一个拥有一千辆兵车的国家,要严谨认真地办理国家的各项事务,守信用,节约财政开支,爱护官吏百姓,役使百姓要不违农时。"

【讲记】

古代国家的强弱多以兵车数量来衡量。在孔子时代,千乘之国可算是中等偏上的国家。

孔子不仅谈道德修养,也重视谈治国的方法,况且孔子本人就实实在在地参与过鲁国的政治、外交等各项事务,而且取得了巨大的成绩。孔子的从政实践不仅充分证明了孔子的政治才干,也证明了孔子思想的现实意义。该章谈的就是如何治国的四个要点。

一、道千乘之国。道,可训为"导",含有引导、教导之意。以仁德思想作为指导,是治理国家的基本原则。

二、敬事而信。是说治国的态度,治国者只有做到敬,才有可能治理好国家。敬,在这里极为重要,含有兢兢业业、专一、谨慎、虔诚的意思,对人世和人事的虔敬,具有本体意义和宗教情怀,是对外向超越的否弃和内向超越的体认。

三、节用而爱人。这是讲施政原则。既要节约开支,又要"爱"国君、士大夫、官吏、百姓,这种无差别、无等级的爱在现实中其实是难以两全的,而孔子的意思恰恰是讲超越性的"大爱",即爱社会、爱人类,表现的是人类总体意识,而非哪个时代的具体的爱。这种爱是道德境界的体现,具有宗教意味。后面多处讲的"爱人",基本是这个意思。"孟子曰:'君子所以异于人者,以其存心也。君子以仁存心,以礼存心。仁者爱人,有礼者敬人。爱人者人恒爱之,敬人者人恒敬之。'"(《孟子·离娄下》)孟子将仁者与有礼者对称,"爱人"就变得具体起来,且现实中未必"爱人者人恒爱之,敬人者人恒敬之"。"存心"二字也与孟子倾向理念有关。总之,孟子在这里指向的基于理念的伦理和社会秩序的建构,与孔子的"爱人"有重大区别。

四、使民以时。指对待百姓的原则。按照农时作息,不要用过分的徭役,一切用最合理的方式,使一切合于中庸之道。

这四点是一个完整的逻辑链条。从理论到实践,从思想到行动,仁以贯之。可看作以德治国的纲领性论述。

1.6 子曰:"弟子入①则孝,出则弟②,谨而信,泛爱众,而亲仁。行有余力,则以学文③。"

【注释】

① 入:指入父宫,进到父亲住处,即在家。古时父子住在不同的居处,《礼记·内则》:"由命士以上,父子皆异宫。"学习则在外舍。

② 出则弟:要用悌道对待师长,也泛指用悌道对待年长于自己的人。"出"与"入"相对而言,指外出拜师学习。

③ 文:古代文献。主要有诗、书、礼、乐等。

【今译】

孔子说:"学生们在家就孝顺父母,出门在外要顺从师长,言行要谨慎信实,对人泛爱,亲近有仁德的人。如果这样躬行实践后还有余力,就再去学习文献知识。"

【讲记】

"泛爱众,而亲仁"是个大论题。《论语》中的多处"爱人"、"爱众"都是超越具体种族、等级和时代的基于现实而又超越现实的具有宗教意味的对人类总体的"大爱"。这里的"泛爱众"不是虚伪的口号,而是在历史实践中得到了切实的实行并发挥了巨大作用的思想原则,也是孔子仁学的基本要素。维护和谐的等级秩序与"泛爱"并不矛盾,相反,只有在一个和谐稳定的社会里才能实现真正的"泛爱",离开了这个社会基础,所有的"爱"都是虚伪的。至于传统社会中常常以维护社会的和谐稳定的名义来剥夺个人的权利,那是历史条件的问题,而不能归咎于这种思想本身;如果没有儒家思想的校正,上述的情形恐怕会更为严重。

为什么要"爱人"? 人生来未必是喜欢"爱人"的,但却是必须"爱人"的。"爱人"是人类的必然选择,这种选择不是来自上帝或其他什么,而是人类在历史实践中建立起来的理性。朱熹

《论语集注》云："仁者,爱之理,心之德也。为仁,犹曰行仁。"其意是说仁的实质是爱,爱是实践仁的心理表现。朱熹的这种思想是从孟子的"恻隐之心"发展而来,将孔子的"爱人"绝对化了,但还是清楚地揭示了仁的本质:在社会的和谐稳定中实现"泛爱"、"大爱";同时,也从另一角度展示出孔子"爱人"思想由经验到先验的特点。

这里要看到的是,仁的内涵是开放的,不是指哪一个时代的具体的规范和制度,而是在总体上为了人类的产生、存在和发展。

有人从这里探究"学"与"行"的关系,《论语集注》说的很深刻:"洪氏曰:'未有余力而学文,则文灭其质;有余力而不学文,则质胜而野。'愚谓力行而不学文,则无以考圣贤之成法,识事理之当然,而所行或出于私意,非但失之于野而已。"洪氏之言是说"行"与"学"的辩证关系,较为符合孔子的原意。孔子学说皆从生命实践中来,故重行。下一章更能见此意:"子夏曰:'贤贤易色;事父母能竭其力;事君能致其身;与朋友交,言而有信。虽曰未学,吾必谓之学矣。'"这是行、学关系的正途。但朱熹更进一步,认为"学文"的目的是"考圣贤之成法,识事理之当然",是祛除"私意",这就易于僵化了。行则必学,而学未必行。世上本少力行而不善学之人,多空学而不力行之者。

与朱熹说"知先行后"不同,王阳明倡"知行合一"说:"今人学问,只因知行分作两事,故有一念发动虽有不善,然却未曾行,便不去禁止","我今说个知行合一,正要人晓得一念发动处,便即是行了。发动处有不善,就将这不善的念克倒了,须要彻根彻底,不使一念不善潜伏在胸中,此是我立言宗旨"。(《传习录》下)"心虽主于一身,而实管乎天下之理;理虽散在万事,而实不外于一人之心。……外心以求理,此知行之所以二也。求理于吾心,此圣门知行合一之教,吾子又何疑乎?"(《传习录》中)"知行如何分得开?""知之真切笃实处即是行,行之明觉精察处即是知。"(《答顾东桥书》)王氏"知行合一"说的实质是要求提高人格境界,将人的理性与情感合为一体,把心理活动的行与社会实践的行合为一体,以"吾生本无待"和"思我无所思"(苏轼语)的审美方式来践行世事人生。其实,这就是孔子的"从心所欲不逾矩"、"游于艺"的最高人生境界。

但王氏之学受禅宗影响,多将知、行局限在体心求理的心理活动中,精细而玄虚,与原始儒家学派朴素而真切的行、学思想有一定距离。实际上,在孔子的思想中,一方面强调行本学末,使孔门仁学具有了实践性和开放性;另一方面在最高的人格境界中则是"知行合一"的审美状态,二者不仅不矛盾,而且是一种梯次渐进的发展过程,具有切实的现实实践性。(详参看 2.17 "讲记")

1.7　子夏①曰:"贤贤②易③色。事父母能竭其力;事君能致其身④;与朋友交,言而有信。虽曰未学,吾必谓之学矣。"

【注释】

① 子夏:姓卜,名商,字子夏,孔子晚年的学生。孔子死后,他在魏国宣传孔子的思想主张。

② 贤贤:以贤人为贤人,即尊重贤者。第一个"贤"字为意动用法。

③ 易:轻视。

④ 致其身:此处是说把生命奉献给君主。致,奉献,尽力。

【今译】

子夏说:"一个人能够看重贤德,轻忽女色;奉侍父母,能够竭尽全力;奉侍君主,能献出生命;同朋友交往,说话诚实守信。这样的人,即使自谦自己没有学习过,我一定说他学习过了。"

【讲记】

与上一章合参,仍是讲行本学末的问题。(参看上一章)《论语集注》特列一条:"吴氏曰:'子夏之言,其意善矣。然辞气之间,抑扬太过,其流之弊,将或至于废学。必若上章夫子之言,然后为无弊也。'"朱熹担心抑学扬行会误了下功夫明天理的。

更应受到重视的是"贤贤易色"一句,这显然是全章的总纲,无此则后三者皆难做到。"贤贤"不仅是对人的道德要求,也是建构理想社会的要素,是"德治"社会的起点。"天赋人权",一人一票的民主制度容易操作实现,但并不完全合理;只有"人赋人权"的以道德修养的高低来增加权重的民主制度才是完美的,但实现起来很困难,而且要求永无止境。问题是,没有对完美制度的憧憬,连不完美的制度都没有;因此,"人赋人权"的道德加权民主制度永远都是我们追求的目标。

"贤贤"很难,"五帝"时代的禅让制度,一直传为美谈,但在传统社会中,很多时候是"举枉错诸直",小人在上成为常态,社会的动乱往往起于此,"随才器使"的理想社会状态也只有在《水浒传》等小说里才会出现。"易色"是指要克制包括动物性欲求在内的各种不合理的感性欲求,从感性意义上去培养人性心理。可以说,贤贤易色是对人在社会和个人两个层面上的基本要求,也是为人处世的基本原则。

1.8　子曰:"君子不重①则不威,学则不固。主忠信②。无③友不如己④者;过则勿惮⑤改。"

【注释】

　　① 重:庄重、自重,自持。

　　② 主忠信:以忠信为主。

　　③ 无:通"毋",不要。

　　④ 不如己:一解为不如自己。一解为"如"作"似"。

　　⑤ 惮:害怕、畏惧。

【今译】

　　孔子说:"君子不庄重就不威严,学习的知识就不会牢固;君子要以忠信为主,不要与不如自己的人交朋友,有过错就不怕改正。"

【讲记】

关于"无友不如己者",钱穆先生在《论语新解》中辨析十分精审,兹抄录如下:

"与不如己者为友,无益有损。或说:人若各求胜己者为友,则胜于我者亦将不与我为友,是不然。师友皆所以辅仁进德,故择友如择师,必择其胜我者。能具此心,自知见贤思齐,择善固执,虚己向学,谦恭自守,贤者亦必乐与我友矣……窃谓此章决非教人计量所友之高下优劣,而定择交之条件。孔子之教,多直指人心。苟我心常能见人之胜己而友之,即易得友,又能获友道之益。人有喜与不如己者为友之心,此则大可戒。说《论语》者多异解,学者当自知审择。从异解中善求胜义,则见识自可日进。"[1]

1.9 曾子曰:"慎终①追远②,民德归厚矣。"

【注释】

① 慎终:这里指谨慎地为父母办理丧事。终:终老,这里指丧礼。

② 追远:追念逝去的祖先。

【今译】

曾子说:"谨慎地办理父母的丧事,追念祭祀久远的祖先,百姓的道德就会归于淳厚了。"

〔1〕钱穆《论语新解》,三联书店,2008年,第12—15页。

【讲记】

> 慎终者,丧尽其礼。追远者,祭尽其诚。民德归厚,谓下民化之,其德亦归于厚。盖终者,人之所易忽也,而能谨之;远者,人之所易忘也,而能追之:厚之道也。故以此自为,则己之德厚,下民化之,则其德亦归于厚也。(《论语集注》)

"丧尽其礼"、"祭尽其诚"解得极好。丧礼是人类觉醒和自我确认的一种形式,可以培养人性心理,建立价值意识。丧礼的建立并不是外在的硬性的规定,而是符合人的心理情感的必然选择。谨慎地办理丧事是孝的基本表现形式,也是人性心理的基本要求,这种要求可以产生强大的精神力量。所谓"祭思敬,丧思哀",丧礼之哀源于自然血缘基础上的人性心理,而祭祀祖先的感情则应是由诚而敬。祖先逝去已久,很难引起哀思,但人要以真诚的态度相信祖先,并起敬畏之心,从而不敢肆逞己意私欲。如果说"丧思哀"是内在建构,"祭思敬"则是外在约束。所有面对死的"慎终追远",都是为了生的"民德归厚",而且前者是价值建立的根本依据。

"卖身葬父"的事例在中国历史上层出不穷,就是源于这种力量。因此,葬礼作为理性凝聚的基本形式,在中国文化中具有根本性的意义。

还应该看到的是,"追远"是祭祀久远的祖先,而久远的祖先与自己已经没有情感联系,只有理性的追思,因此,与祭祀父母、祖父母等有情感联系的人相比,祭祀久远的祖先表现更多的是从情感中升华出来的理性,这种理性比对父母的情感往往更具有历史的合理性和普遍性,对于建构社会规则和价值准则往往更有意义。从这一意义上讲,"慎终"侧重的是对有情感联系的先人的态度,"追远"侧重的是对无情感联系的先人的态度,二者构成了一个以情为基础、以理为主导的相互制约和促生的价值生成的完整机制。

该章的本意应该是讲上层贵族重视葬礼和祭祀,建立起道德,百姓就会上行下效,民德自然就会变得淳厚,这仍然是德政的建构方式。观朱熹之意，似是说人不能太现实功利，忘了父母祖先是不厚道的。民德归厚与世俗所谓义气厚道，非一事也。

1. 10　子禽①问于子贡②曰："夫子③至于是邦也，必闻其政，求之与，抑④与之与？"子贡曰："夫子温、良、恭、俭、让以得之。夫子之求之也，其诸⑤异乎人之求之与？"

【注释】

① 子禽：姓陈名亢，字子禽，又字子元。一说是孔子学生，一说为子贡学生。

② 子贡：姓端木名赐，字子贡，卫国人，善辩，家富，孔子很器重他，曾说他可以做大诸侯国的宰相。

③ 夫子：敬称，一般称做过大夫的人。孔子曾担任过鲁司寇，故有此称。后来泛称老师。《论语》中的"夫子"多为学生对孔子的称呼。

④ 抑：或是。

⑤ 其诸：恐怕、大概。

【今译】

子禽问子贡说："老师每到一个国家，一定会听到这个国家的政事。这是他自己求得呢，还是别人主动讲给他的呢？"子贡说："老师以温和、良善、庄敬、俭朴、谦让的美德得到这样的资格。老师求得它，或许与别人的方法不同吧！"

【讲记】

谢氏曰："学者观于圣人威仪之间，亦可以进德矣。若子贡亦可谓善观圣人矣，亦可谓善言德行矣。今去圣人千五百年，以此五者想见其形容，尚能使人兴起，而况于亲炙之者乎？"（《论语集注》）孔子每到一个国家都会与闻政事，是因为以道德、品行、智慧、才能和言语行动赢得了别人的尊重和爱戴，别人希望他来帮助治理国家，这与法家的某些人物费尽心思以利害来说服国君求得参与政事形成了鲜明的对照。孔子自身遵循的就是以道德影响来建立社会功业的方式。

1.11　子曰："父在，观其志；父没，观其行；三年①无改于父之道②，可谓孝矣。"

【注释】

① 三年：多年，较长的时间。不一定仅指三年。

② 道：准则。此处指父亲生前做的事和留下的规矩。

【今译】

孔子说："父亲在世时观察儿子的志向（父在儿不得擅行）；父亲死后观察儿子的行为，若是儿子对父亲的行事准则长期不加改变，就可以说是孝顺了。"

【讲记】

这一章曾饱受诟病，被谳为孔子保守的铁证。朱熹在《论语集注》收录了与自己不同的观点："父在，子不得自专，而志则可知。父没，然后其行可见。故观此足以知其人之善恶，然又必能三年无改于父之道，乃见其孝，不然，则所行虽善，亦不得为孝矣。尹氏曰：'如其道，虽终身无改可也。如其非道，何待三年。然则三年无改者，孝子之心有所不忍故也。'"

尹氏之言是正确，这里说的不是改不改"父之道"的问题，强调的是"三年无改者，孝子之心有所不忍故也"的感情。

对于孝、仁、礼等行为规范，孔子历来都是重实轻虚，重情感轻形式。"林放问礼之本。子曰：'大哉问！礼，与其奢也，宁俭；丧，与其易也，宁戚。'"（3.4）"宰我问：'三年之丧，期已久矣。君子三年不为礼，礼必坏；三年不为乐，乐必崩。旧谷既没，新谷既升，钻燧改火，期可已矣。'子曰：'食夫稻，衣夫锦，于女安乎？'曰：'安。''女安则为之。夫君子之居丧，食旨不甘，闻乐不乐，居处不安，故不为也。今女安，则为之。'"(17.21)

其实朱熹也看到了这一点，只是出于建构理学的考虑，不愿直接说出来罢了。

1.12 有子曰："礼①之用，和为贵②。先王之道③，斯④为美。小大由之，有所不行。知和而和，不以礼节⑤之，亦不可行也。"

【注释】

① 礼：指"周礼"、礼仪，也指道德行为规范。

② 和为贵：以和谐为贵。

③ 先王之道：指尧、舜、禹、汤、文、武、周公等古代帝王的治世之道。

④ 斯：这、此。这里指"和为贵"。

⑤ 节：节制、规范。

【今译】

有子说："礼的作用，以和谐为贵。以前圣贤的治国方法，最好的地方就在这里。但如果不论大事小事只按和谐的原则去做，有时就行不通。因为为和谐而和谐，不以礼的真义来节制、规范和谐，也是不可行的。"

【讲记】

重"先王之道"即重历史实践。所谓历史实践，即具有一定历史长度的实践（实践包括物质实践——即物质生产实践和道德实践——即在一定的道德意识指导下有目的的社会活动，包括道德意义上的行为、评价、教育、修养以及其他具有道德价值并应承担道德责任的活动),只有在长期的实践中才能建立起一定的历史合理性,才能避免"实用主义"和"工具主义",才能与人类总体相契合。

"和,谓乐也。乐主和同,故谓乐为和。"(《论语注疏·学而第一》)将"和"释为音乐之和,礼乐合一,也是有道理的;但"乐主和同",仍然是和谐的意思。

该章的"和"有三层意思:一是主和,二是礼治,三是坚持原则。

主和。"和谐"是中国传统文化的整体价值取向,主和的思想起源于天人合一的思维方式,孔子以前的典籍中多有论述。《尚书·舜典》:"八音克谐,无相夺伦,神人以和。"又《尚书·尧典》:"克谐以孝。"《国语·郑语》记史伯论和谐,十分著名:"夫和实生物,同则不继。以他平他谓之和,故能丰长而物归之。若以同裨同,尽乃弃矣。故先王以杂土与金木水火,以成百物。"《易传·系辞下》:"阴阳合德,而刚柔有体。"《礼记·中庸》:"喜怒哀乐之未发谓之中,发而皆中节谓之和。"这些论述都表现了中国相济相成、相反相成、和谐统一、和实生物的和谐思想。孔子继承并发扬了这一主和的传统。

礼治。礼指"周礼"、礼仪,也指道德行为规范。一般认为,孔子的礼是为了维护当时的等级秩序的。这从表面上看并没有错,问题孔子的礼的实质是什么? 实际上,孔子的礼的实质是仁,礼是仁的外在表现形式,仁是礼的实质内容。子曰:"人而不仁,如礼何? 人而不仁,如乐何?"(3.3)这就是所谓的孔子"以仁释礼",即孔子为礼规定了本质,使礼不再仅仅是一种形式。由此看来,在孔子那里,礼不再仅仅是"为统治者服务"的东西,而有了更普遍的意义:礼这种外在形式的合理、正确与否是由仁的时代内容决定的;不同的时代,仁的内涵不一样,因此,礼的形式和含义也不一样。以礼治国就是要以礼的形式来帮助人们达至上述的和的状态,使社会在各个方面都达到动态的平衡和谐状态,以最小的代价获得最大的成功。礼的最佳状态是:既符合社会发展的要求,人们又对它有审美化的体认。

坚持原则。无原则的"和"是混世主义和滑头哲学,丧失原则的为和而和则是投降主义。比如,以目前的历史发展状况而论,如果有外敌武力入侵,我们的思想、情感都是不能容忍的;投降或可避免战争,可赢得表面上的"和",但这绝不是礼的真义所在。此时,只有奋起抗争才最符合礼的精神,只有取得胜利达到新的和平才是真正的"以礼节之",才符合"礼之用,和为贵"的精义。

"和"有三层意思,不能单一为用,要在不同的历史情景中辩证地使用。

最后,社会阶段性的和谐不是目的,它只是实现大同社会理想的手段。

1.13　有子曰:"信近①于义,言可复②也;恭近于礼,远③耻辱也;因④不失其亲,亦可宗⑤也。"

【注释】

① 近:接近、符合。
② 复:再。此处指实现诺言。
③ 远(yuàn):远离,避开。
④ 因:依靠、凭借。
⑤ 宗:主。引申为可靠。

【今译】

有子说:"讲信用符合于义,其言才可实现;恭敬要符合于礼,才能远离耻辱;依靠亲信的人,也就可靠可敬了。"

【讲记】

该章主要讲对信义的实践。《论语注疏》云:

"因不失其亲,亦可宗也"者,因,亲也。所亲不失其亲,言义之与比也。既能亲仁比义，不有所失，则有知人之鉴，故可宗敬也。……《史记》尾生与女子期于梁下，女子不来，水至不去，抱柱而死。是虽守信而非义也。

"信近于义"、"恭近于礼"，外在的形式一定要符合内在的本质才具有实践意义，否则，不仅徒有形式，还会为形式所害。

1.14　子曰："君子食无求饱，居无求安①，敏于事而慎于言，就②有道而正③焉，可谓好学也已。"

【注释】
　　① 安：安逸。
　　② 就：靠近、接近。
　　③ 正：匡正。

【今译】
　　孔子说："君子，饮食不求饱足，居住不要求舒适，对工作勤奋敏捷，说话小心谨慎，接近有道德的人以匡正自己，这样可以说是好学了。"

【讲记】
　　主要讲人的道德实践。至孟子，这种人的主动的道德实践被看成是人的必然命运："故天将降大任于斯人也，必先苦其心志，劳其筋骨，饿其体肤，空乏其身，行拂乱其所为，所以动心忍性，曾益其所不能。"（《孟子·告子下》）这种转换在《孟子》中有多处表现，最典型的是《尽心下》中的一段："口之于味也，目之于色也，耳之于声也，鼻之于臭也，四肢之于安佚也，性也。有命焉，君子不谓性也。仁之于父子也，义之于君臣也，礼之于宾主也，智之于贤者也，圣人之于天道也，命也。有性焉，君子不谓命也。"人的动物性的自然需求不是人的本质，追求和实现仁义、天道、社会客观性才是人的本质。"克己复礼",也是此意。

1.15 子贡曰:"贫而无谄①,富而无骄,何如?"子曰:"可也。未若贫而乐,富而好礼者也。"子贡曰:"《诗》云,'如切如磋! 如琢如磨②',其斯之谓与?"子曰:"赐③也! 始可与言《诗》已矣,告诸往而知来者④。"

【注释】

① 谄:巴结、奉承。

② 如切如磋,如琢如磨:见《诗经·卫风·淇澳》。一说切磋琢磨分别指对骨、象牙、玉、石四种不同材料的加工;一说加工象牙和骨要切、磋,加工玉石要琢、磨。有精益求精之意。

③ 赐:端木赐,字子贡,孔子得意门生。善雄辩,办事通达,曾任鲁、卫两国国相。

④ 告诸往而知来者:诸,同"之";往,过去的事情;来,未来的事情。

【今译】

子贡说:"贫穷而能不谄媚,富有而能不骄横傲慢,(这样的人)怎么样?"孔子说:"也算可以了。但是,不如虽贫穷而能乐于道,富裕却又好礼的人。"子贡说:"《诗》上说,'如切如磋! 如琢如磨',就是这个意思吧?"孔子说:"赐呀,我可以同你谈论《诗》了,(因为)你能从我告诉你的事中领悟出我还没有说的意思。"

【讲记】

这是讲人的"自足性"。

子贡说的"贫而无谄,富而无骄"固然可贵,但那仅仅是人的志气和修养,是在某个问题上的特定的表现,还不是做人的根本。孔子的"贫而乐,富而好礼",按照古汉语互文的修辞手法,可理解为无论贫富皆乐道好礼,这说的是人的应然的常态,是做人的根本。

"贫而无谄,富而无骄"不一定能推出"贫而乐,富而好礼",但后者一定能推出前者。因此后者比前者更基本,也更高。(无谄未必能安贫乐道,无骄未必能好礼;但安贫乐道必无谄,好礼必无骄。)

乐道好礼不受贫富等任何外界因素的干扰,因而是人的"自足性"。《论语》中这类论述很多,如:"子曰:'富与贵,是人之所欲也,不以其道得之,不处也;贫与贱,是人之所恶也,不以其道得之,不去也。君子去仁,恶乎成名?君子无终食之间违仁,造次必于是,颠沛必于是。'"(4.5)说的也是这个意思。

关于人的"自足性",《庄子》开篇(《逍遥游》)讲的也是这个问题。从"北冥有鱼"至"之二虫又何知",写蜩与学鸠笑话大鹏,不是因为蜩与学鸠无知和自大,而是现实中各有各的评价标准。因此,在庄子看来,现实中的争论是没有意义的。《庄子》在"小知不及大知,小年不及大年"一段再次举例证明上面的论证。接下来《庄子》又举鲲鹏和斥鷃的例子,还是要证明大小之辨的虚妄。随后《庄子》又说:"故夫知效一官,行比一乡,德合一君,而征一国者,其自视也亦若此矣。而宋荣子犹然笑之。且举世而誉之而不加劝,举世而非之而不加沮,定乎内外之分,辩乎荣辱之境,斯已矣。彼其于世未数数然也。虽然,犹有未树也。"在此,庄子揭示了这样一个逻辑:一个一定的事物在参照系趋于无限大的情况下,其意义就会无限缩小,上面各种自以为是的观念就自然不成立了。那么,应该"树"什么样的标准呢?《庄子》描绘了"逍遥游"的状态:"夫列子御风而行,泠然善也,旬有五日而后反。彼于致福者,未数数然也。此虽免乎行,犹有所待者也。若夫乘天地之正,而御六气之辩,以游无穷者,彼且恶乎待哉!故曰:至人无己,神人无功,圣人无名。"任何有客观标准的评论都是有待的,有待就不能绝对自由,只有无待才能做到真正的"逍遥游"。综上所述,可以得出这样的结论:大鹏、蜩、学鸠、大年、小年等不是没有意义,而是相互比较没有意义,它们的意义不在于进行有参照物的比较,而在于"无待"的"逍遥游"。这就是事物的"自足性"。"逍遥游"就是对其"自性"的最充分的尊重,也是其"自性"的最充分的显现。而事物的"自性"则是在具体的历史情景中最具合理和开放性的内在因素的集合。《庄子》反异化的思想就在于此,其解放思想的最根本的原动力也在于此。

必须说明的是,这种"自足性"与郭象注《庄子》以社会统治秩序来规定"万物之性"的独化论有着本质的区别。前者是标举人格本体,突出人的反抗性和开放性;后者将人局限在"名教即是自然"、"名教中自有乐地"的现实泥淖之中,为政治统治秩序服务。

儒、道两家都是以人的最高精神境界为归宿,这是二者可以互补的前提。儒家因道而自足(道由人来建立),道家因无待而自足,都是对人的最充分的尊重,也是对人的最充分的解放和发展。

1.16　子曰:"不患①人②之不已知,患不知人也。"

【注释】

① 患:担忧。

② 人:该章两处"人"都是指有一定社会地位、教养的人,与民相对。

【今译】

孔子说:"不担心别人不了解自己,只担心自己不了解别人。"

【讲记】

别人不了解自己,是自己在社会实践中体现出来的道德境界还不够高,还没有对社会发生影响,还要不断努力,因此不需担心;但如果自己不了解别人,那就很难把事情做好,因此很担心。前者是不愿扬虚名,后者是只想做实事。

当然,从字面上看也可作为处世策略来理解,但那与《论语》的精神是相悖的。

为 政 第 二

2.1　子曰:"为政以德①,譬如北辰②,居其所③而众星共④之。"

【注释】

① 为政以德:以道德来治理国家,即"德治"。以,介词,用的意思。

② 北辰:北极星。

③ 所:处所,位置。

④ 共:同"拱",环绕的意思。

【今译】

孔子说:"以道德教化的方式来治理国家,就会像北极星那样,自己居于一定的位置上,群星都会环绕着它。"

【讲记】

《论语集注》这样注释该章:"政之为言正也,所以正人之不正也。德之为言得也,得于心而不失也。北辰,北极,天之枢也。居其所,不动也。共,向也,言众星四面旋绕而归向之也。为政以德,则无为而天下归之,其象如此。程子曰:'为政以德,然后无为。'范氏曰:'为政以德,则不动而化,不言而信,无为而成。所守者至简而能御烦,所处者至静而能制动,所务者至寡而能服众。'"宋儒的这种以心性化来取代一切的解释,与孔子的思想相距很远。

该章往往会使人联想到道德理想主义。近年来备受诟病的道德理想主义是指以道德来取代民主、法治和科学的道德乌托邦主义,并将其当作封建政治意识形态。其实,这是对道德理想主义的误解或肆意曲解。从孔子思想中总结出来的道德理想主义是指建立在人类总体基础上的价值取向,它的道德规范应该是人类社会当下情景中最合理的状态,它的建构方式是富有实践性和开放性的。下面从三个方面来加以比较。

一、批评者认为:"道德理想主义常常与权力结合,形成政治乌托邦主义。政治乌托邦主义就是把某种先验的信仰、信念、思想设定为终极真理或人间最高行为准则的政治思想体系,政治乌托邦主义者把自己崇奉的社会理念视为最高真理,并运用权力以此信念规范人们的生活。"其实,真正的道德理想主义希望社会稳定、和谐,但反对政治乌托邦主义。孔子主张的有等级的和谐恰恰是当时最合理最具现实意义的主张,孔子从来不主张搞张鲁式的五斗米道的割据政权。

二、批评者认为:"道德理想主义与政治乌托邦主义的内在学理根基就是精神信念一元论,其逻辑结果导致专制主义与极权主义。"实际上,真正导致专制主义与极权主义的是法家的思想,决非道德理想主义。孔子、孟子坚决反对专制与集权,自不待言,就是所谓的"精神信念一元论"也纯属捏造。孔子对"精神信念"的要求是"诚",是开放的,从未拿一个单一的、狭隘的政治教条强加于人;相反,"人能弘道,非道弘人"的思想为打破僵化单一的"精神信念"提供了原动力。

三、批评者认为:"道德理想主义或政治乌托邦主义的社会是一个抽象化、非个人化的社会,这个社会与个人不停变化着的社会的生存需要相抵触,甚至背道而驰,从自然生命的角度,可以说它是彻底地反人性的。"真正的道德理想主义决非要把人变成抽象的道德符号,相反,孔子非常重视个体生命的长度和宽度;"人能弘道,非道弘人"的基本思想恰恰是对人的最彻底的解放。如果一定要说孔子雅善"弦歌"也是为了礼制的话,那么,孔子要求"游于艺"、"成于乐"则无论如何是审美化的,而审美必定是个体性的。况且，富民、教民是孔子仁学的基本的思想，富而教之，人必丰富而生动。如果一定要在孔子时期的道德理想主义中找出具体适合后现代原子化个人生活的条款来，那的确没有，也不应该有；但即便这样，也并不意味着道德理想主义对后现代没有意义。

下面从六个方面来具体谈谈"为政以德"与道德理想主义。

一、朱熹在《论语集注》将心性修养的一面强调得太过分了，好像只要有一个道德高尚的人坐在领导位置上，天天空想，就可无为而治。那不是孔子的原意。"为政以德"的"德"并非仅是心性之德，更多的是指现实功业的转化，即以现实功业、现实作用为提高道德修养的手段。

二、"为政以德"的思想在《论语》及其他著作中表述非常丰富。这一思想是孔子对《尚书》、周公的德治思想，管仲、晏婴、子产的民本思想的继承，孔子将这种思想系统化，并升华到政治哲学的高度。

三、"为政以德"的限度。"子曰：'民可使由之，不可使知之。'"（8.9，参看该章讲记）道德不是万能的，作用不是无限的，要根据具体情况而论。

四、"为政以德"与法律。"子曰：'听讼，吾犹人也。必也使无讼乎！'"（12.13）决非排斥法律，而是以道德的态度来对待法律。（参看13.18"讲记"）

五、自律与他律。"为政以德"绝非仅仅靠自律，还有强大的他律。这种他律有舆论，也有真实的反抗。孔子讲"当仁不让于师"，孟子更说"闻诛一夫纣矣，未闻弑君也"，就是从理论到现实的他律。

六、"为政以德"的目的不是抽象的道德，而是落实在富民、教民上。"子适卫，冉有仆。子曰：'庶矣哉！'冉有曰：'既庶矣，又何加焉？'曰：'富之。'曰：'既富矣，又何加焉？'曰：'教之。'"（13.9）近代第一个经济学家魁奈提出"农民贫穷则王国贫穷，王国贫穷则君主贫穷"，被誉为西方的孔子，但比孔子晚了两千多年。更重要的是，魁奈的着眼点还在于君主的贫富，而孔子的着眼点不仅在民富，还在于民智。要求人的物质丰富与精神丰富的统一,不正是对人类最大的道德关怀吗? 这正是"为政以德"
的道德理想主义之落实处! 因此,它不是道德箴言,而是极富实
践意义和活力的哲学思想。(参看 13.3"讲记")

2.2 子曰:"诗三百①,一言以蔽②之,曰:'思无邪③'。"

【注释】
　① 诗三百:《诗经》实有 305 篇,此处举其整数。
　② 蔽:概括的意思。
　③ 思无邪:为《诗经·鲁颂·駉》上的一句:"思无邪,思马
斯徂。"原意是说专心牧马,马长得壮,跑得快。此处"思"作思
想解。

【今译】
　孔子说:"《诗经》三百篇,可以用一句话来概括它,就是'没
有邪念'。"

【讲记】
　关于"思无邪"的解释,历来很多,还是《论语集注》的解释为
佳:"蔽,犹盖也。'思无邪',《鲁颂·駉》篇之辞。凡《诗》之言,
善者可以感发人之善心,恶者可以惩创人之逸志,其用归于使人
得其情性之正而已。然其言微婉,且或各因一事而发,求其直指
全体,则未有若此之明且尽者。故夫子言诗三百篇,而惟此一言
足以尽盖其义,其示人之意亦深切矣。程子曰:'思无邪者,诚
也。'"以诚释无邪,应得孔子本意。
　诚乃一念之纯真,是对不合理因素的剔除和对合理因素的
体认,是"情性之正";也就是说,《诗》未必是"无邪"的,却必须是
"无邪"的。孔子开中国解释学之先河。
　子曰:"《关雎》,乐而不淫,哀而不伤。"(3.20)"孔子曰:'入

其国,其教可知也。其为人也温柔敦厚,《诗》教也。'"(《礼记·经解》)"国风好色而不淫,小雅怨诽而不乱。"(《史记·屈原列传》)这些都是对《诗》的解释性规定。

《诗经》本是初民理性觉醒的一种形式,这种形式通过它的具体用途表现出来。《诗经》最初的用途大致可以分为三类:一是作为各种典礼、仪式的重要组成部分,二是用来观察政治的得失成败和表达对社会、政治的某种看法,三是具有一定程度上,包含浓厚的政治、道德内容的娱乐作用。到了孔子的时代,《诗经》的作用已经发生了很大的变化。《论语》中共提到"诗"14次,基本上与上述用途无关,而是加进了许多政治和道德的内容,预示着《诗经》的经学化。

《毛诗序》是《诗经》首篇《关雎》序文中的一大段,宋代朱熹将其称为《诗大序》。《诗大序》虽然只有数百字,但总论《诗经》,并提出了对后世有着重要影响的教化、情志、美刺、正变与以礼节情等观点,向文学的政教化方面迈出了关键的一步。东汉郑玄的《毛诗郑笺》极大地发挥了《诗大序》的辅翼政教的思想,再经过其他经学家的注释,《诗经》中的每篇几乎都被注解成与历史上某王某公有联系,使之成为含有"经夫妇,厚人伦"等政治内容的"信史",远离了《诗经》的本来面目,《诗经》基本上成为服务于现实政教的工具,完成了《诗经》学上第一次历史性的"误读"。如果说这次误读是以"政"为核心,以"以道制势"为目的的话,那么以朱熹《诗集传》为代表的第二次历史性的误读则是以"教"为核心,以"以道制欲"为目的的。然而,大有意味的是,明代文人——尤其是明中叶浪漫主义文艺思潮时期的文人往往以孔子不删"淫诗"为口实,搜集民间情歌,并给这些情歌以肯定的评价。至晚明时期,有些进步思想家更以《国风》中的情歌为突破口,提出"六经皆以情教"的口号,为爱情自由和感性解放张目。《诗经》才在一定意义和一定程度上恢复了其本来的面目和应有的功用。

是孔子以前的《诗》是《诗》?还是汉人"辅翼政教"的《诗》是《诗》?其实,《诗》是在解释的累积中生成的。

2.3 子曰:"道①之以政②,齐③之以刑,民免④而无耻;道之以德,齐之以礼,有耻且格⑤。"

【注释】

① 道:通"导",引导。

② 政:政令。

③ 齐:规范、约束。

④ 免:避免、躲避。

⑤ 格:"格,至也。言躬行以率之,则民固有所观感而兴起矣。……一说,格,正也。"(《论语集注》)

【今译】

孔子说:"用政令去引导百姓,用刑法来约束他们,老百姓只是求得免于犯罪,不受惩罚,却失去了廉耻之心;用道德教化百姓,用礼制去规范他们的言语行动,百姓不仅会有廉耻之心,并且会正道直行。"

【讲记】

此类论述甚多,如:"夫民,教之以德,齐之以礼,则民有格心;教之以政,齐之以刑,则民有遁心。"(《礼记·缁衣》)"以礼仪治之者积礼仪,以刑罚治之者积刑罚;刑罚积而民怨倍,礼仪积而民和亲。导之以德教者,德教行而民康乐;殴之以法令者,法令极而民哀戚。"(《大戴礼记·礼察篇》)《论语集注》:"愚谓政者,为治之具。刑者,辅治之法。德礼则所以出治之本,而德又礼之本也。此其相为终始,虽不可以偏废,然政刑能使民远罪而已,德礼之效,则有以使民日迁善而不自知。故治民者不可徒恃其末,又当深探其本也。"

孔子在此将道德分为两截,前一方面指向的是李泽厚先生所谓的社会性道德(社会公德或社会规范),后一方面指向的是所谓的宗教性道德;前一方面可用法制社会(非法治社会)来概括,后一方面可用德治社会来概括。

实际上,社会性道德是社会公德或社会规范,它的特点是具有明确的现实功利性和规范强制性;而宗教性道德则具有超越现实功利的特点,也不受外在因素的胁迫;前者的基础是社会总体,后者的基础是人类总体。其实,这些划分方法在孔子这里早已十分清楚,即德与仁,或现实道德与审美人格。

从人类社会的某个发展阶段来看,也许荀子的思想更有立竿见影的效果,而孔子钟情的"德治社会"往往被人指为会带来泛道德主义,阻碍社会公平和进步。但从人类发展的总体来看,"德治社会"的理想是根本,是基础,是保障;失去了道德理想主义,人类社会将会在"理性"的泥淖中沉没。

道德理想主义与"道之以政,齐之以刑"的"法制"思想的区别就在于:前者的出发点是人类总体,后者的出发点是某一特定的历史阶段或时期;前者并不排斥后者的具体形式,而是注重对这些具体形式进行道德观照;后者往往排斥前者,甚至要扼杀前者的思想和理念。(参看 2.1"讲记")

2.4　子曰:"吾十有①五而志于学,三十而立②,四十而不惑③,五十而知天命④,六十而耳顺⑤,七十而从心所欲不逾矩⑥。"

【注释】

① 有:又。

② 立:站得住的意思,引申为自立于社会。

③ 不惑:有独立见解,不被外界事物所迷惑。

④ 天命:对此历来注疏有不同解释。《论语集注》:"天命,即天道之流行而赋于物者,乃事物所以当然之故也。"《论语注疏》:"命,天之所禀受者也。孔子四十七学《易》,至五十穷理尽性知天命之终始也。"这里应释为社会客观性,即人类总体的应

然选择。

⑤ 耳顺：对此有多种解释。《论语集注》："声入心通，无所违逆，知之之至，不思而得也。"此处释为无逆耳之言。

⑥ 从心所欲不逾矩：从，遵从；逾，越过；矩，规矩。意思是人达到了人矩合一的自由境界，是一种审美性的具有宗教意味的境界。

【今译】

孔子说："我十五岁立志于向学，三十岁在社会上能够自立，四十岁能不被外界事物所迷惑，五十岁懂得了天命，六十岁能觉得一切言论都不逆于耳，七十岁能随心所欲而不越出规矩。"

【讲记】

这是孔子对自己一生的总结，也是对人生进阶的深刻揭示。

"吾十有五而志于学"，这是人生的第一阶段。人怎样才能从一般的动物中区别出来呢？人必须比一般动物具有更高的智商和更多的知识，而要具备这些，学习是第一要义，因此要"学而时习之"。"志于学"，就是充分认识到了学习对于人的成立的重要性，明确了何以为人。这是人之为人的起点，是人生的第一阶段。

"三十而立"，立什么？有人认为是立于礼，与六岁习礼、三十而熟有关，孔子自己就说过"兴于《诗》，立于礼，成于乐"。更多的人认为是指人格的成熟，能自立于社会。总之，这个阶段的人应该能符合一般的社会要求，懂得遵守一般的道德规范和社会制度，至于其他，则有待于进一步提高。

"四十而不惑"。《论语集注》说："于事物之所当然，皆无所疑，则知之明而无所事守矣。"人到了这个阶段，对于事物应该是个什么样子，都看得很清楚，没有什么疑虑，不再拘泥于已成之规。也就是说，这个阶段的人有了自己固定的见解和思维系统，不再为社会上的一般的人情物事、言语议论所惑。

"五十而知天命"。《论语》中的"天"多是指义理之天，即天不是自然之天或是神鬼之天，而是指道义之天，天是道义的象征。"天命"则是指这种义理或道义的应然性、普遍性，是社会历史的应然选择,可以称作社会客观性。在孔子看来,"天命"不应该外在于人,而应内化为人的情感和生命,即不仅要靠人的理性认知,更要靠人的情感体认和现实的践行,做到了这些,是"知天命"。"子曰:'不知命,无以为君子也。'"(20. 3)人一旦"知天命",就会深切地体会到自己为何而生,为何而死,什么事可做能做必做,什么事不可做不能做必不做,自觉地将个体融入人类总体! 如果一个人没有做出什么功业,却自称对"天命"有所体认,那就会显得虚浮而无根据;如果一个人做出了不错的功业,但还不能认识、感受"天命",那就大致还停留在"不惑"的阶段。因此,只有做出了外在的功业而又能对这种功业进行内在的超越,才能达到内外合一的境界,也就是"知天命"的阶段。

"六十而耳顺"。如果将"知天命"做上面的解释,下面的话就好理解了。可以说,从"志于学"到"四十而不惑"三个阶段,基本上属于外在的阶段,即理性认识的阶段;到了"知天命"的阶段,则属于外在的理性认识与内在的情感体认合一的阶段了;后两个阶段,侧重点就转向内在人格修养了。那么,怎样才能做到"耳顺"呢? 这就要放弃外在的客观标准,甚至连"择其善者而从之"的态度都要不得,就是说,好话坏话都要听,要万事万物皆不撄于心,不逆于耳,即无苦口之药,无逆耳之言,一切皆为我所用,把所见所闻都当作提高自己内在道德境界的精神资源。只有这样,才能"耳顺",也只有"耳顺"了,人才能摆脱现实的束缚,人的道德境界才能得到迅速的提高。

"七十而从心所欲不逾矩"。这是人生的最高阶段,也是一种具有宗教意味的阶段。只有一种情况才可能从心所欲不逾矩,那就是心外无矩,矩外无心,心矩合一! 到达了这种境界,一言一行皆是为天地立心,为生民立命,为万世立法。而这,是即现实而又超现实的具有宗教意味的审美境界,是人只能永远追求却永远无法彻底达到的虚灵的境界!

需要特别指出的是,该章在人生进阶上是从"志于学"的理性始,到"从心所欲"的感性终,与从感性到理性的某些西方式的理路截然相反。孔子思想正是从人类总体的应然之理出发,终于人的自由的审美境界,在人类总体——人类总体存在与发展的合理性——观照下充分尊重个体的自由，并以其实践性与开放性的基本特征，不断地给予我们启示。（参看 7.6"讲记"）

2.5　孟懿子①问孝，子曰："无违②。"樊迟③御④，子告之曰："孟孙⑤问孝于我，我对曰'无违'。"樊迟曰："何谓也?"子曰："生，事之以礼；死，葬之以礼，祭之以礼。"

【注释】

① 孟懿子：鲁国的大夫，"三家"之一，姓仲孙，名何忌，谥号"懿"。其父临终前要他向孔子学礼。

② 无违：不要违背礼制。古人违背礼制称违。

③ 樊迟：姓樊名须，字子迟。孔子学生。

④ 御：驾驭马车。

⑤ 孟孙：指孟懿子。

【今译】

孟懿子问什么是孝，孔子说："孝就是不要违背礼制。"樊迟为孔子驾车，孔子告诉他："孟孙问我什么是孝，我回答说不要违背礼制。"樊迟说："不违背礼制是什么意思呢?"孔子说："父母活着的时候，要按礼制侍奉他们；父母去世后，要按礼制埋葬他们，祭祀他们。"

【讲记】

《论语集注》："是时三家僭礼，故夫子以是警之，然语意浑然，又若不专为三家发者，所以为圣人之言也。"当时"礼崩乐坏"，所以孔子十分强调礼。由孝而德而仁，礼是仁的表现形式，仁是礼的本质和内涵。以礼来说孝，是对礼的普遍性、经常性要求；能尽礼时要尽礼，不能尽礼时要尽"心"。"林放问礼之本。子曰：'大哉问! 礼，与其奢也，宁俭；丧，与其易也，宁戚。'"

（3.4）"礼之本"是人的真实的情感，而非虚浮的形式。具体到现实情景中，何谓越礼何谓不尽礼，要以具体情况而论。有礼无情，礼为虚礼；有情无礼，未能尽礼；无情越礼或少礼，是为悖乱；有情有礼，文质彬彬。

2.6　孟武伯①问孝，子曰："父母唯其②疾之忧。"

【注释】

① 孟武伯：孟懿子的儿子，名彘，谥号"武"。

② 其：指父母。

【今译】

孟武伯问孔子什么是孝。孔子说："对父母，要特别为他们的疾病担忧。"

【讲记】

"父母唯其疾之忧"还有一种解释，即让父母只为子女的疾病担忧，（不为道德等方面担忧）就是孝了。这种解释大概来源于《论语集注》："父母爱子之心，无所不至，惟恐其有疾病，常以为忧也。人子体此，而以父母之心为心，则凡所以守其身者，自不容于不谨矣，岂不可以为孝乎？"但联系到下面几章看，都是直接说什么是孝，故直接解释成为父母的疾病担忧更顺畅。父母生养子女，忧其身；子女孝敬父母，亦忧其身。出乎尔返乎尔，还报之情，乃孝道之始（道由情生），故忧父母之疾为孝也。

2.7　子游①问孝，子曰："今之孝者，是谓能养②。至于犬马，皆能有养，不敬，何以别乎？"

【注释】

① 子游：姓言名偃，字子游，孔子学生。

② 养：养活。

【今译】

子游问什么是孝。孔子说："今天所谓的孝，只是说能够赡养父母罢了。但人也一样能够养活犬马。如不心存敬意，赡养父母与养活犬马又有什么不同呢？"

【讲记】

《论语集注》："犬马待人而食，亦若养然。言人畜犬马，皆能有以养之，若能养其亲而敬不至，则与养犬马者何异。甚言不敬之罪，所以深警之也。"此处"敬"字是关键，其意是对父母的敬重，而此"敬重"与康德所讲的"敬重"意近。

在康德看来，道德是理性的产物，而理性是人所具有的超人类的普遍必然性，是先验的。"敬"是一种理性的道德取向，与情感无关。例如，对待不投降的敌人，你可以没有情感上的亲近或爱怜，但你往往会有敬重感，因为忠于自己的选择并坚守诺言具有普遍性的意义，是一种普遍性的理性形式。康德把理性推向至高无上的地位，保证了理性的纯粹性，但却带来了一个无法回避的问题：实行这种道德的动力何在？针对康德的"定言命令"，席勒诗嘲讽道："我乐意为亲友们效劳，可是——唉！这样我就有对他们偏爱之嫌了。于是有一个问题折磨着我：我是否真有道德？这里没有别的办法：那就尽量蔑视他们，并心怀厌恶去做义务要求我做的事吧。"[1]康德的形式主义伦理学将理性与情感做了人为的割裂，否定了伦理本体的历史实践性。

事实上，作为普遍性理性形式的"敬"来源于人类社会的组织形式（信义）和人的自由意志（对现实功利的超越），没有这些，人类将失去行动和思维的依据，因此"敬"仍然是人类总体的理

---

〔1〕〔前苏联〕阿尔森·古留加《康德传》，贾泽林等译，商务印书馆，1992年，第164页。

性选择。在人类总体观念中,人的存在——人要"活着"——是最核心的因素,作为普遍性理性形式的"敬"是以人的感性为基础的。

在原始儒家的思想中,"敬"和"爱"是不可分隔的。对"三军可夺帅也,匹夫不可夺志"者的"敬"看似无"爱",实际上充满的是人类总体的爱,即对人类最大、最根本利益的爱。"爱"也必须有"敬",否则便不是"爱"(如对宠物的爱)。对父母的情感则是最典型的"敬爱",对父母的"敬"来自对父母养育之恩的感念和敬老的普遍性规则,对父母的"爱"来自多年的情感培养,此时,"爱""敬"一体,情理共生,不能分割。

孔子的"敬"既有理性超越的一面,又与感性有着密切的联系。"道始于情","敬"的理性命令来自对感性的超越,但对父母的血缘情感正是施行的"敬"的情感动力。有"敬"无"敬"固然是养父母与养犬马的理性而非情感上的区别,但还报父母还是为了"心安",最终落实到人的情感心理,而不是理性的命令。因此,在中国文化中,理性不是目的,仅仅是手段,情理交融的现实生活才是目的。

2.8　子夏问孝,子曰:"色难①。有事,弟子服其劳②;有酒食,先生③馔④,曾⑤是以为孝乎?"

【注释】

① 色难:色,脸色,这里指和颜悦色。难,不容易。
② 服其劳:服,从事、担负。服劳即服侍,担负事务。
③ 先生:先生指长者或父母;前面说的弟子,指晚辈、子女。
④ 馔:饮食、吃喝。
⑤ 曾:竟然。副词。

【今译】

子夏问什么是孝,孔子说:"(尽孝)最不容易的就是对父母和颜悦色。仅仅是有了事情,儿女替父母去做,有了酒饭,让父母吃,竟就能认为这样就算是孝了吗?"

【讲记】

《论语集注》:"子游能养而或失于敬,子夏能直义而或少温润之色。各因其材之高下,与其所失而告之,故不同也。"不只是"因材施教",更重要的是其普遍性意义。孝的根本在于真情,没有真情而徒具形式的孝不是真正的孝;有了孝的情感,即便没有办法完备孝的形式依然是孝。

"道始于情"。孝、德、仁皆以情为本,情有不同,其为本一也。孝、德、仁本是情理交融,以情、理二途论之,乃强为分梳以便言说耳。

2.9 子曰:"吾与回①言,终日不违②,如愚。退而省其私③,亦足以发,回也不愚。"

【注释】

① 回:姓颜名回,字子渊,生于公元前 521 年,比孔子小 30 岁,鲁国人,是孔子非常推重的得意门生。

② 不违:不提相反的意见和问题。

③ 私:这里指颜回私下里讨论的学问及其言行。

【今译】

孔子说:"我给颜回讲学,他整天都不提反对意见和疑问,像个蠢人。等他退下之后,我考察他个人的学问及其言行,发现他对我所讲授的内容有所发挥,可见颜回并不蠢。"

【讲记】

这应该是讲颜回的学习方法,重体悟,重实践。"刚、毅、木、讷近仁",与"巧言令色"截然相反。

2.10　子曰:"视其所以①,观其所由②,察其所安③,人焉廋④哉? 人焉廋哉?"

【注释】
　　① 所以: 做事情的依据。
　　② 所由: 经历。
　　③ 所安: 安于从事的事情。
　　④ 廋(sōu): 隐藏。

【今译】
　　孔子说:"(要考察一个人)要看他做事情的根据,看他的经历,考察他安心干什么。这样,这个人怎样能隐藏得了呢? 这个人怎样能隐藏得了呢?"

【讲记】
　　这是对人的全面考察。考察做事的"所以"与"所安",其实就是考察一个人做事情的依据、动机和方式。"子曰:'道之以政,齐之以刑,民免而无耻;道之以德,齐之以礼,有耻且格。'"(2.3)这既是为政的境界不同,也是动机和目的的不同。道德建构必定重视动机,所谓"有心为善,虽善不赏;无心为恶,虽恶不罚"的动机论思想早已深入人的文化心理。但至汉代的"以礼入法"、"原心定罪"则走向了片面;今天法律中多动机和效果并重,较为允当。为达合理目的而不择手段的做法为原始儒家所不取。"行一不义,杀一不辜,而得天下,皆不为也。"(《孟子·公孙丑上》)因为不合理的手段本身就是与合理的目的相冲突的。受客观条件的制约,人未必都能选择自己喜欢干的事,但对于自己所做的事是否喜欢,是否心安,那完全由自己作主。安于何事或不安于何事,正是人的格位和境界的直接体现。

2.11 子曰:"温故而知新①,可以为师矣。"

【注释】

① 温故而知新:故,旧知识。新,刚刚学到的知识或领悟到的道理。

【今译】

孔子说:"在温习旧知识时,能有新体会、新发现,就可以当老师了。"

【讲记】

《论语集注》之解极精:"言学能时习旧闻,而每有新得,则所学在我,而其应不穷,故可以为人师。若夫记问之学,则无得于心,而所知有限,故《学记》讥其'不足以为人师',正与此意互相发也。""记问之学"是死学,"无得于心",不能内化为人格,不能影响、启发别人,故"不足以为人师"。该章规定了"师"的基本品格:"师"不仅是知识的传承者,更应当是道的承当者。

2.12 子曰:"君子不器①。"

【注释】

① 器:器具。

【今译】

孔子说:"君子不像器具那样(只有某一方面的用途)。"

【讲记】

《论语集注》："器者,各适其用而不能相通。成德之士,体无不具,故用无不周,非特为一才一艺而已。"朱熹所说的"用无不周"的"用"不是"器用"的"用",仍然是指在具体情景中的道德影响。

君子是道德人格,而不是技术人材;君子对社会发生影响的方式是道德影响,而不是技术效用;只有将技术或功业转化成道德,对社会产生了影响,才能成为君子。有人认为孔子说"焉用稼"(13.4)和"君子不器"之类的话是害怕技术性的知识会妨碍了君子在仁学方向上的专注,会妨碍成仁之道,更拈出"子夏曰:'虽小道,必有可观者焉,致远恐泥,是以君子不为也'"(19.4)来佐证,其实非也。"焉用稼"和"致远恐泥"是说用稼穑和小的技艺来达到远大目标就行不通了,而不是说"小道"(技艺)不能学。孔子向来不矫情。"子曰:'富而可求也,虽执鞭之士,吾亦为之。'"(7.11)孔子向来不反对社会的富足和个人的富贵,对这些他都循道而求之。对于管仲的评价,最能说明问题。这里是将道德人格与器具之用分疏开来。

孔子决不反对技艺,相反,他认为人生的目的就是"游于艺"。有些人认为孔子将技艺看作"知障",是将孔子富有实践精神的仁学与佛学、"为道日损"的道家思想和做心性修养功夫的理学混说了。

庄子的"进乎技"是指在技艺中体会自然之道,孔子的"游于艺"是指境界的养成。二者虽都涉及人格,但一是对现实的超脱(游于道,摆脱现实的羁绊),一是对现实的超越(游于艺,超越现实个体的物欲、功利意识),毕竟不同。

无道德而有学问,器具也;无思想而有学问,器具也;无性灵而有学问,器具也。器具堆里,安见君子!

李泽厚的《论语今读》在该章的"记"中说:"到二十世纪,现代中国知识分子在内忧外患的特殊环境下,先后六代(见拙作《中国近代思想史论》)仍在扮演这种'脊梁'角色。他们为启蒙为救亡而呐喊而活动而革命,从进行文学艺术创作到科学、教育、文化工作,到领导农民革命,即使各有'专业',也大都是'心

忧天下'而'不器'的。但如果真正进入现代社会,情况便会有极
大不同,不再是知识分子,而是广大中产阶级才是维系社会生存
的骨架,知识分子只是作为某种分工很细的专业人员即专门家
如医生、律师、工程师、经理、教师、教授、记者等等,成为这个社
会的各种器官而已。在这个社会里,人都被'职业化'了。因此,
'君子必器'。"〔1〕这些观点应当辨正:一、当年的革命者的工作
才能和工作经验是"器",而革命思想和革命精神是"道",他们是
"器道合一"的君子,绝非"不器"的。二、君子必有器用,而有器
用者未必是君子,李泽厚所讲的纯技术意义上的医生、工程师等
未必是仁学意义上的君子。三、李泽厚承认以"君子"为主导的
传统社会转型为以中产阶级(非"君子")为主导的现代社会的现
实性,同时也承认了其合理性,这与李泽厚的社会性公德(政治
制度等)可以离开人的"宗教性私德"而存在的思想是一致的。
恰恰是在李泽厚先生这种思想产生后的二十多年中,世界的政
治、经济形势却不支持这一思想,倒是证明了这样一个道理:非
"君子"的中产阶级和非"君子"的"中产国家"很难产生,产生了
也会不长久。道理很简单,在单 法制平面上的纯技术意义上
的知识分子只能过碎片式或原子式的个人生活,无法产生前瞻
性的思想,因而无法支持一个社会的长治久安。

　　"君子"必怀有用之技而又心忧天下,并将自己的现实功业
化为道德,再以自身的道德来影响他人和社会,此乃"君子不器"
之"大器"。即使放到现代社会,这一观念仍未过时。

　　2.13　子贡问君子,子曰:"先行其言而后从之。"

【今译】
　　子贡问怎样的人才算是君子。孔子说:"对于你要说的话,

---

〔1〕 李泽厚《论语今读》,安徽文艺出版社,1998 年,第 62 页。

先实行,然后再说出来(这就算是一个君子了)。"

【讲记】

《论语集注》:"范氏曰:'子贡之患,非言之艰而行之艰,故告之以此。'"子贡善辩,故有此答。修身以行为本,反对"巧言令色""言不及义",是孔子的基本主张。

2.14　子曰:"君子周①而不比②,小人比而不周。"

【注释】

① 周:合群,团结。
② 比(bì):勾结,偏私。

【今译】

孔子说:"君子团结而不与人勾结,小人与人勾结而不团结。"

【讲记】

君子以义交,以大道交,不谋私利,故与人团结;小人无公义,求私利交,故与人勾结。《论语》中还有几处类似的论述,如"君子矜而不争,群而不党"(15.21)等。

2.15　子曰:"学而不思则罔①,思而不学则殆②。"

【注释】

① 罔:迷惘,不求诸内心;诬罔,以非为是。
② 殆:危险、疲怠。

【今译】

孔子说："只向外学习,而不思考体悟,就会迷惘;只空想而不向外学习,就会疑惑而危殆。"

【讲记】

这是讲学与思的关系。读书学习等所属的外向性学习是基础,思考体悟所属的内向性学习是依据。没有前者就失去了基础,就会陷入空想,人就很难进步;没有后者就失去了学习的导向和灵魂,甚至会以非为是。

这里说的不仅仅是一种学习的方法,更是讲学习的本质和目的。学习要"学""思"结合,将外在的知识和实践化为内在的情感和生命,才能不"罔"不"殆",实现人格的提升。

2.16　子曰:"攻①乎异端②,斯③害也已④。"

【注释】

① 攻:攻习,学习。有人将"攻"解释为"攻击",不取。
② 异端:不正确的言论。另外、不同的一端。
③ 斯:代词,这。
④ 也已:这里用作语气词。

【今译】

孔子说:"学习那些不正确的言论,是有害的。"

【讲记】

《论语注疏》云:

> 正义曰:"此章禁人杂学。攻,治也。异端,谓诸子百家之书也。言人若不学正经善道,而治乎异端之书,斯则为害之深也。以其善道有统,故殊涂而同归。异端则不同归也。"

将"攻乎异端"解释为攻剿危害正统的邪说,其来有自。儒学是先秦诸子之一,汉代受独尊而被称为经学,其他诸子被作为异端予以排斥,如董仲舒所说的,"诸不在六艺之科、孔子之术者,皆绝其道,勿使并进,邪辟之说灭息"(《汉书·董仲舒传》)。皇侃、邢昺、朱熹的疏注都是持此说。此说与原始儒家开放性思想观念不合,侯外庐先生曾指出,没有看到过汉代以前学者以"邪说"为"异端"的记载。

有一种解释是攻剿异端邪说,他们的危害就消除了,杨伯峻《论语译注》持此说。

还有一种解释是攻击不同于你的异端邪说,对你反而是有害的,表现的是儒家的宽容精神。李泽厚的《论语今读》持此说。似为牵强,从学理到现实都很难理解。

孔子所处时期,多家并出,孔子以"周监于二代,郁郁乎文哉,吾从周"的态度自守而授徒,告诫弟子不要学习不正确的言论学说,是可以理解的。

2.17 子曰:"由①,诲女②,知之乎? 知之为知之,不知为不知,是知也。"

【注释】

① 由:姓仲名由,字子路,也作季路。生于公元前 542 年,孔子的学生,长期追随孔子。

② 女:同"汝",你。

【今译】

孔子说:"仲由啊,我教给你的话,你明白了吗? 知道的就是知道,不知道就是不知道,这就是真正的智慧啊!"

【讲记】

首先强调的是实事求是的态度,也是提升人格修养的基础。

但更重要的是对待世事人生和自然界知识的准则。这里的"知"是知道、了解、理解和体会、体认的意思,既包括感性知识、理性知识,也包括体会和体认,有时后者更为重要。这种对知识的态度决定了中国文化的"实用理性"的特征。但必须说明的是,这里的"实用理性",其主要含义不是只关注现实短期功利的有用性,而主要是指基于现实而又归于现实的对现实的执着性。例如,对待整个人类,"实用理性"从人类中个体的经验出发,将这种经验以"己所不欲,勿施于人"的方式推延开来,始终执著于现实的感性经验,但最终导向的是超越性的人类总体。

本讲反对将中国文化中的"实用理性"解释成短视狭隘的功利主义或"工具理性",如台湾吴大猷先生在《科学技术与人类文明》一文中说:"一般言之,我们民族的传统,是偏重实用的。我们有发明、有技术,而没有科学。"[1]因为儒家思想的基本观念——人类总体——就是将整个人类的生存与发展这一人类最大最根本的利益作为自己的终极追求目标,因此就不再是普通意义上的功利。儒家文化要求将个体融入人类总体的思想恐怕也不是狭隘的功利主义,历史上大批殉道的先贤难道是为了自己的"实用"? 实际上,在人类总体观念的观照下,无论是中国的古代的"技术"还是西方的"科学",在儒家看来,都不过是实现人类总体的手段。在传统的人类总体观念和现代意识的观照下,中国照样可以发展出"为科学而科学"(实际上仍然是以人类总体为目的)的精神。

更重要的是,对于"知"的界限的划定决定了中国文化包括"实用理性"在内的基本特征,保证儒家的人格修养永远是脚踏实地的,永远不会走向虚妄。而某些文化和宗教往往并不厘定这样的界限,因此即便伟大,也往往是伟大与荒诞并存;当我们接受这些文化或宗教的伟大时,很难避免不接受其荒诞;当在某些历史条件下荒诞处于显性状态时,灾难便降临。

---

〔1〕 吴大猷《吴大猷科学哲学文集》,社会科学文献出版社,1992年,第283页。

2.18 子张①学干禄②,子曰:"多闻阙③疑,慎言其余,则寡尤④;多见阙殆,慎行其余,则寡悔。言寡尤,行寡悔,禄在其中矣。"

【注释】

① 子张:孔子的学生,姓颛孙,名师,字子张,比孔子小48岁。

② 干禄:干,求;禄,即古代官吏的俸禄。干禄就是谋求官职俸禄。

③ 阙:缺。此处指放置在一旁。

④ 寡尤:寡,少。尤,过错。

【今译】

子张请教谋求官职俸禄的办法。孔子说:"要多听听,有怀疑的地方先放在一边,对于有把握的,也要谨慎地说出来,这样就会少犯错误;要多看,有怀疑的地方先放在一边,对其余有把握的,也要谨慎地去做,这样就能减少后悔。说话少过失,做事少后悔,仕禄之道就在其中了。"

【讲记】

《论语集注》之解甚精:

愚谓多闻见者学之博,阙疑殆者择之精,慎言行者守之约。凡言在其中者,皆不求而自至之辞。言此以救子张之失而进之也。程子曰:"修天爵则人爵至,君子言行能谨,得禄之道也。子张学干禄,故告之以此,使定其心而不为利禄动,若颜、闵则无此问矣。或疑如此亦有不得禄者,孔子盖曰耕也馁在其中,惟理可为者为之而已矣。"

孔子主张积极建立现实功业,不反对"干禄",但必须"干禄"有道,此章讲的就是"干禄"之道。"干禄"而"不为利禄动","修天爵则人爵至",说的正是以道德来观照功利、化功业为道德的思想。

　　此章讲的绝不是所谓求取世俗功名利禄的方法。

　　2.19　哀公①问曰："何为②则民服?"孔子对曰③："举直错诸枉④,则民服;举枉错诸直,则民不服。"

【注释】

　　① 哀公:鲁国国君,姬姓,名蒋,谥号"哀",公元前494年—前468年在位。

　　② 何为:做些什么事。

　　③ 对曰:《论语》中记载回答国君等在上位者问话的用"对曰",以示尊敬。

　　④ 举直错诸枉:举,选拔。直,正直公平(的人)。错,同"措",放置。枉,不正直(的人)。

【今译】

　　鲁哀公问:"怎样才能使百姓服从呢?"孔子回答说:"把正直的人选拔起来放在邪曲的小人上面,老百姓就会服从了;让邪曲不正的人在正直无私的人上面,老百姓就不会服从统治了。"

【讲记】

　　这是德治社会的基本要求。

　　"人之生也直,罔之生也幸而免。"(6.17)意思是说,正道直行才是人生的应然本分,人就是靠这个生存下来的;我们的生活中不正直的人也能生存,那只是靠侥幸而免于灭亡罢了。所以,为政者的重要任务就是选拔正直而有才能的人才来管理国家。

　　但人性的自私和眼光的偏狭往往会"举枉错诸直",这就需要以全面的"博弈"——民主的方式来"举直错诸枉"。然而,盲目的"博弈"也容易导致悖乱,只有在人类总体的观照下循道而行,才能取得较好的效果。

2.20　季康子①问："使民敬、忠以②劝③,如之何?"子曰："临④之以庄,则敬;孝慈⑤,则忠;举善而教不能,则劝。"

【注释】

① 季康子:鲁哀公时的正卿,姓季孙名肥,谥号"康",当时政治上非常有权势。

② 以:而。

③ 劝:勉励。这里是自勉努力的意思。

④ 临:对待。

⑤ 孝慈:对父母孝敬,对子弟慈爱。

【今译】

季康子问道:"要使百姓恭敬、忠诚而努力干活,该怎样去做呢?"孔子说:"你用庄重的态度对待百姓,他们就会尊敬你;你对父母孝顺、对子弟慈祥,百姓就会忠诚于你;你选用善良的人来教育能力差的人,百姓就会勤勉了。"

【讲记】

以身作则,修身固本,"为政以德","修天爵则人爵至",大义与2.18同。

但这仍然具有理想主义的色彩。"为政以德"是治理搞好政治的重要条件,但不是充要条件。将"为政以德"的作用夸大至万能,必定陷入道德乌托邦主义;如果不讲"为政以德",完全依靠所谓以契约精神为基础的社会公德,那么这种社会公德就会变成空洞而僵硬的外壳,最终失去合法性。当今社会,以德为本,以法治国,应该是二者合理的辩证关系。

2.21　或①谓孔子曰:"子奚②不为政?"子曰:"《书》③云:'孝乎惟孝,友于兄弟,施于④有政。'是亦为政,奚其为为政?"

【注释】

① 或：有人。

② 奚：为什么。

③《书》：指《尚书》。

④ 施于：延及，影响。

【今译】

有人对孔子说："你怎么不从事政治呢？"孔子回答说："《尚书》上说，'孝啊，只有孝，友爱兄弟，把这孝悌的道理施于政事。'也就是从事政治，为什么一定要做官才算是从政呢？"

【讲记】

这仍是"为政以德"的思想。《大学》："古之欲明明德于天下者，先治其国；欲治其国者，先齐其家；欲齐其家者，先修其身；欲修其身者，先正其心；欲正其心者，先诚其意；欲诚其意者，先致其知；致知在格物。"

这就是正心诚意、格物致知、"修齐治平"的思想。由个人到社会，由家到国，己人一体，家国一体，这是一个同心圆不断向外推延的思维方式。这种思维方式具有严格的道德自律性，但缺乏他律性加以保障，所以只能适用于传统的"家天下"的社会；在当今的"公天下"的社会中，往往会陷入道德乌托邦主义。但以个人修养为圆心的道德自觉与自律仍然是法治化道德社会的前提，因为个人的道德自觉是"人能弘道"的人类总体的社会客观要求。

历史上多有"以孝治天下"的王朝，其本质仍然是以德治国，但更为狭隘和更为政治功利化。

2.22　子曰："人而无信，不知其可也。大车无輗①，小车无軏②，其何以行之哉？"

【注释】

① 輗(ní)：古代牛车车辕前面横木两端的木销子。

② 軏(yuè)：古代马车车辕前面横木两端的木销子。没有輗和軏，车就不能走。

【今译】

孔子说："一个人不讲信用，不知他怎么立身。就好像大车没有輗、小车没有軏一样，它靠什么行走呢？"

【讲记】

"信"在儒家思想体系中占有重要地位，因为诚实守信是维系人类社会的基本法则。"信"与"敬"一样，是人类总体的理性选择，也是人类历史实践——"历史建理性"的产物。（参看 2.7 "讲记"）

2.23　子张问："十世①可知也？"子曰："殷因②于夏礼，所损益③可知也；周因于殷礼，所损益可知也。其或继周者，虽百世，可知也。"

【注释】

① 世：古时三十年为一世。也有的把"世"解释为朝代。

② 因：因袭，沿袭、继承。

③ 损益：减少和增加，废除和增添。

【今译】

子张问孔子："今后十代的礼仪制度可以预先知道吗？"孔子说："商朝继承了夏朝的礼仪制度，所废弃和增加的内容是可以知道的；周代又继承商朝的礼仪制度，所废弃和增加的内容也是可以知道的。将来有继承周朝礼仪制度的，就是百代以后的情况,也是可以预先知道的。"

【讲记】

对于礼之所因,《论语注疏》说:"言殷承夏后,因用夏礼,谓三纲五常不可变革,故因之也。"(《白虎通》云:"三纲者何谓? 谓君臣、父子、夫妇也。君为臣纲,父为子纲,夫为妻纲。大者为纲,小者为纪,所以张理上下,整齐人道也。人皆怀五常之性,有亲爱之心,是以纲纪为化,若罗网有纪纲之而百目张也。所以称三纲何? 一阴一阳之谓道,阳得阴而成,阴得阳而序,刚柔相配,故人为三纲,法天地人。君臣法天,取象日月屈信归功也。父子法地,取法五行转相生也。夫妇,取象人合阴阳有施。君,群也,群下之所归心。臣,牵也。事君也,象屈服之形也。父者,矩也,以度教子。子者,孳也,孳孳无已也。夫者,扶也。以道扶接。妇者,服也,以礼屈服也。""五常者,何谓? 仁、义、礼、智、信也。仁者不忍,好生爱人。义者宜也,断决得中也。礼者履也,履道成文。智者知也,或于事,见微知著。信者诚也,专一不移。故人生而应八卦之体,得五气以为常,仁、义、礼、智、信是也。")其实这不是孔子的意思,所谓纲常名教,皆后人解释以加孔子。

借此示例中国式的"解释学"。

2.24 子曰:"非其鬼①而祭之,谄②也。见义③不为,无勇也。"

【注释】

① 鬼:指鬼神或死去的祖先。这里泛指鬼神。
② 谄:谄媚、阿谀。
③ 义:人应该做的事。

【今译】

孔子说:"不是你应该祭的鬼神,你却去祭祀它,这就是谄媚;见到正义的事情却不挺身而出,就是怯懦。"

【讲记】

该章是讲人的本分。

对于自己逝去的祖先或应该祭祀的鬼神进行祭祀是自己的本分,这是在长久的历史中形成的情感和规约。不祭祀应该祭祀的鬼神是未尽到义务和责任,而祭祀那些不应该祭祀的鬼神则是越出了本分,其实质是谄媚。这与爱国主义的思路是一样的。爱国主义是人类文明中少数几个最具有普适性的文化观念之一,具有天然的合法性。当然,国家和民族都是历史概念,爱国主义也具有自身鲜明的历史性。各个国家和民族都应该有爱国主义思想和情感,都有着抵抗外侮的权利和义务,因为只有这样人类才能在多元平衡中取得和平,才能在和平中逐渐融合,最终达到人类大同。如果只允许一个国家或民族有爱国主义,那么,其他所有国家或民族就会灭亡,而那个唯一的"战胜国"失去了制约,必然会因虚妄的自大,最终引领人类走向灭亡,起码会给人类带来更大的灾难。历史上不断发生的极权政治进行种族灭绝的惨剧就是最好的例证。

"是其鬼而祭之"与"爱国主义"、"非其鬼而祭之"与"投降主义"看似距离遥远,实是"同理可证"。

见义应该勇为,思路与上同。

八佾 第三

3.1　孔子谓季氏①,"八佾②舞于庭,是可忍也③,孰不可忍也!"

① 季氏:鲁国执政者季孙氏,可能是季平子。

② 八佾(yì):佾,行列的意思。古时一佾8人,八佾就是64人,据《周礼注疏》:"即谓天子八佾,诸公六佾,诸侯四佾之等也。"季氏是正卿,只能用四佾。

③ 可忍:可以忍心。一说可以容忍。

【今译】

孔子谈论季氏时说:"他用64个人在家庙的庭院中奏乐舞蹈,这样越礼的事他都能忍心做出来,还有什么事情不能狠心做出来呢?"

【讲记】

《论语集注》中云:

孔子为政,先正礼乐,则季氏之罪不容诛矣。谢氏曰:"君子于其所不当为,不敢须臾处,不忍故也。而季氏忍此矣,则虽弑父与君,亦何所惮而不为乎?"

孔子处"礼崩乐坏"之时,想匡正时弊,首先在正礼,即端正礼仪规范和社会制度。

礼以仁为本，无礼则无仁。向内求仁固然重要，向外求仁亦为必须。无内求，礼就变成了僵硬的空壳；无外求，礼就失去保障，况且向外求礼也是向内求礼的一种形式。汉代以礼入法，确立了礼法合治的治国模式和治国理念，为历代所沿用；此处的礼治在本质上是德治，礼法合治实际上就是封建"家天下"历史阶段的以德为本，以法治国。在当今的"公天下"历史阶段，仍然应当以德为本，以法治国，不同的是此时的法是以宪法为根本大法。

至今天，传统的礼的内容当然大多应该摒弃，但礼的形式却应该继承，即礼是一个历史性概念，如维护封建等级秩序的"礼"在今天应该变为遵守社会的公序良俗的礼。

3.2　三家①者以《雍》②彻。子曰："'相维辟公，天子穆穆'③，奚取于三家之堂④？"

【注释】
①　三家：指孟孙氏、叔孙氏、季孙氏，他们当时在鲁国当政，因其都是鲁桓公的后代，又称"三桓"。
②《雍》：《诗经·周颂》中的一篇。古代祭祀完毕撤下祭品时要乐舞娱神，当时天子祭宗庙完毕撤祭品时唱《雍》篇。
③　相维辟公，天子穆穆：《雍》诗中的两句。相，傧相，助祭者；维，助词；辟公，指诸侯；穆穆，庄严肃穆。
④　堂：祭祖的庙堂。

【今译】
孟孙氏、叔孙氏、季孙氏三家在祭祖完毕撤去祭品的时候，也命乐工唱《雍》这篇诗。孔子说："《雍》诗上说：'四方诸侯来助祭，天子严肃静穆地在那里主祭。'这样的意思，怎么能用在你三家的庙堂里呢？"

【讲记】

《论语集注》中云：

> 天子宗庙之祭，则歌《雍》以彻，是时三家僭而用之。相，助也。辟公，诸侯也。穆穆，深远之意，天子之容也。此《雍》诗之辞，孔子引之，言三家之堂非有此事，亦何取于此义而歌之乎？讥其无知妄作，以取僭窃之罪。

因孟孙氏、叔孙氏、季孙氏都是鲁桓公的后代，故祭祀同庙。与上章一样，指斥三家越礼。

以乐入礼，非以刚性束缚为旨归，而是欲以教化为手段，以审美之人格境界为旨归也。"先王之道"，何其大也！

3.3 子曰："人而不仁，如礼何？ 人而不仁，如乐何？"

【今译】

孔子说："一个人没有仁德，他又怎能实行礼呢？ 一个人没有仁德，他又怎能运用乐呢？"

【讲记】

该章的主旨是以仁释礼，以仁释乐。礼、乐的本质是什么？是仁，一切外在的形式都必须以人的内在感情为依据，礼乐是塑造人性心理的形式，也是人性心理的表现；二者相互为用，是一个内容与形式的统一体。

无仁则礼乐为空洞的外壳，无礼乐则仁不易达成和体现。以仁释礼，以仁释乐，将仁规定为礼乐的本质，是孔子对中国文化的重要贡献，也是中国文化"哲学突破"的重要标志。

仁是什么？ 孔子重历史，尤其重西周初年的历史（"周监于二代，郁郁乎文哉，吾从周。""礼之用，和为贵。先王之道，斯为美"），重实践（"弟子入则孝，出则弟，谨而信，泛爱众，而亲仁，行

有余力,则以学文"),仁的内涵从历史和实践中来。在历史实践
的过程中,人类逐渐建立历史理性,即历史的合理性;在孔子看
来,人不仅要对某些历史合理性进行认知,更要对其进行认同,
即深度的情感体认。这些历史合理性在人的心中的审美生成,
就是仁。因此,仁不是纯粹的客观或主观性的存在,而是主客观
融合的审美性的情理结构,也是心理结构。仁以社会客观
性——即人类社会存在与发展必须依存的某些社会规则(不是
物质性的规律。有时这些社会规则被孔子上升到"天命"的高
度)——为基础,以人性心理的追求为主导("我欲仁,斯仁至
矣"),依靠具体情景在人的心理中进行灵动的生成。仁具有历
史性、实践性、开放性和社会客观性。

宋明新儒家(儒家第二期)和现代新儒家(儒学第三期)对仁
或良知的解释实际上都是对原始儒家(儒学第一期)的歧出。

孟子说:"人之所不学而能者,其良能也;所不虑而知者,其
良知也。孩提之童无不知爱其亲者;及其长也,无不知敬其兄
也。亲亲,仁也。敬长,义也。"(《尽心上》)"恻隐之心,仁之端
也;羞恶之心,义之端也;辞让之心,礼之端也;是非之心,智之端
也。"(《公孙丑上》)"仁义礼智皆根于心。"(《尽心上》)孟子的论
述已经有离开孔子仁学历史性和实践性的迹象,不考察良知良
能的来源,仅从某种现象入手并将其设定为理论原点。结合《孟
子》中的其他有关理论思辨可知,追求理论原点的设定而非追求
理论的历史性和实践性成为其论辩的特点。其实开后世此种论
辩之风。

至北宋,始有张载提及"良知"概念,指出"诚明所知乃天德
良知,非闻见小知而已。"[1]在儒学史上开始了"理"本体的构
建。从周敦颐、张载至程、朱,理学的构建和发展过程就是将孔
子的富有历史性实践性的"仁"逐渐抽象化和普遍化,由先验终
至超验,建构起"理"本体。陆九渊与朱熹之间在学术理路上曾
有"尊德性"与"道问学"之争,对后世影响极其深远。"元晦之

[1] 张载《正蒙·诚明篇》,《张载集》,中华书局,1978年,第20页。

意,欲令人泛观博览,而后归之约。二陆之意,欲先发明人之本心,而后使之博览。"[1]朱、陆之间曾为此争论与辩难,朱熹攻击陆九渊为"禅学",陆九渊则攻击朱熹为"支离"。实际上,无论是"尊德性"还是"道问学"都是对孔子仁学某个方面的歧出性拉伸。

至王阳明则由"理"本体发展到"良知"本体。所谓"良知"本体,即整个宇宙都有价值和意义存在。王阳明说:"人的良知,就是草木瓦石的良知。若草木瓦石无人的良知,不可以为草木瓦石矣。岂惟草木瓦石为然,天地无人的良知,亦不可为天地矣。"[2]"良知是造化的精灵,这些精灵,生天生地,成鬼成帝,皆从此出,真是与物无对。"[3]"尔那一点良知,是尔自家底准则。尔意念着处,他是便知是,非便知非,更瞒他一些不得。尔只不要欺他,实实落落依着他做去,善便存,恶便去。"[4]"良知"成为万有的本体,当然主要还是价值本体,即赋予事物价值意义的本体。与"理"本体相比,"良知"突出了"心"的作用,而"心"往往与人的情感相联,因此"良知"本体具有解放思想的作用。但王阳明并没有说明"良知"从那里来,为心学之崩坏留隙。其实,"良知"与"仁"一样,是历史合理因素在人心中的生成。

如果把冯友兰也算作现代新儒家的话,宋明理学的"道问学"的脉络就延伸到冯友兰先生的"新理学","尊德性"则表现为熊十力先生的"新唯识论"。熊十力的本体论十分著名,他认为"本体是万理赅备之全体,而无有一毫亏乏的。如其有所亏乏,便不成为本体。须知本体是圆满至极,德无不全,理无不备。"[5]但这个本体又是实有的:"当知宇宙自有实体,万化万变谓一切行。不是凭空幻现。"[6]熊十力反对把本体当做是离吾心而外在的物事,反对只凭理智作用向外界去寻求,认为追求本体应该向内求诸己,反之于心而即是,"万有本原与吾人真性元

---

[1] 陆九渊《陆九渊集》,中华书局,1980年,第491页。
[2] 王阳明《传习录》,江苏古籍出版社,2001年,第288页。
[3] 同上,第278页。
[4] 同上,第237页。
[5] 熊十力《新唯识论》,中华书局,1985年,第536页。
[6] 熊十力《新唯识论》,中国人民大学出版社,2006年,第64页。

非有二,此中真性谓本心,以其为吾人所以生之理则云真性,以其主乎吾身则曰本心。"〔1〕只有人心才能做到"理一万殊","体用不二"。熊十力先生终究未说明"心"为本体还是实在为本体,或是良知的"呈现"为本体,这种思想与王阳明的"良知"本体论很接近,但又更加繁复模糊,而与孔子仁学的"历史实践"本体论距离更远。

以熊十力"体用不二"、"体"是大海、"用"是浪花的思想,当然可以推出"良知是呈现"的结论。牟宗三先生受此启发,引入康德的思想,穷三十年时光证明"良知是呈现",建构"道德的形上学",仍是把"良知"看成客观的石头,把人心看作是可涨落变化的水,良知的呈现就是"水落石出"。

这种机械的思维方式与中国传统的"体用不二"、"道器合一"的思维方式——思维过程的"体用不二"、"道器合一"——相去甚远。在孔子仁学中,"仁"的生成不存在概念设定,也不存在概念的原点,只是一个在历史实践中的生成过程。"仁"或"良知"只有在人的体认中才出现和存在,它自身只是一种"现象",不是本体,真正的本体是历史实践。(参看 7.29"讲记")

3.4　林放①问礼之本,子曰:"大哉问! 礼,与其奢也,宁俭;丧,与其易②也,宁戚③。"

【注释】

① 林放:《论语集注》:"林放,鲁人。见世之为礼者,专事繁文,而疑其本之不在是也,故以为问。"

② 易:治理、置办。这里指过分置办丧礼。一说谦和、平易。

③ 戚:心中悲哀。

---

〔1〕　熊十力《新唯识论》,中国人民大学出版社,2006年,第25页。

【今译】

林放问什么是礼的根本。孔子回答说："你问的问题意义真是很大啊！礼仪，与其奢侈，不如节俭；丧葬，与其注重仪式，不如内心悲戚。"

【讲记】

礼的本质是仁，而仁是情感体认的结果或心理状态，因此礼应该是情感的自然表达形式；礼一旦成为虚饰，甚至成为感情表达的障碍的时候，礼就失去了其本来的意义，就成为人的外在束缚。

礼以情为本。情是社会历史的产物，是随着时代的变化而变化的，因此，礼的内容也是随着社会历史的变化而变化的。在原始儒家那里，礼从来都不是一成不变的，而是适应历史发展的需要，达成和谐，成为维护社会和平安定的手段。与政治相比，礼诉诸更长的历史阶段和更深的文化层面，因此礼往往为某些政治运动所排斥。但这些政治运动过后，往往还要"复礼"，当然，礼也在这种历史进程中不断损益和发展。

礼与情的关系颇似实在法与自然法的关系。在自然法学看来，自然法代表了大自然以及人类社会的和谐完美，而人类社会现存的实在法由于人类认识的局限以及私欲的遮蔽是有缺陷的，应该接受自然法的指导，甚至必须服从自然法；实在法自身的合法性也不能由自己进行论证，必须依靠自然法，而不合于自然法的实在法是没有合法性的，即"恶法非法"。自然法思想具有很强的开放性，西方的资产革命以及中国古代农民起义的"替天行道"等都运用了这一思想。

李泽厚的《论语今读》在该章下的"记"需要辨正："正因为此，伦常、宗教、均笼罩和渗透在神圣的宗教情感之下。由畏（殷）而敬（周）而爱（孔子），这种培育着理性化的情感成为儒学的主要特征。它不断发展并普泛化为宇宙规律（汉儒：'仁，天地心也'）和道德律令（宋儒：'仁者，爱之理，心之德也'），情感（仁、爱）成了'天心''天理'的本体所在。无论是'儒道互补'或'儒法互用'，不管是'内圣'或'外王'，这一本体或特征始终是其内在的灵魂。所以,不是天本体、气本体、理本体、心本体、性本体,而是'情本体'才是儒学要点所在,这就是《今读》所将反复申说的。"〔1〕相对于天本体、气本体、理本体、心本体、性本体等的确应该是"情本体",但依据孔子的思想,"情本体"中的"情"仍然是从历史实践中来的,因此从根本上讲还是历史实践本体。

其实,无论是"情本体"还是历史实践本体,都还没有触及到价值建构的最终内在依据——人要"活着"的内在亲证。(参看6.28、15.28、19.19"讲记")

3.5　子曰:"夷狄①之有君,不如诸夏②之亡③也。"

【注释】

① 夷狄:古代中原地区的人对周边地区的贬称,意思是不开化,不能知书达礼。

② 诸夏:古代中原地区华夏族的自称。

③ 亡:同"无"。

【今译】

孔子说:"夷狄虽然有君主,不如中原诸国没有君主!"

【讲记】

钱穆先生以为有两解:"一说:夷狄亦有君,不如诸夏竟于僭篡,并君而无之。另一说:夷狄纵有君,不如诸夏之无君。盖孔子所重在礼,礼者,人群社会相交相处所共遵。若依前一说,君臣犹是礼中大节,苟无君,其他更何足论。孔子专据无君一节而谓诸夏不如夷狄。依后说,君臣亦仅礼中之一端,社会可以无君,终不可以无礼。孔子撇开无君一节,谓夷狄终不如诸

---

〔1〕 李泽厚《论语今读》,安徽文艺出版社,1998年,第79页。

夏。"〔1〕钱穆先生的这种解释将礼、道置于君主、政权和民族之上,深合中国传统之神髓。

3.6 季氏旅①于泰山,子谓冉有②曰:"女弗能救③与?"对曰:"不能。"子曰:"呜呼!曾④谓泰山不如林放⑤乎?"

【注释】

① 旅:祭祀名山大川的祭名。依照当时礼制,只有天子和诸侯才能祭祀名山大川。

② 冉有:姓冉名求,字子有,孔子的弟子,比孔子小 29 岁。当时任季氏家臣。

③ 救:挽救。这里指谏阻。

④ 曾:竟,难道。

⑤ 林放:郑玄因《弟子传》无林放,故不称他为孔子的弟子。

【今译】

季孙氏要去祭祀泰山。孔子对冉有说:"你难道不能劝阻他吗?"冉有说:"不能。"孔子说:"唉!难道说泰山之神还不如林放懂礼吗?"

【讲记】

《论语注疏》:"夫神不享非礼。林放尚知问礼,况泰山之神,岂反不如林放乎?而季氏欲诬罔而祭之也?言泰山之神必不享季氏之祭。若其享之,则是不如林放也。"孔子不仅将礼置于权势之上,还置于鬼神之上。鬼神、国君、诸侯皆不可僭礼。在孔子那里,要循礼而行,应以道制势,在这个意义上,礼、道具有绝对性。当然,礼、道并非先验或超验的,而是"道不远人","人能

---

〔1〕 钱穆《论语新解》,三联书店,2008 年,第 56—57 页。

"弘道",最终依据的是人类总体。(参看 15.28"讲记")

3.7　子曰:"君子无所争,必也射①乎! 揖②让而升③,下而饮,其争也君子。"

【注释】

① 射:射箭。此处指古代的射礼。
② 揖:拱手行礼,以谦让表示尊敬。
③ 升:登。

【今译】

孔子说:"君子没有什么可与别人争的事情。如果有的话,那就是射箭比赛了。比赛时,两人先相互作揖谦让,然后上场。待射完后,两人又相互作揖,再退下来饮酒。这就是君子之争。"

【讲记】

> 谦让,德之基也。(《左传·文公元年》)
> 乡射之礼。主人戒宾,宾出迎,再拜。主人答再拜,乃请。宾礼辞,许。主人再拜,宾答再拜。主人退;宾送,再拜。无介。……君在,大夫射,则肉袒。(《仪礼·乡射礼第五》)
> 言君子恭逊不与人争,惟于射而后有争。然其争也,雍容揖逊乃如此,则其争也君子,而非若小人之争矣。(《论语集注》)

古代的射礼有四种,分别是大射、燕射、宾射和乡射。从先秦时期到宋明时期,无论是国家层面的大射礼还是民间主导的乡射礼,射礼一直以各种形式在延续。射礼是我国礼仪文化的重要形式,是我们民族气质、性格以及思想的重要载体,射礼讲究谦和、礼让、庄重,本质上是一种礼乐教化引导方式。《礼记·射义》:"射者,仁之道也。射求正诸己,己正而后发,发而不中,则不怨胜己者,反求诸己而已矣。"是射礼的文化本质。

在一定意义上讲,孔子是将战争技术变成了一种竞技体育比赛,所谓"化干戈为玉帛","舜舞干戚而有苗服",是儒家达成民族融合的理想境界。

3.8 子夏问曰:"'巧笑倩兮,美目盼兮,素以为绚兮'。① 何谓也?"子曰:"绘事后素②。"曰:"礼后乎?"子曰:"起予者商也③,始可与言诗已矣。"

【注释】

① 巧笑倩兮,美目盼兮,素以为绚兮:前两句见《诗经·卫风·硕人》篇。倩,笑靥美好的样子;盼,眼睛黑白分明;绚,有文采。

② 绘事后素:绘,画。素,本义为本色生帛,引申为白色。

③ 起予者商也:起,启发。商,子夏名商。

【今译】

子夏问孔子说:"'带酒窝的笑容真好看啊,美丽的眼睛在流转啊,白底上绘着绚丽的花卉啊。'这几句话是什么意思呢?"孔子说:"这是说先有白底,然后有图画。"子夏又问:"那是不是说礼产生在仁义之后呢?"孔子说:"商,你真是能启发我的人,现在可以同你讨论《诗》了。"

【讲记】

《论语集注》中云:

> 绘事,绘画之事也。后素,后于素也。《考工记》曰:"绘画之事后素功。"谓先以粉地为质,而后施五采,犹人有美

质,然后可加文饰。礼必以忠信为质,犹绘事必以粉素为
先。……若夫玩心于章句之末,则其为诗也固而已矣。

《诗经·卫风·硕人》有"巧笑倩兮,美目盼兮"两句,但不见
与"素以为绚兮"相连,或是逸诗。如果三句相连,则前两句是描
绘女子的美貌,后一句可能是写女子身着白色生帛上绘着灿烂
彩纹的华丽衣服。孔子以"绘事后素"回答,一方面是说要先有
洁净的白绢才可以在上面画美丽的图画,另一方面也可能是说
只有洁净的内心才能绘饰出美丽的外表。子夏又将其引导仁和
礼的关系上,认为仁先礼后,仁是洁净的底子和内心,礼是美丽
的外饰(仁是本质,礼是形式)。这极合孔子的仁学思想,故得到
了孔子的赞叹。

孔子又进一步将思路引到对《诗》的理解上。依此思路,
《诗》的语词(微言)是末,《诗》的思想(大义)是本,《论语集注》中
"若夫玩心于章句之末,则其为诗也固而已矣"可谓深得孔子本
意。孔子以治《春秋》的方式解《诗》,认为《诗》也有"春秋笔法",
"微言大义",实际上开启了《诗》的解释学(后世对典籍的不断
注、疏)的先河。在这个意义上讲,汉至清代的今文经学和古文
经学,其源皆出孔子。

3.9　子曰:"夏礼吾能言之,杞①不足征②也;殷礼吾能
言之,宋③不足征也。文献④不足故也。足,则吾能征之矣。"

【注释】
　　① 杞:周的封国,是夏禹的后裔。在今河南杞县一带。
　　② 征:证成。
　　③ 宋:周的封国,是商汤的后裔。在今河南商丘一带。
　　④ 文献:文,指历史典籍;献,指贤人。

【今译】
　　孔子说:"夏朝的礼我能说出来,(可惜的是它的后代)杞国

不足以证明我的话;殷朝的礼,我能说出来,(可惜的是它的后代)宋国不足以证明我的话。这都是由于文字资料和熟悉礼的贤人不足的缘故。如果足够的话,我就可以用来证明了。"

【讲记】

钱穆先生对此章辨析十分精审,兹抄录如下:"当孔子时,非全无存。孔子所遇当世贤者,亦非全不能讲夏、殷之往事。孔子博学深思,好古敏求,据所见闻,以会通之于历史演变之全进程。上溯尧、舜,下穷周代。举一反三,推一合十,验之于当前之人事,证之以心理之同然。从变得通,从通知变。此乃孔子所独有的一套历史文化哲学,固非无据而来。"[1]

夏、殷二代的礼孔子并非不熟知,而是因其不合时宜而不取。"子曰:'周监于二代,郁郁乎文哉,吾从周。'"(3.14)孔子对文化传统的选择标准就是建构合理现实的需要,绝非一味复古。孔子重视历史实践,在一个具有一定长度的历史过程中选择出具有人类总体合理因素的思想文化,再根据现实需要进行改造。王莽重古文经学而"托古改制",康有为以今文经学"托古改制",其实孔子早就"托古改制"了。只是孔子的"托古改制"不是复古,而是坚持文化传统中具有人类总体合理因素的东西,并将其当作文化理想来加以追求,其意义和高度已远远地超过了具体的"改制"!

3.10 子曰:"禘①自既灌②而往者,吾不欲观之矣③。"

【注释】

① 禘(dì):古大礼,新天子即位奉神主入太庙,合祭始祖及历代祖先。

〔1〕 钱穆《论语新解》,三联书店,2008 年,第 61—62 页。

② 灌：禘礼中第一次献酒。

③ 吾不欲观之矣：我不愿意看了。

【今译】

孔子说："对于行禘礼的仪式，从第一次献酒以后，我就不愿意看了。"

【讲记】

对这个祭祀过程和孔子不愿意看的原因，后人考订很多，以《论语集注》说得较为清楚可信："灌者，方祭之始，用郁鬯（按：郁鬯，用香草和黍酿制的酒，气味芬芳）之酒灌地，以降神也。鲁之君臣，当此之时，诚意未散，犹有可观，自此以后，则浸以懈怠而无足观矣。盖鲁祭非礼，孔子本不欲观，至此而失礼之中又失礼焉，故发此叹也。"

祭不以诚，流于形式，礼而非礼，故孔子不愿看。

3.11　或问禘之说①，子曰："不知也。知其说者之于天下也，其如示诸斯②乎！"指其掌。

【注释】

① 说：理论、道理、规定。

② 示诸斯："斯"指后面的"掌"字。

【今译】

有人问孔子关于禘祭之礼的规定。孔子说："我不知道呀！有知道禘祭之礼规定的人，治理起天下来，就会像把这东西摆在这里一样（容易）吧！"（孔子一面说一面）指着他的手掌。

【讲记】

此章讲以礼治天下。上章讲礼以诚为本，"礼，与其奢也，宁俭;丧,与其易也,宁戚"(3.4)也是讲礼以诚为本,而诚是人对本真情感(本真情感不是个人的物欲和私欲,而是在历史实践中形成的具有一定历史合理性和开放性的情感)的体认状态,因此礼以情为本(仁亦以本真情感为本。依本真情感而行动为德,德在人心理中的审美生成为仁。仁、礼作为相对概念,可以表述为仁是本质,礼是形式)。

自汉代以来就讲以孝(其实是由孝推延出来的礼)治天下,但在很多情况下封建政治意识形态所提倡的礼是违背人的本真情感的,因此与孔子的以礼治天下貌合而神离。

3.12 祭①如在②,祭神如神在。子曰:"吾不与③祭,如不祭。"

【注释】

① 祭:此处指祭祀祖先。

② 如在:好像真的有祖先接受祭祀。古代祭祀时往往以活人代表死者受祭,称为尸。可能是孔子弟子观孔子祭祀时毕恭毕敬,记为"祭如在,祭神如神在"。

③ 与:参与。

【今译】

(孔子)在祭祀祖先时,好像祖先真在接受祭祀;祭祀神祇,好像神祇真的接受祭祀。孔子说:"如果我不亲自参加祭祀,(请人代为祭祀)那就和没有祭祀一样。"

【讲记】

李泽厚《论语今读》在本章下记曰:"巫术仪式本极容易导向非理性的情绪状态,以及这种狂热情绪的培育开展。至今民间一些'巫婆''神汉'仍如此。孔子远在两千年前的这两个'如'字的分量和意义就在这里：它指向中华民族某种特定引理入情的心理塑建。"〔1〕这种解释恐怕未尽其意。鬼神未必存在，但祖先观念无疑是存在的，祭祀到底是祭鬼神还是借祭鬼神来表达祖先观念，在不同的情形下是很不相同的，但可以确定地说在多数祭祀情形中主要是表现祖先观念的。从人类总体讲，祖先具有族类传承的无可怀疑的正当性，因此祭祀在很大程度上是祖先观念的显现形式。"夫祭者，非物自外至者也，自中出生于心也，心怵而奉之以礼。是故，唯贤者能尽祭之义。"（《礼记·祭统》）因此，祭祀不是"导向非理性的情绪状态，以及这种狂热情绪的培育开展"，而是冷静和真诚的，是对人类总体观念的体认。祭祀的作用主要表现在三个方面：一、通过祭祀来促进人的类意识的觉醒，将人与其他物类区别开来；二、通过与先人的情感联系加固现实中的血缘性的家族纽带，增强家国同构模式的认同感；三、在时间性延续环节中找到自己的位置以及存在的依据，并建立具有人类总体意识的归宿感。

　　"利用"鬼神是智慧，相信鬼神是迷信。孔子对待鬼神的态度是"理性"的。"樊迟问知，子曰：'务民之义，敬鬼神而远之，可谓知矣。'"（6.20）重视祭祀，"敬鬼神"，是"利用"鬼神，但在做具体事情时要重人事，远鬼神。在历史上，"神道设教"的例子很多，但那是欺骗，有一时之用；如果真的把事情交给祖先鬼神，就会一败涂地。

　　可以说"利用"鬼神的"祭祀"是实用理性的。实用理性将具有现实实用性的经验看作理性，在历史实践中固定下来。这里，没有理性的荒原，也不需要舍斯托夫对上帝的呼唤，只有实用理性的以人类总体为根据的"习惯成自然"！

　　需要辨明的是，学界多以康德的"实践理性"来解释中国传统文化，更将其主要内涵赋予"实用理性"一词，其实二者有着本质区别。

　　康德在道德实践的意义上使用"实践理性"，以此区别于为

〔1〕 李泽厚《论语今读》，安徽文艺出版社，1998年，第88页。

知而知的"纯粹理性",但康德的实践理性仍然是在哲学逻辑知识性的论域。牟宗三先生对康德多有批判,他认为:(康德)"以经验知识、思辨理性底界限误移作实践理性底极限,妨碍了对于实践理性底领域之真实地开辟,使道德全落于空悬之境地中。"[1]因为在康德看来,只有完全剥除了兴趣、爱好、冲动、欲望等感性内容的抽象同一的纯粹实践理性才是实践的,以认知的理性取代鲜活的经验,使实践理性完全脱离对客观事物的体验。李泽厚也认为:"康德把理性与认识、本体与现象作了截然分割,实践理性(伦理行为)只是一种'绝对命令'和'义务',与任何现象世界的情感、观念以及因果、时空均毫不相干,这样就比较彻底地保证了它那超经验的本体地位。"[2]但这样一来实践理性的价值、目的与实现的手段被割裂了,实践理性不等于实践。而中国的实用理性则是在道德理性,即人"为天地立心"的现实实践行动中,在鲜活的感性经验中,在"大学之道,在明明德,在亲民,在止于至善"(《大学》)的由经验而超验(经验与超验始终存在于道器合一的状态中)的人格提升中。中国哲学强调体用不二、道器合一,主张为"实事"而求知识,在解决"实事"中显现本体和大道,与康德的实践理性鲜明地区别开来。

康德的先验自由理念是一个静止的永恒不变的原则,在绝对的自身统一性中拥有自身普遍立法的资格和绝对约束的自律,中国的实用理性是从鲜活的不断变动的历史实践中出发的,其立法的原则来自人类总体观念——即人生来未必是愿意"这样"的,但为了人类的存在与发展却必须是"这样"的——并且通过人格修养的提升将这种他律性的要求内化为生命情感,即内在的自律性要求——由经验而超验。实践理性以绝对性的概念设定来观照人生,实用理性是从历史现实出发不断总结出合理的思想观念而加以追求,并使之最终内化为人的生命情感。

另外,康德用先验的"实践理性"来规定人,把"人是目的"宣

〔1〕 牟宗三《心体与性体》,上海古籍出版社,1999年,第132页。
〔2〕 李泽厚《宋明理学片论》,《中国社会科学》,1982年。

布为绝对命令,以原子个人为前提来确立个人主义,实质上是割裂了人与社会的联系。实用理性以活生生的现实中的人为前提,主张"人能弘道,非道弘人",既实事求是地将人纳入到社会整体中,又极大地弘扬了人的主体性。

3.13 王孙贾①问曰:"与其媚于奥②,宁媚于灶③,何谓也?"子曰:"不然,获罪于天,无所祷④也。"

【注释】

① 王孙贾:卫国卫灵公时的大夫,当时执国政。

② 奥:屋内西南角叫奥,古人以为那里有神祇,叫奥神。这里暗指卫灵公的宠姬南子等。

③ 灶:古人认为锅灶上有神祇,叫灶神。这里暗指王孙贾自己。

④ 祷:祈祷。

【今译】

王孙贾问孔子说:"俗话说与其讨好奥神,不如讨好灶神,是什么意思呢?"孔子回答说:"不对。如果得罪了上天,讨好谁都没有用!"

【讲记】

关于此事发生的历史情景,《论语注疏》说得很清楚:"孔(安国)曰:'王孙贾,卫大夫。奥,内也,以喻近臣。灶,以喻执政。贾,执政者,欲使孔子求昵之,微以世俗之言感动之也。'"当时,孔子想在卫国实现自己的政治理想,可能希望走卫灵公宠姬南子的"夫人路线"来获得官职,但大夫王孙贾暗示孔子那样做还不如求他帮忙,所以才有了这段对话。孔子将王孙贾拉帮结派的"世俗之语"转换成了大义之言,解决了人与鬼神的关系的问题,对后世产生了重大影响,这是王孙贾这个"世俗"之人做梦也想不到的。

一般认为,孔子对待鬼神的态度是"存而不问",即不去回答鬼神有无的问题。于是有很多人就此批评孔子"滑头",甚至认为孔子缺乏"实证精神"或是"科学精神";直到现在,这种观念还没有转变过来。

对于鬼神的问题,其实有两个思路。一是思考鬼神的有无,对此,人类至今无法达成共识;二是人和鬼神的关系,如果有人认为人和鬼神是没有关系的,那么,鬼神的有无就是一个无需考虑的问题。

孔子就彻底解决了人和鬼神的关系:即人生的全部和唯一的任务就是追求仁,"为仁由己,而由人乎哉!""朝闻道,夕死可矣。"人和鬼神没有任何关系就是人与鬼神的唯一关系。既然人和鬼神在任何情况下没有任何关系(祭祀是为了人性心理的培养,"敬鬼神而远之"是从政的态度,"神道设教"是具体的处事策略,都不是相信鬼神,都是在不同的侧面以不同的形式来提升人的境界),那么鬼神有无的问题就是一个没有意义的问题,更是一个不应该问的问题。

举例说明。在现实中,一个债务人由于债权人的同情而得到了豁免,但他被免除的仅仅是外在的债务(相当于"奥神"、"灶神"的豁免),对于弥补他在债务关系中的道德亏欠毫无帮助。这种道德亏欠,便是"获罪于天",即所谓的"亏心",无论求谁原谅你都没有用("无所祷也")。只有当你本息俱还之后,你的道德才能圆满。道德的圆满靠自己,而不是靠鬼神(包括他人)的原谅或豁免,所以人和鬼神没有关系!

孔子并不简单地反对祭祀,祭祀并不一定意味着相信鬼神存在,而是为了培养"诚"、"敬"等成仁的德性。(参看3.12"讲记")

孔子所有的相关论述,几乎都是围绕着上述思想展开的。

《论语集注》:"天,即理也;其尊无对,非奥灶之可比也。逆理,则获罪于天矣,岂媚于奥灶所能祷而免乎?言但当顺理,非特不当媚灶,亦不可媚于奥也。"孔子之"天"乃是仁德的象征,并非朱熹先验的"理"。朱熹的言外之意是奥神、灶神不可"媚",

"天"可"媚"。其实,在孔子那里,一切都靠自己,毋须外求!

孔子的思想处处表现出对人的确立与解放,朱熹却总是要用一个预先设定的东西把人禁锢起来,这些逻辑上的先设脱离了人的感性,走向禁锢和僵化,缺乏孔子思想的开放的实践性。如果研究中国文学作品就会发现,理学式的思维很少积淀入民族的文化心理中,在文学艺术作品中鲜有体现。(参看 3.12 和 6.20"讲记")

3.14　子曰:"周监① 于二代②,郁郁③ 乎文④ 哉,吾从周。"

【注释】

① 监:同"鉴",借鉴。

② 二代:这里指夏、商二代。

③ 郁郁:繁盛,广博。

④ 文:多彩。

【今译】

孔子说:"周朝的礼仪制度从夏、商二代中获得借鉴,多么丰富多彩啊! 我遵从于周朝的礼乐制度。"

【讲记】

中国文化重历史传承,这一方面是因为中国文化一脉相承,从未断绝,另一方面更是因为要继承其历史文化的合理性。孔子重历史,其实就是重视历史实践性。实践是物质实践和社会实践的统一,具有本体性意义,但如果仅仅重视"眼前"的实践或短期利益,就很可能陷入实用主义或工具主义的泥淖,与人类总体相悖。只有将实践放在具有一定时间长度的历史过程中,才能更好地建立其历史合理性,更好地与人类总体相契合。因此,在中国文化中,历史实践具有十分独特的意义。孔子思想的开放性,就是对历史实践的开放,而不是对某种政治意识形态的开放。例如,"三纲五常"等封建名教思想就是历代封建政治意识形态借儒家之名强加给孔子的,而非孔子的思想;从人类总体的出发,孔子思想恰恰反对名教,而是主张"人能弘道","以道制势",以实立名。

3.15 子入太庙①,每事问。或曰:"孰谓鄹②人之子知礼乎? 入太庙,每事问。"子闻之,曰:"是礼也。"

【注释】

① 太庙:祭祀君主先祖的庙宇。此处指周公旦的庙。

② 鄹(zōu):又作"陬"。在今山东曲阜附近,孔子的父亲叔梁纥曾为邑大夫。"鄹人之子"指孔子。

【今译】

孔子来到祭祀周公的太庙,事事都要问。有人说:"谁说此人懂得礼呀? 他到了这里,凡事都要发问。"孔子听到后就说:"这就是礼呀!"

【讲记】

有人觉得孔子到祭祀周公的太庙里事事都要请教别人,缺少关于礼的知识,这是情有可原的,但孔子认为这就是礼。孔子的回答一方面表现了孔子谦逊好学的态度,另一方面更丰富了礼的内涵。礼不仅是行事的规范,"知之为知之,不知为不知"的诚恳心态,要以"诚"为本。礼不是虚浮僵硬的外壳。

3.16 子曰:"射不主皮①,为力不同科②,古之道也。"

【注释】

① 皮：用兽皮做成的箭靶。

② 科：等级。

【今译】

孔子说："比赛射箭未必一定要穿透靶子，因为各人气力大小不同，这是自古以来的规矩。"

【讲记】

《论语集注》中朱熹的解释较有道理："为力不同科，孔子解礼之意如此也。皮，革也，布侯而栖革于其中以为的，所谓鹄也。科，等也。古者射以观德，但主于中，而不主于贯革，盖以人之力有强弱，不同等也。"射箭只求射中靶子，不一定要射穿兽皮，这是"以礼释武"，表现的是孔子重视礼乐、反对战争的思想。

3.17 子贡欲去告朔①之饩②羊。子曰："赐也！尔爱③其羊，我爱其礼。"

【注释】

① 告朔：朔，农历每月初一。周礼规定，天子每年冬末将次年每月的朔日通告诸侯，诸侯每月初一于太庙传诸国人，称告朔。周自幽王、厉王之后，不再行告朔礼，此处也有可能是鲁秉周礼而自设历官。

② 饩(xì)：祭祀用的活牲畜。

③ 爱：爱惜。

【今译】

子贡提议革除告朔时祭祀用的活羊。孔子说："赐呀！你爱惜的是那只羊，而我却爱惜的是那种礼啊！"

【讲记】

《论语集注》:"古者天子常以季冬,颁来岁十二月之朔于诸侯,诸侯受而藏之祖庙。月朔,则以特羊告庙,请而行之。饩,生牲也。鲁自文公始不视朔,而有司犹供此羊,故子贡欲去之。"自鲁文公以后就不行太庙视朔之礼了,而主管官员还是照常提供活羊,所以子贡要废除此项制度。孔子反对,表现了他对周礼的维护。

3.18　子曰:"事①君尽②礼,人以为谄③也。"

【注释】

① 事:奉侍。

② 尽:竭尽。

③ 谄:巴结,讨好。

【今译】

孔子说:"我依循臣礼奉侍君主,别人反以为这是谄媚。"

【讲记】

孔子所处时代"礼崩乐坏",所以按照古礼奉侍君主,时人反而认为是谄媚;更兼当时鲁国"三桓"当政,权在三家,国君不受尊重,故有此说。孔子此言一方面是就鲁事所发,一方面表现了对古礼的尊崇。

3.19　定公①问:"君使臣,臣事君,如之何?"孔子对曰:"君使臣以礼,臣事君以忠。"

【注释】

① 定公：鲁国国君，名宋，谥号"定"。鲁哀公之父。

【今译】

鲁定公问孔子："君主该如何支使臣下，臣下又该怎样事奉君主呢?"孔子回答："君主应该按照礼节来对待臣下，臣下则应该以忠诚来事奉君主。"

【讲记】

《论语集注》："尹氏曰：'君臣以义合者也。故君使臣以礼，则臣事君以忠。'"此语极是。《论语》中描绘的社会状态都是理想意义上的社会状态，反对的是"现实即合理"的封建政治意识形态。"君臣以义合者也"，君臣关系是以义相合的关系，君不义则臣可不从，对残贼之君，臣民可以诛之，所以，"君使臣以礼，则臣事君以忠"并非僵化的教条，而是要看具体情况。义有大义和小义，大义乃国家民族之义，小义乃一己之私义；忠亦分大忠和小忠，大忠乃忠事不忠人，忠道不忠君。"君臣以义合"之"义"乃是大忠大义。

3.20　子曰："《关雎》①，乐而不淫，哀而不伤。"

【注释】

①《关雎》：《诗经》首篇，写君子追慕淑女时辗转难眠的情状及琴瑟和谐的喜悦。

【今译】

孔子说："《关雎》这首诗，快乐却不失于放荡，忧愁而不失于哀伤。"

【讲记】

《关雎》本是一首表现男女爱情的民歌，没有更多的含意，但自孔子尤其是汉代以来被解释成了具有深厚政治、道德、美学含义的"经"。《论语集注》对这一过程和内容做出了简明的概括："《关雎》，《周南》《国风》《诗》之首篇也。淫者，乐之过而失其正者也。伤者，哀之过而害于和者也。《关雎》之诗，言后妃之德，宜配君子。求之未得，则不能无寤寐反侧之忧；求而得之，则宜其有琴瑟钟鼓之乐。盖其忧虽深而不害于和，其乐虽盛而不失其正，故夫子称之如此。欲学者玩其辞，审其音，而有以识其性情之正也。"民族的文化传统正是在这种解释中逐渐形成的。（参看2.2"讲记"）

李泽厚先生在该章下记曰："拙著《华夏美学》指出中国没有'酒神精神'，没有那放纵的狂欢；相反，强调的是，包括快乐，也要节制。节制当然需要依靠理知来进行。希腊也讲理知指导、控制情感。儒学的特征在于：理知不只是指引、向导、控制情感，更重要的是，要求将理知引入、渗透、溶化在情感之中，使情感本身例如快乐得到一种真正是人的而非动物本能性的宣泄。这就是对人性情感作心理结构的具体塑造。在这里，理性不只是某种思维的能力、态度和过程，而是直接与人的行为、活动从而与感情、欲望有关的东西。它强调重视理性与情感的自然交融和相互渗透，使理欲调和，合为一体，这也是为什么礼乐并称，'乐自中出，礼自外作''致乐以治心'等如此重视'治心'的道理。"[1]

简单地讲，《关雎》被赋予了"乐而不淫，哀而不伤"的审美属性，反映的是民族文化心理对中和之美的追求。在艺术活动中，失去理性，不遵循社会规范的狂放和纵欲是不被提倡的，因为这与"克己复礼"（克制个人物欲私欲而按照应有的社会规范做事）的人性心理的培养方式相违背；同时，人也同样需要以审美的方式来兴起和培养情感，"兴于诗，立于礼，成于乐"是人格修养的历程。将情感的发动与控制掌握在一个恰当的度上，使人认同

〔1〕 李泽厚《论语今读》，安徽文艺出版社，1998年，第94页。

"适度之理",化理为情,就是中和之美。

追求中和之美也是对人性心理塑造的重要方式。历史上儒学主要流派都强调"道不远人"。"道不远人"的含义一层意思是"人能弘道,非道弘人",人是主体,道由心生,还有一层隐含的意思就是化理为情。在中国文化中,情从来都不是与理无关的,而是对理的体认。被人的心理充分体认(审美化)的理就是情,未被人的心理充分体认的应然之理才是理。那些现实中不合理的东西是为情和理共同反对的东西。一个普通人的真诚的情感(个人的物欲私欲不是诚)是情,"成于乐"的最高人格境界也是情。因此,中国文化——尤其是儒家文化——中人格修养的实质就是化理为情。"乐而不淫,哀而不伤"就是化理为情的情感方式,同时也是对理的要求和规范。

化理为情也是中国古代诗词的基本艺术功能。如王维《送元二使安西》:"渭城朝雨浥轻尘,客舍青青柳色新。劝君更尽一杯酒,西出阳关无故人。"其中有与亲人、爱人、友人的相聚之理,也有建功立业、保家卫国之理;前者是"天理",也是人情,后者也是"天理",却未必是人情。诵读优秀诗词的基本功用之一就是在艺术熏陶中化"天理"为人情,使人的境界得以提升。这是解开诗词奥秘的一把钥匙。

化理为情的人格建构方式使中国人的人格不易情、理分裂,故有将心比心、"己所不欲,勿施于人"的处世原则。西方的很多思想派别往往不能解决情、理分裂的问题,即便能建立按照规范行事的所谓现代公民意识,也往往止于理性的认可,而非情感的体认;即便能进行情感的体认,政治、法律、制度等层面的东西也不足以成为精神信仰。情自内攻,理由外烁,一旦时机到来,"己所欲,施于人"的故事就会重演!

3.21 哀公问社①于宰我②,宰我对曰:"夏后氏以松,殷人以柏,周人以栗,曰:使民战栗③。"子闻之,曰:"成事不说,遂事不谏,既往不咎。"

【注释】

① 社：古人建国必立社，以祭祀其土地神。祭祀土神的庙也称社。《论语集注》："三代之社不同者，古者立社，各树其土之所宜木以为主也。"

② 宰我：名予，字子我，孔子早年的学生。

③ 战栗：恐惧害怕的样子。

【今译】

鲁哀公询问宰我关于社的事（土地神的神主应该用什么树木），宰我回答说："夏朝用松木，商朝用柏木，周朝用栗木。使用栗木是为了使百姓有所畏惧。"孔子听了这些话后说："已完成的事不需再解释，已结束的事不用再劝谏，已经过去的事也不必要再追究了。"

【讲记】

关于此章，说法很多。夏都之地宜种松，殷都之地宜种柏，周都之地宜种栗，并无特殊含义，宰我这样回答鲁哀公的问话，可能是想劝哀公对三家用严政。至于孔子的话，有一种说法认为当时孔子在陈，听到宰我与鲁哀公的这番谈话，知道鲁哀公没有能力讨伐三家，故有此语。后来鲁哀公果为三家逼逐。

3.22 子曰："管仲①之器小哉！"或曰："管仲俭乎?"曰："管氏有三归②，官事不摄③，焉得俭?""然则管仲知礼乎?"曰："邦君树④塞门⑤，管氏亦树塞门；邦君为两君之好有反坫⑥，管氏亦有反坫。管氏而知礼，孰不知礼?"

【注释】

① 管仲：字仲，名夷吾，辅佐齐桓公成为春秋五霸之首。

② 三归：说法颇多，有娶三女、用三牲祭献、三处藏钱币的

府库、三处府第采邑等。依下文"官事不摄,焉得俭"论,似应取最后一义。

③ 摄:兼任。管仲有三处府第采邑,因事设官,互不兼任,可见不俭。

④ 树:树立,建立。

⑤ 塞门:修筑在大门口外的短墙,以别内外。

⑥ 反坫(diàn):古时天子国君宴饮时放置饮器的土台。主人与宾客相互敬酒后将空酒杯放置于坫上,谓之反坫,是周代的一种礼仪。

【今译】

孔子说:"管仲的器量真小呀!"因而有人问:"管仲节俭吗?"孔子说:"他有三处府第采邑,家中下属也从不兼任他职,怎么可以说是节俭呢?"又问:"那么,管仲知礼吗?"孔子说:"国君大门口修筑短墙,管仲在大门口也修筑短墙。国君宴会,堂上设有放酒杯的土台,管仲宴客也有这样的土台。若是管仲知礼,那还有谁不懂得礼呢?"

【讲记】

在《论语》的14.16、14.17两章中,孔子称赞管仲之仁,是因为管仲做出了突出的功业,但这并不代表管仲就懂得节俭和礼仪。所以,仁和礼虽是两个有着紧密联系的方面,但并不能完全相互取代。仁、礼齐备,方为圣贤。管仲器小易盈,与周公相比,高下立判。

3.23 子语①鲁大师②乐,曰:"乐其可知也:始作,翕③如也;从④之,纯⑤如也,皦⑥如也,绎⑦如也,以成。"

【注释】

① 语(yù):告诉。

② 大(tài)师：乐官名。

③ 翕：合，乐调和顺。古时音乐以钟声开始，众乐振作而合。

④ 从(zòng)：放开，展开。

⑤ 纯：美好和谐。此时乐声人声相和，节奏顺畅，纯一不杂。

⑥ 皦(jiǎo)：音节分明清楚，乐声人声可以清晰分辨。

⑦ 绎：连续，相生不绝。

【今译】

　　孔子告诉鲁国乐官音乐的理："奏乐的过程是可明辨的：演奏起始，声音和顺协调；演奏展开，纯一而和谐，清晰而分明，相生而不断绝，乐便这样完成了。"

【讲记】

　　这是演奏音乐的进程。乐与政通："凡音者，生人心者也。情动于中，故形于声。声成文，谓之音。是故，治世之音安以乐，其政和；乱世之音怨以怒，其政乖；亡国之音哀以思，其民困。声音之道，与政通矣。……郑卫之音，乱世之音也，比于慢矣。桑间濮上之音，亡国之音也。其政散，其民流，诬上行私而不可止也。"(《礼记·乐记》)乐如何与政通？中国历来强调的是在差别中求得和谐，在处世中强调中庸的艺术，既追求社会关系的和谐，也要求人的内在的和谐快乐，而音乐正是这种政治—伦理和谐以及人的精神愉悦的最高表现形式，故乐与政通，与人合。

　　3.24　仪封人①请见，曰："君子之至于斯也，吾未尝不得见也。"从者②见之。出曰："二三子何患于丧③乎？天下之无道也久矣，天将以夫子为木铎④。"

【注释】

　　① 仪封人：仪，卫邑，今河南兰考县境内。封人，镇守边疆

的官员。

　② 从者：孔子随行的弟子。

　③ 丧：失去，指失去官职。

　④ 木铎：金口木舌的大铃。古代天子发布政教时先以之
警众。

【今译】

　仪地的边防长官求见孔子，说："贤人君子来到这里，我没有
不谒见的。"孔子随从的学生便引导他去见孔子。他出来后对孔
子的学生说："诸位何必因没有官位而愁怨呢？天下无道很久
了，天意将把孔夫子作为木铎来警醒世人，传道天下。"

【讲记】

　"天下之无道也久矣，天将以夫子为木铎"，借封人之口说出
了孔子周游列国的意义，也说出了孔子及其弟子对自己使命的
认识与担当。

　这不是宿命论，也不是对人格神的上天的认可，而是对文化
发展必然性的认识和体认。与《论语》中多数"天"的用法一样，
"天将以夫子为木铎"的"天"是义理之"天"，是客观社会性。（参
看 7.22"讲记"）

　3.25　子谓《韶》①："尽美②矣，又尽善③也；"谓《武》④：
"尽美矣，未尽善也。"

【注释】

　①《韶》：相传为赞颂虞舜功业的乐舞。

　② 美：乐舞形式的完美。

　③ 善：乐舞内涵的完美。

　④《武》：相传为赞颂周武王功业的乐舞。《韶》赞扬舜的文

德,而《武》中所反映的是周武王以武力代商,多杀伐之意,故孔子认为《武》"未尽善也"。

【今译】

孔子说评论《韶》乐说:"至美而又至善。"评论《武》乐说:"至美却未至善。"

【讲记】

关于孔子为什么会这样评论《韶》、《武》,《论语集注》说:"《韶》,舜乐。《武》,武王乐。美者,声容之盛。善者,美之实也。舜绍尧致治,武王伐纣救民,其功一也,故其乐皆尽美。然舜之德,性之也,又以揖逊而有天下;武王之德,反之也,又以征诛而得天下,故其实有不同者。"

这里涉及什么是善、美及其关系。

善和美究竟从哪里来? 依照原始儒家的思想,从静态讲,善是人类总体观念在具体社会活动中的体现,美则是人类总体观念的感性显现;从动态讲,行善是在社会活动中体现人类总体观念,审美是人类总体观念的感性显现活动,美感则是这种感性显现活动的心理固态化。善和美的绝对性和崇高性都来源于此。

善的东西未必都是美的,但却必须是美的。如果有一种善是不美的,那就是这种善还没有被审美化,而未被审美化的善是不会给人带来愉快的感受的;这种善与人的情感有距离,其自身是有缺陷的,这种善不能深入人心,也是不能长久;这种善的规则也就会被人们看成恶法,也就不是善(历史上的许多叛逆者反对的就是善的外衣下的恶法)。因此,在这个意义上讲,善是审美化了的社会规则和情感方式。当然,在历史发展过程中,由于善是一个历史性概念,因此会经常出现善与历史进步相矛盾的情况,那时就要"改恶从善",也就是我们常说的"美的祭奠"。

在理想状态中,美的东西也应该是善的,因为美是对善的情感体认;但在现实中,美的东西却未必都是善的,也不必都是善的。与善相比,美有她的相对固定的纯形式性的一面,这种形式未必都能发挥善的效用,也未必都蕴藏着善的内涵,因此美的未必都是善的。其实,任何形式美都是人类在历史实践中文化心理积淀的结果,只是由于历史悠久更兼心理积淀的复杂隐晦使人难觅其迹罢了。纯粹的形式美本身就是一种善,她可以净化人的心灵,提升人的境界。

在这里,"羊大为美"与"羊人为美"并不具有截然的界限,在历史的积淀中,美与善是相互融通的。所以,从这种意义上讲,美就是对在历史实践中积淀起来的人性心理(人类总体观念)的体认。

因为引入了主观和客观两个维度,西方对美的讨论很难达成一致意见,而中国式的思维却能以自己"实用"的方式解决问题。

在讨论这个问题时往往真、善、美三者并提,实际上,真属于事实判断的认知范畴,不属于善、美的价值判断范畴。依据原始儒家的思想,真是讨论一切问题的基础,离开了真,善、美以及一切问题都无从讨论。

维特根斯坦的伦理与审美同一论在一定意义上超出了美善分离的西方传统,倒与孔门儒学的"尽善尽美"说有相似之处。不同的是,前者认为伦理与美学同一在"神秘世界",而后者的美善合一以历史实践为基础。从儒家美学意义上讲,孔子的"尽善尽美"只能是一种理想状态。在历史发展进程中,美必走在善的前面,就像情必走在理的前面一样;善的确是美的本质和基石,但美却是善的先导和灵魂。二者的不断冲突、融合和升华正是人格修养提升的阶梯和过程。

3.26 子曰:"居上①不宽②,为礼不敬,临③丧不哀,吾何以观之哉?"

【注释】

① 居上:处于统治地位。

② 宽：宽厚。
③ 临：遇到。

【今译】

孔子说："执政者居上位不能宽厚待下，行礼时没有虔敬之心，遇到丧礼没有哀戚之感，我还能再用什么准则来看察他呢？"

【讲记】

《论语集注》："居上主于爱人，故以宽为本。为礼以敬为本，临丧以哀为本。既无其本，则以何者而观其所行之得失哉？"行礼不敬，遇丧不戚，是为不诚；不诚者居上，必不能宽厚待人，不能宽厚待人则必为残贼之君。以德为本，方可建立清明的政治。

古代举孝廉的察举制度有其历史的合理性，即便后来科举制度兴起，察举之意也并未完全消失。

里 仁 第 四

4.1　子曰:"里仁①为美,择不处②仁,焉得知③?"

【注释】

　　① 里仁:里,居所,此处用作动词。里仁:住在有仁者的地方,靠近仁。

　　② 处:居住。

　　③ 知(zhì):同"智"。

【今译】

　　孔子说:"居于仁道才是美的。如果不于仁道中选择自己的处所,怎能算明智呢?"

【讲记】

　　《论语集注》:"里有仁厚之俗为美。择里而不居于是焉,则失其是非之本心,而不得为知矣。"朱熹将择仁之心解释为天理本心,事实上,孔子的原意不是讲爱仁是人的先验的固有本心,而是讲仁是从历史实践中来的。"里仁""择处仁"都是人的应然选择,是人类总体的客观社会性对人的要求,不能"里仁""择处仁",就不符合人类总体的客观社会性对人的要求,就是不明智的。

　　"里仁为美"。如3.25"讲记"所言,"依照原始儒家的思想,善是对社会规范的理性认可,美是对善的情感体认",所以"里仁为美"。有人认为儒家的美学是伦理美学,这是对的,但由此贬低儒家美学,这是错的。美学以审美为核心,审美必定以伦理(伦理道德以及文化心理)为基础,因此美学必定与伦理有关。

在西方,美学研究派别林立,可谓显学。以"后康德传统"为例,认为伦理与审美是分离的,伦理是关乎真实世界的目的与实践性的结果的现实化行动,后者则往往被认定为是无目的与非功利的。然而,如果美"自己的意义"就是爱善,那么美学就应该划归到伦理学领域;反之,如果"爱"善是"美的基本法则",那么伦理学也应被划归美学领域。[1] 作为"伦理美学"的前者,关注审美与伦理的外部关联,而作为"审美伦理学"的后者,则关注审美与伦理的内在关联。(参看 3.25"讲记")

4.2　子曰:"不仁者不可以久处约①,不可以长处乐。仁者安仁②,知者利仁。"

【注释】

① 约:穷困、困窘。
② 安仁:安于仁道。

【今译】

孔子说:"没有仁德的人不能长久地处于贫困中,也不能长久地处于安乐中。仁人安于仁道,智者知道仁对自己有利而去行仁德的事。"

【讲记】

《论语集注》:"不仁之人,失其本心,久约必滥,久乐必淫。惟仁者则安其仁而无适不然,知者则利于仁而不易所守,盖虽深

---

〔1〕 宗白华《宗白华全集》第 3 卷《读〈论美〉后一些疑问》,安徽教育出版社,1994 年,第 277 页。

浅之不同,然皆非外物所能夺矣。"此说甚是。心无定主之人,终究行无所适,非滥即淫。

明白此道理,就可以真正成为一个勇敢而坚定的人!

4.3 子曰:"唯仁者能好①人,能恶②人。"

【注释】

① 好(hào):喜爱。

② 恶(wù):憎恶、讨厌。

【今译】

孔子说:"只有那些有仁德的人,才能爱人和恨人。"

【讲记】

《论语集注》:"游氏曰:'好善而恶恶,天下之同情;然人每失其正者,心有所系而不能自克也。惟仁者无私心,所以能好恶也。'"人皆有好恶,但不是所有的好恶都是正确的,惟有有仁德的人才能保持好恶的正确性,才有好恶的资格。

孔子仁学与宗教的区别很明显,孔子仁学虽然强调"仁者,爱人",但首先要求明辨是非,富有现实性,而不是像多数宗教教义那样,将爱放在首要位置。

在这里,谈"爱人"和"恨人"的客观标准是不得要领的,孔子强调的是内在标准(人格修养)和外在标准(社会规范意义上的对错和道德意义上的善恶)的统一:以外在标准为规范,以内在标准为主导;即既不忽视对错善恶的客观标准,又要以人格修养进行观照。所以"爱"和"恨"也就具有了灵动性。

"君子之中庸也,君子而时中;小人之中庸也,小人而无忌惮也。"(《中庸》)在不同的情景中,"爱"、"恨"的标准、程度、方面、层次都是不一样的,但只有君子对"爱"、"恨"的取舍才是得宜的。

4.4　子曰："苟志于仁矣，无恶也。"

【今译】

孔子说："如果立志于仁，也就不会做坏事了。"

【讲记】

《论语集注》："苟，诚也。志者，心之所之也。其心诚在于仁，则必无为恶之事矣。杨氏曰：'苟志于仁，未必无过举也，然而为恶则无矣。'"

4.5　子曰："富与贵，是人之所欲也，不以其道得之，不处①也；贫与贱，是人之所恶也，不以其道得之，不去②也。君子去③仁，恶④乎成名？君子无终食之间违仁，造次⑤必于是，颠沛⑥必于是。"

【注释】

①　处：接受。

②　去：摆脱，抛弃。

③　去：离开。

④　恶（wū）：怎么，怎样。

⑤　造次：匆忙，仓促。

⑥　颠沛：流离，不安定。

【今译】

孔子说："富裕和显贵是人人都希望得到的，但不用正当的途径得到它，君子就不会去接受；贫贱是人人都厌恶的，但没有正当的方法，君子就不去摆脱它。君子如果离开了仁德，又怎么成就名声呢？君子没有一顿饭的时间背离仁德，就是在仓促匆

忙的时刻也会按仁德办事,在颠沛流离的时候也一定会按仁德
办事。"

【讲记】

　　钱穆先生在此章后解道:"《论语》最重言仁。然仁者人心,
得自天赋,自然得之。故人非求仁之难,择仁安仁而不去之为
难。"[1]孟子有一段非常著名的话:"今人乍见孺子将入于井,皆
有怵惕恻隐之心,非所以内交于孺子之父母也,非所以要誉于乡
党朋友也,非恶其声而然也。由是观之,无恻隐之心,非人也;无
羞恶之心,非人也;无辞让之心,非人也;无是非之心,非人也。
恻隐之心,仁之端也;羞恶之心,义之端也;辞让之心,礼之端也;
是非之心,智之端也。人之有是四端也,犹其有四体也。"(《孟
子·公孙丑上》)孟子要证明的是"人之有是四端也,犹其有四体
也",仁是与生俱来的,是"得自天赋"的。孟子在这段话中用了
两种证明方式,一是"怵惕恻隐之心"无关功利的事实证明,二是
用了"无恻隐之心,非人也"的反向证明。前一个证明隐含的意
思是"得自天赋"的就是无关功利的,这很容易导向对先验论的
追求,后来的程朱理学就有此思路。后一个证明隐含的意思是
有功利之心(必无恻隐之心)的人就是非人,这也很容易导向对
人欲的排斥,程朱理学也有此思路。

　　事实上,无论是恻隐之心还是仁德,都是在历史实践中形成
的,而恻隐之心是人的情感对某些自由意志充分体认的结果。
至于"无恻隐之心,非人也",正确的表述方式应该是人未必是有
恻隐之心的,却必须是有恻隐之心的,如果没有恻隐之心,就不
能算作人。其间的转换关系不是设定,也不是形式逻辑的推理,
而是社会客观性的必然要求,即人类不这样做,人类就不能产
生、存在与发展,即人类总体观念。

　　在该章中,孔子充分承认人的自然欲望,孔子没有说过"恻
隐之心,人皆有之"之类的话,倒是说过很多意思相反的话,如

〔1〕 钱穆《论语新解》,三联书店,2008年,第88页。

"吾未见好德如好色者也"等,在下一章中更说"我未见好仁者,
恶不仁者",这与孟子有很大不同。据说孟子是性善论者,孔子
不是。孔子的立论方式是:人未必是性善的,却必须也必然是性
善的。其间的保障是人类总体观念。

4.6　子曰:"我未见好仁者,恶不仁者。好仁者,无以
尚①之;恶不仁者,其为仁矣,不使不仁者加乎其身。有能一
日用其力于仁矣乎?　我未见力不足者。盖②有之矣,我未之
见也。"

【注释】

　　① 尚:超过。
　　② 盖:大概,或许。

【今译】

　　孔子说:"我没有见过爱好仁德的人和厌恶不仁的人。喜欢
仁德的人,那是好得不能再好了;厌恶不仁的人,在实行仁德时
能够不让不仁德的人影响到自己。有能一天把力量用在追求仁
德上的人吗?　我还没有见过力量不够的。也许有这种人吧,但
我没见过。"

【讲记】

　　"我未见好仁者,恶不仁者"与"吾未见好德如好色者也"意
思相近。这里涉及人的社会性(理性凝集)与人的动物性(自然
物欲)。前者是人的道德觉悟,需要克制动物性的物欲才能实
现;后者是人的自然性,是随时随地都可自然发生的。在孔子看
来,前者是人的应然和必然的选择,但人不是生来就好仁的,反
而是生来就"好色"的,因此说"我未见好仁者,恶不仁者"。如果
一个人生而好仁,那就是具有极高的道德自觉能力,是再好不过

的了,次一等的便是"恶不仁者"。孔子说"唯上知与下愚不移",说的就是人的贤愚(道德自觉能力)确实存在一定的天份,这不必讳言。但孔子决非要将人在政治上分出等级。"好仁者,恶不仁者"两类人极少,不具备普遍性,绝大多数是"好色"胜过"好德"的。正是基于这样的基本认识,孔子才建立"克己复礼"的仁学。在这一意义上讲,孔子的人性论并非"性善论",反而是"性恶论"。我们反复讲过,在孔子那里,人未必是生来就性善的,却必须是性善的。对于那种将人性当作"知识"来掌握的理性认知,孔子不感兴趣,因为那根本就说不清楚;孔子感兴趣的,是建构道德理想,其方法是实用理性。

李泽厚先生在该章下记曰:"《论语》中有许多说法直接矛盾。例如,一方面是强调'仁'的稀少、罕有、难得、不易做到,最受称赞的颜回也只'三月不违仁';另一方面又强调大家都要做到,一刻也不能脱离;而且只要立志去做,仁是容易做到的,等等。所以这不能看作哲学思辨或逻辑论证,只能看作半宗教式的实践劝导。一方面是难得,一方面是易做;而只要做,也就可得救。中国思维方式中这种含混、模糊、未定、宽泛的特征,却又并不与近代接受西方严格思维训练相冲突、矛盾;中国人仍能很快地接受西方的科学、逻辑、哲理,这一现象值得研究。"[1]此论不确。中国哲学的论述方式好整体把握,不好形式上的细致辨析,往往在看似矛盾的外表下隐含着内在的深刻的逻辑系统。以该章为例,孔子一方面说人"好色"胜过"好德",另一方面又说"有能一日用其力于仁矣乎?我未见力不足者",这不仅不矛盾,反而相辅相成。人性本"好色",故须克制,且是人的应然和必然的选择;"为仁由己",不假外求,故人人皆可为之,"欲仁"之念(一念之仁),一息尚存者皆可为之,岂有力不足者!"欲仁"的心理是根本性的,至于仁之实(仁的实践效果),虽然重要,但历来处于从属地位。"我未见好仁者,恶不仁者"是理论的起点,"力不足者"、"我未之见也"是理论的终点,其间的保证是社会客观性(人

---

〔1〕 李泽厚《论语今读》,安徽文艺出版社,1998 年,第 105 页。

类总体观念),这正是一个建构道德理想主义仁学的完备理路。

《论语集注》:"盖为仁在己,欲之则是,而志之所至,气必至焉。故仁虽难能,而至之亦易也。"朱熹是将孔子的思想"天理化",也是庸俗化。其中"志"实为天理,"气"则是人的心志,意思是说只要相信天理,人必能仁,这其实是将仁学宗教化。"故仁虽难能,至之亦易也"其实是说只要相信天理,仁不难求,人只要匍匐在天理下即可。这样,"人能弘道"的人的主体性就被消解了。孔子讲的"用其力于仁"要求的是建立在人类总体基础上的心理能动性,在现实中并不易持之以恒。朱熹与孔子间的区别,岂可以道里计!

4.7　子曰:"人之过也,各于其党①。观过,斯知仁②矣。"

【注释】

① 党:古代地方组织,以五百家为一党。此处指不同类型的环境。

② 仁:同"人"。

【今译】

孔子说:"人们的错误,总是与他所处的那个环境相联系的。(所以)考察一个人的过错,就可以了解这个人了。"

【讲记】

《论语》中有很多地方讲到改错:"子曰:'君子不重则不威,学则不固。主忠信。无友不知己者。过则勿惮改。'"(1.8)"子贡曰:'君子之过也,如日月之食焉。过也,人皆见之;更也,人皆仰之。'"(19.21)"子曰:'过而不改,是谓过矣。'"(15.29)

孔子的思想中没有宗教性的超验的罪恶观,人的是非观念都是在历史实践中形成的,并不基于"原罪"或"业"等,可以说,中国人的是非观正是在"过"和"不及"之间寻找适当的度中形成的。因此,人有过错,也就成了必然。《左传·宣公二年》说:"人谁无过,过而能改,善莫大焉。"我们也常说人非圣贤,孰能无过。改过是人的必然选择,是人性心理培养的必然过程,也是仁学的成德之教。

在该章中,孔子强调了人的过错的时空特性以及考察一个人的过错对认识一个人的重要性。一般说来,人的错误与他所处的环境相关,但如果一个人的过错超出了环境的容忍度,那这个人的品德就可以知道了。

要认识一个人,考察他的过错远比考察他的业绩重要。因为一个人只有不犯某些过错才能保证他可能会(不是一定会)做出成绩来,而如果不考察他的过错,只看他的业绩,却很难保证他的业绩的合法性、正义性、长久性,更不能保证他还能做出其他的业绩来。

所谓"求忠臣必于孝子之门",孝子未必能成忠臣,但忠臣一定是孝子。一个在家打爹骂娘的人出门是很难忠君报国的。在某些历史阶段和历史情景中,我们的确往往很看重"表现",但这些更像表演的"表现"并不具有普遍必然的意义,它更多地倾向政治人格而与道德人格相违背。当政治与道德相背离的时候,政治往往失去合法性。

4.8　子曰:"朝①闻道②,夕死可矣。"

【注释】

① 朝:早晨。

② 道:仁、真理。

【今译】

孔子说:"早晨懂得了真理,晚上死去也没有遗憾。"

【讲记】

"朝闻道,夕死可矣",是把人生的全部意义都规定在"闻道"上,生死与价值的建立没有直接、必然的联系,从这一意义上讲,死亡是可以被超越的。该命题隐含的深意还在于:正是因为死亡规定了人生的有限性,才给人以超越死亡的冲动,也为超越死亡提供了可能;一旦人是永生的,超越死亡的问题也就不存在了,"闻道"也就不会成为人生的必然选择。

死亡,是人生价值的起点;超越死亡,是人生的目的。西汉刘向说:"孔子曰:'朝闻道,夕死可矣。'于以开后嗣,觉来世,犹愈没世不寤者也。"(《新序》卷一)唐代李翱说:"《易》曰:'乾道变化,各正性命。'《论语》曰:'朝闻道,夕死可矣。'能正性命故也。"(《复性书》)

《朱子语类》卷二六"朝闻道章"集中讨论了这一问题,基本合乎孔子的原意,可解许多疑问。兹摘数则如下:

> 问:"朝闻道而可夕死,莫须是知得此理之全体,便可以了足一生之事乎?"曰:"所谓闻道,亦不止知得一理,须是知得多有个透彻处。至此,虽便死也不妨。明道所谓:'非诚有所得,岂以夕死为可乎!'须是实知有所得,方可。"

> "'朝闻道',则生得是,死便也死得是。若不闻道,则生得不是,死便也恁地。若在生仰不愧,俯不怍,无纤毫不合道理处,则死如何不会是!"

> 问:"'夕死可矣',虽死亦安,无有遗恨。"曰:"死亦是道理。"

> "此闻是知得到,信得及,方是闻道,故虽死可也。若以听人之说为闻道,若如此便死,亦可谓枉死了!"

> "知后须要得,得后方信得笃。'夕死可矣',只是说便死也不妨,非谓必死也。"

有一则需要特别拈出:"问:'朝闻道,夕死可矣。'曰:'若是闻道,则生也得个好生,死也得个好死。'问:'朝夕固甚言其近。然既闻而非久即死,莫多有不及事之悔否?'曰:'犹愈于不闻。'"此人问得过于"形而下","犹愈于不闻"的回答却极为睿智。朱熹的意思是说,如果将孔子的话理解成闻道即死且有悔意,比不闻道更不堪。"闻道"并不必然与生构成矛盾,相反,只有生才能"闻道",因此孔子誓言"守死善道"(《泰伯篇》);"闻道"也绝非一语之悟,而是毕生的生命实践,是内心感悟与外在实践合一的渐进过程。这与乡愿式的理解有着本质的区别,也使那种欲陷仁者于死地的想法无隙可乘。

"道也者,不可须臾离也;可离,非道也。是故君子戒慎乎其所不睹,恐惧乎其所不闻。"(《中庸》)《论语》中对死亡与闻道的关系还多有涉及。"子贡问政。子曰:'足食,足兵,民信之矣。'子贡曰:'必不得已而去,于斯三者何先?'曰:'去兵。'子贡曰:'必不得已而去,于斯二者何先?'曰:'去食。自古皆有死,民无信不立。'"(12.7)"原壤夷俟。子曰:'幼而不孙弟,长而无述焉,老而不死,是为贼。'以杖叩其胫。"(14.45)"民之于仁也,甚于水火。水火,吾见蹈而死者矣,未见蹈仁而死者也。"(15.34)"微子去之,箕子为之奴,比干谏而死。孔子曰:'殷有三仁焉。'"(18.1)"齐景公有马千驷,死之日,民无德而称焉。伯夷、叔齐饿于首阳之下,民到于今称之。"(16.12)至于"志士仁人,无求生以害仁,有杀身以成仁"(15.8),则补齐了"朝闻道,夕死可矣"在现实情景中的实践细则。

"闻道"不是为了体味死亡,而是为了达至人生的审美状态,所谓"志于道,据于德,依于仁,游于艺"(7.6),描述的就是这样的人生进阶。李泽厚《论语今读》此章记曰:"生烦死畏,追求超越,此为宗教;生烦死畏,不如无生,是为佛家;生烦死畏,却顺事安宁,深情感慨,此乃儒学。"[1]《论语集注》:"道者,事物当然之理。苟得闻之,则生顺死安,无复遗恨矣。"张横渠言:"生,吾顺事,没,吾宁也",李泽厚先生大概是受此影响。其实宋儒之学与孔门儒学相去甚远,多掺杂佛家思想。孔门儒学"深情感慨"有之,但"生烦死畏"不多,更不"顺事安宁",而是执着现实,深情追询,超越生死。

---

〔1〕 李泽厚《论语今读》,安徽文艺出版社,1998年,第107页。

先秦儒、道哲学的立论方式是"向死而生",即面对鬼神的不可靠不可知,在实用理性的观照下,以彻底的悲剧意识为动力,建立起超越生死的哲学体系。"未知生,焉知死",将鬼神、死亡等只能在理论上悬置的问题在践行中加以解决,斩断了鬼神、死亡与人的价值建立之间的联系;"朝闻道,夕死可矣"将人的全部价值限定于"闻道",从而超越了死亡;"不怨天,不尤人",剪除了外在因素,建立起人的自足性;"不知命,无以为君子也",把人的目的最终着落在虚灵的"天命"上;"至人无己,神人无功,圣人无名",是面对人的有限性建立起的审美人生。这些都是在"哲学突破"时期先秦思想家面对理性的限度时作出的"向死而生"的转向。孔子谈死,是为生而谈,是向死而生;海德格尔论生,却要走向死亡。两种哲学取径不同,形成鲜明的对比。(参看 11.11"讲记")

4.9 子曰:"士志于道,而耻恶衣恶食者,未足与议也。"

【今译】

孔子说:"士人有志于学习践行圣仁德之道,但又以自己吃穿不好为耻,对这种人,是不值得与他谈论道的。"

【讲记】

志道之士,必无锦衣玉食;锦衣玉食者,必非志道之士。道德与幸福(锦衣玉食)本不能相配。(康德语)

在中国文化的主流评价系统中,人有三种活法:比历史晚行一步的人,可以得到锦衣玉食的世俗幸福,但往往只具有负面价值;与历史同行的"与时俱进"者,可有可无,无所谓价值;只有比历史前行一步的人,才具有正面价值,但这样的人往往是历史的殉道者!既当坏人又立牌坊的"好事",在中国历史上从未存在过。正是因为中国文化坚持了这种正确的价值观念和评价系统,中华民族的历史才能延续发展到今天!

4.10　子曰:"君子之于天下也,无适①也,无莫②也,义之与比③。"

【注释】

　　① 适(dí):亲近、专主。
　　② 莫:冷淡、疏远。
　　③ 义之与比:符合道义就亲近它。义:适合,符合道义。比:接近。

【今译】

　　孔子说:"君子对于天下的人和事,没有固定不变的亲疏厚薄,符合道义就亲近它。"

【讲记】

　　这是价值选择和建构的宣言。
　　义与仁一样,是在人类的历史实践中产生的,因此人不能有固定的先验的价值观念和好恶偏向,而应该唯义是比。
　　这是中国文化开放性的根本保证。(参看 7.29"讲记")

4.11　子曰:"君子怀①德,小人怀土②;君子怀刑③,小人怀惠④。"

【注释】

　　① 怀:关心,思念。
　　② 土:乡土,安居之所。

③ 刑：法律，惩罚。
④ 惠：恩惠，利益。

【今译】

孔子说："君子关心道德，小人怀恋乡土；君子想的是法制，小人想的是利益。"

【讲记】

这里的君子指国君和官吏士人，小人指普通百姓。两类人的追求不同，孔子意在陈述基本事实，并未刻意贬低百姓。

"怀土"、"怀惠"是"小人"，也是所有人的一般心理状态，但"怀德"、"怀刑"就不一定了，即便是"君子"也未必都能做得到，所以，这里还暗含着对君子品格的规定和要求。

孔子对人的这种分别仅限于政治和社会等级的意义上，在文化意义上，人是平等的，"人能弘道"、"为仁由己"中的"人"就是指所有人。"当仁，不让于师"（孔子），"闻诛一夫纣矣，未闻弑君也"（孟子），"从道不从君，从义不从父"（荀子），说的都是在道面前人人平等的意思。

4.12 子曰："放①于利而行，多怨②。"

【注释】

① 放：逐。
② 怨：引起别人的怨恨。

【今译】

孔子说："只为追求利益而行动，就会招致别人更多的怨恨。"

【讲记】

《论语集注》："程子曰：'欲利于己，必害于人，故多怨。'"孔子并非简单地反对追求利益,他反对的是片面地追求利益和只追求短期的利益,他主张的是在人类总体意识的观照下追求人类的根本利益和最大利益。孔孟的"义利之辨"并不难解。(参看 4.16"讲记")

4.13 子曰:"能以礼让为国乎,何有①? 不能以礼让为国,如礼何?"

【注释】

① 何有:全句为"何难之有",即不难的意思。

【今译】

孔子说:"能够用礼让原则和谦和的态度来治理国家,那还有什么困难呢? 如果不能用礼让原则来治理国家,怎么能实行礼呢?"

【讲记】

《论语集注》:"逊者,礼之实也。何有,言不难也。言有礼之实以为国,则何难之有,不然,则其礼文虽具,亦且无如之何矣,而况于为国乎?"让为礼之实。此解极是。凡事大家让一步,可和谐发展;凡事各方进一步,则必悖乱而至战争。当然,让是有原则的,"知和而和,不以礼节之,亦不可行也",对得寸进尺、贪得无厌者,必须予以坚决还击。

4.14 子曰:"不患无位,患所以立;不患莫①己知,求为可知也。"

【注释】

① 莫：没有人。

【今译】

孔子说："不担心没有官位，就怕自己没有赖以立身的道德学问；不怕没有人知道自己，只求自己成为有真才实学而值得别人知道的人。"

【讲记】

这是讲君子立身以道德，不以名位。但通观孔子的思想，绝不是不计"名位"，只在心性上下功夫，相反，孔子主张"内圣"与"外王"相统一。

现代新儒家中有人将"内圣"当作静态的存在，然后去研究"内圣"能否开出"外王"，这当然是不可能的，有人因此否定"内圣"的现代意义（同样思路的还有"民本"能否开出民主），这完全走入了歧途。在孔子那里，"内圣"（道德修养）与"外王"（现实功业）从来是不分开的。"内圣"是体，"外王"是用；"内圣"是"外王"的导向，"外王"是"内圣"的显现；"内圣"赋予"外王"以价值，"外王"给予"内圣"以形式；"内圣"与"外王"是一种体用不二、辩证统一的关系。

孔子追求的王道乐土、人类大同，正是"内圣"与"外王"合一的最高境界。

4.15　子曰："参①乎！吾道一以贯之。"曾子曰："唯②。"子出。门人问曰："何谓也？"曾子曰："夫子之道，忠恕③而已矣。"

【注释】

① 参（shēn）：曾参，字子舆，十六岁拜孔子为师，是孔子的

得意弟子。

　　② 唯：答应的声音。

　　③ 忠恕：真诚地面对自己的内心并能推己及人。

【今译】

　　孔子说："参啊，我的思想学说由一个基本原则贯彻始终。"曾子说："是！"孔子出去后，同学们问曾子："这是什么意思呢？"曾子说："老师的学说的精义，就是忠和恕罢了。"

【讲记】

　　在《论语》中，连该章在内有四处论及了"忠恕"和"己所不欲，勿施于人"，可见这一思想的重要性。

　　《论语集注》言："尽己之谓忠，推己之谓恕。而已矣者，竭尽而无余之辞也。夫子之一理浑然而泛应曲当，譬则天地之至诚无息，而万物各得其所也。自此之外，固无余法，而亦无待于推矣。曾子有见于此而难言之，故借学者尽己、推己之目以著明之，欲人之易晓也。……或曰：中心为忠，如心为恕。'于义亦通。程子曰：'以己及物，仁也；推己及物，恕也，违道不远是也。'"《论语注疏》言："忠，谓尽中心也。恕，谓忖己度物也。言夫子之道，唯以忠恕一理，以统天下万事之理，更无他法，故云而已矣。"综合《论语》及相关注疏的意思看，"恕"、"忠恕"与"己所不欲，勿施于人"是互相阐释的关系，是成仁之道，统万事之理。

　　"忠"，即忠于自己的内心，即诚。那么，诚是什么？兹引9.17"讲记"中的一段话："诚本是来自原始巫术活动中的要求和心理感受，随着历史的发展，这种要求和心理感受被提升为宇宙的本质和人的本质。因此，诚是一种设定，这种设定来自人的理性的凝聚，即必然的道德伦理要求。在后来文化观念中，开放性的诚是历史情景中各种因素博弈以后沉淀下来的最具合理性、开放性因素的总和。天依据这些因素存在和运行，谓之'诚者，天之道也'（这是人"为天地立心"），人应该力求对这些最具合理性、开放性的因素进行体认，谓之'诚之者，人之道也'（这是人"为生民立命"）。"有了"忠"为基础，才能了解真实的自己，才能实行"恕"。"恕"往往被称为恕道,恕道的内涵就是"己所不欲,勿施于人"。

这是一种"情本体"的价值建构方式和行为方式。人同此心,情同此理,以人的本真之情为出发点和归结点,其间不作概念的设定,不作逻辑的推理,所有的理论根据都来自人的情感体验,这样就最大限度地保证了这种理论的实践性、开放性和普世性。(参看5.11、12.2、15.23"讲记")

4.16   子曰:"君子喻①于义,小人喻于利。"

【注释】

① 喻:明白,懂得。

【今译】

孔子说:"君子懂得大义,小人只知道小利。"

【讲记】

《论语集注》中言:

> 杨氏曰:"君子有舍生而取义者。以利言之,则人之所欲无甚于生,所恶无甚于死,孰肯舍生而取义哉?其所喻者义而已,不知利之为利故也。小人反是。"

孟子有一段著名的义利之辩:

> 孟子见梁惠王。王曰:"叟!不远千里而来,亦将有以利吾国乎?"孟子对曰:"王!何必曰利?亦有仁义而已矣。王曰:'何以利吾国?'大夫曰:'何以利吾家?'士庶人曰:'何以利吾身?'上下交征利而国危矣。万乘之国,弑其君者,必千乘之家;千乘之国,弑其君者,必百乘之家。万取千焉,千取百焉,不为不多矣。苟为后义而先利,不夺不餍。未有仁

而遗其亲者也,未有义而后其君者也。王亦曰:仁义而已矣,何必曰利?"(《孟子·梁惠王上》)

可见,义利之辨的立论基础仍然是为了维护现实秩序,是出于实用理性。同时,人的超越性也正表现在这里:对一己物欲的超越才能"喻于义",才能成为君子,才能维护社会的稳定与发展,否则只能是一个利(恶)的循环。义利之辨的重大意义正在于此。

当然,原始儒家决不是简单地反对追求利益,相反,无论是孔子还是孟子,追求的正是建立安定、富裕、有道德、有尊严的"王道乐土",他们反对的只是片面的逐利忘义和不义之战。对义利关系的简单割裂是不符合原始儒家思想的。

4.17　子曰:"见贤思齐焉,见不贤而内自省也。"

【今译】

孔子说:"见到贤人,就想着如何向他看齐,见到不贤的人,就应该自我反省。"

【讲记】

李泽厚先生在该章下记曰:"总是在无休息地'进德修业','三省吾身',勤勤恳恳,战战兢兢,不断追求完善。此乃宗教性私德的自我修养也。但并不能要求任何人都能做到,它与社会制度、秩序也并无直接关系。"[1]李泽厚先生的《论语今读》颇多新思,其对《论语》的责难也很有代表性。以此章为例,李氏似乎在批评孔子过于强调心性修养。其实,且不说内省是中国文化价值建构的重要方式(参看1.4"讲记"),内省在原始儒家那里恐怕也不同于后儒的那种"向内萎缩";"自反而不缩,虽褐宽博,吾

---

〔1〕 李泽厚《论语今读》,安徽文艺出版社,1998年,第116页。

不慑焉？自反而缩，虽千万人，吾往矣"(《孟子·公孙丑上》)，才是真正的内省。君不见，自古以来，"当仁不让"，以道制势，"从道不从君，从义不从父"的豪杰之士，多出于儒家！

至于内省"乃宗教性私德"一说，亦难成立(参看 5.11"讲记")。看李氏的意思，是说"进德修业""并不能要求任何人都能做到，它与社会制度、秩序也并无直接关系"，因此在现代社会中并不需要，需要的是建立民主与法治的意识和规范。李氏的诉求固然不错，问题是以此来否定"进德修业"的现实意义就错了。事实上，以原始儒家的思想而论，"进德修业"恐怕是实现李氏诉求的重要手段。

4.18　子曰："事父母几①谏，见志不从，又敬不违；劳②而不怨。"

【注释】

① 几：细微，隐蔽。
② 劳：忧愁、烦劳。

【今译】

孔子说："事奉父母，要委婉地劝告他们，见父母不听从自己的意见，也要对他们表示恭敬，并不违抗；虽然忧虑，但不怨恨。"

【讲记】

这是讲奉侍父母的态度。父母也可能犯错误，也可能有做得不恰当的地方，但对待父母与对待其他人的态度应该是不同的。由自然血缘、养育之恩和社会等级所构成的父子关系决定了父母对子女有更多的权威，正确地对待这种权威是建立社会秩序的基础。如果父子关系不靠情感而只靠法律来维持，那么，法律失去了道德的基础，也终将变成恶法。

当然,在大是大非面前,仍然是"从道不从君,从义不从父",在忠、孝不能两全时,只能选择大忠。

4.19　子曰:"父母在,不远游①,游必有方②。"

【注释】

① 游:指游学、游官等外出活动。

② 方:一定的地方。

【今译】

孔子说:"父母在世,不远离家乡;如果需要出远门,也必须有一定的地方。"

【讲记】

《论语集注》中云:

> 欲亲必知己之所在而无忧,召己则必至而无失也。

当然,这只是一个被赋予了启发意义的例子,绝非要当作教条。不要说在今天,即便在孔子所处的时代,"游必有方"也难做到。该章无非是说,事亲之道,在不使父母忧之、念之,且能以情事父母,才可能以忠事君国。如此而已。

《论语》中的许多话都有这样的特点。

4.20　子曰:"三年无改于父之道,可谓孝矣。"

【讲记】

重出,见1.11。

4.21 子曰:"父母之年①,不可不知也。一则以喜,一则以惧。"

【注释】

① 年:年龄。

【今译】

孔子说:"父母的年纪,不可不知道。一方面为他们的长寿而高兴,一方面又为他们的衰老而恐惧。"

【讲记】

《论语注疏》云:"孔(安国)曰:'见其寿考则喜,见其衰老则惧。'"该章是讲对父母的爱。

古代孝的形式应该扬弃,如守制三年等等,但孝的精神应该继承。由爱父母而爱社会、爱人类,由小爱而至大爱是一个同心圆的推延,不需要为归依上帝而抛弃父母,只需要以忠恕之道发扬自我就可以了。这是一条既踏踏实实又不致理性和感性相背离的道路。

4.22 子曰:"古者①言之不出,耻躬②之不逮③也。"

【注释】

① 古者:这里指古代的君子。
② 躬:亲身,自身。
③ 逮:及,赶上。

【今译】

孔子说:"古代君子不轻易说话,因为他们以自己做不到为耻。"

【讲记】

言易而行难。儒家讲究言语必诚,言出必践,"讷于言而敏于行",反对"巧言令色"。这是儒者必有的品德,也是修身的方法。

4.23　子曰:"以约①失之者鲜②矣。"

【注释】

① 约:约束,节俭。这里指用礼来约束。
② 鲜:少。

【今译】

孔子说:"用礼来约束自己而犯错误的人很少了。"

【讲记】

《礼记·表记》有云:

> 子曰:"恭近礼,俭近仁,信近情,敬让以行,此虽有过,其不甚矣。夫恭寡过,情可信;俭易容也,以此失之者,不亦鲜乎?"《诗》曰:"温温恭人,惟德之基。"

该章是讲修身的方法。常以礼约束自己,就会少犯过失,即便犯一点,也不会很严重;况且长期约之以礼,习惯成自然,人的修养自然会提升。

当然,约之以礼不是谨小慎微、患得患失,更不是压制人的合理欲求,而是以礼之大者为本。前者为小人儒,后者为君子儒。

4.24 子曰:"君子欲讷①于言而敏②于行。"

【注释】

① 讷:迟钝。这里指说话要谨慎。

② 敏:敏捷、快速的意思。

【今译】

孔子说:"君子说话要谨慎,而行动要敏捷。"

【讲记】

孔子重行动,重实践,尤重历史实践,其哲学思想以历史实践为本体,当然,这一历史实践是以人要"活着"的内在亲证为主导的。李泽厚先生在该章下记曰:"在儒学,它发展为'工夫即本体'的深刻的哲学理论,宋明理学大家尚能时时警惕自己,使言行合一。但其末流以至今日的现代新儒家就未必如此。现代新儒家使儒学成为纯课堂的思辨哲学,已失去其本应有的准宗教品德了。"[1]此论甚是。

4.25 子曰:"德不孤,必有邻。"

【今译】

孔子说:"有道德的人是不会被孤立的,必定会有人与他亲近。"

【讲记】

故有德者,必有其类从之,如居之有邻也。(《论语集注》)

---

[1] 李泽厚《论语今读》,安徽文艺出版社,1998年,第120页。

孔子的很多话不仅仅表现的是信念,更重要的是使命感和宿命感。这里的宿命不是指那种封建迷信思想,不是佛教意义上的轮回报应,也不是西方式的"顺应自然"、"服从命运"的观念,而是中国式的对天道的体认,即在人类总体意识的观照下对人类社会发展必然性(客观社会性)的认识。

"德不孤,必有邻",其间的关系不是形式逻辑的推论,而是靠客观社会性来保证的。有道德的人未必是不孤独的,未必是"有邻"的,但却是必然不孤独的,必然是"有邻"的。这是《论语》的重要论证方式。这种论证方式看似独断,恰恰是最合理和最可靠的,因为它依据的是"客观性推断",以历史实践为根本,避免了一切概念游戏("主观性设定")的缺陷,从人自身的最深刻最真实处出发,以在历史实践中产生的人类总体观念为根本保障,指向的是人类自身的必然的建构。

《论语》中的很多基本思想都可以用上述论证方式来表述。(参看17.2"讲记")

4.26 子游曰:"事君数①,斯②辱矣;朋友数,斯疏矣。"

【注释】

① 数(shuò):屡次、多次。

② 斯:就。

【今译】

子游说:"事奉君主太过烦琐,就会招来侮辱;对待朋友太烦琐,就会被疏远。"

【讲记】

《论语集注》中云:

胡氏曰:"事君谏不行,则当去;导友善不纳,则当止。

至于烦渎，则言者轻，听者厌矣，是以求荣而反辱，求亲而反疏也。"

凡事都要适可而止，不能勉强。这一方面是所谓的"处世格言"，另一方面也是人都希望保持自己的独立性，对于这种独立性应该予以尊重。孔子虽然没有像康德那样讲"人是目的"，但孔子的思想明确标示着"人类总体是目的"。在人类总体意识的观照下发展人，无论从思想上还是从实践上讲，都更为明确、清晰和切实可行。

公冶长第五

5.1　子谓公冶长①，"可妻也。虽在缧绁②之中，非其罪也。"以其子③妻之。子谓南容④，"邦有道，不废⑤；邦无道，免于刑戮⑥。"以其兄之子妻之。

【注释】

　　① 公冶长：姓公冶名长，齐国人，孔子的弟子。

　　② 缧绁（léi xiè）：束缚犯人的绳索，这里指牢狱。

　　③ 子：古时儿、女均称子。

　　④ 南容：姓南宫名适（kuò），字子容，孔子的学生，通称南容。

　　⑤ 废：废置，不任用。

　　⑥ 刑戮：刑罚。

【今译】

　　孔子谈论公冶长说："可以把女儿嫁给他，他虽然被关在牢狱里，但这并不是他的罪过呀。"于是，孔子就把自己的女儿嫁给他为妻。孔子评论南容说："国家政治清明时，他有官做；国家政治混乱时，他也可以免去刑戮。"于是把自己的侄女嫁给他为妻。

【讲记】

　　人的各种遭际具有偶然性，与人的内在道德并无必然联系，孔子不以外在境况取人，就将人的外在遭际和人的内在品德明确地区分开来。小人而富贵仍是小人,君子贫贱仍是君子,这种道德与历史现实(历史性现实)的分际使道德具有了独立性,使人卓然自立!

公冶长因何得罪,孔子未说。据说公冶长懂鸟语,先有负于鸟后又为鸟所陷,故遭缧绁之灾。《论语注疏》邢昺疏曰:"张华云:'公冶长墓在阳城姑幕城东南五里所,基极高。旧说冶长解禽语,故系之缧绁。'以其不经,今不取也。"可见这故事在西晋以前就流传。

5.2　子谓子贱①:"君子哉若人②,鲁无君子者,斯焉取斯③。"

【注释】

① 子贱:姓宓(fú),名不齐,字子贱。一说比孔子小49岁。

② 若人:此人。

③ 斯焉取斯:他从哪里取得这些品德。前一个"斯"指子贱,后一个"斯"字指子贱的品德。

【今译】

孔子谈论子贱说:"这人真是个君子呀。如果鲁国没有君子,他是从哪里学到这种品德的呢?"

【讲记】

关于子贱的事迹,典籍多有记载:

> 正义曰:案《家语·弟子篇》云:"宓不齐,鲁人,字子贱,少孔子四十九岁。为单父宰,有才知,仁爱百姓,不忍欺之,故孔子大之也。"(《论语注疏》)

孔子兄子有孔篾者,与宓子贱偕仕。孔子往过孔篾,而问之曰:"自汝之仕,何得何亡?"对曰:"未有所得,而所亡者三：王事若龙，学焉得习，是学不得明也；俸禄少饘粥，不及亲戚，是以骨肉益疏也；公事多急，不得吊死问疾，是朋友之道阙也。其所亡者三，即谓此也。"孔子不悦，往过子贱，问如孔篾。对曰："自来仕者无所亡，其有所得者三：始诵之，今得而行之，是学益明也；俸禄所供，被及亲戚，是骨肉益亲也；虽有公事，而兼以吊死问疾，是朋友笃也。"孔子喟然，谓子贱曰："君子哉若人。鲁无君子者，则子贱焉取此。"（《孔子家语·子路初见》）

子贱治单父，弹鸣琴，身不下堂而单父治。（《吕氏春秋·察贤》）

子贱治单父，其民附。孔子曰："告丘之所以治之者。"对曰："不齐时发仓廪，振困穷，补不足。"孔子曰："是小人附耳，未也。"对曰："赏有能，招贤才，退不肖。"孔子曰："是士附耳，未也。"对曰："所父事者三人，所兄事者五人，所友者十有二人，所师者一人。"孔子曰："所父事者三人，足以教孝矣。所兄事者五人，足以教弟矣。所友者十有二人，足以祛壅蔽矣。所师者一人，足以虑无失策，举无败功矣。"（《韩诗外传》）

此事《说苑》亦载。《论语集注》："子贱盖能尊贤取友以成其德者。故夫子既叹其贤，而又言若鲁无君子，则此人何所取以成此德乎？因以见鲁之多贤也。"

该章足见孔子对学生的实际行政能力的重视。孔子本人具有很强的行政能力，他的政绩足以证明。他培养的学生中也有很多人具有政治、军事、外交才能，且在很多诸侯国担任重要的职务，有的还在国家事务中发挥了关键作用。后世有"平日袖手谈心性，临危一死报君王"的空谈心性者，绝非孔子所乐见！

5.3　子贡问曰："赐也，何如？"子曰："女①，器也。"曰："何器也？"曰："瑚琏②也。"

【注释】

① 女：通"汝"。

② 瑚琏：古代祭祀时盛黍稷用的尊贵的器皿。

【今译】

子贡问孔子："我这个人怎么样?"孔子说："你呀,好比一个器具。"子贡又问："是什么器具呢?"孔子说："是瑚琏。"

【讲记】

《论语集注》中有云:

> 器者,有用之成材。夏曰瑚,商曰琏,周曰簠簋,皆宗庙盛黍稷之器而饰以玉,器之贵重而华美者也。子贡见孔子以君子许子贱,故以己为问,而孔子告之以此。

子贡有政治、军事、外交、经济、语言等多方面的才能,也做出了突出的成绩,所以孔子称赞他是难得的治国人才。但"君子不器",所以孔子又觉得子贡没有达到君子的高度。君子不排斥"器",但君子不是以"器"的方式对社会发挥影响的。(参看2.12"讲记")

5.4 或曰:"雍①也,仁而不佞②。"子曰:"焉用佞? 御人以口给③,屡憎于人。不知其仁,焉用佞?"

【注释】

① 雍:姓冉名雍,字仲弓,孔子的学生。

② 佞:口才好,能言善辩。

③ 口给:口才、争辩。

【今译】

有人说:"冉雍有仁德但不够能言善辩。"孔子说:"何必要能言善辩呢? 靠口才与人争辩,常常招致别人的讨厌。这样的人我不知道他能否做到仁,何必要能言善辩呢!"

【讲记】

该章意与"巧言令色,鲜矣仁"相近。(参看 1.3"讲记")

> 言何用佞乎? 佞人所以应答人者,但以口取辨而无情实,徒多为人所憎恶尔。(《论语集注》)

> 公都子曰:"外人皆称夫子好辩,敢问何也?"孟子曰:"予岂好辩哉? 予不得已也。"(《孟子·滕文公下》)

既是处世策略,也是人格修养,更是君子与佞人的分野。

5.5　子使漆雕开①仕。对曰:"吾斯之未能信。"子说②。

【注释】

① 漆雕开:姓漆雕名开,字子开,孔子的学生。
② 说:同"悦"。

【今译】

孔子让漆雕开去做官。他回答说:"我对此事还没有信心。"孔子听了很喜悦。

【讲记】

《论语集注》中有云:

> 谢氏曰:"开之学无可考。然圣人使之仕,必其材可以仕矣。至于心术之微,则一毫不自得,不害其为未信。此圣人所不能知,而开自知之。其材可以仕,而其器不安于小成,他日所就,其可量乎? 夫子所以说之也。"

此解未得真意。孔子之悦,非悦其自谦,更非悦其日后仕途不可限量,乃悦其意志坚定,悦其能仕而不仕,以学问仁德为功业也！以宗教性情怀来观照现实功业，孔门之学，精义在此；中华文化传统之精义，亦在此！

5.6　子曰："道不行，乘桴①浮于海，从②我者，其由与！"子路闻之喜。子曰："由也好勇过我，无所取材。"

【注释】
　　① 桴(fú)：用竹或木变成的渡河的小筏子。
　　② 从：跟随、随从。

【今译】
　　孔子说："在这里，我的主张行不通了。我想乘上小筏子漂浮到海外去，能跟从我的人，大概只有仲由吧！"子路听到这话非常高兴。孔子说："仲由啊，好勇超过了我，其他长处则没有啊！"

【讲记】
　　钱穆先生从切己处言之，得该章精微（对"无所取材"有不同解释），兹摘录数处："海上风波险恶，岂可乘桴长游，孔子之言，盖深叹吾道之不行，即所谓欲济无舟楫也。子路勇决，故谓其能从己，此亦假托之微辞耳。……孔子转其辞锋，谓由之好勇，过于我矣，其奈无所取材以为桴何？材，谓为桴之竹木。此乃孔子更深一层之慨叹。既无心于逃世，而其无所凭借以行道之感，则曲折而更显矣。……此章辞旨深隐，寄慨甚遥。戏笑婉转，极文章之妙趣。两千五百年前圣门师弟子之心胸音貌，如在人耳目前，至情至文，在《论语》中别成一格调，读者当视作一首散文诗玩味之。"[1]

〔1〕 钱穆《论语新解》，三联书店，2008年，第114页。

5.7　孟武伯问:"子路仁乎?"子曰:"不知也。"又问。子曰:"由也,千乘之国,可使治其赋①也,不知其仁也。""求也何如?"子曰:"求也,千室之邑②,百乘之家③,可使为之宰④也,不知其仁也。""赤也何如?"子曰:"赤也,束带立于朝⑤,可使与宾客言也,不知其仁也。"

【注释】

　　① 赋:"赋,兵也。古者以田赋出兵,故谓兵为赋。"(《论语集注》)

　　② 千室之邑:有一千户人家的大邑。邑,古代居民的聚居点。

　　③ 百乘之家:指卿大夫的采地。百乘之家为卿大夫之家,诸侯则有车千乘。

　　④ 宰:家臣、总管。

　　⑤ 束带立于朝:穿着礼服立于朝廷。

【今译】

　　孟武伯问孔子:"子路算是仁人了吧?"孔子说:"我不知道。"孟武伯又问。孔子说:"由啊,一个有千辆兵车的大国,可让他管理军事,至于仁德,我不知他是否能做到。"孟武伯又问:"冉求这个人怎么样?"孔子说:"冉求这个人,可以在一个有千户人家的大邑或有百辆兵车的采邑里当总管,至于仁德,我不知他是否能做到。"孟武伯又问:"公西赤又怎么样呢?"孔子说:"赤嘛,可以穿着礼服,站在朝廷上,接待贵宾,至于仁德,我不知他是否能做到。"

【讲记】

　　子路、冉有、公西华都是孔门出色的弟子,但孔子只是肯定了他们各自的军事、政治和外交才能,却没有说他们是否能做到仁。这并不是说他们做不到仁,而是说具体的才能("器")和仁没有直接的必然的联系。

通过具体的才能对社会做出贡献是谓德,对德的情感体认(审美认同)是谓仁。才("器")、德、仁是一个依次提升的关系。有具体的技艺才能不一定就能对社会做出贡献,客观上对社会做出了贡献也不一定就有主观上的情感体认,只有对德有情感体认,才算是仁(圣是仁的现实功业化形态)。有才、德未必有仁,但有仁却必定要有才、德(精神影响而产生的社会效果也是德)。

仁是在人类总体意识的观照下对德的情感认同,即将人类的应然之理化为内在的情感和要求,这种生命状态就叫做仁,或曰心理结构、人格境界。只有达到了这种人格境界,人的具体的才能和现实道德(功业)才有了方向和根本保证,否则,人的才能也许会用于歧途,现实道德(功业)也会败坏。

仁虽是心理结构,但并非不可知或不可度量。妇孺的一念之仁,可抵邀名者的十方布施。造福黎民,是仁;施人一饭,亦是仁。仁之大小多少有别,是因为仁心施诸现实的条件不同,其为仁之心一也。"一念之仁"就是仁之全体,"一念之恶"也是恶之全体;此刻有"一念之仁"便是仁人,彼刻有"一念之恶"便是恶人。度量善恶之大小,或以功抵过之类,皆现实中的功利原则,绝非心性修养的方式;在心性修养中,善恶各居一隅,清浊互不相犯。(参看 5.18"讲记")

5.8 子谓子贡曰:"女与回也孰愈①?"对曰:"赐也,何敢望回? 回也闻一以知十②,赐也闻一以知二③。"子曰:"弗如也。吾与女弗如也④。"

【注释】

① 愈:胜过。

② 十:指数的全体。"一,数之始;十,数之终。"(《论语集注》)

③ 二:"二者,一之对也。"(《论语集注》)

④ 吾与女弗如也:有两种解释,一种是"我赞同你的看法,你不如他",一种是"我和你都不如他"。

【今译】

孔子对子贡说:"你和颜回相比,哪个更强一些呢?"子贡回答说:"我呀,怎么敢和颜回比呢? 颜回听到一件事就可以知道十件事;我呢,知道一件事,只能推知两件事。"孔子说:"你是不如他,我同意你说的看法,是不如他。"

【讲记】

自汉代起,颜回配享孔子、祀以太牢,被列为七十二贤之首,不仅为孔庙四配之首,有时祭孔时独以颜回配享。三国魏正始年间将配享孔子定为制度,历代帝王封赠有加,无不尊奉颜子。

"闻一以知十",既是指人举一反三的学习能力,更是指人的道德自觉能力。人的智能其实应该分为三种,即智商、情商和德商。德商就是指人的道德自觉能力。就像相同或相近环境中的人的智商和情商并不相同一样,人的道德自觉能力也不相同,因此德商的存在是一个不争的事实。在孔门弟子中,颜回并不以各种技能见长,却被称为复圣,足见"闻一以知十"指的是颜回的道德自觉能力。

5.9　宰予①昼寝②,子曰:"朽木不可雕也,粪土之墙不可杇③也,于予与④何诛⑤!"子曰:"始吾于人也,听其言而信其行;今吾于人也,听其言而观其行。于予与改是。"

【注释】

① 宰予:名予,字子我,孔子早年的学生。《论语》记孔子弟子,一般不直书其名,但此处直书宰予,可能是记录者认为宰予

言语德性或有不当。

　　② 昼寝：有多种解释，这里取"白天睡觉"意。古人多以为白天睡觉会使人意气衰颓。

　　③ 圬(wū)：涂墙用的抹子。这里用作动词，指粉刷墙壁。

　　④ 与：语气词。

　　⑤ 诛：责备、批评。

【今译】

　　宰予白日睡觉。孔子说："腐烂的木头无法雕刻，粪土垒的墙壁无法粉刷。我对于宰予，还有什么能责备的呢？"孔子又说："以前我对于人，是听他说的话便相信他的行为；现在我对于人，听他讲的话还得再看他的行为。在宰予这里我改变了看人的方法。"

【讲记】

　　宰予是孔门大弟子，在孔门四科中以言语见长，与子贡并称。(子曰："从我于陈、蔡者，皆不及门也。"德行：颜渊、闵子骞、冉伯牛、仲弓。言语：宰我、子贡。政事：冉有、季路。文学：子游、子夏。11.2)后仕于齐。孔子在此处如此责备宰予，钱穆先生以为可疑。[1]

　　观此章大意，乃教人反对懒惰并努力奋斗，积极进取。这是儒家的基本精神。

　　5.10　子曰："吾未见刚者。"或对曰："申枨①。"子曰："枨也欲，焉得刚？"

【注释】

　　① 申枨：姓申名枨(chéng)，字周，孔子的学生。

---

〔1〕 钱穆《论语新解》，三联书店，2008年，第119页。

【今译】

孔子说:"我没有见过刚的人。"有人回答说:"申枨啊。"孔子说:"申枨这个人欲望多,如何能刚呢?"

【讲记】

《论语集注》:"程子曰:'人有欲则无刚,刚则不屈于欲。'谢氏曰:'刚与欲正相反。能胜物之谓刚,故常伸于万物之上;为物掩之谓欲,故常屈于万物之下。自古有志者少,无志者多,宜夫子之未见也。枨之欲不可知,其为人得非悻悻自好者乎? 故或者疑以为刚,然不知此其所以为欲尔。'"此论甚是。

无欲则刚,已成谚语。林则徐对联云:"海纳百川,有容乃大;壁立千仞,无欲则刚"。欲是物质性欲望,包括感官欲望和生存欲望;刚是道德力量,是为应然之理而对物质欲望的弃绝。因此,二者是相互对立的。

在人性中,二者并存。欲是人性中的动物性,刚是人性中的社会性;只有不断祛除动物性或将动物性转化为社会性(在人的社会性的观照下将动物性转变为社会性,如从出于动物性欲望的两性关系转化为出于爱情的夫妻关系),人性中的社会性才能不断增长。

刚就是弃绝了包括生存欲望的物质欲望后的无所畏惧的精神状态,是人的自由意志的典型体现,也是人所能达到的真正的自由的状态!

5.11 子贡曰:"我不欲人之加诸①我也,吾亦欲无加诸人。"子曰:"赐也,非尔所及②也。"

【注释】

① 诸:之于。

② 及:做得到。

【今译】

子贡说："我不愿别人强加于我，我也不愿强加于人。"孔子说："赐啊，这就不是你能做到的了。"

【讲记】

"我不欲人之加诸我也，吾亦欲无加诸人"与"己所不欲，勿施于人"同义。孔子说子贡做不到，一则见子贡修养不高，二则见人易有强加于人之心，后者为重。使人们有强加于人之心的是权欲，它基于动物性的控制欲，与人性心理的积淀是反向的。

李泽厚的《论语今读》在该章的"记"中说："我颇为赞同 John Rawls 的《政治自由主义》所提倡的重叠理论，我认为，这实际乃将现代法治—道德原理与任何一种文化传统脱钩，而建立在现代生活之上。自由、民主、社会正义均可来自平民百姓的现代生活肌体之上，而不必溯根源于自由主义、基督教等等。这正与'西体中用'（按：李泽厚先生用这一概念基本是指"洋为中用"）论相通：'体'乃现代生活，文化传统只起次要作用。本读重视社会性公德与宗教性私德的分离化，认为后者只起范导性（regulative）而非建构性（constitutive）作用，此亦之谓。"[1]

罗尔斯在《政治自由主义》中修正了他在《正义论》中所提出的正义观念。在《正义论》中，罗尔斯设定在一个"秩序良好的社会"里存在着基本相同的道德信念。但在现代社会中，各种宗教、哲学和道德学说共存，很难统一，有时还有着激烈的冲突，如何能在此基础上建立正义的社会呢？《政治自由主义》中认为，这样一个社会不要求统一于其基本的宗教、哲学以及道德信念之上，而是统一于其政治上的正义概念。在功利主义日暮途穷的历史背景下，罗尔斯将此前洛克、卢梭和康德为代表的传统社会契约论归纳提升为正义论，他的用心是良苦的，但其思路仍然是想从所谓的"普世价值"（西方式的自由、民主）入手来逐渐进行文化渗透。

---

[1] 李泽厚《论语今读》，安徽文艺出版社，1998年，第167页。

　　李泽厚先生将道德分为社会性道德和宗教性道德,认为前者产生的方式是"礼源于俗",俗又产生于历史的合理性,后者则是由"经验变先验"的方式提升起来的具有对个体感性的超越性,并认为社会性道德在今天主要应该包括民主、自由等政治观念,且可与宗教性道德分离而独立存在。[1]尽管李泽厚先生也强调了两种道德的联系,但仍有很大的问题。道德本身是"理性的凝聚"(依李氏说),理性必然带有强制性,而强制性的实质就是超越性,从这一意义上说道德只有一种,那就是超越性道德。中国人的道德始终处在理性的观照之下,这里的理性是指历史的合理性,而不是概念、理式、范畴意义上的理性(idea),这种道德始终是"非理性"的理性凝聚,从来不在理性面前止步。道德是对经验的总结、提升,又对经验提供指导和规范,并赋予经验以价值;道德确实超越感性经验,但它所具有的超越性不是与经验无关的超验,而是富有实践性、开放性的形上追求;它在具体的历史情景中日日常新,永无止境,因此它不是宗教的,而是审美的。当然,对任何一种观念的深度认同和长久体认都可能会对其产生宗教般的情感,那又是另一回事。李氏所言的"宗教性道德",其实是我们下面所说的意识形态的文化。

　　这里需要特别指出的是,道德只有一种,晋德为仁,仁是德的高级形式,具有宗教意味,即宗教般的感觉,但其性质是即现实而又超现实的,是建立在经验世界之上而又对现实审美超越,与宗教的超验性质完全不同,所以仁不是宗教性的。

　　用中国的话说,罗尔斯和李泽厚想建立的是"异质同构"的世界政治—文化模式,即不同文化上的相同政治构架。其实,罗尔斯的"政治自由主义"并不新鲜。在人类文明史上,信奉不同的宗教、哲学和道德学说的民族在一个或数个国家内共同拥有一种政治制度的情形广泛而普遍地存在着,但这绝不是说政治制度与宗教、哲学和道德无关。事实上,任何一个民族的文化都可以分为基础文化和意识形态文化两种形态,基础文化是开放

────────────

〔1〕　参看李泽厚《人类学历史本体论》,天津社会科学出版社,2008 年。

的,富有实践性与合理性的,而意识形态的文化往往是为某个时期的政治制度服务的,带有僵化、保守和封闭的特性。在中国的儒家文化中,孔子等原始儒家的思想就属于基础文化,程、朱理学就带有一定的意识形态色彩。一般说来,基础文化是支持最先进的政治制度的,它往往与新的生产力和生产关系等因素联合起来一起突破意识形态文化的束缚,从而建立新的政治制度。因此,人类的各种制度并不是建立在罗尔斯的"无知之幕"或"纳什均衡"的基础上的,而是各民族的文化在综合历史条件产生的结果。

李泽厚先生同意罗尔斯的观点,说了上面的话,大概是担心现代政治制度不能"溯源"于中国的文化传统。这种担心是多余的。

在脱离政治语境的"纯学术"意义上谈论罗尔斯的观点毫无意义。我们不怀疑罗尔斯的纯真的动机,但罗尔斯观点很可能会导致政治上的单极思维,这种思维在人类文明史上导致的灾难我们都不应该忘记。其实,对于克服人类的危机来讲,罗尔斯的观点远没有亨廷顿的"文明的冲突"的观点带给我们的警示有益。

在民族和国家的交往中,文化的接触、理解与宽容,远比政治的输出、干预来得重要,建构"普世伦理"要比推行"普世伦理"重要。子曰"性相近",人类本应该有着共同的必然的选择,有相互理解的基础。世界上没有什么"普世伦理",只有建构"普世伦理"的方法。在这里,"方法比目的重要"这句话很适用,孔子的"己所不欲,勿施于人"恐怕是唯一正确的方法,人类应该在交流、融通和相互影响中达成共识,以道德影响的和平方式走向人类大同。(参看 4.15、12.2、15.23"讲记")

5.12 子贡曰:"夫子①之文章②,可得而闻也;夫子之言性③与天道④,不可得而闻也。"

【注释】

① 夫子：先生、老师。这里指孔子。

② 文章：这里指孔子传授的古代文献。

③ 性：人性。

④ 天道：天命。

【今译】

子贡说："老师的文献方面的知识学问，我们能够听到学到；老师的人性和天道的理论，我们未能听得到。"

【讲记】

《论语集注》："性者，人所受之天理；天道者，天理自然之本体，其实一理也。"关于何谓人性与天道，9.1"讲记"中有集中论述。孔子为何少讲或不讲性与天道，是因为中国的教化方式是"由近及远"的，从切身的情感处进入而逐渐体会深远的道理，而不是从"悬设"的难以体会的理开始。9.1"讲记"指出，现实实践中的顺序往往是：由教而遵道，因道而生情，因情而定性，因性而知命，因命而依天。这应该是孔子多讲文献而少讲性与天道的原因。

孔子绝不是不重视性与天道，他正是因为重视性与天道，才开出达至性与天道的正途。"道生于情"，从培养情开始来体会道，远比灌输道而忽视情来得可靠。

今天某些方面的教育不从切己的情感教育——如孝的情感培养——出发，而是从"性与天道"的"宏大叙事"开始，效果往往不好。

5.13　子路有闻，未之能行，唯恐有闻。

【今译】

子路听到了一条道理，还没有来得及亲自实行，便惟恐再听到新的道理。

【讲记】

《论语集注》："范氏曰：'子路闻善，勇于必行，门人自以为弗及也，故著之。若子路，可谓能用其勇矣。'"子路疾恶如仇，见善若惊，勇于实践，是孔子学生中性格最为鲜明者。此章既是对子路的赞扬，更是对孔门重实践的彪炳。

5.14　子贡问曰："孔文子①何以谓之文也?"子曰："敏②而好学，不耻下问，是以谓之文也。"

【注释】

① 孔文子：卫国大夫，名圉(yǔ)，"文"是谥号。
② 敏：敏捷、勤勉。

【今译】

子贡问道："孔文子何以谥为'文'呢?"孔子说："他聪敏而好学，不以向地位不及他的人请教为耻，所以给他'文'的谥号。"

【讲记】

"冬，叔疾出奔宋。初，疾娶于宋子朝，其娣嬖。子朝出。孔文子使疾出其妻而妻之。疾使侍人诱其初妻之娣，置于犁，而为之一宫，如二妻。文子怒，欲攻之。仲尼止之。遂夺其妻。"（《左传·哀公十一年》）孔文子德性有亏，子贡又善辩，故有此问。

学在民间，文章在野，故在上者必得"下问"。只有不断向富有开放性的"学统""下问"，才能使"道统"有源头活水，不致僵固，也才能使"政统"具有合法性和合理性。"敏而好学，不耻下问"，并非仅是孔文子一人之"文"。

5.15　子谓子产①："有君子之道四焉。其行己也恭，其事上也敬，其养民也惠，其使民也义②。"

【注释】

① 子产：姓公孙，名侨，字子产。郑穆公之孙，为春秋时郑国的贤相。其言行事迹主要载于《左传》、《史记》等典籍。公元前536年，子产"铸刑书"，公布成文法，结束了"刑不可知，则威不可测"的秘密法历史；提出"以宽服民"、"以猛服民"的"宽"、"猛"相济的策略。后来"以宽服民"为儒家继承，而"以猛服民"为法家继承。

② 其使民也义：义，宜。《论语集注》："使民义，如都鄙有章、上下有服、田有封洫、庐井有伍之类。"

【今译】

孔子在谈论子产时说："他具有君子的四种品行：行为谦恭，奉事君主恭敬，以恩惠养护百姓，以适宜的方法役使百姓。"

【讲记】

"其使民也义"中的"义"，按照朱熹的解释，是指有适宜的法度，古注中也多将此类的"义"释为"宜也"。用"宜"来解释"义"是强调一种时机的把握、措施的选择和政令的调适，后逐渐被儒家强化。在《论语》中，"义"还在发展之中，如"信近于义"（《学而》）、"君子之于天下也，无适也，无莫也，义之与比"（《里仁》）、"君子喻于义"（《里仁》）、"见义不为，无勇也"（《为政》）等。至孟子"羞恶之心，义之端也"（《孟子·公孙丑上》），使之基本从"宜"中脱离出来，与道义联系在一起。

适宜之"义"与道义之"义"的不同在于，前者强调"合乎时宜"，"时中"，"具体情况具体分析"，突出的是人的能动性，不易僵化；后者强调的是社会规则，明晰而易于操作，但也容易僵化。

5.16 子曰:"晏平仲①善与人交,久而敬之②。"

【注释】

① 晏平仲:即晏子。晏子(前 578—前 500),名婴,字仲,谥"平",习惯上多称平仲,又称晏子。齐国的贤大夫。

② 之:在这里指代晏平仲。一解指代与晏子交往的人。

【今译】

孔子说:"晏平仲善于与人交朋友,相识久了,别人仍然尊敬他。"

【讲记】

《论语集注》:"程子曰:'人交久则敬衰,久而能敬,所以为善。'"这是称赞晏子德行醇厚。

5.17 子曰:"臧文仲①居蔡②,山节藻棁③,何如其知也!"

【注释】

① 臧文仲:鲁国大夫,姓臧孙名辰,谥"文"。

② 蔡:国君用以占卜的大龟。蔡国产大龟,故又把大龟叫做"蔡"。

③ 山节藻棁(zhuō):节,柱上的斗拱。棁,房梁上的短柱。"山节藻棁"是古时装饰天子宗庙的做法。

【今译】

孔子说:"臧文仲藏了一只大龟,藏龟的房子中柱头的斗拱雕成山形,房梁的短柱上画以水草花纹,他的智慧是什么样的呢?"

【讲记】

这是以供奉祖宗的方式"谄渎鬼神"。《论语集注》:"当时以文仲为知,孔子言其不务民义,而谄渎鬼神如此,安得为知?"此论极当。"子不语怪、力、乱、神",集中体现了先秦时期人的理性的觉醒。

5.18　子张问曰:"令尹子文①三仕为令尹,无喜色;三已②之,无愠色。旧令尹之政,必以告新令尹。何如?"子曰:"忠矣。"曰:"仁矣乎?"曰:"未知。焉得仁?""崔子③弑齐君,陈子文④有马十乘,弃而违⑤之,至于他邦,则曰:'犹吾大夫崔子也。'违之。之一邦,则又曰:'犹吾大夫崔子也。'违之,何如?"子曰:"清矣。"曰:"仁矣乎?"曰:"未知,焉得仁?"

【注释】

①　令尹子文:令尹,楚国的官名,相当于宰相。子文,楚国名相。

②　已:罢免。

③　崔子:齐国大夫崔杼,曾杀死齐庄公。

④　陈文子:齐国大夫,名须无。

⑤　违:离开、避开。

【今译】

子张问孔子说:"令尹子文数次做楚国宰相,不见他有高兴的样子,几次被罢免,也不见他有怨恨的样了。每次被免职时,他都一定会把自己的旧政全部告诉给新任宰相。你看这个人怎样?"孔子说:"可算是忠了。"子张问:"算得上仁吗?"孔子说:"不知道。这怎么能算得仁呢?"子张又问:"崔杼弑齐庄公,当时陈文子家里有四十匹马,都舍弃不要了,离开齐国,到了另一个国家。他说:'这里的执政者也和我们齐国的大夫崔子一样。'就离开了。到了另一个国家,又说:'这里的执政者也和我们的大夫崔子差不多。'又离开了。这个人你看怎么样?"孔子说:"可算得上清了。"子张说:"可以说是仁了吗?"孔子说:"不知道。这怎么能算得上仁呢?"

【讲记】

《论语集注》中云:

> 文子洁身去乱,可谓清矣,然未知其心果见义理之当然,而能脱然无所累乎? 抑不得已于利害之私,而犹未免于怨悔也。故夫子特许其清,而不许其仁。愚闻之师曰:"当理而无私心,则仁矣。今以是而观二子之事,虽其制行之高若不可及,然皆未有以见其必当于理,而真无私心也。子张未识仁体,而悦于苟难,遂以小者信其大者,夫子之不许也宜哉。"

所论极是。只在现实操作层面上讨论问题,只能许其"忠"或"清",而不能许其"仁",因为仁是对当然之理(应然之理)的情感体认,是"当理而无私心"的精神状态和人格境界。

才(智)、德(社会功业)、仁(对社会功业及其蕴含的应然之理的情感体认)、圣(仁的现实功业状态),其间是依次提升的过程。有才、德未必有仁,但仁者必有才德(因精神影响而产生的社会效果亦是德,或曰社会功业);离开才、德的仁是虚无缥缈的。仁是在人类总体意识观照下对社会功业中所蕴含的应然之理的情感体认,只有在仁的心理状态中,人的才能才会具有正确的指向,人所秉承的道德和建立的社会功业才有意义。圣是前三个完整的人生阶段的再次提升,是一个新层次的社会功业的实现。仁者必定有才、德,但不一定达到圣的境界。仁是一种心理状态,圣则是将这种心理状态现实功业化,即在普遍意义上造福黎民或"为天地立心,为生民立命"。自古以来,仁心人人可有,但圣德却非常人可致。因此,原始儒家对人格提升的要求不仅是开放的,也是无限的。(参看5.7"讲记")

5.19　季文子^① 三思而后行。子闻之，曰："再，斯^②可矣。"

【注释】

① 季文子：季孙行父，谥"文"，鲁成公、鲁襄公时任正卿。
② 斯：就。

【今译】

季文子做每件事总是要反复考虑多次。孔子听到了，说："考虑两次也就行了。"

【讲记】

《论语集注》中云：

程子曰："为恶之人，未尝知有思，有思则为善矣。然至于再则已审，三则私意起而反惑矣，故夫子讥之。"愚按：季文子虑事如此，可谓详审，而宜无过举矣。而宣公篡立，文子乃不能讨，反为之使齐而纳赂焉，岂非程子所谓私意起而反惑之验欤？是以君子务穷理而贵果断，不徒多思之为尚。

据历史事实看，《论语集注》的讲法是正确的。做事发自本心，不务思虑，不计私利，乃致仁之道。

5.20　子曰："宁武子^①，邦有道则知，邦无道则愚。其知可及也，其愚不可及也。"

【注释】

① 宁武子：姓宁名俞，卫国大夫，谥"武"，文公、成公时仕卫。

【今译】

孔子说:"宁武子这个人,当国家政治清明时,他显得像个智者;当国家政治昏暗时,他就显得像个愚人。他的那种智,别人可以做得到,他的那种愚,别人就难以做到了。"

【讲记】

《论语集注》之解极好:"文公有道,而武子无事可见,此其知之可及也。成公无道,至于失国,而武子周旋其间,尽心竭力,不避艰险。凡其所处,皆智巧之士所深避而不肯为者,而能卒保其身以济其君,此其愚之不可及也。"孔子虽然讲"笃信好学,守死善道。危邦不入,乱邦不居。天下有道则见,无道则隐。邦有道,贫且贱焉,耻也;邦无道,富且贵焉,耻也"(8.13),但绝非主张明哲保身的混世主义,而是说要讲究策略,把实现和完善大道的工作做到最好。对于那些敢于坚持、殉身不恤的人,孔子历来是尊敬的。"子曰:'三军可夺帅也,匹夫不可夺志也。'"(9.25)"孟子曰:'待文王而后兴者,凡民也。若夫豪杰之士,虽无文王犹兴。'"(《尽心上》)说的都是对人的坚强意志、自由意志的敬仰。

5.21 子在陈①曰:"归与!归与!吾党之小子②狂简③,斐然成章,不知所以裁④之。"

【注释】

① 陈:春秋时的陈国,大约在今河南东部和安徽西北部一带。

② 小子:指鲁国的学生。

③ 狂简:志向远大,做事粗略不合实际。

④ 裁:裁剪。引申为节制。

【今译】

孔子在陈国,叹息说:"回去吧!回去吧!我家乡的学生志向远大,但做事粗略,像织布一样,能够织出花纹却不知道怎样来裁剪。"

【讲记】

《论语集注》中云:

> 此孔子周流四方,道不行而思归之叹也。……夫子初心,欲行其道于天下,至是而知其终不用也。于是始欲成就后学,以传道于来世。又不得中行之士而思其次,以为狂士志意高远,犹或可与进于道也。但恐其过中失正,而或陷于异端耳,故欲归而裁之也。

孔子在陈,其间有吴王夫差伐陈,夺陈三城;晋、楚争霸,轮番伐陈,后吴又犯陈。孔子所见多兵燹,且曾被困绝粮,故知道之难行,欲返鲁授徒。

5.22　子曰:"伯夷、叔齐①不念旧恶,怨是用希②。"

【注释】

① 伯夷、叔齐:殷末孤竹国国君的两个儿子。父死,二人互相让位,不为国君,都跑到了周文王那里。周武王伐纣,他们认为这是犯上作乱,加以劝阻。周灭商后,他们以食周粟为耻,逃到在首阳山中采薇而食,终饿死。

② 怨是用希:很少有怨恨。一解别人很少怨恨他们。

【今译】

孔子说:"伯夷、叔齐不记人家过去的恶事,所以他们的怨恨也就少了。"

【讲记】

伯夷、叔齐不贪图权势名利,是耿直狷介的典范,其"不食周粟而死"的事迹流传极广,影响极大,以至伯夷、叔齐成为清高和忠君的符号。伯夷、叔齐对孔子所极力推崇的周文王、周武王采取了"非暴力,不合作"的态度,孔子为什么还对他们持赞扬的态度?

在唐诗宋词中,咏及伯夷、叔齐的诗很多。如"东皋薄暮望,徙倚欲何依。树树皆秋色,山山唯落晖。牧人驱犊返,猎马带禽归。相顾无相识,长歌怀采薇。"(王绩《野望》)"孤竹夷齐耻战争,望尘遮道请休兵。首阳山倒为平地,应始无人说姓名。"(胡曾《首阳山》)问题是,伯夷、叔齐的选择是正确的吗? 后人为什么要怀念学习他们?

"夷齐饿死日,武王称圣明。"(卢仝《扬州送伯龄过江》)伯夷、叔齐所坚持的内容未必是正确的,但其坚持的形式却是正确的。人的尊严一方面来自对正义的坚守,一方面也来自坚守(节操)自身;尤其当正义自身还不明确的时候,坚守(节操)就成为人的尊严的唯一来源。正如康德论述的一样,我们对一个宁死不降的敌人往往更加尊重。如果否定了这种坚守的形式,那么人类的组织秩序就会倒塌,社会就会陷入一团混乱。即便当正义自身已经十分明确时,我们也应当给予那些不愿意信奉正义观念而愿意延续已有情感和坚持的人以应有的尊重,因为这个意义上的坚持同样是不为功利左右的人的自由意志的体现,是自由意志的一种表现形式。一旦彻底否定了各种形式的自由意志,仅仅以"正义"为唯一标准,失去了参照和制约体系的"正义"就会变成"独意",人类的精神世界就会走向荒芜和颓乱,人就再无意志之"尊"和戒律之"严"。

学习伯夷、叔齐,就是要以清高自守的形式来体现自己的自由意志。这在无道之世自然是一种抗议,即便是在有道之世,也是一种以精神的优势来彰显人格的方式。

5.23 子曰:"孰谓微生高①直? 或乞醯②焉,乞诸其邻而与之。"

【注释】

① 微生高：姓微生，名高，鲁国人，当时人认为他为直率。《战国策·燕策》："信如微生，期而不来，抱果柱而死。"又称尾生高。

② 酰(xī)：醋。

【今译】

孔子说："谁说微生高直啊？有人向他讨些醋，他不直说没有，却向邻家里讨给人家。"

【讲记】

历代注疏都以微生高用意委曲，非为直人。《论语集注》："程子曰：'微生高所枉虽小，害直为大。'"孔子以小见大，严厉批评微生高沽名钓誉的行为。为仁者深可戒之！

5.24　子曰："巧言，令色，足恭①，左丘明②耻之，丘亦耻之。匿怨而友其人，左丘明耻之，丘亦耻之。"

【注释】

① 足恭：过分恭敬。一说用两只脚做出恭迎的姿态来讨好别人。

② 左丘明：鲁国史官。

【今译】

孔子说："花言巧语，装出和颜悦色的样子，过分恭敬，左丘明认为这个样子可耻，我也认为可耻。把怨恨装在心里，面上却与人友好，左丘明认为这种人可耻，我也认为可耻。"

【讲记】

教人正直，反对虚伪。只有具有正直的品格才有可能成为仁人，但孔子与康德不同，孔子认为"对敌人说谎"也是道德的。
"或曰：'以德报怨，何如？'子曰：'何以报德？以直报怨，以德报
德。'"(14.35)"以直报怨"就是以有理有利有节的方式来回报怨
仇，惩罚罪恶，反对逆来顺受。孔子的这种思想绝非世俗的经验
和实用主义，而是基于维护正义的基本原则，使人类能够在和平
的融合中走向大同；否则，只能助长邪恶的单极主义，将人类带
入灾难的深渊。

5.25　颜渊、季路侍①。子曰："盍②各言尔志？"子路曰：
"原车马，衣轻裘，与朋友共，敝之而无憾。"颜渊曰："愿无伐③
善，无施④劳。"子路曰："愿闻子之志。"子曰："老者安之，朋友
信之，少者怀之⑤。"

【注释】
　　① 侍：服侍、侍候，这里指站在旁边陪伴孔子。
　　② 盍：何不。
　　③ 伐：表白，夸耀。
　　④ 施：表白。
　　⑤ 少者怀之：让少年得到关怀。

【今译】
　　颜渊、子路侍立在孔子身边。孔子说："你们何不各自谈谈
自己的志向？"子路说："我愿意把自己的车马、衣服、皮袍拿出来
与朋友共同使用，用坏了也没有怨言。"颜渊说："我不愿夸耀自
己的长处，也不愿表白自己的功劳。"子路对孔子说："愿意听听
老师的志向。"孔子说："我愿意让老年人得到安乐，使朋友们信
任我，让年轻人得到关怀。"

【讲记】
　　对于这三个人的境界，《论语集注》说的很清楚："程子曰：

'夫子安仁,颜渊不违仁,子路求仁。'又曰:'子路、颜渊、孔子之志,皆与物共者也,但有小大之差尔。'又曰'子路勇于义者,观其志,岂可以势利拘之哉?亚于浴沂者也。颜子不自私己,故无伐善;知同于人,故无施劳。其志可谓大矣,然未免出于有意也。至于夫子,则如天地之化工,付与万物而己不劳焉,此圣人之所为也。'"子路急公好义而未及仁,求仁而未得;颜回及仁尚有意,不违仁而已;孔子乃无意之仁,处仁安仁而不觉。即颜回之仁尚处在理性状态,须经理性判断才能不违仁;孔子之仁已化为内在情感,是生命的自然而然。

这是人格修养的三个阶段。

5.26　子曰:"已矣乎①! 吾未见能见其过而内自讼②者也。"

【注释】

① 已矣乎: 算了吧。

② 自讼: 反省、自责。《论语集注》:"内自讼者,口不言而心自咎也。"

【今译】

孔子说:"过去的就算了吧,我还没有看到能认识自己的过错并在内心反省自责的人呀!"

【讲记】

孔子是说自我反省之难,同时也是说自我反省对求仁的重要性。(参看 1.4"讲记")

李泽厚先生的《论语今读》在该章下记曰:"('诚')原本乃是一种巫术礼仪中的心理——情感状况,后被理性化地提升,所以应作情感本体解,其后发展为我所谓'有情宇宙观'是也。它即仁、即爱。亦如前所反复申说,赋天地宇宙和存在本体以肯定性的情感性质("诚"、"仁"),从而与人世相连结,才可既超越日常经验而又内在于一己自身,从而构造起实用理性的乐感文化,即使'忏悔',也不同于罪感或耻感。"〔1〕"诚"的来源先不说,"诚"其实是一种心理形式,即对待事物的方式,而其内容则是人类总体。"诚"是对人类总体意识的理性认知和情感认同。而所谓"乐感文化"实质上也是"悲极生乐"的文化,因为人生来未必是有价值的,却是必须有价值的,人在绝无依傍的"悲"中毅然崛立,否弃现实之"悲"、阶段性之"悲"而达到超越性之"乐"和人类总体之"乐"。亚里士多德说悲剧是"对一个严肃完整、有一定长度的行动的摹仿",而中国的悲剧往往是先悲后喜,因为前半段是"对一个严肃完整、有一定长度的行动摹仿",后半段则是人类总体意识的体现。从"一个严肃完整、有一定长度的行为"来看,未必善有善报、恶有恶报,但在人类总体中(所有事件上)必然善有善报,恶有恶报,必然是"大团圆"。因为如果善有恶报或恶有善报,人类社会就会悖乱和灭亡。

5.27 子曰:"十室之邑①,必有忠信如丘者焉,不如丘之好学也。"

【注释】

① 十室之邑:十户人家的小地方。《周礼·地官司徒第二》:"九夫为井,四井为邑,四邑为丘,四丘为甸,四甸为县,四县为都。"

【今译】

孔子说:"十户人家的小地方,一定有像我这样讲忠信的人,

---

〔1〕 李泽厚《论语今读》,安徽文艺出版社,1998年,第143页。

只是不像我那样好学罢了。"

【讲记】

《论语集注》中有云：

> 言美质易得，至道难闻，学之至则可以为圣人，不学则
> 不免为乡人而已。可不勉哉？

孔子历来强调学习的重要性。此处的学不仅指学习文献等
知识，也指学习各种技能，还指积累各种实践经验。人格境界是
在学习和实践中建立起来的。

雍 也 第 六

6.1　子曰:"雍①也,可使南面。"仲弓问子桑伯子②。子曰:"可也,简。"仲弓曰:"居敬而行简,以临③其民,不亦可乎?居简而行简,无乃④太简乎?"子曰:"雍之言然。"

【注释】

① 雍:冉雍,字仲弓,孔子的学生。

② 子桑伯子:人名,或以为是《庄子》中的子桑户。

③ 临:面对,对待。

④ 无乃:岂不是。

【今译】

孔子说:"冉雍这个人,可以让他去做封国之君。"仲弓问孔子:"子桑伯子这个人怎么样?"孔子说:"可以,办事简要。"仲弓说:"居心恭敬而行事简要,这样来对待百姓,不是也可以的吗?如果自己很粗疏,办事又很草率,岂不是太简单了吗?"孔子说:"雍,这话你说得对。"

【讲记】

该章应该是一个师生对话的场景。孔子认为冉雍有很大的政治才能,冉雍就趁机向老师请教子桑伯子的才能如何。孔子认为子桑伯子办事简要,但似有未尽之辞,冉雍就进一步发挥了对"简"的理解,孔子认为他说得很对。

"居敬而行简",是在"敬"的精神境界的观照下的办事方式,既有原则又得其要领,是很高明的理政境界;"居简而行简"则是粗疏简单,会使政纪散乱,事无所成。同一"简"字,因"行简"者的境界的高低而旨趣大异。

何为"敬"? 中国文化中的"敬畏"来自对"天命"(人类总体)的认同。"畏"是因为"天命"不可改变,人只能遵而行之;"敬"是因为"天命"是为了人类的存在和发展,是人的最高目的。所以"居敬而行简"就是在对"天命"认知并体认的理性和感性交融的精神境界的指导下的行政策略,是很难达到的理政的高明境界。(参看 2.7"讲记")

6.2　哀公问:"弟子孰为好学?"孔子对曰:"有颜回者好学,不迁怒①,不贰过②,不幸短命死矣③。今也则亡④,未闻好学者也。"

【注释】

① 不迁怒:不把怒气发泄到别人身上。

② 不贰过:不犯同样的错误。贰,两次,这里是重复、一再的意思。

③ 短命死矣:颜回去世时年仅 31 岁(一说 41 岁)。孔子对颜回的去世非常悲痛。

④ 亡:同"无"。

【今译】

鲁哀公问孔子说:"你的学生中谁最好学呢?"孔子回答说:"有一个叫颜回的学生最好学,他从不把怒气发泄到别人身上,也从不犯同样的错误。不幸短命死了。现在没有那样的人了,也没有听说谁是好学的。"

【讲记】

这里讲的好学,主要不是指学"诗书六艺",而是指善于从道德实践中学习,尤其是指善于做心性修养功夫。"不迁怒,不贰过",迁怒即是有待,就是把责任推给别人;不迁怒就是无待,就是以自己为自足主体。从未见宗教中的造物主有怒气,因为他们是"最后的实在"。"不迁怒"就是无怒气,有怒气则必定迁怒。万法皆出于我,何怒之有?这是无待于外、圆融无碍的人格境界,也是自由意志。

这种人格境界源自对虚灵的人类总体观念的体认("虚"是因为人类总体是一个根据现实推延出来的概念,"灵"是因为这一概念在现实中有效验)。人类总体观念来源于人要"活着"(要"活着"不仅是人的动物性的生本能,还是人的社会行为)的内在亲证,是绝待的,"不迁怒"的圆融境界也是绝待的。

6.3 子华①使于齐,冉子②为其母请粟③。子曰:"与之釜④。"请益。曰:"与之庾⑤。"冉子与之粟五秉⑥。子曰:"赤之适齐也,乘肥马,衣轻裘。吾闻之也:君子周⑦急不济富。"原思⑧为之宰⑨,与之粟九百,辞。子曰:"毋,以与尔邻里乡党⑩乎!"

【注释】

① 子华:姓公西,名赤,字子华,孔子的学生。

② 冉子:冉有。《论语》中,按常理孔子的弟子不应被称为"子",但被称为"子"的人有四五人。有人据此认为《论语》是这些人的弟子所编。

③ 请粟:请求发给安家的口粮。粟:一般指带壳的谷粒,此处"粟"字单用,指米。

④ 釜:古代计量单位,六斗四升为一釜,约合今天一斗二升多。

⑤ 庾(yǔ):古代计量单位,二斗四升为一庾。

⑥ 秉：古代十六斛为一秉，十斗为一斛。一秉约合今天的三石二斗。

⑦ 周：周济、救济。

⑧ 原思：姓原，名宪，字子思。孔子的学生，孔子在鲁国任大司寇时原思曾做他家的总管。

⑨ 宰：家宰，管家。

⑩ 邻里乡党：古代五家为邻，二十五家为里，一万两千五百家为乡，五百家为党。

【今译】

子华出使齐国，冉有替他母亲向孔子请求发给安家的小米。孔子说："给他六斗四升。"冉有请求增加，孔子说："再给他二斗四升。"冉求却给他八十斛。孔子说："公西赤到齐国去，乘坐着肥马拉的车子，穿着轻暖的皮袍。我听说过，君子救人急难，而不是让富人更富。"原思给孔子当家宰，孔子给他小米九百，原思推辞。孔子说："不要推辞。（如果有多余的，）给你的乡亲们吧。"

【讲记】

《论语集注》中载：

> 程子曰："夫子之使子华，子华之为夫子使，义也。而冉子乃为之请，圣人宽容，不欲直拒人。故与之少，所以示不当与也。请益而与之亦少，所以示不当益也。求未达而自与之多，则己过矣，故夫子非之。盖赤苟至乏，则夫子必自周之，不待请矣。原思为宰，则有常禄。思辞其多，故又教以分诸邻里之贫者，盖亦莫非义也。"

这是讨论俸禄的多少问题。俸禄不在多少，而在于是否得当。在孔子那里，似乎一切都没有标准，实际上一切都做得恰到好处，即符合中庸之道。只有达到了极高明境界的人才能这样处理问题，否则就会因没有明确规定而把事情搞得一团混乱。"仲尼曰：'君子中庸，小人反中庸；君子之中庸也，君子而时中；小人之中庸也，小人而无忌惮也。'"（《中庸》）就是此意。

6.4 子谓仲弓,曰:"犁牛①之子骍且角②。虽欲勿用,山川③其④舍诸?"

【注释】

① 犁牛:毛色驳杂的牛。何晏注:"犁,杂文。骍,赤也。角者,角周正,中牺牲。"

② 骍(xīn)且角:骍,红色。角:指角长得端正。祭祀用的牛毛色为红,角要长得端正。

③ 山川:山川之神。此喻上层统治者。

④ 其:有"怎么会"的意思。

【今译】

孔子谈到仲弓时说:"毛色驳杂的牛生下的牛犊长着红色的毛和端正的角,人们虽想不用它做祭品,但山川之神难道会舍弃它吗?"

【讲记】

孔子对冉雍评价很高,《论语》中多次提到冉雍。"子曰:'从我于陈、蔡者,皆不及门也。'德行:颜渊、闵子骞、冉伯牛、仲弓。言语:宰我、子贡。政事:冉有、季路。文学:子游、子夏。"(11.2)"子曰:'雍也,可使南面。'"(6.1)综合《论语》中对冉雍的评论,可知冉雍是个德性高尚、学问出众而又富有行政能力的人。《论语集注》:"仲弓父贱而行恶,故夫子以此譬之。言父之恶,不能废其子之善,如仲弓之贤,自当见用于世也。然此论仲弓云尔,非与仲弓言也。"以犁牛喻冉雍之父,以"骍且角"的牛喻冉雍,可谓用心良苦,同时也体现了孔子十分开明的教育思想。

6.5 子曰:"回也,其心三月①不违仁,其余②则日月③至焉而已矣。"

【注释】

　　① 三月：《论语集注》注作"言其久"，即指较长的时间。

　　② 其余：一解作其余的学生，一解作其余时间。

　　③ 日月：指较短的时间。

【今译】

　　孔子说："颜回啊，他可以在长时间内不离开仁，其他的学生只能在短时间内做到仁。"

【讲记】

　　《论语》的 5.25 章展示的求仁的三种境界：子路求仁而未得；颜回之仁尚处在理性状态，须经理性判断才能不违仁；孔子之仁已化为内在情感，是生命的自然而然。仁是心理状态，是人格修养境界的体现，任何人都可以有"一念之仁"，但要想长时间保持这种心理状态甚至始终处于这种心理状态中，就要经过艰苦的人格修养。

　　李泽厚先生在《论语今读》的该章下记曰："'仁'在这里似可指是某种具有神秘性的人生最高心理状态，这是不是即宋明儒学吸收释氏学说后所宣讲的'喜怒哀乐之未发'（"父母未生我时面貌"）的'孔颜乐处'？这种境界亦可谓 peakexperience（Maslow）（马斯洛的高峰体验——引者注）。常是瞬间把握，稍纵即逝，难以长久保持，所以也如禅宗的瞬刻永恒感？……儒学无此，其最高境界即这种'天人合一'的神秘快乐。……今日任务似在于：既承认有此具有神秘性、宗教性的高峰体验和心理状态或人生境界，但又不必与世俗情感截然对立和绝对区分。这就是关键处，亦'七情之正'与'天人之乐'的关系问题。"[1]

　　这里有几个问题要说明。仁不具有神秘性，它是对人类总体（属于理性认知范畴）的情感体认，归根到底是情对理的体认，是一种情理交融的心理结构，是可以理解、言说和展示的；人情

〔1〕　李泽厚《论语今读》，安徽文艺出版社，1998 年，第 150 页。

未必是愿意体认理的,但却是必须体认理的,这是由人类总体意识决定的。"孔颜乐处"是指"安贫(但不求贫,因乐道者往往贫,甚至必然贫,故有此言)乐道"的精神境界,仍然是情理交融的心理结构,而非马斯洛的高峰体验。美国的心理学家马斯洛调查了一批有成就的人士后发现他们很多人都提到曾经"感受到一种发自心灵深处的颤栗、欣快、满足、超然的情绪体验"。单从这点上讲与"孔颜乐处"有相近之处,但"高峰体验者被认为是更具有创造性、更果断、更富有幻想、更加独立,同时他们很少有教条和官僚",这是人的精神创造力,而非安贫乐道的"孔颜乐处"的人格境界;狂热的极端分子可能有高峰体验,但却不会有"孔颜乐处"。在中国文化精神中,"七情之正"与"天人之乐"从无矛盾,因为"天人之乐"从不否弃"七情之正",而是对"七情之正"进行观照、转化和升华。

6.6　季康子①问:"仲由可使从政也与?"子曰:"由也果②,于从政乎何有?"曰:"赐也可使从政也与?"曰:"赐也达③,于从政乎何有?"曰:"求也可使从政也与?"曰:"求也艺④,于从政乎何有?"

【注释】

① 季康子:姓季孙名肥,谥号"康"。鲁哀公时任正卿,当时很有权势。

② 果:果断,善于决断。

③ 达:通达事理,做事顺畅。

④ 艺:多才多艺。

【今译】

季康子问孔子:"仲由可以让他管理政事吗?"孔子说:"仲由做事果断明确,管理政事有什么困难呢?"又问:"端木赐可以让他管理政事吗?"孔子说:"端木赐通达事理,管理政事有什么困难呢?"又问:"冉求可以让他管理政事吗?"孔子说:"冉求多才多艺,管理政事有什么困难呢?"

【讲记】

孔子评论三人具有不同的政治才能,三次都用了相同的"于从政乎何有",可见只要有一定的行政才能,管理好国家政事并不难,同时也说明了孔子对政治的重视。但孔子并不谈及三人的德行,亦可见学技能易而修德难。

6.7　季氏使闵子骞①为费②宰,闵子骞曰:"善为我辞焉! 如有复我③者,则吾必在汶④上矣。"

【注释】

① 闵子骞:姓闵名损,字子骞,鲁国人,孔子的学生,比孔子小 15 岁。

② 费(mì):季氏的封邑,在今山东费县西北一带。

③ 复我:再来召我。

④ 汶:水名,即今山东大汶河,当时流经齐、鲁两国之间。"在汶上"暗指避居住到齐国去。

【今译】

季氏派人请闵子骞去做费邑的长官,闵子骞对使者说:"请你委婉地替我推辞了吧! 如果再有人来请我,那我一定避到汶水边去了。"

【讲记】

关于闵子骞辞官不做,《论语集注》中的一段话可谓道尽其中曲折:"谢氏曰:'学者能少知内外之分,皆可以乐道而忘人之势。况闵子得圣人为之依归，彼其视季氏不义之富贵，不啻犬彘。又从而臣之，岂其心哉？在圣人则有不然者，盖居乱邦、见恶人，在圣人则可；自圣人以下，刚则必取祸，柔则必取辱。闵子岂不能早见而豫待之乎？如由也不得其死，求也为季氏附益，夫岂其本心哉？盖既无先见之知，又无克乱之才故也。然则闵子其贤乎？'"

苏轼在《灵璧张氏园亭记》中说："古之君子，不必仕，不必不仕。必仕则忘其身，必不仕则忘其君。……使其子孙开门而出仕，则跬步市朝之上，闭门而归隐，则俯仰山林之下。于以养生治性，行义求志，无适而不可。故其子孙仕者皆有循吏良能之称，处者皆有节士廉退之行。盖其先君子之泽也。"仲尼之徒，仕隐原无一定之规，仕时存隐退之心，隐时有干仕之志，方能"行义求志，无适而不可"。拘泥于仕或隐，皆不利于"善道"。

6.8　伯牛①有疾，子问之，自牖②执其手，曰："亡③之，命矣夫④，斯人也，而有斯疾也！斯人也，而有斯疾也！"

【注释】

① 伯牛：姓冉名耕，字伯牛，鲁国人，孔子的学生。孔子认为颜渊、闵子骞、冉伯牛、仲弓四人"德行"好。

② 牖：窗户。

③ 亡之：丧失，失去。

④ 夫：语气词，相当于"吧"。

【今译】

伯牛有病，孔子去探望他。孔子从南窗外握着他的手说："失去这个人，是命里注定的吧！这样的人怎么会得这样的病啊，这样的人怎么会得这样的病啊！"

【讲记】

《论语集注》："有疾，先儒以为癞也。牖，南牖也。礼：病者居北牖下。君视之，则迁于南牖下，使君得以南面视己。时伯牛家以此礼尊孔子，孔子不敢当，故不入其室，而自牖执其手，盖与之永诀也。命，谓天命。言此人不应有此疾，而今乃有之，是乃天之所命也。"朱熹所解"命，谓天命"，有必然性的意思，不确。在《论语》中，命有两种解释，一是天命，即人类总体的必然性，如"五十而知天命"（2.4），"子罕言利，与命，与仁"（9.1），"君子有三畏：畏天命，畏大人，畏圣人之言。小人不知天命而不畏也。狎大人，侮圣人之言"（16.8），"不知命，无以为君子也"（20.3）；另一种即命运的偶然性，如"有颜回者好学，不幸短命死矣，今也则亡"（11.6），"死生有命，富贵在天"（12.5）。此处的"命"是后者的意思。

对于命运的偶然，原始儒家采取的是执著而又超越的态度。所谓执著，是对之不做各种宗教性的否弃或忽略，而是正视与承认；所谓超越，就是对之进行转化，如孟子说："口之于味也，目之于色也，耳之于声也，鼻之于臭也，四肢之于安佚也，性也。有命焉，君子不谓性也。仁之于父子也，义之于君臣也，礼之于宾主也，智之于贤者也，圣人之于天道也，命也。有性焉，君子不谓命也。"（《孟子·尽心下》）这是不否弃动物性的需求又进行了超越，从而建立起价值。

在原始儒家看来，生命的有限与无常是最难把握的，而对之感慨却可以导向超越。子在川上曰："逝者如斯夫，不舍昼夜。"（9.16）这种感慨不仅有深情，更有悲怆。陈子昂诗："前不见古人，后不见来者。念天地之悠悠，独怆然而涕下。"（《登幽州台歌》）人生的绝无依傍令人无限悲怆，但对现实人生执著的深情又使人在悲剧意识中毅然崛立，在感慨中觉醒，在永恒的天道（人道）中找到归宿。

伯牛恶疾，颜回短命，有德者不得福禄寿考，命运之不公，莫此为甚，孔子之痛，莫过于此；只有抛弃个人命运，由个人之"命"升至人类总体之"天命"，才能得到超越、解脱和自由。

6.9 子曰:"贤哉,回也。一箪①食,一瓢饮,在陋巷②,人不堪其忧,回也不改其乐。贤哉,回也。"

【注释】

① 箪(dān):古代盛饭用的圆形竹器。

② 巷:胡同,里弄,此处指颜回的住处。

【今译】

孔子说:"颜回这个人是多么贤德!一箪饭,一瓢水,住在简陋的地方,别人都无法忍受这种穷困忧苦,颜回却不改他好学的快乐。颜回这个人是多么贤德啊!"

【讲记】

所谓"孔颜乐处"。这是人格的乐境,即对外在困难和感性生命进行超越后达到的人格审美境界,也是"以美育(对应然之理的情感认同)代宗教"的人格培养方式。

在原始儒家的思想中,人的现实实践大多要进行人格观照,归于超越性的审美人格。"学而时习之,不亦说乎?""兴于诗,立于礼,成于乐。""志于道,据于德,依于仁,游于艺。"至于"七十而从心所欲不逾矩",更是达到了自由的审美境界。所谓"乐感文化"在本质上不是指现实生活庸常意义上的达观与快乐,不是指那种不"知命"的盲目的"乐天",而是指人格的乐境,是指个人对人类总体的体认与合一,是指对外在于人的一切的审美超越。明代哲学家王艮在《乐学歌》中说:"乐是乐此学,学是学此乐。不乐不是学,不学不是乐。"道出儒家学问和人格的要义。

"喜怒哀乐之未发,谓之中;发而皆中节,谓之和。中也者,天下之大本也;和也者,天下之远道也。"(《中庸》)"无善无恶心之体。"(王阳明)其中的"中"与"心之体"即"孔颜乐处"。"孔颜乐处"是先验性"绝对律令"与经验性活泼情感的完美统一,它不是现实行动,而是人格境界,是精神的家园与归宿。这种境界一旦行动,则必有和谐或不和谐、善或恶之分;但有这种境界的观照,人格境界必趋向提升。这实际上是将人格境界的应然看作精神本体,与朱熹将具体历史阶段的人伦秩序上升为先验的东西有着本质的不同。

儒家的乐境与佛家的空境之间的关系如下所述。依僧肇《不真空论》,佛家哲学的精义在于"缘起缘灭",万象本自因缘聚合,缘起而生,缘散而灭,"色即是空",世界的本体是空。但"空"不是"无",如朱熹言,池中之水,望之不见曰无,探而可知乃有。破除一切外在的执著,"死生有命,富贵在天",绝于外待,执著内心,只以欣然的情感状态按内心的应然行事,因而超脱轮回,获得永恒,此为空境。"空"不是否定和排除了一切的"无",而是剥除了一切外在对待的心灵愉悦的坚守,外在的一切东西,如生死、贫富、苦乐、喜怒等等均已消失,只有当下内心的应然成为唯一的愉悦性的存在。当然,在不同的情景中,这种内心的应然层次和高度不尽相同,但总体上是合于道义并具有一定历史合理性的。"我来问道无余说,云在青天水在瓶"(李翱),佛家的空境是内在情感的自然与外在历史合理性的同一。总的来看,二者相较,儒家的乐境倾向于主动(入世,"当仁不让于师","闻诛一夫纣矣,未闻弒君也")中的积极(争取),而佛家的空境倾向"被动"(出世,守空)中的积极(不可改变,"非暴力,不合作",普渡众生)。

朱熹吸收佛家追求永恒的思想而建立先验的天理,为儒家思想寻求本体依据,佛家吸收儒家积极入世的思想,是为儒佛互补之正解,而非儒之不行而遁于佛。朱熹的伟大贡献在于开启了为儒家思想建构本体的思潮,如果将朱熹先验性天理作为思维形式,其内涵换成"人能弘道"的历史实践,则会具有极大的合理性。(参看 17.19、7.18"讲记")

6.10　冉求曰:"非不说子之道,力不足也。"子曰:"力不足者,中道而废。今女画①。"

【注释】

① 画：划定界限，不求前进。

【今译】

冉求说："我并非不喜欢老师的学说，实在是我的能力有限啊！"孔子说："能力不够的人，到中途才停下来，现在你是给自己划了界限，不想前进。"

【讲记】

孔子指出问题的症结所在，循循善诱，鼓励学生进步。

6.11　子谓子夏曰："女①为君子儒，无为小人儒。"

【注释】

① 女：通"汝"。

【今译】

孔子对子夏说："你要做君子儒，不要做小人儒。"

【讲记】

钱穆先生之解甚精："推孔子之所谓小人儒者，不出两义：一则溺情典籍而心忘世道；一则专务章句训诂，而忽于义理。子夏之学，或谨密有余，而宏大不足，然终不免于小人儒之讥矣"。[1]其实，现实中所谓洁身自好的谦谦君子也可称为小人儒。

儒学乃是成德之学，成仁之教。"子曰：'志士仁人，无求生以害仁，有杀身以成仁。'"（15.8）儒学之壮烈正在此。

---

〔1〕 钱穆《论语新解》，三联书店，2008 年，第 151 页。

6.12　子游为武城①宰。子曰:"女得人焉尔乎②?"曰:"有澹台灭明③者,行不由径④,非公事,未尝至于偃⑤之室也。"

【注释】
　　① 武城:鲁国的小城邑,在今山东费县西南。
　　② 焉尔乎:都是语气助词。
　　③ 澹台灭明:姓澹台名灭明,字子羽。后来成为孔子的学生。
　　④ 径:小路,这里引申为邪路。
　　⑤ 偃:姓言名偃,字子游。这里是他自称其名。

【今译】
　　子游担任武城的长官。孔子说:"你在那个地方得到人才了吗?"子游回答说:"有个叫澹台灭明的人,办事从来不走邪路;如果没有公事,从不到我的屋子里来。"

【讲记】
　　赞扬言偃善于知人。"澹台灭明,武城人,字子羽。少孔子三十九岁。状貌甚恶。欲事孔子,孔子以为材薄。既已受业,退而修行,行不由径,非公事不见卿大夫。南游至江,从弟子三百人,设取予去就,名施乎诸侯。孔子闻之,曰:'吾以言取人,失之宰予;以貌取人,失之子羽。'"(《史记·仲尼弟子列传》)"以貌取人,失之子羽"一句后来成为成语,广为人知。

6.13　子曰:"孟之反①不伐②,奔而殿③,将入门,策其马,曰:'非敢后也,马不进也。'"

【注释】

① 孟之反：又名孟之侧，鲁国大夫。

② 伐：夸耀，炫耀。

③ 奔而殿：打仗败走时殿后。殿，殿后，在全军最后阻挡敌人的追击。

【今译】

孔子说："孟之反不夸耀自己。鲁军败退时，他在后面断后掩护；快进城门时，他鞭打着自己的马说：'不是我敢于断后，是我的马跑得不快啊。'"

【讲记】

赞扬谦逊美德。《左传·哀公十一年》载，齐国进攻鲁国，到达清地，鲁国派孟儒子泄率左师，冉求率右师迎敌。"师及齐师战于郊，齐师自稷曲，师不逾沟。樊迟曰：'非不能也，不信子也。请三刻而逾之。'如之，众从之。师入齐军，右师奔，齐人从之，陈瓘、陈庄涉泗。孟之侧后入以为殿，抽矢策其马，曰：'马不进也。'"

6.14 子曰："不有祝鮀①之佞②，而③有宋朝④之美，难乎免于今之世矣。"

【注释】

① 祝鮀（tuó）：字子鱼，卫国大夫，因有口才受到卫灵公重用。

② 佞：能言善辩。

③ 而：这里是"与"的意思。

③ 宋朝：宋国的公子朝，有美色，曾出奔在卫。

【今译】

孔子说:"如果没有祝鮀那样的口才,而有宋朝的美貌,在今天的社会上很难避免灾祸啊!"

【讲记】

感慨世风,批评时事。《论语集注》:"言衰世好谀悦色,非此难免,盖伤之也。"

6.15　子曰:"谁能出不由户①? 何莫由斯道②也?"

【注释】

① 户:门。
② 斯道:这条道路,此处指孔子的学说。

【今译】

孔子说:"谁能不经房门而走出去呢? 为什么立身处世没有人走这条路呢?"

【讲记】

《论语集注》:"洪氏曰:'人知出必由户,而不知行必由道。非道远人,人自远尔。'"孔子感叹道之不行。

6.16　子曰:"质①胜文②则野③,文胜质则史④。文质彬彬⑤,然后君子。"

【注释】

① 质:质实、朴质。

② 文：文采。
③ 野：粗鲁、鄙野。
④ 史：言词华丽。这里有虚夸的意思。
⑤ 彬彬："彬彬，犹班班，物相杂而适均之貌。"(《论语集注》)

【今译】

孔子说："质朴胜于文采，就显得粗野；文采胜过朴质，就流于虚伪。质朴和文采配合恰当，才算得上是个君子。"

【讲记】

在孔子那里，按照道德修养水准的高低，人依次分为三个等级，即小人、君子和仁人。小人太低，只靠小人不仅无法建成理想的社会，甚至无法维持现状，而仁人太高，很少有人能够达到这样的高度，因此，孔子把介于二者之间的君子当作人的代表，对君子的品格进行了明确的界定。

"质"是什么？孔子解释得十分清楚。如"子曰：'夫达也者，质直而好义。'"(12.20)"子曰：'君子义以为质，礼以行之，孙(逊)以出之，信以成之'"。(15.17)"子曰：'君子义以为上。君子有勇而无义为乱，小人有勇而无义为盗。'"(17.23)"子曰：'君子无终食之间违仁，造次必于是，颠沛必于是。'"(4.5)在《论语》中，"仁"与"义"互现互成，而仁义与道德又是同一事物的不同侧面，因此，仁义道德是"质"的中心内容。"文"是什么？孔子认为，一个人的行为方式就是文，他说："敏而好学，不耻下问，是以谓'文'也。"(5.14)而这样的"文"并不是单一的，而是十分全面的："子路问成人。子曰：'若臧武仲之知，公绰之不欲，卞庄子之勇，冉求之艺，文之以礼乐，亦可以成人矣。"(14.12)《礼记·表记》中则阐述得更为明确："君子服其服，则文以君子之容；有其容，则文以君子之辞；遂其辞，则实以君子之德。是故君子耻服其服而无其容；耻有其容而无其辞；耻有其辞而无其德；耻有其德而无其行。""野"是什么？《论语》中把质而少文的乡野之人称为"野人"。"史"又是什么？皇侃《论语义疏》释"史"为"虚华无实"，"多饰少实"。如何理解"彬彬"也是关键，朱熹在《四书集注》中说："彬彬，犹班班，物相杂而适均之貌。"必须注意的是，这里的"相杂"不是简单的外在的混杂，而是内在的调适。

综上所述，以仁义为本质，为内容，以适当的合理的行为方式展示出来，这样的人就是君子。

6.17　子曰："人之生也直，罔①之生也幸而免。"

【注释】

① 罔：诬罔，不正直的人。

【今译】

孔子说："人因行为正直才能生存下来，不正直的人也能生存，那只侥幸地避免了灾祸罢了。"

【讲记】

人生来未必是愿意正直的，却是必须正直的，其间的保证是人类总体。所以，"人之生也直"是人的应然选择，也应该是人的存在状态；"罔之生也幸而免"是不合理的现实状态，是社会制度不完善和社会状态不完美的表现。

在可以选择"直"也可以选择"罔"的情况下，"人之生也直"是人的自由意志选择的结果，人的本质也是人的自由选择的结果，但这种自由不是来自康德式的"公设"，而是来自人类总体观念。

这是孔子在为仁德立法。（参看 9.25"讲记"）

6.18　子曰："知之①者不如好之者，好之者不如乐之②者。"

【注释】

① 知之：了解它。

② 乐之：以之为乐。

【今译】

孔子说："（对于学问和事业）了解它的人，不如爱好它的人；爱好它的人，不如以它为乐的人。"

【讲记】

《论语集注》："张敬夫曰：'……知而不能好，则是知之未至也；好之而未及于乐，则是好之未至也。此古之学者，所以自强而不息者欤？'"此论不确。"知之"是知性，"好之"是兴趣，"乐之"是情理融合的心理结构，或曰人格境界，三者并无必然联系；相反，知性与兴趣无关，兴趣与人格无关。对某种事物了解得再深入，未必会产生兴趣；对某种事物有浓厚兴趣，未必与人格境界有关，即便其对象是学问与事业也是一样。作为知性的"知之"是来自功利需求，作为兴趣的"好之"来自人的禀赋，而作为人格境界的"乐之"来自对应然之理的情感体认。因此，三者的关系不是一个人格修养进阶的关系，而是依次否定的关系。前者并不能自然地发展出后者，而"乐之"自然地观照前者。当然，"乐之"不是一种脱离前者的空洞的设定，而是人的应然的选择：人生来未必是喜欢学习的，却是必须喜欢学习的。其间的保障是人类总体意识。

子曰："兴于诗，立于礼，成于乐。"（8.8）

子曰："志于道，据于德，依于仁，游于艺。"（7.6）

此二章较为典型地体现了学问与人格的进阶，并最终将人格境界指向审美化，与"乐之"之意是一致的。"以美育代宗教"，此之谓也。

6.19 子曰："中人以上，可以语①上也；中人以下，不可以语上也。”

【注释】

① 语(yù)：告诉。

【今译】

孔子说：“中材以上的人，可以给他讲上等的学问道理；中材以下的人，不可以给他讲上等的学问道理。”

【讲记】

《论语集注》：“张敬夫曰：‘圣人之道，精粗虽无二致，但其施教，则必因其材而笃焉。盖中人以下之质，骤而语之太高，非惟不能以入，且将妄意躐等，而有不切于身之弊，亦终于下而已矣。故就其所及而语之，是乃所以使之切问近思，而渐进于高远也。’”一般解释为孔子因材施教、循序渐进的教育思想，但实际上孔子将人分成了不同的等级。人生而有贤愚，道德自觉能力和天赋各有不同，这是客观事实，但晋道的权利是人人平等的：“有能一日用其力于仁矣乎？我未见力不足者。”（参看 17.3 “讲记”）

6.20 樊迟问知①，子曰：“务②民之③义④，敬鬼神而远之，可谓知矣。”问仁，曰：“仁者先难而后获，可谓仁矣。”

【注释】

① 知：同“智”。

② 务：致力于，从事。

③ 之：往，到。

④ 义：正义，道义。

【今译】

樊迟问孔子怎样才算是智慧,孔子说:"致力于引导老百姓遵从道义,尊敬鬼神,但要远离它,就可以算是有智慧了。"樊迟又问怎样才算是有仁德,孔子说:"有仁德的人遇到困难时走在别人前面,有收获时走在别人的后面,这样可以说是有仁德了。"

【讲记】

《论语集注》:"专用力于人道之所宜,而不惑于鬼神之不可知,知者之事也。先其事之所难,而后其效之所得,仁者之心也。"以实用理性的态度来对待鬼神,承认鬼神对人的心理作用而因势利导,使其为人性心理的培养服务,而不是以理性来探索鬼神有无这一无法证实也无法证伪的问题,这种做法对培养民族凝聚力、维护民族的稳定和发展起到了巨大的作用。

但实用理性不是实用主义。冯友兰先生说:"实用主义的特点在于它的真理论。它的真理论实际是一种不可知论。它认为,认识来源于经验,人们所能认识的,只限于经验。至于经验的背后还有什么东西,那是不可知的,也不必问这个问题。这个问题是没有意义的。因为无论怎么说,人们总是不能走出经验范围之外而有什么认识。要解决这个问题,还得靠经验。所谓真理,无非就是对于经验的一种解释,对于复杂的经验解释得通。如果解释得通,它就是真理,是对于我们有用。有用就是真理。所谓客观的真理是没有的。"[1]实用主义希望在它所认为的经验主义和理性主义中找到第三条道路,它忠于事实,例如既承认达尔文,又承认宗教,在世界本原问题上是多元论的。

实用理性不同,它不是理性和反理性的,而是非理性的。它的基本特点是以人类总体为观照,"历史建理性"、"经验变先验"、"心理成本体"。它在历史实践中建立起来但又超越具体的历史阶段,在具体的历史阶段中看到人类总体,并以之为思考一切问题的根本依据;它基于经验,重视经验,但不囿于经验,而是

〔1〕 冯友兰《三松堂自序》,《三松堂全集》卷一,河南人民出版社,2001年,第179页。

总结经验,从具体经验中提升出具有普遍意义的东西,使之上升到形上高度;人是心理活动的显现,实用理性将当下的心理看作是人的目的,但这个心理不单纯是人的动物性心理或道德观念,而是二者有机的融合,即情理结构,这个情理结构又因人而异,但总体指向是境界的提升。因此,实用理性在对待现实的态度上是执著而超越。所谓执著,即尊重现实,重视现实,在现实实践中建构意义和价值;所谓超越即坚持原则,在境界的观照下处理现实问题。这里的原则或境界是基于人类整体的历史合理性,因为它是在历史实践中建构的,因而永远是开放。这一原则或境界与实用主义的最大区别就是并不承认所有的现实都是合理的,也并不承认所有有用的东西都是具有真理性的,而是有着自己严格的逻辑和规则。(例如对待无法证实和证伪的鬼神问题,只能"利用",不能信仰,信仰便是迷信。)

需要特别指出的是,在世界本原问题上,实用理性不去探讨,而是以可以把握的人格境界取代之,从而斩断探讨本原性问题与人格修养之间的联系。但这决不意味着实用理性不重视"科技"、"方法"、"办法",相反,实用理性历来把通过政治、"科技"、"方法"、"办法"建功立业从而造福于民看作是体现人格境界的主要标准。"不为良相,便为良医",圣相乏人,而"医圣"、"药圣"不少,于此可见一斑。

在当今时代,理性和反理性主义都遭遇到了困境,或许非理性的实用理性会为我们提供有益的启示!(参看 3.12、3.13"讲记")

6.21　子曰:"知①者乐②水,仁者乐山;知者动,仁者静;知者乐,仁者寿。"

【注释】

① 知(zhì):同"智"。

② 乐(yào)：喜欢。

【今译】

孔子说："智者喜爱水，仁者喜爱山；智者灵动，仁德者沉静。智者快乐，仁者长寿。"

【讲记】

知者达于事理而周流无滞，有似于水，故乐水；仁者安于义理而厚重不迁，有似于山，故乐山。动静以体言，乐寿以效言也。动而不括故乐，静而有常故寿。程子曰："非体仁知之深者，不能如此形容之。"这可以理解为两种人格类型，但其意义还远不止如此。（《论语集注》）

夫智者何以乐水也？曰：泉源溃溃，不释昼夜，其似力者。循理而行，不遗小间，其似持平者。动而之下，其似有礼者。赴千仞之壑而不疑，其似勇者。障防而清，其似知命者。不清以入，鲜洁以出，其似善化者。众人取乎品类，以正万物，得之则生，失之则死，其似有德者。淑淑渊渊，深不可测，其似圣者。通润天地之间，国家以成。是知之所以乐水也。《诗》云："思乐泮水，薄采其茆。鲁侯戾止，在泮饮酒。"乐水之谓也。夫仁者何以乐山也？曰：夫山龍嵸崷崪，万民之所观仰。草木生焉，众物立焉，飞禽萃焉，走兽休焉，宝藏殖焉，奇夫息焉，育群物而不倦焉，四方并取而不限焉。出云风，通气于天地之间，国家以成，是仁者所以乐山也。《诗》曰："太山岩岩，鲁侯是瞻。乐山之谓矣。"这是比德的思维方式。（《说苑·杂言》）

中国人何以如此喜爱山水？那是因为中国人把山水自然看作是人的最终归依，此之谓宇宙情怀。中国文化在天人关系的基础上逐步构建了宇宙情怀。人首先活在自然宇宙中，在实用理性和乐感文化的基础上，中国人赋予中性的宇宙以积极温暖的情感。《论语》中的"天"是宇宙总体，是物质与超物质（被赋予意义的物质）、情感与超情感（以理性为指导的情感）的总和，是物质情感化、情感物质化的统一体；它是人类在漫长的历史实践中建立起来的最终的物质—精神依托。荀子使儒家重视人为的思想得以发展并上升到"与天地参"的本体性的高度，其天人之分和天人之合的有关思想也进一步促生了天人疏离与天人亲合之间的张力。《易传》继承了荀子的天人之分和制天而用的思想，更重要的是萌发了天人感应的思想，"天行健，君子以自强不息"（《周易·乾·象辞》），"古者包牺氏之王天下也，仰则观象于天，俯则观法于地，观鸟兽之文与地之宜，近取诸身，远取诸物，于是始作八卦，以通神明之德，以类万物之情"，"天地之大德曰生"（《周易·系辞下》），在哲学的高度上确认天人关系，使宇宙自然具有了人的道德属性，逐渐变得温暖起来。在天、地、人"三才"中，人既为"天地立心"，也是为自己"立命"；人与宇宙自然共生共存，人类既不是宇宙自然的奴隶，也不是宇宙自然的主宰，而是以积极能动的态度"参赞化育"，并化宇宙自然为情感，以宇宙自然为精神归宿。这种对宇宙的情感称之为宇宙情怀。

对宇宙情怀和道德本体的追询往往是悲剧意识的兴起，而对其体认则是悲剧意识的消解。"知者乐水，仁者乐山"，就是对"天"、宇宙情怀的体认，是儒家的乐境。

宇宙情怀在中国诗歌中有着极其丰富的体现，《春江花月夜》的前十句是典型的代表："春江潮水连海平，海上明月共潮生。滟滟随波千万里，何处春江无月明。江流宛转绕芳甸，月照花林皆似霰。空里流霜不觉飞，汀上白沙看不见。江天一色无纤尘，皎皎空中孤月轮。"自然化为人的情感，人向无限美好的自然融入，人在审美中获得了永恒。但接下来的理性追问则是悲剧意识的兴起："江畔何人初见月，江月何年初照人？人生代代无穷已，江月年年只相似。不知江月待何人，但见长江送流水。"对宇宙的目的和人生的意义追询得不到答案，但在宇宙情怀的观照下，经过悲剧意识洗礼的心灵对现实产生的是新生的执著的情感，所以该诗后半部分游子思妇的传统主题才能焕发出新鲜的光彩。

孔子以宇宙自然作为智者仁者的乐归处。宇宙自然不是理性追索的客观存在，而是深情感慨的审美对象，它已经心理化，情感化，获得了审美的超越，以有形有质的实在之物变为无形无质的心理寄托,成为心理本体这一情理结构的最终落实处。无论是智者还是仁者,在对宇宙情怀和道德本体疏离、追询后,最后都要乐归宇宙自然。(参看 9.16"讲记")

6.22　子曰:"齐一变①,至于鲁;鲁一变,至于道。"

【注释】

① 变:变化,此处指政治和教育制度(政教)的改进。

【今译】

孔子说:"齐国改变一些,可以达到鲁国的样子,鲁国改变一些,就可以合乎先王之道了。"

【讲记】

孔子崇王道而抑霸道,前人已说得很清楚:

> 言齐、鲁有太公、周公之余化,太公大贤,周公圣人,今其政教虽衰,若有明君兴之,齐可使如鲁,鲁可使如大道行之时。(《论语注疏》)

> 齐之所以不如鲁者,太公之贤不如伯禽。伯禽与太公俱受封而各之国,三年,太公来朝。周公问曰:"何治之疾也?"对曰:"尊贤,先疏后亲,先义后仁也。"此霸者之迹也。周公曰:"太公之泽及五世。"五年,伯禽来朝,周公问曰:"何治之难?"对曰:"亲亲,先内后外,先仁后义也。"此王者之迹也。周公曰:"鲁之泽及十世。"此鲁有王迹者,仁厚也;齐有霸迹者,武政也。齐之所以不如鲁。(《说苑·政理》)

> 孔子之时,齐俗急功利,喜夸诈,乃霸政之余习。鲁则重礼教,崇信义,犹有先王之遗风焉,但人亡政息,不能无废坠尔。道,则先王之道也。言二国之政俗有美恶,故其变而之道有难易。(《论语集注》)

6.23　子曰:"觚^①不觚,觚哉! 觚哉!"

【注释】

① 觚(gū):古代酒器,上圆下方,容量约有二升。

【今译】

孔子说:"觚不像个觚了,这也算是觚吗? 这也算是觚吗?"

【讲记】

正义曰:"此章言为政须遵礼道也。觚者,礼器,所以盛酒。二升曰觚。言觚者,用之当以礼,若用之失礼,则不成为觚也,故孔子叹之觚哉! 觚哉! 言非觚也,以喻人君为政当以道,若不得其道,则不成为政也。"(《论语注疏》)

不觚者,盖当时失其制而不为棱也。觚哉觚哉,言不得为觚也。程子曰:"觚而失其形制,则非觚也。举一器,而天下之物莫不皆然。故君而失其君之道,则为不君;臣而失其臣之职,则为虚位。"(《论语集注》)

觚为礼器,后来觚的形制被改变了,所以孔子认为觚不像觚。这是感叹时政衰微,礼崩乐坏。

周代以来建立了完备的礼乐文化系统,而这一系统是由一系列的文化符号为表征的。孔门仁学"以仁释礼",为周礼体系建立了内在依据,周代的礼乐文化从此焕发出新的生机。

索绪尔语言学认为语言符号由能指与所指两个部分组成。能指是由声音—形象两部分构成符号的物质形式,能指在社会的约定俗成中被分配与某种概念发生关系,可引发特定概念的联想,这种概念就是所指。索绪尔揭示的语言能指与所指的关系很适合用来解释礼乐与仁德的关系。礼乐是一种社会语言,各种礼乐形式是其能指,其所指则是仁德。当能指遭受破坏时,对所指的联想力就被削弱,其联想的指向甚至会被改变。还不仅如此,与语言的能指相比,礼乐的能指具有声音、形象、行动三位一体的特点,具有极强的塑造人性心理的作用,而不像语言的所指那样仅仅停留在概念联系的层面。

6.24　宰我问曰:"仁者虽告之曰:'井有仁①焉',其从之也?"子曰:"何为其然也? 君子可逝②也,不可陷③也。可欺也,不可罔也。"

【注释】

①　仁:这里指有仁德的人。

②　逝:往,到。这里指跑到井边去看情况并设法营救。

③　陷:陷入,进入。

【今译】

宰我问道:"一个有仁德的人,假如有人告诉他有位仁人掉到井里去啦,他会跟着下去吗?"孔子说:"为什么要这样做呢? 君子可以到井边去设法营救,却不可以陷入井中;君子可以被欺骗,但不可被愚弄。"

【讲记】

在《论语》中,宰我性格鲜明,总是爱提刁钻古怪的问题,但也正是因为这些问题,原始儒家的思想的某些真义才得以显现。此处孔子阐明的思想是:儒家不是腐儒,君子不被道德绑架。

仁德之人不是滥好人,更不是伪善的邀名者和迂腐的执名者,而是以高明的智慧和最大的效益来完善大道的人。宰我提出的问题不是道德的困境,而是道德的绑架,因为按照宰我的说法,仁德之人和仁德本身将不复存在。将所有的问题、困难和责任都推到仁德之人的身上是将仁德的无限化和宗教化,是对仁德的戕害和剪除;仁德自身是人格境界而非万能的超验性实在,行仁是在人格境界观照下圆融无碍的智慧行动而非执于名格的僵化愚蠢的行为。君子不是全知全能的,所以可以被欺骗,但君子是明智的,所以不能被愚弄。

6.25　子曰:"君子博学于文①,约②之以礼,亦可以弗畔③矣夫④。"

【注释】

　　① 文:文献。

　　② 约:约束。

　　③ 畔:同"叛",背叛。

　　④ 矣夫:语气词,表示感叹。

【今译】

　　孔子说:"君子广泛地学习古代的文献典籍,以礼来统率约束自己,这样就可以不违背道了。"

【讲记】

　　《论语集注》:"程子曰:'博学于文而不约之以礼,必至于汗漫。博学矣,又能守礼而由于规矩,则亦可以不畔道矣。'"这是讲人的文化水平和行为方式的辩证关系,二者必须是和谐统一的。博学于文而不约之以礼,则失于汗漫;约之以礼而不博学于文,则失于虚浮。只有内外相配,文质彬彬,方合于道。

6.26　子见南子①,子路不说。夫子矢②之曰:"予所否③者,天厌之,天厌之!"

【注释】

① 南子：卫国灵公的夫人，当时把持卫国政权，有淫乱的行为，名声不好。

② 矢：同"誓"，此处指发誓。

③ 否：不对，不是。此处指做了不正当的事。

【今译】

孔子去见南子，子路不高兴。孔子发誓说："如果我做什么不正当的事，让上天厌弃我！让上天厌弃我！"

【讲记】

> 灵公夫人有南子者，使人谓孔子曰："四方之君子不辱欲与寡君为兄弟者，必见寡小君。寡小君愿见。"孔子辞谢，不得已而见之。夫人在絺帷中。孔子入门，北面稽首。夫人自帷中再拜，环珮玉声璆然。孔子曰："吾乡为弗见，见之礼答焉。"子路不说。孔子矢之曰："予所不者，天厌之！大厌之！"（《史记·孔子世家》）

> 南子，卫灵公之夫人，有淫行。孔子至卫，南子请见，孔子辞谢，不得已而见之。盖古者仕于其国，有见其小君之礼。而子路以夫子见此淫乱之人为辱，故不悦。（《论语集注》）

此处的"不正当的事"应该有两种解释，一是不合礼制的事，一是为了取得在卫国的政治地位而与南子做原则交易。至于有人将"子见南子"解释得具有两性意味，要么是别有用心，要么是低级趣味。

在当时各诸侯国中，卫国算是富裕文明的，卫灵公也算是尊贤爱才的。孔子多次出入卫国，卫灵公一直对孔子很热情，想重用孔子，但由于宠爱不守礼制的南子，招致孔子的严厉批评。在这个意义上，孔子是一个不讲个人感情、严守立场的人。

"天厌之"中的"天"并非人格神，也非"天命"，而是虚拟化了的道德实在。发誓乃情急之举，"天厌之"乃情急之辞，可见者乃当年孔子、子路之情态。

6.27　子曰："中庸①之为德也,其至矣乎! 民鲜久矣。"

【注释】

①　中庸：中,谓之无过无不及。庸,平常、用。

【今译】

　　孔子说："中庸作为一种道德,该是最高的了吧! 人们缺少这种道德已经很久了。"

【讲记】

　　《论语集注》："程子曰：'不偏之谓中,不易之谓庸。中者天下之正道,庸者天下之定理。'"研究"中庸"的含义,须读《中庸》。

　　《中庸》有对"中庸"更多的论述,兹取三段：

　　　　仲尼曰：君子中庸,小人反中庸;君子之中庸也,君子而时中;小人之中庸也,小人而无忌惮也。

　　　　子曰：天下国家可均也,爵禄可辞也,白刃可蹈也,中庸不可能也。

　　　　故曰：故君子尊德性而道问学,致广大而尽精微,极高明而道中庸。

　　对于第一段,《中庸集注》说得极好："君子之所以为中庸者,以其有君子之德,而又能随时以处中也。小人之所以反中庸者,以其有小人之心,而又无所忌惮也。盖中无定体,随时而在,是乃平常之理也。君子知其在我,故能戒谨不睹、恐惧不闻,而无时不中。小人不知有此,则肆欲妄行,而无所忌惮矣。"其中对"时中"的理解是关键。所谓"时中",就是说"中"很难用一个固定的标准来衡量,是不确定的,但又是随时而在的"平常之理",君子对这种"理"很有体会,同时也知道很难把握,因此总是怀着怵惕之心,努力争取在具体的情景("时")中做到最好。小人因为没有掌握"理",反而利用"时中"没有外在强制性的特点来肆逞己意,所以在具体的情景中就"无所忌惮"了,那就是"反中庸"。

对于第二段,《中庸集注》说:"三者亦知、仁、勇之事,天下之至难也,然不必其合于中庸,则质之近似者皆能以力为之。若中庸,则虽不必皆如者之难,然非义精仁熟而无一毫人欲之私者,不能及也。三者难而易,中庸易而难,此民之所以鲜能也。"若将其中"无一毫人欲之私"理解成个人无偏见、成见,则朱熹的话十分正确。"中庸不可能也"有两层意思,一层意思是说中庸是一种观念中的极致状态,是理想化的,在现实中永远不可能完全达到;第二意思是说那是我们的目标,人生在时间的维度上永远处于开放的状态。

第三段中重要的是"极高明而道中庸"一句。现代新儒家中有人用西方化的学术语言将其解释为掌握了极高明的道理后用以指导日常事务的处理,并未尽得其意。"极高明"是说人要有道德有学问,眼界广阔,思维精深,才有可能达到高大光明的最高境界;"道中庸"是说取道中庸之途,指在高大光明的境界的观照下以不偏不倚的原则把人间事务处理得最好。

这样,中庸这一概念的要素就显现出来了:一是应该达到高大光明的境界;二是"中庸"是因时空关系而灵动不居的,不是可以用外在量化标准来衡量的;三是不走极端,要在具体的情景中将事情做得最好;四是具有观念性与实践性相统一的虚灵性。("虚灵"一词来自朱熹《大学集注》:"明德者,人之所得乎天,而虚灵不昧,以具众理而应万事者也。")五是"中庸"具有心理的自由感,因而具有美感。

李泽厚提出的"度"的本体性可在一定程度上用来理解中庸。"什么是'度'?'度'就是掌握分寸,恰到好处。""'度'的建立是为了'用',也只有在'用'中才有'度'的建立,中国人说的'中庸',即此意。""理性本来只是合理性,它并无先验的普遍必然性。""'度'的本体中,主客观完全是融为一体的,离开了这个

'一体',主、客观本无意义。"〔1〕这是对"极高明而道中庸"现代哲学话语的解释,但这种解释很容易忽略一个基本问题,就是"中庸"是以"极高明"为体的,相对于"极高明"的人格境界来讲,"中庸"自身仍然是用。

6.28　子贡曰:"如有博施①于民而能济②众,何如? 可谓仁乎?"子曰:"何事于仁? 必也圣乎! 尧舜其犹病诸③。夫仁者,己欲立而立人,己欲达而达人。能近取譬④,可谓仁之方也已。"

【注释】

① 施:给予。
② 济:救助。
③ 病诸:病,担忧,有所不足。诸,"之乎"的合音。
④ 能近取譬:能够就自身打比方。

【今译】

子贡说:"如果有人能够对民众广泛施与并能救济,这怎么样呢? 可以算仁了吗?"孔子说:"这岂止算是仁,果真这样的话就是圣人了! 就连尧、舜对此还有所不足呢。至于仁人,要想自己有所成立,就要帮助别人有所成立;要想自己道德功业有所成就,就要帮助别人有所成就。(凡事)能在自身的切近处相譬做起,可以说是实行仁德的方法了。"

【讲记】

这是"心性论"与实践论的合一,且以实践为主,为本。
"博施于民而能济众",不仅是仁,而且是圣,圣比仁高。仁

---

〔1〕 李泽厚《人类学历史本体论》,天津社会科学出版社,2008年,第59、63页。

是对道德的审美感受,圣是将这种审美感受落到现实中,转化成现实功业。所以,原始儒家的仁的目标绝不是要停留在心理感受阶段上,而是要付诸实践,最终造福社会。

成为"仁人"的根据是人要"活着"。从根本上讲,人与动物的区别也仅仅在于人能够以自己的高智商和高情商来使自己更好更长久地"活着",而要想实现这一目的,就必然要首先做出奉献,使别人更好更长久地"活着"。这样,"我为人人,人人为我"的具有历史合理性的利他性社会规则才得以建立。这一规则用孔子的话从正向讲是"己欲立而立人,己欲达而达人",从反向讲是"己所不欲,勿施于人"(《颜渊》)。

"己欲立而立人,己欲达而达人"不是出于具体功利目的的策略,而是真正的情感状态,只有"立人"、"达人"的情感状态占据了主导地位,只有真诚地希望别人比自己好,时时处处为别人考虑,自己才能真正地有所"立"、"达"。个人的道德功业的成立与发达只能在社会的成立与发达中实现,在原始儒家的思想中,不允许存在"一将功成万骨枯"式的个人的"发达"。孔子的成仁之方与后世的个人主义形成了极其鲜明的对照。

西方的某些哲学流派认为只有承认人性恶、人的逐利本性并加以规范和利用才能促进社会的发展,这的确可以收到某种短期的效果,但就像仅为抢掠而攻陷城池的军队无法长久一样,上述的方法终究是饮鸩止渴。人性未必是善的,却必须是善的,只有在人类总体意识的观照下建立起来的成仁之方才是保证人类长治久安的根本之道。

"能近取譬",就是"己所不欲,勿施于人",从最切己的本真情感出发来确定行动方式。实际上,"能近取譬"的深层指向仍然是人要"活着"的内在亲证,并以此作为建构价值和行动方式的原点。这也是建构人类社会符号的元点:"古者包牺氏之王天下也,仰则观象于天,俯则观法于地,观鸟兽之文与地之宜,近取诸身,远取诸物,于是始作八卦,以通神明之德,以类万物之情。"(《周易·系辞下》)"近取诸身"自不待言,"远取诸物"也是将物内化为人的生命情感以后再呈现为符号。人要"活着"的内在亲证是整个符号系统的本质和归宿。

人要"活着"、人想"活"得更好是绝于一切外待的内在亲证，是人能够感觉到的最可靠的证明，除此以外的证明都是不可靠的。在这里，人要"活着"的内在亲证具有唯一性的根本性意义，除此以外的其他具体体验均非内在亲证，而是人在不同时空条件下的具体需求。因此，人要"活着"的内在亲证是人的价值建构的逻辑起点。这个逻辑起点不是观念或概念，而是人的真切的感觉。

述 而 第 七

7.1　子曰："述而不作①,信而好古,窃②比于我老彭③。"

【注释】

① 述而不作:整理传述前人著述而不创新。述,传述。作,创造。

② 窃:私下里。

③ 老彭:殷商时的贤大夫,其名见《大戴礼》;一说为《庄子》中的彭祖。

【今译】

孔子说:"只传述旧章而不创作,相信而且爱好古代的东西,我私下把自己比做老彭。"

【讲记】

孔子实际上是既述且作,以仁释礼,创立"仁学",成为人类文明"轴心时代"中国文化哲学突破的最重要代表人物。说"述而不作"大概有以下两个原因:

一、自谦。"非天子,不议礼,不制度,不考文。今天下车同轨,书同文,行同伦。虽有其位,苟无其德,不敢作礼乐焉;虽有其德。苟无其位,亦不敢作礼乐焉。"(《中庸》)孔子不妄称"作"。

二、不托空言。汉赵岐《〈孟子〉题辞》中说:"仲尼有云:'我欲托之空言,不如载之行事之深切著明也。'"孔子的仁学是行本学末之学,重事而轻言。孟子曰:"予岂好辩哉?予不得已也。"
(《孟子·滕文公下》)原始儒家本多如此,只是越往后世,愈加言
多行少而已。

7.2　子曰:"默而识①之,学而不厌,诲②人不倦,何有于
我哉③?"

【注释】

　　① 识(zhì):记,记住。
　　② 诲:教诲,教导。
　　③ 何有于我哉:对我有什么难呢?

【今译】

　　孔子说:"默默地记住所学的知识,不断学习而不满足,教诲
别人而不厌倦,这些对我能有什么困难呢?"

【讲记】

　　《论语集注》:"识,记也。默识,谓不言而存诸心也。一说:
识,知也,不言而心解也。"人生来未必是愿意学习的,但却是必
须学习的;仅仅认识到应该学习还是不够的,必须感受到学习的
快乐(将学习审美化)。孔子不仅强调学习的重要性,也把教育
别人看得同等重要,因为二者是一体的两面。孔子认为做这些
没有什么困难,并不仅仅是由于孔子的文化水平足够高,也不仅
仅是出于习惯,而是将这种应然的选择上升到了内在生命的高
度,成为生命的自然而然。所谓真正的教育家,此之谓也。

7.3　子曰:"德之不修,学之不讲,闻义不能徙①,不善不
能改,是吾忧也。"

【注释】

① 徙：迁移。这里指靠近、做到。

【今译】

孔子说："不修养品德，不探求学问，知晓了道理不去做，有了不善的事不能改正，这些都是我所忧虑的。"

【讲记】

《论语集注》："尹氏曰：'德必修而后成，学必讲而后明，见善能徙，改过不吝，此四者日新之要也。苟未能之，圣人犹忧，况学者乎？'"讲日新之义。

"汤之《盘铭》曰：'苟日新，日日新，又日新。'《康诰》曰：'作新民。'《诗》曰：'周虽旧邦，其命维新。'是故君子无所不用其极。"（《大学》）在孔门仁学中，人格修养永无尽头，永不停息，只有日日修德求学，行义改恶，才能日日常新，止于至善。"至善，则事理当然之极也。"（《大学集注》）因此，"至善"是一个在现实中永远无法达到的虚灵的概念。

7.4 子之燕居①，申申②如也；夭夭③如也。

【注释】

① 燕居：闲居、家居。
② 申申：舒展和畅的样子。
③ 夭夭：斯文舒缓的样子。

【今译】

孔子闲居的时候，看上去仪态温和舒畅，斯文自在。

【讲记】

记孔子的日常生活情态。知命乐天，知人乐事，故有此燕居之乐。程颢《偶成》："闲来无事不从容,睡觉东窗日已红。万物静观皆自得,四时佳兴与人同。道通天地有形外,思入风云变态中。富贵不淫贫贱乐,男儿到此是豪雄。"孔子的燕居之乐是一种人格境界,程颢的诗意仿佛凡事想想即可,过于强调心性了。

7.5 子曰:"甚矣吾衰也! 久矣吾不复梦见周公①。"

【注释】

① 周公:姓姬名旦,周文王之子,周武王之弟,鲁国国君的始祖。传说周公是周礼的制订者,为孔子最尊崇的圣人。

【今译】

孔子叹息说:"我衰老得很厉害了,已经很久没有梦见周公了。"

【讲记】

《论语集注》之解甚是:"程子曰:'孔子盛时,寤寐常存行周公之道;及其老也,则志虑衰而不可以有为矣。盖存道者心,无老少之异;而行道者身,老则衰也。'""君子无终食之间违仁,造次必于是,颠沛必于是",孔子终生为实现王道理想奔波,至老不辍。

7.6 子曰:"志于道,据于德,依于仁,游于艺①。"

【注释】

① 艺:指孔子教授学生的礼、乐、射、御、书、数等六艺。出自《周礼·保氏》:"养国子以道,乃教之六艺:一曰五礼,二曰六

乐,三曰五射,四曰五驭,五曰六书,六曰九数。"一说六艺即六经,谓《易》、《书》、《诗》、《礼》、《乐》、《春秋》。

【今译】

孔子说:"立志学道,以德为根据,以仁为凭藉,游憩礼、乐、射、御、书、数等诸艺之中。"

【讲记】

译文中的"游憩"二字从杨伯峻《论语译注》。

《论语集注》:"依者,不违之谓。仁,则私欲尽去而心德之全也。功夫至此而无终食之违,则存养之熟,无适而非天理之流行矣。游者,玩物适情之谓。艺,则礼乐之文,射、御、书、数之法,皆至理所寓,而日用之不可阙者也。朝夕游焉,以博其义理之趣,则应务有余,而心亦无所放矣。此章言人之为学当如是也。盖学莫先于立志,志道,则心存于正而不他;据德,则道得于心而不失;依仁,则德性常用而物欲不行;游艺,则小物不遗而动息有养。学者于此,有以不失其先后之序、轻重之伦焉,则本末兼该,内外交养,日用之间,无少间隙,而涵泳从容,忽不自知其入于圣贤之域矣。"除了我们多次说过的有关"天理"之类的话不可取之外,其他的话对理解该章都很重要。

该章关键在于对"游于艺"的理解。朱熹曰:"游者,玩物适情之谓。""游"是具有审美性的实践态度和人格境界,也是中国古典美学的一个重要范畴,庄子的"游心"是孔子"游于艺"的逻辑展开,至魏晋以后,"游"广泛进入文艺美学领域。

"艺,则礼乐之文,射、御、书、数之法,皆至理所寓,而日用之不可阙者也",以"游"的态度来对待寓有至理的"艺",达到的是人物关系的自由境界。这种境界既是物质的,也是精神(心理)的,生成的是一幅情理交融的生命情景,这正是人的归宿,或曰人的目的。

"志于道"是人的"理性凝聚"(人之成为人的觉醒)阶段,"据于德"是指行事时的具体方式,"依于仁"是指在仁的境界的观照下进行生命实践,"游于艺"则是以自由的状态游憩于具有丰沛的情理结构的心理情景中,这是人生的审美化完成,也是人的目的实现。

这种人生的进阶从理性始(人生来未必是喜欢"志于道"的,却是必须"志于道"的)到感性(仁是历史性合理因素在人心理中的审美化生成,在此是仁的心理状态),最终是情理交融(以自由的态度来对待艺一物之理,是仁的现实状态)。这是对人生进阶的揭示,也是对人生境界的开启,更是对人的解放。(参看 8.8 "讲记")

7.7　子曰:"自行束脩①以上,吾未尝无诲焉。"

【注释】

　　① 束脩(xiū):十条干肉。脩,干肉,又叫脯。一解"脩"通"修",束修谓束带修饰,指年十五以上。

【今译】

　　孔子说:"凡是自愿拿着十条干肉为学费来见我的人,我从来没有不教诲的。"

【讲记】

　　孔子有弟子三千,贤者七十,绝大多数是贫穷子弟。孔子有教无类,诲人不倦,开私人办学之先河,传万世不灭之文统,以"至圣先师文宣王"谥之,岂为过哉!

7.8　子曰:"不愤①不启,不悱②不发。举一隅不以三隅反,则不复③也。"

【注释】

① 愤："心求通而未得之意"(《论语集注》)。

② 悱："口欲言而未能之貌"(《论语集注》)。

③ 复：再告。

【今译】

孔子说："(教导学生)不到他反复思考将要明白还未明白时,我不去启发他;不到学生想说却说不出来时,我不去点拨他。教给他一个方面的道理,他不能推知其他方面的道理,那就不再教他了。"

【讲记】

这固然是"启发式教学"的经典论述,但李泽厚在《论语今读》中对此刻意曲解而使就己意也未尝没有道理。李氏译道："不刺激便不能启发,不疑虑便没有发现。"李氏的意思应该是:人不受刺激便不能得到启发,对事情不怀疑便不能有所发现。这显然与原话的字面意思有出入,但与原话的精神却是相通的。

对该章的理解,现在多取朱熹旧注："愤者,心求通而未得之意。悱者,口欲言而未能之貌。"宋学虽重"六经注我",但朱熹此注却未远离孔子原意。"心求通而未得"、"口欲言而未能"不是排除了情绪的纯知识性的思考状态,而是带有一定愤忿的情绪。"发愤以杼情"(《楚辞·九章·惜诵》)、"隐思君兮悱恻"(《楚辞·九歌·湘君》)中的"愤"、"悱"就有愤忿之义,悱愤合用有忧愤积郁之义,如"舒蓄思之悱愤,奋久结之缠绵"(晋代成公绥《啸赋》)。故"不愤不启,不悱不发"指的应该是知识性的教学状态与学生的精神状态的合一。

所谓"先做豪杰,后做圣人"。东坡书云："得书知安,并议论可喜,书字亦进。文字亦若无难处,止有一事与汝说。凡文字,少小时须令气象峥嵘,采色绚烂。渐老渐熟,乃造平淡。其实不是平淡,绚烂之极也。汝只见爷伯而今平淡,一向只学此样,何不取旧时应举时文字看,高下抑扬,如龙蛇捉不住,当且学此。只书字亦然,善思吾言。"(《与侄书》)无义愤之心者,便少精神能量,也就缺少道德自觉能力。生而"平淡"之人,终生平庸;易"愤"易"悱"者,日后方可取成圣之途!

中国古代文学创作更是如此。屈原"惜诵以致愍兮,发愤以抒情",司马迁认为"昔西伯拘羑里,演《周易》;孔子厄陈、蔡,作《春秋》;屈原放逐,著《离骚》;左丘失明,厥有《国语》;孙子膑脚,而论兵法;不韦迁蜀,世传《吕览》;韩非囚秦,《说难》、《孤愤》;《诗》三百篇,大抵贤圣发愤之所为作也。"(《史记·太史公自序》)韩愈说"大凡物不得其平则鸣"(《送孟东野序》)。中国文学作品的产生多与"愤"、"悱"有关。

7.9 子食于有丧者之侧,未尝饱也。子于是日哭,则不歌①。

【注释】

① 子于是日哭,则不歌:另一种读法为"子于是日,哭则不歌"。

【今译】

孔子在有丧事的人旁边吃饭,从没有吃饱过。在这一天,孔子为吊丧而哭泣,就不再唱歌。

【讲记】

《论语集注》:"哭,谓吊哭。一日之内,余哀未忘,自不能歌也。谢氏曰:'学者于此二者,可见圣人情性之正也。能识圣人之情性,然后可以学道。'"其说甚是。

关于该章,有一则苏轼辩难程颐的故事流传甚广。宋邵博《邵氏闻见后录》(卷二十)载:"司马丞相薨于位,程伊川主丧事,专用古礼。将祀明堂,东坡自使所来吊,伊川止之曰:'公方预吉礼,非哭则不歌之义,不可入。'东坡不顾以入,曰:'闻哭则不歌,不闻歌则不哭也。'伊川不能敌其辩也。"(又见宋孙升《孙公谈圃》卷上载:"司马温公之薨,当明堂大享,朝臣以致斋不及奠。肆赦毕,苏子瞻率同辈以往,而程颐固争,引《论语》'子于是日哭则不歌'。子瞻曰:'明堂乃吉礼,不可谓歌则不哭也。'颐又谕司马诸孤不得受吊,子瞻戏曰:'颐可谓燠糟鄙俚叔孙通。'闻者笑之。")事情是这样的:元祐元年(1086)九月一日举行神宗皇帝灵位入祖庙的大典,而这一天恰巧司马光去世,大臣们参加完大典后要到司马光家吊丧,据说被主持丧事的程颐给堵到了大门口。程颐认为灵位入神庙是吉礼,吊司马光是丧礼,依古制参加过吉礼的人不能在同一天再参加丧礼,所以程颐说"子于是日,哭则不歌。"苏轼驳难说:"孔子只说了日哭则不歌,但没有说日歌则不哭啊!"意思是说大臣们都是"先歌"的(先参加了吉礼),未必不能再哭(参加葬礼)。于是率人参加了葬礼,并讥笑程颐是"燠糟鄙俚叔孙通"。据说程颐恼羞成怒,由此加剧了蜀洛党争。

其实,正如谢良佐所说,同日不兼哭笑,乃是标其性情之正,即强调情绪的一贯性。儒家的人格强调的不是外在的标语口号式的宣示,而是内在的情感的积累,情绪应该保持相对的稳定性。如果歌哭无时,喜怒无常,那就不利于情感的培养,而会助长人的表演性。苏轼巧难程颐,利用的似乎是程颐的逻辑漏洞,其实是以"程序正义"颠覆"实质正义",苏轼在此失于巧辩。

清梁绍壬《两般秋雨盦随笔·拘泥》说:"《论语》但云'子于是日哭则不歌',并未云'子于是日歌则不哭'也。如颐(程颐)言则是日欢庆,即闻父母之丧,亦不奔耶? 多见其窒碍也已。"此语近乎抬杠。礼有大小,事有轻重,情有缓急,岂可一概而论耶? 常、变之间,取舍之妙存乎一心,"时中"者,君子之道也。

7.10　子谓颜渊曰:"用之则行①,舍之则藏②,惟我与尔有是夫!"子路曰:"子行三军,则谁与③?"子曰:"暴虎④冯河⑤,死而无悔者,吾不与也。必也,临事而惧⑥,好谋而成者也。"

【注释】

① 行：行道，做符合道义的事。

② 舍之则藏：舍，舍弃，不任用。藏，隐藏，隐居。

③ 与：在一起。

④ 暴虎：空手与老虎进行搏斗。

⑤ 冯(píng)河：赤脚过河。

⑥ 惧：这里是谨慎、警惕的意思。

【今译】

孔子对颜渊说："用我我就去行道，不用我我就隐居起来，只有我和你才能做到这样吧！"子路问孔子说："如果老师统帅三军，那么您和谁共事呢？"孔子说："赤手空拳与老虎搏斗，赤脚涉水过河，死了都不会后悔的人，我不会和他在一起共事。遇事小心谨慎，善于谋划而能做成事的人，我才与他们共事。"

【讲记】

孔子赞颜回，子路不服。子路勇武直率，孔子很喜爱，但忧其鲁莽不成事，故多次教诲，但子路结局终如孔子所言。子路后事卫，在蒯聩之乱中入城与蒯聩的武士搏击，冠缨被击断时说："君子死，冠不免。"在系帽缨的过程中被人砍成肉酱。"孔子哭子路于中庭。有人吊者，而夫子拜之。既哭，进使者而问故。使者曰：'醢之矣。'遂命覆醢。"(《礼记·檀弓上》)

原始儒家不是糊涂的冬烘先生，也不是迂腐的死硬派，而是既坚持原则又讲究谋事策略的实践主义者。用行舍藏不仅仅是一种处世策略，更是人生境界；从政可以直接"善道"，隐居可以间接"善道"。"古之君子，不必仕，不必不仕。必仕则忘其身，必不仕则忘其君。"(苏轼《灵壁张氏园亭记》)一切都要根据具体情况而定，要把事情做到最好，要"好谋而成"，与"暴虎冯河，死而无悔"形成鲜明对照。

7.11 子曰:"富而可求①也,虽执鞭之士②,吾亦为之。如不可求,从吾所好。"

【注释】

① 求:求取,此处指以道求之。

② 执鞭之士:古代为天子以及官员出入时手执皮鞭开路的人,一解是市场的手执皮鞭维持秩序的守门人。此处指地位低下的职事。

【今译】

孔子说:"如果用正当的方法可以追求到富贵,即使是给人执鞭的下等差事我也愿意做。如果不能用正当的方法追求到,那就还是按我的爱好去干事吧。"

【讲记】

"富与贵,是人之所欲也,不以其道得之,不处也;贫与贱,是人之所恶也,不以其道得之,不去也。"(4.5)原始儒家决非刻意追求贫穷,相反,其目的是建立富裕文明的大同社会。但追求富裕的前提是以道求之,决不可以富害道;如果为追求富贵而无所不用其极,那社会就会归于混乱与贫困。故君子无心于贫富,唯道是求耳!

7.12 子之所慎:齐①、战、疾。

【注释】

① 齐(zhāi):同"斋",斋戒。古人在祭祀前要沐浴更衣,不

茹荤酒,不与妻妾同房,以示虔敬之意。

【今译】

孔子所谨慎对待的事情有三种:斋戒、战争和疾病。

【讲记】

《论语集注》中云:

> 齐之为言齐也,将祭而齐其思虑之不齐者,以交于神明
> 也。诚之至与不至,神之飨与不飨,皆决于此。战则众之死
> 生、国之存亡系焉,疾又吾身之所以死生存亡者,皆不可以
> 不谨也。

7.13　子在齐闻《韶》①,三月不知肉味,曰:“不图为乐之至于斯也。”

【注释】

①《韶》:舜时乐曲名。

【今译】

孔子在齐国听到了《韶》乐,很久尝不出肉的滋味。孔子说:“想不到《韶》乐达到了这样的境界。”

【讲记】

关于此章多曲解。钱穆先生说:“此乃圣人一种艺术心情也。孔子曰:‘发愤忘食,乐以忘忧’,此亦一种艺术心情也。艺术心情与道德心情交流合一,乃是圣人境界之高。读书当先就本文平直解之,再徐求其深义。不贵牵他说,逞曲解。”[1]此说

---

[1]　钱穆《论语新解》,三联书店,2008 年,第 177 页。

极是。人生的审美境界就是艺术与道德的合一,人生的超越也就在于以道德为艺术,融艺术入道德。艺术与人格境界的内在联系就在于此;礼乐文化中,乐高于礼,礼在现实,乐在超越现实,"成于乐"即成于审美境界。孔子闻《韶》,三月不知肉味,乃"成于乐"也。

7.14　冉有曰:"夫子为①卫君②乎?"子贡曰:"诺,吾将问之。"入,曰:"伯夷、叔齐何人也?"曰:"古之贤人也。"曰:"怨乎?"曰:"求仁而得仁,又何怨。"出,曰:"夫子不为也。"

【注释】

① 为:帮助,赞许。

② 卫君:指卫出公辄,姬姓,卫氏,名辄,卫灵公之孙。

【今译】

冉有问子贡说:"老师会帮助卫国的国君吗?"子贡说:"好,我去问他。"子贡进去问道:"伯夷、叔齐是怎样的人呢?"孔子说:"是古代的贤人。"又问:"他们对让君位这件事有怨恨吗?"孔子说:"他们追求仁而得到了仁,又有什么怨恨呢?"子贡出来对冉有说:"老师不会帮助卫君。"

【讲记】

卫出公蒯辄的父亲蒯聩因谋杀南子而被其父卫灵公驱逐出国。灵公四十二年(前493年)夏,卫灵公死,蒯辄即位,是为出公。同年六月,晋国赵简子派兵护送蒯聩回卫国,卫人发兵击蒯聩,蒯聩不得入卫。卫出公八年(前485年),孔子来卫国,次年返回鲁国。出公十二年(前481年),孔悝的母亲伯姬与人谋立蒯聩(伯姬之弟)为卫君,胁迫孔悝弑出公,出公听说后逃往齐国,蒯聩立。

卫灵公死后,卫国父子争位,致使卫国陷入长期的内乱之中。父子争当国君与兄弟争让君位,形成了鲜明的对照,是礼崩乐坏的表现。子贡善于言辞,探知了孔子的态度。

"求仁而得仁,又何怨。"伯夷、叔齐为孤竹国二公子,父命叔齐继承君位,但伯夷是兄,若伯夷立是违父命,若叔齐立则违制度,故兄弟二人相携而逃,不求名位,但求心安,心安即仁。

求仁而得仁,乃摒弃外在追求,只求内心圆满;内心圆满,又有何怨?

7.15　子曰:"饭疏食①,饮水,曲肱②而枕之,乐亦在其中矣。不义而富且贵,于我如浮云。"

【注释】

① 饭疏食:吃粗粮。饭,吃;疏食,粗粮。

② 曲肱(gōng):弯着胳膊。肱,由肩至肘的部位。

【今译】

孔子说:"吃着粗粮,喝着白水,弯着胳膊当枕头,乐境就在这中间了。用不义的手段得来的富贵,对于我就像天上的浮云。"

【讲记】

《论语集注》:"程子曰:'非乐疏食饮水也,虽疏食饮水,不能改其乐也。'""孔颜乐处"的安贫乐道并不是刻意求贫,而是因为乐道者往往贫,甚至必然贫,所以才有安贫乐道之说。安贫者未必能乐道,但乐道者必定能安贫。"子曰:'富而可求也,虽执鞭之士,吾亦为之。如不可求,从吾所好。'"(7.11)"子曰:'志士仁人,无求生以害仁,有杀身以成仁。'"(15.8)可见,贫富不是衡量仁的标准,是否乐道才是衡量仁的标准。原始儒家的乐境的确是富有宗教性的,但不是宗教的,因为这种乐境是即现实而超现实的,即基于现实,又从现实中超越出来,进而观照现实。

"不义而富且贵,于我如浮云",在诸多可能的选择中,孔门仁学首先选择了"义",这是自由意志的豪迈宣言。(参看6.5、9.25 "讲记")

7.16 子曰:"加^①我数年,五十以学易^②,可以无大过矣。"

【注释】

① 加:通"假",给予。
② 易:《周易》,古代占卜用的书。

【今译】

孔子说:"再给我几年时间,五十岁时开始学《易》,我就可以没有大的过失了。"

【讲记】

此章有不同解释。《论语注疏》:"正义曰:'此章孔子言其学《易》年也。加我数年,方至五十,谓四十七时也。《易》之为书,穷理尽性以至于命,吉凶悔吝豫以告人,使人从吉,不从凶,故孔子言己四十七学《易》可以无过咎矣。'"《论语集注》:"盖是时,孔子年已几七十矣,五十字误无疑也。"钱穆《论语新解》从《鲁论》将"易"作"亦",其意是"五十岁继续学习,也就可以没有大错误了"。今从《论语注疏》梁代皇侃解。

7.17 子所雅言^①,《诗》、《书》、执礼,皆雅言也。

【注释】

① 雅言:一解为周王朝的京畿地区的官话,是当时的标准

话,被称作"雅言"。一解"雅"为常。

【今译】

孔子讲雅言,读《诗》、念《书》、执礼仪时,用的都是雅言。

【讲记】

清人刘台拱《论语骈枝》:"夫子生长于鲁,不能不鲁语,惟诵《诗》、读《书》、执礼必正言其音,所以重先王之训典,谨末学之流矣。"

7.18　叶公①问孔子于子路,子路不对。子曰:"女奚②不曰:'其为人也,发愤忘食,乐以忘忧,不知老之将至云尔③。'"

【注释】

① 叶(shè)公:姓沈名诸梁,字子高,楚国大夫,封地在叶,僭称叶公。叶:地名,在今河南叶县南。

② 奚:为什么。

③ 云尔:云,如此。尔,同"耳",罢了。

【今译】

叶公向子路问孔子是个什么样的人,子路不回答。孔子说:"你为什么不这么说:'他这个人啊,发愤用功,忘记吃饭,心情愉悦,忘记忧虑,连老境将至也不知道,如此罢了。'"

【讲记】

钱穆解此章曰:"此章乃孔子之自述。孔子生平,唯自言好学,而其好学之笃有如此。学有未得,愤而忘食。学有所得,乐以忘忧。学无止境,斯孔子之愤与乐亦无止境。如是孳孳,惟日不足,而不知年岁之已往,斯诚一片化境。今可稍加阐释者,凡从事于学,必当从心上自知愤,又必从心上自感乐。从愤得乐,从乐起愤,如是往复,所谓纯亦不已,亦即一以贯之。此种心境,实即孔子之所谓仁,此乃一种不厌不倦不息不已之生命精神。见于行,即孔子之所谓道。下学上达,毕生以之。然则孔子之学与仁与道,亦即与孔子之为人合一而化,斯其所以为圣。言之甚卑近,由之日高远。圣人之学,人人所能学,而终非人人之所能及,而其所不能及者,则仍在好学之一端。此其所以为大圣钦!学者就此章,通之于《论语》全书,人圣之门,其在斯矣。"〔1〕

"发愤忘食",除指努力学习外,应该还有努力做一切事务的意思;"乐以忘忧",是指无"小人常戚戚"之忧,人格达到了审美的境界,超越生死;"不知老之将至",则是指生命达到了内在的永恒!

20世纪30年代,美国学者露斯·本尼迪克特从心理学的角度研究人类文化的特征,形成文化心理学派,在《菊花与剑》中高度概括了两种文化类型,即基督教国家的"罪感文化"(人的一生就是为上帝赎罪的一生)和日本的"耻感文化"(以耻辱感为动力),后来将中国文化概括为"乐感文化"。〔2〕

这里应当对"乐感文化"进行必要的辨正。所谓"乐感文化",有时主要是指"只报喜不报忧,最怕讲困境、危机、失败,最好当喜鹊,不停地报喜、庆功、祝酒、唱赞歌。时常盲目地自弹自唱,自足自乐。就是死了人,也当喜事办。"其实这只是乐感风俗,是乐感文化的日常生活层面的世俗化表现。真正的乐感文化,是在一切空无所依的绝望中人的毅然崛立,是在人生来未必是快乐的,却必须是快乐的人类总体意识的观照下的悲情自立,是对人的价值的自我贞定。孔子的"发愤忘食,乐以忘忧,不知老之将至云尔",孟子的"反身而诚,乐莫大焉",都是对外在困难的超越和对个人感性生命的摒弃,是人类最大的信心和勇气。这种信心和勇气导向的必然是审美性的人格境界,即所谓的"乐

〔1〕 钱穆《论语新解》,三联书店,2008年,第181—182页。
〔2〕 "中国人很少真正彻底的悲观主义,他们总愿意乐观地眺望未来",参看李泽厚《实践理论与乐感文化》,三联书店,2005年。

境"。"乐是乐此学，学是学此乐。不乐不是学，不学不是乐。"明
人王艮的这首《乐学歌》用的虽是俗语，却颇能道出儒家学问和
人格的精髓。

"乐天知命"并非"顺事安宁，深情感慨"，而是以宇宙自然和
人类总体合一的"天命"为精神归宿，执著现实，深情追询，超越
生死，达到的是非宗教的宗教乐境！

乐感文化与乐感风俗有着本质的区别。宋真宗赵恒的《劝
学诗》道："富家不用买良田，书中自有千钟粟；安居不用架高堂，
书中自有黄金屋；出门莫恨无人随，书中车马多如簇；娶妻莫恨
无良媒，书中自有颜如玉；男儿若遂平生志，六经勤向窗前读。"
这是把孔子"志士仁人，无求生以害仁，有杀身以成仁"的视死如
归的人格乐境庸俗化为谋取现实功利的乐感风俗。

中国文化具有鲜明的层级结构（如雅俗文化等），拿中国的
表层生活习俗而非文化核心去同西方的哲学观念作不对应性比
较，很难得出正确的结果。（参看 17.19"讲记"）

7.19　子曰："我非生而知之者，好古①，敏②以求之
者也。"

【注释】
　①　好古：爱好古代文献。
　②　敏：勤奋。

【今译】
　孔子说："我不是生来就有知识的人，而是爱好古代的文献、
勤奋而求的人。"

【讲记】
　《论语集注》中载：

生而知之者，气质清明，义理昭著，不待学而知也。敏，
速也，谓汲汲也。尹氏曰："孔子以生知之圣，每云好学者，
非惟勉人也，盖生而可知者义理尔，若夫礼乐名物，古今事
变，亦必待学而后有以验其实也。"

把孔子解释成"生知之圣"，"义理"是可以生而知之的先验
的东西，当然是错误的，从中也可以看出理学的某些特点。

孔子首先否定了自己是"生而知之"的人，然后标出了为学
的态度，彻底表明了孔子仁学乃是实践之学。

7.20　子不语怪、力、乱、神。

【今译】

孔子不谈论怪异、暴力、变乱和鬼神。

【讲记】

"宰我问于孔子曰：'昔者予闻诸荣伊令，黄帝三百年。请问
黄帝人邪？抑非人邪？何以至于三百年乎？'孔子曰：'予！禹汤
文武成王周公可胜观也。夫黄帝尚矣，女何以为？先生难言
之。'宰我曰：'……予之问也固矣'。孔子曰：'黄帝……生而民
得其利百年，死而民畏其神百年，亡而民用教百年，故曰三百
年。"（《大戴礼记·五帝德》）"敬鬼神而远之"是从政的态度，"神
道设教"是具体的处事策略，都不是相信鬼神，都是在不同的侧
面以不同的形式来提升人的境界，那么鬼神有无的问题就是一
个没有意义的问题，更是一个不应该问和不该说问题。

7.21　子曰："三人行，必有我师焉。择其善者而从之，
其不善者而改之。"

【今译】

孔子说:"几个人一起走路,其中必定有人可以作我的老师。我选择他好的品德学习,看到短处就作为借鉴,改掉自己的缺点。"

【讲记】

疾恶如仇,见善若惊,"见贤思齐焉,见不贤而内自省也",是修身晋德的基础;如果凡事无所动心,麻木不仁,毫无悲天悯人之情怀,焉能有体仁之分! 欲为圣人者,必先为豪杰!(参看4.17"讲记")

7.22 子曰:"天生德于予,桓魋①其如予何?"

【注释】

① 桓魋(tuí):时任宋国主管军事行政的官司马,是宋桓公的后代。

【今译】

孔子说:"上天把德赋予了我,桓魋能把我怎么样呢?"

【讲记】

子畏于匡,曰:"文王既没,文不在兹乎? 天之将丧斯文也,后死者不得与于斯文也。天之未丧斯文也,匡人其如予何?"(9.5)

这里的"天"不是人格神,而是"天命",即人类总体。所谓人类总体,就是以人类时空总和为思考问题的范围,以人类整体的生存和发展这一最根本的利益为思考问题的出发点和归结点;人类总体是一种意识、观念和思维方式,也是终极关怀;作为一种思维方式,人类总体以个体的感性欲求为原点,以人类整体的根本利益为追求的目标,以即感性而又超感性的方式进行不断的超越,最终达到审美化的圣贤境界,实现人类大同。

人类总体不是超验的或先验的,而是在漫长的历史实践——尤其是在社会—道德实践——中建立起来的,并以"人能弘道,非道弘人"的开放姿态指向未来。这是孔子的基本思想,也是中国哲学和中国文化的基本思想。

孔子得出了桓魋、匡人不可能伤害自己的结论,绝不是基于对人格神的相信,而是来自人与历史合一、"君子"与"天命"合一的巨大自信,是"君子知命"式的宣言!(参看 9.5"讲记")

7.23 子曰:"二三子①以我为隐乎?吾无隐乎尔。吾无行而不与二三子者,是丘也。"

【注释】

① 二三子:学生们。

【今译】

孔子说:"学生们,你们以为我有什么隐瞒的吗?我对你们没有隐瞒啊。我没有什么事不是和你们一起干的。这就是我孔丘的为人。"

【讲记】

《论语集注》之解极精透:"诸弟子以夫子之道高深不可几及,故疑其有隐,而不知圣人作、止、语、默无非教也,故夫子以此言晓之。与,犹示也。程子曰:'圣人之道犹天然,门弟子亲炙而冀及之,然后知其高且远也。使诚以为不可及,则趋向之心不几于怠乎?故圣人之教,常俯而就之如此,非独使资质庸下者勉思企及,而才气高迈者亦不敢躐易而进也。'吕氏曰:'圣人体道无隐,与天象昭然,莫非至教。常以示人,而人自不察。'"再解已是多余。

7.24　子以四教：文①、行②、忠③、信④。

【注释】
① 文：古代文献。
② 行：德行，社会实践。
③ 忠：忠诚。
④ 信：诚实。

【今译】
孔子以四种内容教育学生：文、行、忠、信。

【讲记】
此章争论较多，今从近人程树德《论语集释》引《论语集注考证》："文行忠信，此夫子教人先后浅深之序也。文者，诗书六艺之文，所以考圣贤之成法，识事理之当然，盖先教以知之也。知而后能行，知之固将以行之也，故进之于行。既知之又能行之矣，然存心之未实，则知或务于夸博，而行或出于矫伪，故又进之以忠信。忠发于心而信周于外，程子谓发己自尽为忠，循物无违谓信。天下固有存心忠实，而于事物未能尽循而无违者，故又以信终之。至于信，则事事皆得其实而用无不当矣。此夫子教人先后浅深之序，有此四节也。"

此解极是，忠于内而信于外，人可有忠诚之意，未必能将事情做到最好。信者，事之当然之情，物之应然之理也，"尽循而无违"，乃"极高明而道中庸"。这样，文、行、忠、信就是一个由教而行而诚而圣的逻辑的发展过程。

7.25　子曰："圣人，吾不得而见之矣！得见君子者，斯可矣。"子曰："善人，吾不得而见之矣！得见有恒①者斯可矣。亡而为有，虚而为盈，约②而为泰③，难乎有恒矣。"

【注释】

① 恒：恒心，这里指长期保持美好的品德。

② 约：困窘贫穷。

③ 泰：安定富足。

【今译】

孔子说："圣人，我不可能见到了，能看到君子，就可以了。"孔子又说："善人，我不可能见到了，能看到始终如一的人，就可以了。没有却装作有，空虚却装作充实，困窘贫穷却装作安泰富足，这样的人是很难长期保持好的品德的。"

【讲记】

尧、舜、禹、文王、周公这样的圣人和善人本就是带有传说、理想化和神化的色彩，只供追摹，在现实中很难出现，但君子和有恒心的人却是现实人格。上一章讲"文、行、忠、信"，人的社会实践在心理上归于"忠"，在实践效果上归于"信"，可知为什么孔子将虚伪和矫饰看作是道德的大敌。

7.26 子钓而不纲①，弋②不射宿③。

【注释】

① 纲：渔网上的大绳，此处指用渔网捕鱼。

② 弋(yì)：用带生丝绳子的箭射鸟。

③ 宿：此处指在巢中歇宿的鸟。

【今译】

孔子只用钓竿钓鱼，而不用渔网捕鱼；只用箭射飞鸟，而不射巢中歇宿的鸟。

【讲记】

《论语集注》:"洪氏曰:'……然尽物取之,出其不意,亦不为也。此可见仁人之本心矣。待物如此,待人可知;小者如此,大者可知。'"《淮南子·主术训》:"故先王之法……不涸泽而渔,不焚林而猎。"孔子所为,虽是生态意识,更是仁爱之心。张载言"民吾同胞,物吾与也"(《西铭》),亦有此意。

7.27 子曰:"盖有不知而作之者,我无是也。多闻,择其善者而从之,多见而识之,知之次也。"

【今译】

孔子说:"大概有那种什么都不懂却凭空著述的人吧,我不是这样。多听,选择其中好的来接受;多看并记在心里,这是比生而知之次一等的智慧吧。"

【讲记】

这应该是孔子对当时穿凿附会、凭空臆造的学术风气的感慨和批评。孔子注重学习古代文献,继承和发扬优秀传统,承续"道统"(朱熹言),与当时的许多学派有显著的区别。

7.28 互乡①难与言。童子见,门人惑。子曰:"与其进也,不与其退也,唯何甚? 人洁己②以进,与其洁也,不保其往也。"

【注释】

① 互乡:地名,具体所在不详。
② 洁己:使自身清洁,洁身自好。

【今译】

互乡那个地方的人不讲道理,但互乡有一个童子被孔子接见,学生们感到疑惑。孔子说:"应该肯定他的进步,不肯定他的退步,何必做得太过分呢?人家洁身自好以求进步,我们应该肯定他能改正错误,不要抓住以往的事不放。"

【讲记】

不咎既往,鼓励进步,体现了孔子的教育思想。

7.29　子曰:"仁远乎哉?我欲仁,斯仁至矣。"

【今译】

孔子说:"仁难道离我们很远吗?只要我想达致仁,仁就来了。"

【讲记】

"孟子曰:'仁,人心也;义,人路也。舍其路而弗由,放其心而不知求,哀哉!人有鸡犬放,则知求之;有放心而不知求。学问之道无他,求其放心而已矣。'"(《孟子·告子上》)"仁者,心之德,非在外也。放而不求,故有以为远者;反而求之,则即此而在矣,夫岂远哉?"(《论语集注》)细揣其意,还是把"仁"当作某种先验的东西。在哲学运思方式上,朱熹与孟子相近。

"仁"是什么?如3.3"讲记"所述,"仁不是纯粹的客观或主观性的存在,而是主客观融合的审美性的情理结构,也是心理结构。仁以社会客观性——即人类社会存在与发展必须依存的某些社会规则(不是物质性的规律。有时这些社会规则被孔子上升到"天命"的高度)——为基础,以人性心理的追求为主导("我欲仁,斯仁至矣"),依靠具体情景在人的心理中进行灵动的生成。仁具有历史性、实践性、开放性和社会客观性。"

　　"仁"从历史实践中来,"欲仁"是人类社会产生、存在与发展的客观要求,也是人类总体的必然选择,"斯仁至矣"的方式是审美性生成。

　　"道不远人""人能弘道",是因为人从人类总体出发必然主动选择"道",从这个意义上讲是"道由心生";但这个"道"又不是人的主观意志的产物,而是人类在历史实践中建立起来的合理性。更重要的是,由于每个人或集体都是具体的存在,因具体的历史文化和现实情景的不同而对"道"的感知和体认不同,因此同样的"道"在每个人心中的生成是不同的。"道"在心中的审美性生成就是"仁"。"我欲仁,斯仁至矣",说的就是这种审美性生成的过程。

　　牟宗三先生认为"良知是呈现":"三十年前,当吾在北大时,一日熊(十力)先生与冯友兰氏谈,冯氏谓王阳明所讲的良知是一个假设,熊先生听之,即大为惊讶说:'良知是呈现,你怎么说是假设!'吾当时在旁静听,知冯氏之语底根据是康德。而闻熊先生言,则大为震动,耳目一新。"[1]"良知是真实,是呈现,这在当时,是从所未闻的。"[2]后牟宗三先生花三十年的时间来理解、消化"良知是呈现"这一命题,自谓得明启而学术大进。其实,在一定意义上说,王阳明的良知与孔子的仁在本质上是一致的,致良知即求仁;仁或良知来到人的心中,并非仁或良知在人心中的呈现,而是生成。

　　牟宗三先生认为,"良知"是一个创生的实体,该实体既是"理"又是"心"。"儒家之天命不已的道体就是创生万物……乾元就是最高的创造原理。所以儒家'看天地之道,是天地之道,可一言而尽也:其为物不贰,则其生物不测'。这就是创造,创生万物。"[3]"理"不具有"活动性","心"具有"活动性","心"创生"良知",使"良知"具有了"活动性",故能滋道德,生善行。但牟宗三先生并未说明这一具有普遍必然性的"理"从那里来,也没

<hr/>

〔1〕 牟宗三《心体与性体》,上海古籍出版社,1999年,第153页。
〔2〕 牟宗三《生命的学问》,广西师范大学出版社,2005年,第108页。
〔3〕 牟宗三《中国哲学十九讲》,上海古籍出版社,2005年,第91页。

有说明"心"为什么有创生性,而是将"良知"作为本体甚至根本性的实体,仍是受康德"倒逼"思路的影响,与原始儒家历史实践本体论思想相去甚远。

按照冯友兰先生的看法,"良知"既然是知识,就必定来源于经验,但无法通过对经验的逻辑分析来证明"良知",故良知是"假设";按照牟宗三先生的"倒逼"理论,"良知"则只能是先验的"悬设","良知"的运行方式则是"理念的显现",是"呈现"。

在原始儒家看来,"良知"、"仁"都是"现象",其本体是历史实践,"仁"也罢,"良知"也好,都是一种审美性的心理结构,是历史性合理因素在人心中的审美性生成;其生成的内在动力就是人要"活着"的内在亲证,只有通过人的自证,人要"活着"的内在亲证才能开始价值的建构。在孔门仁学中,人绝待于鬼神和他人,不能通过天、人获得价值,就只能通过自己来证明自己,而证明自己绝非随心所欲,而是有着明确且唯一的判断标准,这个标准是人类总体意识。这种以人要"活着"为永恒不竭的动力源泉,以人类总体意识为根本依据的人的自我证明的价值建构形式,就是人的自证。"仁远乎哉?我欲仁,斯仁至矣"就是人的自证宣言。

"我欲仁,斯仁至矣",是仁在人心的生成。在这里,不存在限制人的"客观"的良知,一切都是人的自由意志选择的结果。在这个意义上,人是自由的:人既有摒弃个体存在的有限性的自由,又有享受人类总体自由的自由!(参看 3.3、9.25"讲记")

7.30　陈司败①问:"昭公②知礼乎?"孔子曰:"知礼。"孔子退,揖巫马期③而进之,曰:"吾闻君子不党④,君子亦党乎?君取⑤于吴为同姓⑥,谓之吴孟子⑦。君而知礼,孰不知礼?"巫马期以告。子曰:"丘也幸,苟有过,人必知之。"

【注释】

① 陈司败:陈国的司寇。司败:主管司法的官,即司寇。

② 昭公：鲁国的君主，名稠，谥"昭"。

③ 巫马期：姓巫马名施，字子期，孔子的学生。

④ 党：此处是偏袒、偏私的意思。

⑤ 取：同"娶"。

⑥ 同姓：鲁、吴国君皆姬姓。古礼同姓不婚，昭公娶同姓是违礼的行为。

⑦ 吴孟子：鲁昭公夫人。春秋时期通行以孟仲叔季加于姓名前。如宋国是子姓，其长女嫁给于他国多称"孟子"。《左传·隐公元年》："惠公元妃孟子。"杜预注："子，宋姓。"孔颖达疏："孟仲叔季，兄弟姊妹长幼之别字也。孟、伯俱长也……妇人以字配姓，故称孟子。"《左传·哀公十二年》："夏五月，昭夫人孟子卒。昭公娶于吴，故不书姓。"杜预注："讳娶同姓，故谓之孟子，若宋女。"昭公夫人称吴孟子，是讳言同姓通婚。依俗应称"孟姬"或"吴姬"。

【今译】

陈司败问："鲁昭公懂得礼吗？"孔子说："懂得礼。"孔子出来后，陈司败向巫马期作了个揖，请他走近自己，然后说："我听说，君子是不偏袒人的，难道君子还偏袒人吗？鲁君从吴国娶了一个女子做夫人，两国国君是同姓，称她为吴孟子。如果鲁君知礼，还有谁不知礼呢？"巫马期把陈司败的话告诉了孔子。孔子说："我真幸运。如果有过失，别人一定会知道。"

【讲记】

《论语集注》："孔子不可自谓讳君之恶，又不可以娶同姓为知礼，故受以为过而不辞。"朱熹之言极是，孔子这是以自己受过来"解决"两难问题。

孔子当然知道鲁昭公娶同姓为不知礼，但又不能明说，也不能说自己是讳君之恶，只好自己受过。这是儒家"为尊者讳"的思想，但凡事有度，如违礼已甚则不可讳。"丘也幸，苟有过，人必知之"，说明孔子"为尊者讳"只是一种现实策略，并不愿意掩饰鲁君的过失。

7.31 子与人歌而善，必使反之，而后和之。

【今译】

孔子与别人一起唱歌，如果有谁唱得好，一定要请他重唱，然后和着他一起唱。

【讲记】

礼乐一体。有礼无乐，则礼无所归；有乐无礼，则乐无所立。"夫乐者，乐也，人情之所不能免也。……不使放心邪气得接焉，是先王立乐之方也。……故乐者，天地之命，中和之纪，人情之所不能免也。"（《礼记·乐记》）礼乐中的"乐"（yuè）之乐（lè）不是一般意义上的欢乐情感，而是对礼的审美感受，是对礼所蕴含的理性的审美感受。孔子之歌，与今天单纯的娱乐不同，指向的是"乐"（yuè）之乐（lè）。

康有为《论语注》："宋贤执礼甚严，……付之于优伶狎客，庄士所不为。遂令中国废歌，失人道养生之宜，悖圣人乐生之道，日尊孔子而暗从墨氏。致人道大毁，天下不堪，此程、朱之过也。"此言虽有一定道理，但还是把"乐"（yuè）之乐（lè）与乐（lè）之乐（lè）混淆了。

7.32 子曰："文莫①，吾犹人也。躬行君子，则吾未之有得。"

【注释】

① 莫：约摸，大概，差不多。

【今译】

孔子说："学习文献，我和别人差不多；但身体力行，努力实践做一个君子,那我还没有达到。"

【讲记】

虽是自谦之辞,亦足见强调实践之意。

7.33 子曰:"若圣与仁,则吾岂敢?抑①为之②不厌,诲人不倦,则可谓云尔③已矣。"公西华曰:"正唯弟子不能学也。"

【注释】

① 抑:语气词,表示转折,有"只不过是"的意思。

② 之:指圣与仁。

③ 云尔:这样说。

【今译】

孔子说:"如果说到圣与仁,我怎么敢当!不过向这个方向努力而不感到疲劳,教诲别人也从不感到厌倦,则是可以这样说的。"公西华说:"这正是我们还没有学到的。"

【讲记】

"我欲仁,斯仁至矣","为仁由己,而由仁乎",说的是在仁的生成过程中人的主体性的根本作用,并不意味着仁的人格境界的达成;相反,仁的人格境界的养成需要在实践中进行长期的艰苦修炼。圣是仁的现实化状态,只有施仁于众才可称为圣。所以,孔子自谦不敢称圣与仁。但孔子宣称能够"为之不厌",意思是说朝着圣与仁的方向努力而不感到厌倦,其实就是对这种艰苦的努力已经审美化,其人格境界已经很高了,并能以这种态度"诲人不倦",这些就不是公西华等学生们能达到的了。

7.34 子疾病①,子路请祷。子曰:"有诸②?"子路对曰:"有之。《诔》③曰:'祷尔于上下神祇④。'"子曰:"丘之祷久矣。"

【注释】

① 疾病:严重的病。

② 有诸:有这样的事吗? 诸:"之乎"的合音。

③《诔》:祈祷文。

④ 神祇:鬼神。神,天神;祇,地神。

【今译】

孔子病得很严重,子路请求向鬼神祈祷。孔子说:"有这回事吗?"子路说:"有的。《诔》文上说:'为你向天地神灵祈祷。'"孔子说:"我一直以来就在祈祷啊!"

【讲记】

子路请求为孔子祷告是事师之情,但孔子以为他平时的行为符合鬼神天命的要求,因此在这个意义上说他一直都在祷告。

孔子认为人与鬼神没有关系。"王孙贾问曰:'与其媚于奥,宁媚于灶',何谓也? 子曰:不然。获罪于天,无所祷也。"(3.13)人的全部的价值和意义就在于"闻道"和"善道",一切都要依靠自己来完成,外在的豁免与佑护对人的道德境界没有任何意义,因此祷告不仅是欺人,也是自欺。

"丘之祷久矣",人自为鬼神,自我立命,所行合道,不祷而祷;所行非道,祷亦无祷。人之主体性自足,就此立矣。

7.35 子曰:"奢则不孙①,俭则固②。与其不孙也,宁固。"

【注释】

① 孙：同逊，恭顺。不孙，即为不顺，这里的意思是"越礼"。

② 固：固执，固陋。如"子绝四：毋意，毋必，毋固，毋我。"（9.4）

【今译】

孔子说："奢侈的人不谦逊，节俭的人固执。与其不谦逊，宁肯固陋。"

【讲记】

程树德《论语集释》[皇疏]："二事乃俱为失。若不逊陵物，物必害之，顷覆之期，俄顷可待。若止复固陋，诚为不逮，而物所不侵。"一旦奢侈，往往骄傲，而俭朴往往与固执相连，两害相权取其轻。

7.36　子曰："君子坦荡荡①，小人长戚戚②。"

【注释】

① 坦荡荡：心胸宽广。

② 戚戚：忧惧、烦恼的样子。

【今译】

孔子说："君子心胸宽广，小人经常忧愁。"

【讲记】

程树德《论语集释》[皇疏]引江熙云："君子坦尔夷任，荡然无私。小人驰兢于荣利，耿介于得失，故长为愁府也。"君子有远大坚定的追求，不计较个人的得失荣辱，所以坦荡和乐；小人牵于名利，患得患失，故常忧惧烦恼。

7.37　子温而厉,威而不猛,恭而安。

【今译】

　　孔子温和而严肃,威严而不凶猛,庄敬而安详。

【讲记】

　　这是讲孔子的情态,时时处处都掌握得恰到好处,于事得当,于人得宜,尽得中庸之度。

泰 伯 第 八

8.1　子曰:"泰伯①,其可谓至德也已矣。三以天下让,民无得而称焉②。"

【注释】

① 泰伯:周代始祖古公亶父生有三子,长子泰伯,次子仲雍,幼子季历。《论语集注》:"大王遂欲传位季历以及昌。泰伯知之,即与仲雍逃之荆蛮。于是大王乃立季历,传国至昌,而三分天下有其二,是为文王。"

② 民无得而称焉:百姓找不到合适的词句来称赞他。

【今译】

孔子说:"泰伯可以说是品德最高尚的人了,几次把王位让给季历,老百姓都不知道该怎么来称赞他。"

【讲记】

李泽厚的《论语今读》记曰:"其实,这不过远古氏族制度的民主遗风的表现。中国古代文献中关于避开'皇位'逃跑躲藏的故事便有多起,都有其真实的历史背景,不像后代抢着要坐这'大宝'之位。因远古氏族首领勤奋辛苦,无任何特权,倒的确是'为人民服务'的公仆。这就是为什么对照后世现实,儒家把理想国、乌托邦放在'复三代之盛'上,反而具有了'民主'味道。"〔1〕恐怕不可尽

---

〔1〕　李泽厚《论语今读》,安徽文艺出版社,1998年,第197—198页。

作此解。

　　"让贤"思想不是民主思想,而是道德理想。以此章而论,百姓之所以称赞泰伯,是因为他主动让贤,避免了当时就存在的嫡长子继承制所带来的纷争。在整个中国古代社会中,在皇位继承问题上一直就有以长还是以贤的争论,而多数情形下都是以长不以贤,这主要是由封建等级制度和长幼可知而贤愚难分的客观事实决定的。但"让贤"思想恰恰是突破封建等级制度的,以实破名的道德理想,因此具有合理性。百姓对泰伯"无得而称焉",正说明了这种最富合理性的道德理想蕴藏在民间,来自民间。"人能弘道",即民能弘道,这是中国人的价值建构方式,也是中国思想文化的建构方式!

　　8.2　子曰:"恭而无礼则劳,慎而无礼则葸①,勇而无礼则乱,直而无礼则绞②。君子笃③于亲,则民兴于仁,故旧不遗,则民不偷④。"

【注释】

　　① 葸(xǐ):害怕,畏惧。

　　② 绞:急切,口不择言。

　　③ 笃:真诚,宽厚。

　　④ 偷:淡薄,冷淡。

【今译】

　　孔子说:"恭敬而不以礼节制,就会徒劳无功;谨慎而不以礼节制,就会畏葸不前;勇猛而不以礼节制,就会犯上作乱;正直而不以礼节制,就会尖刻伤人。在上位的人如果能厚待自己的亲人,民众便会兴起仁的风气;在上位的人如果能不遗弃老朋友,民众就不会对人冷漠了。"

【讲记】

　　该章可分为两部分,上半部分是说"无礼则无节文,故有四者之弊"(《论语集注》),说的是礼在人的具体行动和人格修养中的作用;下半部分是"言治民在端本也"〔1〕,说的是礼在治国中的根本性作用,或曰政治作用。上、下两部分合成了一个完整的整体,全面阐述了礼的作用。历来注家多认为此章上、下两部分文意不连,不确。

　　"有子曰:'礼之用,和为贵。先王之道,斯为美。小大由之,有所不行。知和而和,不以礼节之,亦不可行也。'"(1.12)这是对礼的作用的纲领性论述。此章论述礼在个人修养和政治中的具体作用,体现了对具体事物中"和"的原则性追求,是对礼的纲领性论述的丰富和细化。

　　该章上半部分所讲的礼并非只是做事的度,并不只是要求把事情做到恰到好处,更重要的是要求在礼的规范指导下向正确的方向做事,这才是"以礼节之"的真正含义。至于下半部分的治国之礼,更能体现仁礼合一的特征。

　　8.3　曾子有疾,召门弟子①曰:"启②予足! 启予手! 诗云:'战战兢兢,如临深渊,如履薄冰。'而今而后,吾知免③夫,小子④!"

【注释】

　　① 门弟子:古代对学生和再传弟子的称呼。再传弟子称门人。

　　② 启:看,视。

　　③ 免:避免,此处指身体免于损伤。

　　④ 小子:对弟子的称呼。

---

〔1〕 王闿运"论语训",程树德《论语集释》,中华书局,2013年。

【今译】

　　曾子生病,把学生召集到床前来说:"看看我的脚!看看我的手!《诗经》上说:'小心谨慎呀,就像面临深渊,就像踩在薄冰上。'从今以后,我知道我的身体免于损伤刑戮了。弟子们啊!"

【讲记】

　　《论语》中有一些记载曾子言论的篇章,被公认为是曾子的学生整理记录的。康有为《论语注》:"《论语》即辑自曾门,而曾子之学专主守约。观其临没郑重言君子之道,而乃仅在颜色容貌辞气之粗;乃启手足之时,亦不过战兢于守身免毁之戒。所辑曾子之言凡十八章,皆约身笃谨之言,与戴记曾子十篇相符合。宋叶水心以曾子未尝闻孔子之大道,殆非过也。……曾门弟子之宗旨学识狭隘如彼,而乃操采择辑纂之权,……其必谬陋粗略,不得其精尽,而遗其千万,不待言矣!但颜子、子贡、子木、子张、子思辑之,吾知其博大精深,必不止是也。又,假仲弓、子游、子夏辑之,吾知其微言大义之亦不止此也。……《论语》只为曾门后学辑纂,但传守约之绪言,少掩圣仁之大道,而孔教未宏矣。故夫《论语》之学实曾学也,不足以尽孔子之学也。"康氏注《论语》虽时有过度发挥、牵强附会之处,但难掩其真知灼见。以上引为例,说"《论语》之学实曾学"虽有过分,但强调《论语》之学与曾学的区别是极有意义的。孔子重实践,曾子重心性,后曾子之学被孟子以及程朱陆王发挥。现代新儒家又对程朱陆王"照着讲",并以心性之学为中国哲学文化的"精髓"、"命脉",足见影响之大。但无论如何,中国的主流哲学文化仍是孔门仁学。

　　颜渊之后,曾参可以说是孔子之道的继承者。《孝经》:"身体发肤,受之父母,不敢损伤。"曾参重孝,故有此说。曾参临终前如此叮咛弟子,足见对谨慎小心的"修身养性"的重视,也可见与孔子的"志士仁人,无求生以害仁,有杀身以成仁"的仁学的区别。

8.4　曾子有疾,孟敬子①问之。曾子言曰:"鸟之将死,其鸣也哀;人之将死,其言也善。君子所贵乎道者三:动容貌②,斯远暴慢矣;正颜色,斯近信矣;出辞气③,斯远鄙倍④矣。笾豆之事⑤,则有司⑥存。"

【注释】

①　孟敬子:即鲁国大夫仲孙捷。

②　动容貌:注重容貌,使容貌严肃端正。

③　出辞气:出言,说话。此处指注意说话的言辞和口气。

④　鄙倍:鄙,粗野。倍,同"背"。

⑤　笾(biān)豆之事:指祭祀和礼仪方面的事。笾、豆都是礼器。

⑥　有司:主管某方面事务的官吏。

【今译】

曾子生病,孟敬子去探望他。曾子对他说:"鸟快死的时候,叫声是悲哀的;人将死时,说话多善言。君子重视的道有三个方面:注重自己的容貌,这样可以避免粗暴和放肆;端正自己的脸色,就可以接近诚信;说话时言辞语气温和谨慎,就可以避免粗野和悖谬。至于祭祀和礼节方面的事,自有主管官吏负责。"

【讲记】

《论语注疏》:"包曰:'敬子忽大务小,故又戒之以此。笾豆,礼器。'[疏]'曾子'至'司存'。正义曰:此章贵礼也。'曾子有疾,孟敬子问之'者,来问疾也。'曾子言曰:鸟之将死,其鸣也哀。人之将死,其言也善'者,曾子因敬子来问己疾,将欲戒之,先以此言告之,言我将死,言善可用也。"此章是告诫孟敬子要抓大(修身)放小(礼仪形式),只有从修身上下功夫,才可能治理好国家。曾子之重修身养性,临终不忘以之诫人,由此可见一斑。

8.5　曾子曰："以能问于不能,以多问于寡,有若无,实若虚;犯而不校①。昔者吾友②尝从事于斯矣。"

【注释】

① 校:同"较",计较。

② 吾友:我的朋友。"友,马氏以为颜渊是也。颜子之心,惟知义理之无穷,不见物我之有间,故能如此。"(《论语集注》)

【今译】

曾子说:"自己有才能却向没有才能的人请教,自己知识丰富却向知识贫乏的人请教;有学问看起来却像没学问一样,知识很充实看起来却像很空虚一样;遭到别人的侵犯,也不与之计较。从前我的一位朋友就曾经这样做了。"

【讲记】

据前人注释,"吾友"是指颜渊,那么此章就是追怀颜渊的好学。从中我们也可以看到颜渊、曾参都重视心性修养的学脉。《庄子》多称引颜回,其来有自。

8.6　曾子说:"可以托六尺之孤①,可以寄百里之命②,临大节而不可夺也。君子人与? 君子人也。"

【注释】

① 可以托六尺之孤:可受前君之嘱辅佐幼君。六尺,古制以七尺为成年,六尺指十五岁以下的未成年者。

② 寄百里之命:指掌握国家命运。寄,寄托、委托。

【今译】

曾子说:"可以把年幼的君主托付给他,可以把国家的命运托付给他,遇到生死存亡的紧要关头而不动摇。这种人是君子吗? 这种人就是君子啊!"

【讲记】

曾子也有"强硬"的时候,这种思想与孔子的"三军可夺帅也,匹夫不可夺志也"一脉相承。

8.7 曾子曰:"士①不可以不弘毅②,任重而道远。仁以为己任,不亦重乎? 死而后已,不亦远乎?"

【注释】

① 士:读书人,有理想追求的人。

② 弘毅:弘,广大。毅,坚强。

【今译】

曾子说:"士人不可以不志向远大而意志坚强,因为他责任重大而道路漫长。以实现人类大道为己任,难道责任不重大吗? 奋斗终生,死而后已,难道这个历程不漫长吗?"

【讲记】

"本章以前共五章,皆记曾子语。首记曾子临终所示毕生战兢危惧之心。次及病革所举注意日常容貌颜色辞气之微。再记称述吾友之希贤而希圣。以能问于不能,是弘。大节不可夺,是毅。合此五章观之,心弥小而德弥恢,行弥谨而守弥固。以临深履薄为基,以仁为己任为量。曾子之学,大体如是。后两章直似孟子气象,于此可见学脉。"〔1〕

朱熹在任福建漳州知州时,曾为自己创办的白云岩书院写

〔1〕 钱穆《论语新解》,三联书店,2008 年,第 206—207 页。

过一副对联:"地位清高,日月每从肩上过;门庭开豁,江山常在掌中看。"这就是"仁以为己任",是将天地宇宙扛在自己肩上的弘毅的仁者人格。张载言:"为天地立心,为生民立命,为往圣继绝学,为万世开太平。"〔1〕"立心"、"立命"是"仁以为己任","为往圣继绝学"是"立心"、"立命"的方法和途径,而"为万世开太平",实现人类大同,则是"立心"、"立命"的目的。

但为什么要"立"?又如何"立"?

这首先基于民族文化中的价值虚空感,在这方面,中国诗词中有最丰富和凝炼的表现。李贺说:"天河夜转漂回星,银浦流云学水声。玉宫桂树花未落,仙妾采香垂佩缨。秦妃卷帘北窗晓,窗前植桐青凤小。王子吹笙鹅管长,呼龙耕烟种瑶草。粉霞红绶藕丝裙,青洲步拾兰苕春。东指羲和能走马,海尘新生石山下。"(《天上谣》)这是人生的有限性面对无限时空时产生的彻底的悲剧感,前面描述天上的情景越是美好,最后一句显示的悲剧感就越是深刻动人。李白说:"花间一壶酒,独酌无相亲。举杯邀明月,对影成三人。月既不解饮,影徒随我身。暂伴月将影,行乐须及春。我歌月徘徊,我舞影零乱。醒时同交欢,醉后各分散。永结无情游,相期邈云汉。"(《月下独酌四首》之一)这是追寻的绝望与深情的超越的交响曲。杜牧说:"长空澹澹孤鸟没,万古销沉向此中。看取汉家何事业,五陵无树起秋风。"(《登乐游原》)辉煌的历史像孤鸟一样消失在时空的长河中,没有一丝痕迹。苏轼说:"大江东去,浪淘尽,千古风流人物。"(《念奴娇·赤壁怀古》)风流人物尚被冲刷尽了,何况芸芸众生!此话撕开了人生的悲剧真相,将人毫不留情地抛到了虚空之中。

然而,人类总体意识中的生本能不让我们选择灭亡,我们还得活,要求"活着"(要"活着"不仅是人的动物性的生本能,还是人的社会行为)的内在亲证是我们价值建立的原点。人未必是生来就有价值的,却是必须有价值的,"仁以为己任"(对奉献观念的体认)就成了人的必须选择。在绝无依傍的悲苦中毅然崛

---

〔1〕 张载《张载集·近思录拾遗》,中华书局,1978年,第376页。

立,不是"任重"吗?不需要"弘毅"吗?在永无终点的道路上行走,死且未必能已,不是"道远"吗?从这一意义上讲,中国人的宗教性道德不是将道德上升到审美的高度,而是"仁以为己任"是我们必然的宗教性选择。至于从"慷慨成仁"到"从容就义",那是将仁德(人格境界)提升到了具有宗教意味的高度,而非必有的信仰。在中国文化中,必有的信仰只有一个,那就是"仁以为己任"是人的必须选择。

8.8 子曰:"兴于诗①,立于礼②,成于乐③。"

【注释】

① 兴于诗:"兴,起也。诗本性情,有邪有正,其为言既易知,而吟咏之间,抑扬反复,其感人又易入。故学者之初,所以兴起其好善恶恶之心,而不能自已者,必于此而得之。"(《论语集注》)

② 立于礼:"礼以恭敬辞逊为本,而有节文度数之详,可以固人肌肤之会,筋骸之束。故学者之中,所以能卓然自立,而不为事物之所摇夺者,必于此而得之。"(《论语集注》)

③ 成于乐:"乐有五声十二律,更唱迭和,以为歌舞八音之节,可以养人之性情,而荡涤其邪秽,消融其渣滓。故学者之终,所以至于义精仁熟,而自和顺于道德者,必于此而得之,是学之成也。"(《论语集注》)

【今译】

孔子说:"(人格的修养)开始于学《诗》,成立于礼制,完成于乐。"

【讲记】

这是讲人格修养的历程和人格的最高境界。

子贡曰:"贫而无谄,富而无骄,何如?"子曰:"可也。未若贫而乐,富而好礼者也。"子贡曰:"《诗》云,'如切如磋,如琢如磨',其斯之谓与?"子曰:"赐也! 始可与言《诗》已矣,告诸往而知来者。"(1. 15)

子夏问曰:"'巧笑倩兮,美目盼兮,素以为绚兮'。何谓也?"子曰:"绘事后素。"曰:"礼后乎?"子曰:"起予者商也,始可与言《诗》已矣。"(3. 8)

这两章都是在师生讨论重要问题并获得了孔子的赞许后才说可以与学生谈论《诗》的,孔子又曾告诫儿子孔鲤说"不学诗,无以言"(16. 13),可见学习《诗》的重要性。

在当时的国家社会生活中,表达思想,接待宾客,出使各国,学《诗》都是非常重要的。"赋诗断章,余取所求焉","赋诗言志","诗以合意",都表明当时要根据各种情境用赋诗来应对变化和表达意愿,形成了一个诗的解释高潮。孔子说:"诵诗三百,授之以政,不达;使于四方,不能专对。虽多,亦奚以为?"(13. 5)孔子显然是支持这种做法的。到了汉代,《诗》已成为"诗教",在社会和政治生活中被广泛运用,带有浓厚的意识形态色彩。但是,对于修身来讲,这还不是最重要的。

"兴于诗",正是因为"诗可以兴"(17. 9)。"诗可以兴"的"兴"字,按孔安国的说法是"引类譬喻"(仅从"诗"的审美功能讲),按朱熹的解释是"感发志意"(对"诗"的社会效果的规定),其实二者同时存在。诗如果不能引起情感联想或首先引起情感联想便不是诗,而情感联想不能是毫无内容的情绪流动,必然与生活经验和思想观念有关,只是这生活经验和思想观念不一定是朱熹所说的天理罢了。朱熹讲"诗本性情,有邪有正",是从他的"破序读诗"的观念出发来说"诗"会表现人欲(某些动物性欲望),但由于《诗》在解释过程中积淀了丰富的合理因素,故吟诵能够"兴起其好善恶恶之心",即兴起美好的感情。"兴于诗"就是从审美的方式开始人格培养,而审美的方式是不离情感的,在这一意义上说中国文化具有"情本体"的特征也是可以的。

审美从来都不是空洞的。子曰:"诗三百,一言以蔽之,曰:'思无邪。'"(2. 2)"其为人也温柔敦厚,《诗》教也。"(《礼记·经解》)这就自然地将审美导向了注重社会规范的"立于礼"。在理想状态中,礼本人情而设,不应僵化。

"成于乐"是一个重要的命题。孔子本人有很好的音乐素养,演奏如鼓琴、击磬、鼓瑟,又能歌咏,"三百五篇孔子皆弦歌之"。"乐"的基本功能是使人快乐,但在这个基本功能之上还有一个重要功能,就是体现对礼的审美感受,即对礼所蕴含的理性的审美感受。"夫乐者乐也,人情之所不能免也。乐必发于声音,形于动静,人之道也。……不使放心邪气得接焉,是先王立乐之方也。是故乐在宗庙之中,君臣上下同听之,则莫不和敬;在族长乡里之中,长幼同听之,则莫不和顺;在闺门之内,父子兄弟同听之,则莫不和亲。故乐者,审一以定和,比物以饰节;节奏合以成文。所以合和父子君臣,附亲万民也,是先王立乐之方也。故听其雅颂之声,志意得广焉;执其干戚,习其俯仰诎伸,容貌得庄焉;行其缀兆,要其节奏,行列得正焉,进退得齐焉。故乐者,天地之命,中和之纪,人情之所不能免也。"(《礼记·乐记》)也就是说,音乐(这里主要指礼乐中的音乐)是仁的审美体现形式。音乐从空间的局限中摆脱出来,以时间为存在形式,因此它带来的美和快乐就更加纯粹,更容易导向自我提升和心灵净化。同时,音乐的时间性特点使人格提升获得了时间性的维度,"成于乐"永远处于成与不成之中,为人的存在提供开放的境域。

那么,为什么说快乐是"人情之所不能免"的?还是那个一贯的逻辑:人未必是生来快乐的,却必须是快乐的!人未必是生来喜欢建构超越性人格的,但却必须建构超越性的人格。其间的保障不是形式逻辑的推理,而是人类总体的观念。其论证方式不是易于导向各种唯心主义的"主观性设定",而是以历史实践为根本的"客观性推断"。"人情之所不能免"中的"人情"不是指人的物欲之情,而是指积淀了丰富的人性心理的人情。"凡音者,生于人心者也。乐者,通伦理者也。""是故情深而文明,气盛而化神,和顺积中,而英华发外,唯乐不可以为伪。"(《礼记·乐记》)"'乐极和'者,乐能感人心,故极益于和也。"(《礼记正义》卷三十九)这里的"人心""人情"都蕴含了人的丰富的社会性。

最终,"成于乐"就是成于审美境界,就是人格的审美化。

"兴于诗,立于礼,成于乐"三阶段都以情为本,也可证中国文化的"情本体"。当然,这个"情"是在历史实践中形成的。

"成于乐"。"乐也者,情之不可变者也。"(《礼记·乐记》)这也许就是所谓的"乐感文化"。但此乐感文化不是庸俗地快乐生活和消极被动地乐天知命,而是在绝无依傍的悲怆中的崛然自立;如果一定要说它是乐感文化的话,那也是悲极而乐的乐感文化!

《论语》首章云:"学而时习之,不亦说乎?有朋自远方来,不亦乐乎?人不知而不愠,不亦君子乎?"人对事物的认识和人格修养是可以分阶段的,但任何一个阶段的最高指归都是审美;阶段虽有不同,审美却是相同的。这就为所有人的人格提升提供了平等的机遇——做出丰功伟绩的人可以是伟大的,平凡的人也同样可以是伟大的(荀子的"涂之人可以为禹"过于强调了仁义法度、功业的一面)。

"成于乐"是人格修养、人格境界,但归根到底是一种心理结构。这种心理结构人人都有,普通人与圣人的差别就在于这种心理结构的稳定程度。所以,中国人的人生意义就在当下的心理结构("以美育代宗教"),这也就是所谓的"心理成本体"。(详参看 7.6"讲记")

8.9 子曰:"民可使由之,不可使知之。"

【今译】

孔子说:"对于老百姓,可使他们按照应该的样子去做,不必(勉强)使他们懂得为什么这样做。"

【讲记】

此章历来有不同的解释。

《论语注疏》:"由,用也。可使用而不可使知者,百姓能日用而不能知。[疏]'子曰:民可使由之,不可使知之。'正义曰:此章言圣人之道深远，人不易知也。由，用也。'民可使用之，而不可使知之'者，以百姓能日用而不能知故也。"只是说圣人之道深远，百姓可用而人不易知。

《论语集注》在一定程度上继承了上述说法："民可使之由于是理之当然，而不能使之知其所以然也。程子曰：'圣人设教，非不欲人家喻而户晓也，然不能使之知，但能使之由之尔。若曰圣人不使民知，则是后世朝四暮三之术也，岂圣人之心乎？'"朱熹与程颐的观点明显不同。朱熹认为百姓可使是因为天理之当然，即百姓生来就是被驱使的，但百姓是无法明白天理的。程颐的意思是说孔子的思想本来就是要求家喻户晓的，但在现实中无法完全达到，只能要求百姓按孔子的思想去做；如果说孔子的思想不是要百姓知道的，那是后世的蒙骗愚民之术。

康有为改句读为："民可，使由之；不可，使知之。"意思是老百姓可以做什么，随他去做；不可以做什么，告知他为什么不可以做。既实现了无为而治，又限制了政府的权力，具有现代民主思想。

根据孔子的基本思想，综合上面的种种解释，该章的意思应该是说，对于老百姓可使他们按照应该的样子去做，但因为种种客观原因的限制，不一定非要给百姓讲明白道理不可。这样解释，既符合孔子的基本思想，也是一种现实策略。

8.10　子曰："好勇疾①贫，乱也。人而不仁，疾之已甚②，乱也。"

【注释】
　　① 疾：恨、憎恨。
　　② 已甚：太过分。已，太。

【今译】
　　孔子说："喜好勇武而又厌恶自己贫穷，就会产生作乱；对于不仁德的人,痛恨得太厉害,也会产生祸乱。"

【讲记】

《论语注疏》:"正义曰:'此章说小人之行也。言好勇之人患疾己贫者,必将为逆乱也。人若本性不仁,则当以礼孙接,不可深疾之。若疾恶太甚,亦使为乱也。'"《论语集注》:"好勇而不安分,则必作乱。恶不仁之人而使之无所容,则必致乱。二者之心,善恶虽殊,然其生乱则一也。"

8.11　子曰:"如有周公之才之美,使骄且吝①,其余不足观也已。"

【注释】

① 吝:吝啬,贪吝。

【今译】

孔子说:"即使有周公那样美好的才能,但骄傲自大而又贪吝,那别的方面也就不值得一看了。"

【讲记】

李泽厚《论语今读》将"吝"译为"封闭",不确。"吝"有吝啬、吝鄙之意,也有贪婪之意,"荆汝江湘之间凡贪而不施或谓之恡"(扬雄《方言》卷十)。依据史料,说周公不骄不吝,是说周公不自满不贪名位之意。《史记·鲁周公世家》:"其后武王既崩,成王少,在襁褓之中。周公恐天下闻武王崩而畔,乃践阼代成王摄行政当国。管叔及其群弟流言于国曰:'周公将不利于成王。'周公乃告太公望、召公奭曰:'我之所以弗辟而摄行政者,恐天下畔周,无以告我先王太王、王季、文王。三王之忧劳天下久矣,于今而后成。武王蚤终,成王少,将以成周,我所以为之若此。'于是

卒相成王,而使其子伯禽代就封于鲁。周公戒伯禽曰:'我文王
之子,武王之弟,成王之叔父,我于天下亦不贱矣。然我一沐三
捉发,一饭三吐哺,起以待士,犹恐失天下之贤人。子之鲁,慎无
以国骄人。'"

　　李泽厚先生在此章下记曰:"总之,仅靠个人私德如周公者
来保证政权不坠,或一味追求由'内圣'开'外王',早已成为空想
神话。黄宗羲已知之,故曰'有治法而后有治人',奈何今日学者
犹沉溺如故,且曲为解说?"[1]周公之美并非全源于道德自律,
在今天很多人看来这似乎是一种理想,无现实可操作性,其实这
是误解。就是古代社会,也并不把道德完全置于自律的范畴中。
"以礼入法"的礼法传统及其严格的道德评价体系就是以他律来
保障道德。以道德自律与社会他律为对立,认为二者相互排斥,
完全是对传统的误解。

　　在黄宗羲和当今时代,"有治法而后有治人"的思想无疑是
有巨大的现实作用的,但儒学关注的不是哪一个时代,而是很多
时代或是所有时代。从人类整体和人遵守法治的能动性看,恐
怕是"有治人而后有治法"的,即便在当今时代,"有治人而后有
治法"的指导思想也未必可以完全丢弃。理解中国人的"实用理
性"应该从根本问题上着眼,而不是仅仅局限在具体问题上。

　　8.12　子曰:"三年学,不至于谷①,不易得也。"

【注释】
　　① 谷:谷物。古代以谷物计官禄,此处的"谷"代表做官。

【今译】
　　孔子说:"学了三年,还没有做官的打算,这样的人很难找

到啊!"

【讲记】

　　《论语集注》:"为学之久,而不求禄,如此之人,不易得也。杨氏曰:'虽子张之贤,犹以干禄为问,况其下者乎?然则三年学而不至于谷,宜不易得也。'"

　　功名利禄,人的动物性之所欲;安贫乐道,人的社会性之所取。人人安贫乐道,则天下富裕大同;人人趋奉功名利禄,则天下大乱而人不聊生。故不患无人争功名利禄,而患无人愿安贫乐道也。

　　8.13　子曰:"笃①信好学,守死善道②。危邦不入,乱邦不居。天下有道则见③,无道则隐。邦有道,贫且贱焉,耻也;邦无道,富且贵焉,耻也。"

【注释】

　　① 笃:坚定,敦实。

　　② 守死善道:守住死亡底线,完善大道。一解誓死守卫大道。

　　③ 见(xiàn):同"现"。

【今译】

　　孔子说:"坚定信念,勤奋学习,守住死亡底线,完善大道。政局不稳的国家不去,动乱的国家不居住。国家政治清明就出仕,政治混乱就隐居。国家政治清明,自己却贫穷卑贱,是耻辱;国家政治混乱,自己却富有尊贵,也是耻辱。"

【讲记】

　　《论语集注》:"不笃信,则不能好学;然笃信而不好学,则所信或非其正。不守死，则不能以善其道；然守死而不足以善其道，则亦徒死而已。盖守死者笃信之效，善道者好学之功。"故将"守死"译为守住死亡底线，即不轻易死亡。

在某种意义上可以这样说，如果有一个自杀的人，那就是屈原；如果有一个不自杀的人，那就是孔子。因为屈原以理想取代现实，当现实不够理想时，他就会觉得自己失去了生存的依据，于是"宁为玉碎，不为瓦全"，必然选择自沉。孔子对现实的认识十分清醒，况且他的使命就是使不够理想的现实变好，因此他不会自杀。屈原之死为我们提供了追求理想的精神动力，孔子的坚韧为我们树立了永不放弃的无上榜样；二者的互补为中国的士大夫提供完整的精神源泉。

隐逸文化传统实是传统文化重要的一翼，它有着不可替代的精神价值。隐逸文化作为隐性文化，以潜在的方式对显性文化发挥制约和矫正的不可或缺的积极作用。中国的隐逸文化传统按其发展顺序大致可分为道隐、心隐、朝隐、林泉之隐、中隐、酒隐、壶天之隐七个阶段[1]，隐逸文化的源头可追溯到孔子。

孔子并不是隐士，他终生都在宣扬政治文化理想，但他又不完全践行"知其不可为而为之"方针，倒是对"用之则行，舍之则藏"的方式情有独钟。孔子的"无道则隐"绝非懦夫哲学，不是教导人们在无道的乱世但求自我保全，而是要求人们不与世俗相俯仰，以保持自己高洁的人格。孔子还说，"邦有道，贫且贱，耻也"，这同样不是教人们以世俗的心态去谋取功名富贵，而是说在有道之邦而不能推行自己的主张，只做一个平庸的人是一种耻辱，同样"邦无道，富且贵，耻也"。由此看来，孔子之隐并非要人避世，而是要人避开无道的政治，以保持人格的完善。这不是隐于世，而是隐于道，我们将其称之为道隐。

道隐是一种很高的人生境界。"笃信好学，守死善道。危邦不入，乱邦不居"便是对道隐的原则性的要求。不仅要求人们不要在"危邦"、"乱邦"中接受不良的影响，更重要的是，如果一个

―――――――――

〔1〕 参看拙著《隐士与解脱》，作家出版社，1996年。

人实在无法避开"危邦"、"乱邦",就更要坚定自己的信仰,记住自己的使命,不要轻易地以死殉道。由此可知,孔子的明哲保身是为了存身以成仁,决非一般意义上的苟且偷生;孔子的隐居也只是一种权变,"隐居以求其志,行义以达其道,吾闻其语矣,未见其人也"(16. 11),足见他对此"人"的推崇。孔子的隐逸思想在实质上是某种抗争的策略和行动的方式。孟子说:"待文王而后兴者,凡民也。若夫豪杰之士,虽无文王犹兴。"(《孟子·尽心上》)孔子的行动方式与此不同。

以"善道"为中心、为目的的"现"与"隐"、"富贵"与"贫贱"实质上是完善自我人格的手段,正是因为有了"善道"的原则,孔子的隐逸思想才和逃避哲学、滑头哲学、活命哲学等有了本质的区别。

孔子并没有把实现"道"作为一种量化任务,没有把完成"弘道"任务的多少作为评价人的唯一标准,更没有把它当作单纯的外在政治功业,而是按照具体历史情景中的人格境界来评价人。因此,在孔子那里,"现"与"隐"共同合成了现实社会中道德实践的一体的两面。

这里涉及儒道互补的问题。儒、道、释最终都是指向人的精神境界,这是它们的共同点,也是它们可以互补的前提。不同的是儒家主张在最高精神境界的指导下,在现实中有为,通过现实中的有为来证明自己的人格境界,最终实现人类大同;道家主张在现实中无为,其实这里的无为不是什么都不做,而是只做合理的事情,不做不合理的事情,减少战争和苛政,最终达到顺乎人情人性的自然而然的"逍遥"境界;佛家认为世界的本体是空的,纷纭万象不过是缘起缘灭,无实质意义,人的最高境界是体悟世界本体的空。儒道释三家思想的合理因素在于都反对战争、暴政,都主张建立合理、自然的政治和社会,都主张人的发展和提升,并以最高的精神境界为归宿。可以说,这构成了我们民族走向未来的不竭的文化动力。(详参看 18.6"讲记")

8.14 子曰:"不在其位,不谋其政。"

【今译】

孔子说:"不在那个职位上,就不去谋划相关政事。"

【讲记】

> 君子素其位而行,不愿乎其外。……在上位不陵下,在下位不援上,正己而不求于人,则无怨。(《中庸》)

> 此只是不相侵越职分之意。谋是谋欲为之也,故不可。(《四库存疑》)

> 曾子曰:"君子思不出其位。"(14.27)

> 《象》曰:艮,止也。时止则止,时行则行,动静不失其时,其道光明。……《象》曰:兼山,艮。君子以思,不出其位。(《周易·艮》)

> 程子曰:"不在其位,则不任其事也,若君大夫问而告者则有矣。"(《论语集注》)

孔子强调社会秩序,这样有利于社会的和谐。但必须看到的是,孔子的"位"是有明确的职分的,决非封建等级制度,即君做君应该做的事,臣做臣应该做的事;如果君做了不该做的事,甚至是做了暴虐之事,那就"当仁,不让于师"(15.35)了。"当仁,不让于师"也是"君子思不出其位"!孔门仁学遵循的是自然法,而非实在法。

8.15　子曰:"师挚之始①,《关雎》之乱②,洋洋乎盈耳哉!"

【注释】

① 师挚之始:从太师挚演奏的序曲开始。师挚,鲁国的太师。始,乐曲的开端,即序曲。古代奏乐,开端一般由太师演奏。"孔子自卫反鲁而正乐,适师挚在官之初,故乐之美盛如此。"(《论语集注》)

② 乱：乐曲的终了，是合奏乐。

【今译】

孔子说："从太师挚演奏的序曲开始，最后演奏《关雎》的合奏，恢弘而优美的音乐充满了我的耳朵。"

【讲记】

古代礼仪奏乐有一定规制。如《仪礼·燕礼》："若以乐纳宾，则宾及庭，奏《肆夏》；宾拜酒，主人答拜，而乐阕。公拜受爵，而奏《肆夏》；公卒爵，主人升，受爵以下，而乐阕。升歌《鹿鸣》，下管《新宫》，笙入三成，遂合乡乐。"升为乐之始，乱为乐之终；有歌有笙，有间有合为一成；奏毕三章之乐，谓之三终。"工入，升歌三终，主人献之。笙入三终，主人献之。间歌三终，合乐三终，工告'乐备'。"（《礼记·乡饮酒义》）这大致是一个奏乐的完整过程。

《史记·孔子世家》："孔子语鲁大师：'乐其可知也。始作，翕如，纵之，纯如，皦如，绎如也，以成。''吾自卫反鲁，然后乐正，雅颂各得其所。'"据此推断，该章是孔子对太师挚说的话，但也有可能是太师挚奔齐以后孔子对当时情景的追忆。

8.16　子曰："狂而不直，侗①而不愿②，悾悾③而不信，吾不知之矣。"

【注释】

① 侗（tóng）：幼稚，无知。
② 愿：朴实，谨慎。
③ 悾悾（kōng）：诚恳的样子。

【今译】

孔子说："狂妄而不正直，幼稚而不谨慎，表面上诚恳而实际上不守信用,对这种人,我就不知道该怎么办了。"

【讲记】

　　如果虽狂妄但正直,虽幼稚但谨慎,虽虚与诚恳但多少还能守信用,这样的人还是可以教导的,如果两种缺点同时并存,就难以教导了。孔子虽然"有教无类",但毕竟不是教主,还是承认现实问题。如果孔子认为教育是万能的,什么人都能教育好,只有坏的老师没有坏的学生,那孔子之后就无坏人了!

　　8.17　子曰:"学如不及,犹恐失之。"

【今译】

　　孔子说:"学习好像生怕追赶不上,又会担心丢掉什么。"

【讲记】

　　《论语集注》:"言人之为学,既如有所不及矣,而其心犹竦然,惟恐其或失之,警学者当如是也。"

　　8.18　子曰:"巍巍乎!舜禹之有天下也,而不与焉!"

【今译】

　　孔子说:"多么崇高伟大啊!舜和禹统领天下,丝毫没有个人私利的追求。"

【讲记】

　　此章有三说。一说舜禹据有天下,是禅让而来,不是自己谋划来的。一说舜禹据有天下,任贤使能,自己反而不干预政事。

一说是无个人私利追求。依据孔子的基本思想,此处从第三说。

8.19　子曰:"大哉!尧之为君也!巍巍乎,唯天为大,唯尧则①之。荡荡②乎!民无能名③焉。巍巍乎!其有成功也,焕④乎!其有文章!"

【注释】

① 则:效法,以之为准则。
② 荡荡:广大的样子。
③ 名:形容,称说。
④ 焕:有光辉的样子。

【今译】

孔子说:"尧为君多么伟大啊!崇高啊,只有天最高大,只有尧能效法天。多么广大啊,百姓们不知道该用什么语言来赞美他!他的丰功伟绩多么崇高啊,他制定的礼制多么有文采光辉啊!"

【讲记】

李泽厚的《论语今读》记曰:"'唯尧则之'一句重要,它实指,尧为中介,沟通天人,且以天为范本而行政,亦'天何言哉,四时行焉,百物生焉'之意。后世天人感应、官制象天、宇宙秩序与社会秩序(政治伦理秩序)的一致,等等,均此之发展发挥。《春秋繁露·王道通三》'三画而连其中,谓之王。三画者,天地与人也。而连其中者,通其道也。取天地与人之中,以为贯而参通之,非王者孰能当是?是故王者唯天之法,法其时而成',终于构成此'一个世界(宇宙—社会—人生)'之巨大体系,其源仍出于能上天下地之巫师—君王之传统。禹、汤、文王均大巫,又何况乎尧、舜?尧则天,舜恭己,政如北辰,不均巫术之遗痕?南坐依天文施法术也。因此人间治道（人道）即是天道。天人因巫术之施作而沟通而合一。'天人合一'之由来久远,首应溯源于此。天无言,四时行,百物生,孔门所谓无为而治,即顺天而行,虽荀子亦并未改此。'天'在周公、孔子手里不断解魅其人格神因素而渐与客观（自然）'规律'近却又不全同,仍保有其'冥冥中主宰'的宗教性在,此即情感—信仰之所归依,固巫风之理性化,亦'极高明而道中庸'之所由来也。"〔1〕

这里有些观点应当辨正。不能机械地将尧看作以巫术沟通天人的中介,"天何言哉,四时行焉,百物生焉"也与巫术思维有本质区别,它是融会了高度理性哲思的产物。董仲舒解"王"字是牵强附会,不可用为例证。"政如北辰"是"为政以德"的形象说法,是比喻,恰恰是理性觉醒的表现,不宜说是"巫术之遗痕"。把"人间治道"说成是"南坐依天文施法术",更是无视先秦理性精神。"孔门所谓无为而治,即顺天而行",更为不确,其中的"天"是历史的应然,是自然法,而不是巫术意义上的"天",也没有"'冥冥中主宰'的宗教性"。"极高明而道中庸"是理性昌明之说,与宗教性的"情感—信仰之所归依"无关。

8.20　舜有臣五人①而天下治。武王曰:"予有乱臣十人②。"孔子曰:"才难,不其然乎? 唐虞之际,于斯③为盛。有妇人④焉,九人而已。三分天下有其二⑤,以服事殷。周之德,其可谓至德也已矣。"

【注释】

　　① 舜有臣五人:指禹、稷、契(xiè)、皋陶(yáo)、伯益五人。

　　② 乱臣十人:治国之臣十人,指周公旦、召公奭、太公望、毕公、荣公、太颠、闳夭、散宜生、南宫适(kuò)、邑姜。《说文》:"乱,

---

治也。"

③ 斯：指周武王时期。

④ 妇人：武王妻邑姜。一说为文王正妃、武王之母太姒，恐非是。

⑤ 三分天下有其二：相传当时分九州岛，文王得六州，占三分之二。《逸周书·程典篇》说："文王令九州岛之侯，奉勤于商。"

【今译】

舜有五位贤臣就治理好天下。周武王说："我有十位治国之臣。"孔子说："人才难得，难道不是这样吗？唐尧虞舜与周初时期，人才济济。但在十位贤臣中还有一位是妇女，其实只有九人而已。周文王当时已经得到了天下的三分之二，仍然对殷朝称臣侍奉，周朝的仁德，可以说是到达极致了。"

【讲记】

清代刘宝楠《论语正义》："文王服事，非畏殷也；亦非曰吾姑尊之，俟其恶盈而取之也。惟是冀纣之悔悟，俾无坠厥命而已。"这就将文王奉殷的动机推到了道德至高点，也为周代殷的合法性做出了论证。

许多论者认为孔子美化古代，甚至是个复古主义者。这就涉及如何理解"美化"古代的问题。古代的确不一定像"美化"的那样美好，但这并不妨碍借"厚古"来表达某些文化理想。在漫长的历史实践中，我们建立起了很多具有恒久历史合理性的文化观念，对这些文化观念的尊崇与显扬是开拓未来的基本文化动力，因此，我们总是喜欢借某些历史人物或历史事件来寄托这些文化观念。这既是这些人物和事件历史生成的原因，也是我们进行价值建构的一种方式。

从一定意义上说，走向未来的文化动力只能从历史中去寻找。历史究竟是怎样的姑且不论，问题是如果我们把历史看成一团黑暗，那么我们心中的光明因素从何而来？任何现实都是历史的时间性生成，任何历史都是现实的时间性固化，历史与现实在时间性上本来是一体两面。"美化"历史的本质不是厚古薄今,而是激发心中向往美好的力量。

复古主义是错误的。但纵观中国历史,真正意义上的复古主义者少之又少。孔子的思想不是要回到周初的"王道乐土"的时代,而是将"王道乐土"看成一个开放性的境域,就像孔门仁学所标立的人格修养一样,没有止境,只有不断的攀升。

8.21 子曰:"禹,吾无间①然矣。菲②饮食而致③孝乎鬼神,恶衣服而致美乎黻冕④,卑宫室而尽力乎沟洫⑤。禹,吾无间然矣。"

【注释】

① 无间:此处指无可挑剔。间,空隙。

② 菲:微薄。

③ 致:致力。

④ 黻(fú)冕:祭祀时穿的礼服叫黻;大夫以上戴的帽子叫冕。

⑤ 沟洫:沟渠。

【今译】

孔子说:"禹啊!我对他没有什么可挑剔的了。他的饮食很简单,而祭祀孝敬鬼神却很丰厚;他平时穿的衣服很粗劣破旧,而祭祀时的礼服礼帽却很华美讲究;他自己住的房子很低矮,却致力于修治水利。禹,我对他确实没有什么可挑剔的了。"

【讲记】

李泽厚的《论语今读》记曰:"'祭'一直是古代大事,它与维系本氏族、国家、人民的生存延续密切相关,实则通过这种对祖先的祭祀仪典以团结、巩固本氏族群体,此上古之遗风,亦巫术之由来。中华保持此种祖先祭祀传统最为强劲悠久,至今仍有影响。这才是所谓儒学'精髓'、'命脉'和'道统'所在,而不在清谈心性的宋明理学及现代宋明理学。当然这也是中国式的政教合一(即我所谓的伦理、政治、宗教三合一)的源头所在。如何解构及重构,乃今日重要课题。儒学之要务在此,而不在于如何承继宋明理学之心性论也。"〔1〕祭祀在孔门仁学那里仅仅是凝聚人性心理的一种形式,与巫术早就划清了界限,因此祭祀绝非是"儒学'精髓'、'命脉'和'道统'所在"。"儒学'精髓'、'命脉'和'道统'所在"是在人类总体意识观照下的成德之学,成仁之教。"如何解构及重构(儒学)",关键在于发扬孔门仁学之精义,摒弃其章句之学和歧出之学,使孔门仁学走向正轨。

---

〔1〕 李泽厚《论语今读》,安徽文艺出版社,1998 年,第 212 页。

子　罕　第　九

9.1　子罕①言利,与②命,与仁。

【注释】

① 罕：稀少,很少。

② 与：赞同、肯定。

【今译】

孔子很少谈利,却赞成天命和仁德。

【讲记】

此章断句方法有两种。一种是"子罕言利与命与仁",即孔子很少谈利、天命和仁德,魏何晏、清刘宝楠持此说;一种是"子罕言利,与命,与仁",即孔子很少谈利,却赞成天命和仁德,近人康有为持此说。根据孔子的思想,今取后说。

《论语集注》："程子曰：'计利则害义,命之理微,仁之道大,皆夫子所罕言也。'"是说孔子很少谈利、命和仁,但《论语》中多次谈论命,尤其是不厌其烦地论说仁,因此这种解释与《论语》中的事实不符。更重要的是,孔子思想以"仁""命"为基本概念,因此应该理解为孔子"与命,与仁"。至于为什么孔子"罕言利",孟子说得十分清楚："口之于味也,目之于色也,耳之于声也,鼻之于臭也,四肢之于安佚也,性也。有命焉,君子不谓性也。仁之于父子也,义之于君臣也,礼之于宾主也,智之于贤者也,圣人之于天道也,命也。有性焉,君子不谓命也。"(《孟子·尽心下》)"利"只是外在于人的偶然因素,不是人的必然追求,所以"罕言"。"罕言"二字除了少谈论的意思外,更重要的意思应该是不追求。"罕言利"与李泽厚所说的当时经济不发达和"氏族遗风尚存"没有关系,因为当时是个极其重利的时代,最有力的证据就是当时的纵横家说服国君的主要方式是"晓以利害"。(详参看20.3"讲记")

9.2　达巷党人①曰:"大哉孔子! 博学而无所成名②。"子闻之,谓门弟子曰:"吾何执? 执御乎? 执射乎? 吾执御矣。"

【注释】

① 达巷党人:达地里巷中的人。达:地名。党:古代五百家为一党。

② 博学而无所成名:学问渊博,可惜他没有树立名声的一技之长。

【今译】

达地里巷这个地方有人说:"孔子真伟大啊! 学问渊博,但他没有树立名声的一技之长。"孔子听说了,对他的学生说:"我应该专门学什么呢? 学习驾车吗? 还是学习射箭呢? 我还是学习驾车吧!"

【讲记】

《论语注疏》:"郑曰:'达巷者,党名也。五百家为党,此党之人,美孔子博学道艺,不成一名而已。'""郑曰:'闻人美之,承之以谦。吾执御,欲名六艺之卑也。'"

对此有不同理解。一说孔子虽有美名而无专长;一说孔子长处很多,不能用一方面的专长来称赞他;一说驾车为六艺中最卑者,孔子教育学生要从最卑处做起。联系其他篇章或有助于理解:"卫公孙朝问于子贡曰:'仲尼焉学?'子贡曰:'文武之道,未坠于地,在人。贤者识其大者,不贤者识其小者,莫不有文武之道焉。夫子焉不学?而亦何常师之有?'"(19.22)孔子无常师,不专学一方面的技艺,这正是"识其大者",即对文化传统的创造性继承,是"集大成"者。

由此可知,达巷党人虽赞誉孔子,却又按当时的流行标准为孔子无一项杰出的技能而惋惜,孔子听到这样的评论后对学生说的话,也不是真的要学驾车,而是以学六艺中最卑者喻具体技艺对弘扬大道并无作用。

孔子的博学不仅在于对于古代礼乐、文献的熟悉,更重要的是以仁释礼,由技而道,赋予了古代礼乐、文献以新的精神,建立起了孔门仁学。

9.3 子曰:"麻冕①,礼也;今也纯②,俭③。吾从众。拜下④,礼也;今拜乎上,泰⑤也。虽违众,吾从下。"

【注释】

① 麻冕:用麻布制的礼帽。

② 纯:丝,此处指用黑色的丝制成的礼帽。

③ 俭:俭省。

④ 拜下:古礼,大臣面见君主前先在堂下跪拜,升堂再跪拜。

⑤ 泰:这里指倨傲,不恭敬。

【今译】

孔子说:"用麻布制成的礼帽,是符合于礼的。现在用黑丝绸制作礼帽,比过去节俭。我遵从大家的做法。臣见君时先要在堂下跪拜再升堂跪拜,这也是符合于礼的;现在只到堂上跪拜一次,这是傲慢的表现。虽然违反了众人的做法,我还是主张先在堂下拜,然后升堂再拜。"

【讲记】

《论语集注》:"程子曰:'君子处世,事之无害于义者,从俗可也;害于义,则不可从也。'"这里是原则性与灵活性的问题,一些无关紧要的细枝末节和纯形式的问题,可以改变,但涉及心理情感(如对君主是否傲慢等)的原则问题,则必须坚持。当然,原则问题也是随着历史的变化而变化的。在今天,君主制度已废除,但对人的尊重问题依然存在,人际交往仍然有基本规则,随心所欲的"无礼"行为仍然不被允许和提倡。

该章的精义更在于要以适当的形式表现诚的心理情感。这种心理情感是人性心理形式,离开了这种心理形式,人的本质属性就会发生漂移而离开正确的轨道。这种心理形式与具体时代内容无关,但它恒久存在,在过去、现在和未来都被视为人的规定性。

"诚者,天之道也;诚之者,人之道也。"(《中庸》)"天之道",就是最本真、最自然、最无人为的样子,比如,不受人力干扰的自然的大化流行就是"天之道",以无人为干扰的自然运行状态来标举人类社会,无战争无剥削无压迫、富裕文明的人类社会的应然状态就是"天之道",这是天地自然和人类社会本来应该有的样子,是人的本真心理的真诚显现,所以是"诚";但问题是人类社会并不是如上所述的应然状态,那就要使之趋近应然状态,所以"诚之者,人之道也"。因此,"诚"本身就是对基本历史合理因素的体认,是人的本质规定性。对于不同的历史时期的合理因素来讲,"诚"就是人性心理形式。

9.4　子绝四:毋意①,毋必②,毋固③,毋我④。

【注释】

① 意：臆测，猜测。

② 必：必定，主观武断。

③ 固：固执己见。

④ 我：自私之心。

【今译】

孔子杜绝四种弊病：杜绝主观臆测，杜绝主观武断，杜绝固执己见，杜绝自私之心。

【讲记】

《论语集注》："意，私意也。必，期必也。固，执滞也。我，私己也。四者相为终始，起于意，遂于必，留于固，而成于我也。盖意、必常在事前，固、我常在事后，至于我又生意，则物欲牵引，循环不穷矣。程子曰：'此毋字，非禁止之辞。圣人绝此四者，何用禁止。'张子曰：'四者有一焉，则与天地不相似。'"这些注解如仅是指圣人的人格修养而不导向天理说，则是很合理的。

"子曰：'君子之于天下也，无适也，无莫也，义之与比。'"（4.10）与该章意同。君子"绝四"而"义之与比"，人生本来是无价值的，但却是必须有价值的，这个价值是在人类历史实践中建立起来的，是以人类总体为基础的，而不是封闭禁锢的教条，不是先验或超验的理念。这不是个体的消失，而是人类总体意识的建立。（详参看 7.29"讲记"）

朱熹的哲学强调应然（中国封建社会某一特定时期的伦理观念）＝必然（物质、社会、心理的客观存在），这一方面容易导向僵化，更重要的是某一特定时期的伦理观念无法成为建立具有普遍性理论的基础。当这一问题提出来的时候，朱熹理学中隐含的情、理不能统一的矛盾就被凸显出来，终至理学瓦解。孔子思想以人类总体为立论基础，将在具体历史情景中建立的具有合理性的应然看作人类努力的目标，因而具有开放性、普适性和恒久性。

叔本华的哲学同样是非理性的，基于人本的，但与中国实用理性的非理性人本哲学对人的看法非常不同。叔本华认为人的很多道德行为都是表面的,其实都是出于利己的目的,很多所谓的道德行为是为了获取个人名誉,而获取名誉就是为了满自己的意欲,遵守法律规范的道德行为也是为了规避法律惩罚,因此那些为了生理需求而发展出来的不道德行为倒是极为常见。根本原因在于,叔本华将人性的实然与应然分离,实用理性则将二者合一;叔本华将"意志"看作根本,而且是永远无法满足的"欲壑",而实用理性以人类总体为基础,服务人类总体为目的。

9.5　子畏于匡①,曰:"文王既没,文②不在兹乎? 天之将丧③斯文也,后死者④不得与⑤于斯文也。天之未丧斯文也,匡人其如予何?"

【注释】

① 畏于匡:在匡地被拘禁。畏,受到威胁,拘禁。匡,地名,在今河南省长垣县西南。

② 文:此处指礼乐文化。

③ 丧:消灭。

④ 后死者:这里为孔子自指。

⑤ 与:得到。

【今译】

孔子在匡地被拘禁。他说:"周文王死了以后,礼乐文化不都在我这里了吗? 如天意要灭绝礼乐文化,就不会让我掌握这种文化;如果天意不想灭绝这种文化,匡人又能把我怎样呢?"

【讲记】

(孔子)去卫,将适陈,过匡,颜刻为仆,以其策指之曰:"昔吾入此,由彼缺也。"匡人闻之,以为鲁之阳虎。阳虎尝暴匡人,匡人于是遂止孔子。孔子状类阳虎,拘焉。五日,颜渊后,子曰:"吾以汝为死矣。"颜渊曰:"子在,回何敢死!"匡人拘孔子益急,弟子惧。孔子曰:"文王既没,文不在兹乎? 天之将丧斯文也,后死者不得与于斯文也。天之未丧斯文也,匡人其如予何!"孔子使从者为宁武子臣于卫,然后得去。(《史记·孔子世家》)

马氏曰:"文王既没,故孔子自谓后死者。言天若欲丧此文,则必不使我得与于此文;今我既得与于此文,则是天未欲丧此文也。天既未欲丧此文,则匡人其奈我何? 言必不能违天害己也。"(《论语集注》)

今天看来,孔子论证匡人"必不能违天害己"的方式很滑稽,他好像把上天看成具有无限能力的人格神,又把自己掌握了礼乐文化看成是上天不想消灭礼乐文化的证据,因此得出了匡人不可能伤害他结论。其实,无论是孔子还是颜回,他们所表现出的巨大自信,不是基于相信人格神意义上的上天,也不是虚幻的自我安慰,而是基于与天命(人类总体或客观社会性)相通、与历史道义合一的人格境界。

他们的命运是由天命决定的。他们已经超越生死,他们坚信,即便他们的生命消失了,他们的精神也必将得到延续。因此,孔子的论据("文王既没,文不在兹乎? 天之将丧斯文也,后死者不得与于斯文也")也不再是客观事实,而是境界观照下对事实的体认。这种体认所表现出来的自信与气魄,在历史上以道自任的儒者中经常可以看到。(详参看 9.1、14.36、20.3"讲记")

9.6 太宰①问于子贡曰:"夫子圣者与? 何其多能也?"子贡曰:"固天纵②之将圣,又多能也。"子闻之,曰:"太宰知我乎? 吾少也贱,故多能鄙事③。君子多乎哉? 不多也。"牢④曰:"子云,'吾不试⑤,故艺'。"

【注释】

① 太宰：掌握国君宫廷事务的官。此处可能是指吴国或宋国的太宰。

② 纵：使，让。

③ 鄙事：小技艺。

④ 牢：子牢，孔子的学生。东汉郑玄《论语郑氏注》说是孔子的学生，但《史记·仲尼弟子列传》不载。

⑤ 不试：不被任用。

【今译】

太宰问子贡说："孔夫子是一位圣人吧！为什么这样多才多艺呢？"子贡回答说："这本是上天让他成为圣人的，而且让他多才多艺。"孔子听到后说："太宰怎么会了解我呢？我小时候贫贱，所以学会了很多小技艺。君子会这么多技艺吗？不会的。"子牢说："孔子自己说过：'我年轻时没有去做官，所以学会了许多技艺。'"

【讲记】

孔子自谦，不认为自己是圣人，也不认为自己是生而知之者，自己之所以会很多技艺，是因为小时贫贱，生活所迫的缘故，出身贵族的"君子"是不会这样多的技艺的。"子曰：'先进于礼乐，野人也；后进于礼乐，君子也。如用之，则吾从先进。'"（11.1）孔子是那种先学习礼乐然后才做官的人。孔子对那种"固天纵之将圣，又多能也"是一概不承认的，只承认一切技艺和道德学问都从实践中来。

9.7 子曰："吾有知①乎哉？无知也。有鄙夫②问于我，空空如也。我叩其两端③而竭焉。"

【注释】

① 知：知识。

② 鄙夫：乡下人。

③ 叩其两端：从问题的头尾、正反和上下等多方面进行追问。叩，叩问、询问。

【今译】

孔子说："我有知识吗？我没有知识。有一个乡下人问我，我对他谈的问题一无所知。我就从他提出的问题的头尾两端去探究，尽我所能帮他解释清楚。"

【讲记】

一般解释为孔子谦虚，其实不确。《论语集注》："尹氏曰：'圣人之言，上下兼尽。即其近，众人皆可与知；极其至，则虽圣人亦无以加焉，是之谓两端。如答樊迟之问仁知，两端竭尽，无余蕴矣。若夫语上而遗下，语理而遗物，则岂圣人之言哉？'"此解甚为精准。苏轼《中庸论》："故《记》曰：'君子之道，费而隐。夫妇之愚，可以与知焉。及其至也，虽圣人有所不知焉。夫妇之不肖，可以能行焉。及其至也，虽圣人有所不能焉。'君子之道，推其所从生而言之，则其言约，约则明。推其逆而观之，故其言费，费则隐。君子欲其不隐，是故起于夫妇之有余，而推之至于圣人之所不及，举天下之至易，而通之于至难，使天下之安其至难者，与其至易，无以异也。"

人不可能穷尽知识，但可以掌握分析方法和思维方式。孔子在这里所谈的，是他回答"乡人"问题的方法。任何一个问题，尤其是关于仁德的问题，要想"上下兼尽"，那是很困难的，只能尽力而为。最重要的是，"叩其两端而竭焉"不仅是一种思维方式，还是一种人生态度。

9.8　子曰："凤鸟①不至，河不出图②，吾已矣夫！"

【注释】

① 凤鸟：古代传说中的瑞鸟。传说凤鸟在舜和周文王时代都出现过，凤鸟出现预示"圣王"出世，天下太平。

② 图：河图，黄河里出现的图画。《易·系辞上》："河出图，洛出书，圣人则之。"传说在上古时代黄河中有龙马负"河图"而出，有神龟从洛水背负"洛书"而出，伏羲据此画八卦。

【今译】

孔子说："凤凰不飞来了，黄河中也不出现河图了。我的大道恐怕难以实现了！"

【讲记】

孔子感叹世事混乱，世无明君，自己的王道理想不能实现。

9.9　子见齐衰①者，冕衣裳者②，与瞽③者，见之，虽少必作④，过之，必趋⑤。

【注释】

① 齐衰(zī cuī)：丧服，古时用粗疏的麻布制成。亦作"齐缞"(cuī)，缘边缝缉整齐，故名；"五服"中列位二等，次于斩衰（缘边部分不缝缉）。

② 冕衣裳者：此处指冠冕衣服整齐的贵族。冕，官帽；衣，上衣；裳，下服。

③ 瞽：盲人。

④ 作：站起来。

⑤ 趋：快步走。

【今译】

孔子看见穿丧服的人、贵族和盲人时，即使他们年轻，也一定要站起来；从他们面前经过时，一定要加快脚步。

【讲记】

《论语集注》："范氏曰：'圣人之心，哀有丧，尊有爵，矜不成人。其作与趋，盖有不期然而然者。'尹氏曰：'此圣人之诚心，内外一者也。'"

9.10　颜渊喟然叹曰："仰之弥高，钻①之弥坚，瞻之在前，忽焉在后。夫子循循然善诱人，博我以文，约我以礼。欲罢不能，既竭吾才，如有所立卓尔②，虽欲从之，末由③也已。"

【注释】

① 钻：钻研。

② 卓尔：高大、超群的样子。

③ 末由：无路可走。这里是没有办法的意思。末，无，没有；由，路径。

【今译】

颜渊感叹说："老师的学问与道德，越仰望越觉得高深，越努力钻研越觉得难以穷尽。看着它好像在前面，忽然又到后面去了。老师循循善诱，用各种古代文献来丰富我们的知识，又用礼节来约束我们的言行，使我们想停止学习都不可能。我们用尽了自己的才能，前面又好像有高大的目标矗立着；虽然我想要继续追随，却没有路径可走了。"

【讲记】

感叹孔子道德学问之高深，描述其循循善诱的教学方法，也表现了颜渊的积极主动性。

颜渊之学，注重心性体悟，所以才有如此感叹。但颜渊的感叹确实生动地描绘出了孔子人格境界的特点:"仰之弥高,钻之弥坚,瞻之在前,忽焉在后。"

这是一种已达圆融境界的人格,即高明的理性和自由的感性合一的境界。这种人格境界是非宗教的,但具有宗教的特点和功用,它以开放的姿态把人带向无限提升的状态中。

"钻之弥坚",解为越研究体会越觉得孔子思想体系坚实周密,难以找出漏洞,似乎更确。

9.11　子疾病,子路使门人为臣①。病间②,曰:"久矣哉! 由之行诈也! 无臣而为有臣,吾谁欺? 欺天乎? 且予与其死于臣之手也,无宁③死于二三子之手乎? 且予纵不得大葬④,予死于道路乎?"

【注释】

① 为臣:装作家臣。臣,指家臣,管家。"夫子时已去位,无家臣。子路欲以家臣治其丧,其意实尊圣人,而未知所以尊也。"(《论语集注》)

② 病间:病势减轻。

③ 无宁:亦作"毋宁"。

④ 大葬:指君臣葬礼。

【今译】

孔子患了重病,子路让同学们充当孔子的家臣来料理后事。孔子的病势减轻以后,说:"仲由做这种弄虚作假的事情已经很久了吧。我没有家臣却偏偏要冒充有家臣,我骗谁呢? 我骗上天吗? 况且,我与其在家臣的侍候下死去,毋宁在你们这些学生的侍候下死去。还有,就算我不能以大夫之礼厚葬,难道就会死在路边没有人埋吗?"

【讲记】

　　钱穆先生言："大夫丧有定礼,门弟子之丧其师,则无礼可据。孔子日常好言礼,相传孺悲学礼于孔子而士丧礼于是乎书,其事当在此章之后,则孔子此番病时,尚亦无士丧礼可循。"〔1〕子路欲尊孔子,但无礼可循,于是无礼而起礼。孔子以为,学生亲于家臣,师道高于政道,所以不必循于成见,以有家臣治丧为尊。后来,"孔子葬鲁城北泗上,弟子皆服三年。三年心丧毕,相诀而去,则哭,各复尽哀"(《史记·孔子世家》)。为士丧礼提供依据。

　　该章孔子一方面讲要实事求是,更重要的是讲遗形而取神。

　　9.12　子贡曰:"有美玉于斯,韫匵①而藏诸? 求善贾②而沽诸?"子曰:"沽③之哉! 沽之哉! 我待贾者也。"

【注释】

　　① 韫匵(yùn dú):藏在木匣子里。匵,古同"椟"。木匣,木柜。

　　② 贾:商人。

　　③ 沽:卖。

【今译】

　　子贡说:"这里有一块美玉,是把它放在匣子里收藏起来呢? 还是找个识货的商人卖掉呢?"孔子说:"卖掉它吧,卖掉它吧! 我正在等着识货的人呢。"

【讲记】

　　《论语集注》:"范氏曰:'君子未尝不欲仕也,又恶不由其道。士之待礼,犹玉之待贾也。若伊尹之耕于野,伯夷、太公之居于

〔1〕 钱穆《论语新解》,三联书店,2008 年,第 233 页。

海滨,世无成汤、文王,则终焉而已,必不枉道以从人,衒玉而求'售'也。'"积极入世,但又坚持原则,决不妥协,决不拿原则作交换。这是孔子的一贯态度。

后人有以此章而嘲笑孔子者,以为孔子未能免俗,这种看法十分浅薄。

9.13　子欲居九夷①。或曰:"陋②,如之何?"子曰:"君子居之,何陋之有?"

【注释】

① 九夷:古代指相对于中原的东方部族。
② 陋:鄙陋。此处指闭塞落后,不开化。

【今译】

孔子想要搬到东方部族的地方去居住。有人说:"那里闭塞落后,不开化,怎么能住呢?"孔子说:"有君子住在那里,就不会闭塞落后了。"

【讲记】

有"道不行,乘桴浮于海"之意。清刘宝楠《论语正义》:"故君子居之,则能变其旧俗,习以礼仪,若泰伯君吴,遂治周礼也。"也表现了儒者的责任感和信心。

9.14　子曰:"吾自卫反鲁①,然后乐正②,雅颂③各得其所。"

【注释】

① 自卫反鲁:从卫国返回鲁国。公元前497年(鲁定公十

三年),孔子去鲁适卫,开始了十四年周游列国的活动。公元前484 年(鲁哀公十一年)冬,孔子从卫国返回鲁国,是年孔子六十八岁。

② 乐正:订正乐曲的篇章。

③ 雅颂:《诗经》中的两类诗。《诗经》分"风"、"雅"、"颂"三类,当时诗、乐、舞一体,因此这里的"雅"、"颂"也指雅乐、颂乐的乐曲名称。

【今译】

孔子说:"我从卫国返回到鲁国以后,整理、订正乐曲,雅乐和颂乐都得到了她们的正确位置。"

【讲记】

鲁哀公十一年冬,孔子自卫反鲁。是时周礼在鲁,然《诗》乐亦颇残阙失次。孔子周流四方,参互考订,以知其说。晚知道终不行,故归而正之。(《论语集注》)

孔子晚年返鲁,删《诗》正乐。关于正乐,有两种理解。清毛奇龄《四书改错》:"正乐,正乐章也,正《雅》、《颂》之入乐部者也。"是指为《诗经》的内容分类。清包慎言《敏甫文钞》:"《论语》雅、颂以音言,非以诗言也,乐正而律与度协,声与律谐,郑、卫不能乱之,故曰得所。"是指为乐曲分类。二者可兼取。

孔子正乐,意义重大。周公"制礼作乐",孔子赓续其志,删《诗》正乐。在礼乐文化中,乐是高于礼的,礼重在现实秩序,乐重在超越现实,"成于乐"就成于审美境界,就是人格境界的极大提升。孔子闻《韶》,三月不知肉味,说的就是"成于乐"。

后世独传礼教,是因为礼教可以为维护封建等级秩序服务;乐教不传,是因为乐教更注重情感审美教育,于封建统制不利。

9.15 子曰:"出①则事公卿,入则事父兄,丧事不敢不勉,不为酒困,何有于我哉?"

【注释】

① 出：出仕。

【今译】

孔子说："外出做官就事奉公卿，在家就孝敬父母兄长，遇到丧事不敢不尽力去办，不被酒困扰。这些事对我有什么困难呢？"

【讲记】

> 正义曰："此章记孔子言忠顺孝悌哀丧慎酒之事也。困，乱也。言出仕朝廷，则尽其忠顺以事公卿也；入居私门，则尽其孝悌以事父兄也；若有丧事，则不敢不勉力以从礼也；未尝为酒乱其性也。"（《论语注疏》）

大节有忠孝，处事则"谨小慎微"，勉力而行，克己守礼，道在其中矣！

9.16　子在川①上曰："逝者②如斯夫，不舍昼夜。"

【注释】

① 川：河流。
② 逝者：流逝的水，暗指逝去的时光、岁月。

【今译】

孔子在河边说："消逝的时光就像这河水一样啊，不分昼夜地向前流去。"

【讲记】

这是一个开放性论题，具有极大的解释张力。兹备数解如下：

一、时空与"天理"。《论语集注》："天地之化，往者过，来者续，无一息之停，乃道体之本然也。然其可指而易见者，莫如川流。故于此发以示人，欲学者时时省察，而无毫发之间断也。程子曰：'此道体也。天运而不已，日往则月来，寒往则暑来，水流而不息，物生而不穷，皆与道为体，运乎昼夜，未尝已也。是以君子法之，自强不息。及其至也，纯亦不已焉。'又曰：'自汉以来，儒者皆不识此义。此见圣人之心，纯亦不已也。纯亦不已，乃天德也。有天德，便可语王道，其要只在谨独。'愚按：自此至篇终，皆勉人进学不已之辞。"上引"天地"是空间概念，"往者过，来者续，无一息之停"是时间概念，"道体之本然也"则为时空合一性。在朱熹看来，时空是天地之本体，因此也是道之本体；朱熹言"未有天地之先，毕竟先有此理"，空间的无限与时间的变动是先于天地的"天理"。朱熹从万物的本源推及道德与社会的构建，受佛学思想影响很大，与原始儒家从人要"活着"的内在亲证来构建人的价值的方式相去甚远。

二、时间感历来就是中国文人士大夫的一个生命主题。有忧时不我待者，如屈原："汩余若将不及兮，恐年岁之不吾与。朝搴阰之木兰兮，夕揽洲之宿莽。日月忽其不淹兮，春与秋其代序。"（《离骚》）有俯仰从容者，如陶渊明："纵浪大化中，不喜亦不惧。应尽便须尽，无复独多虑。"（《形影神·神释》）有将时间当作纯粹的"内感觉"者，如苏轼："无事静坐，便觉一日似两日，若能处置此生常似今日，得到七十，便是百四十岁。"（《东坡志林》）

人生如同流水一样的逝去，没有归宿，没有价值和意义，由人生的空没感而引发的巨大的悲剧感。然而，人生未必是有价值和意义的，但人生却是必须有价值和意义的，因此，使命感（天命感）——对人类发展的必然性的体悟——在悲剧感中崛起——要为人建立价值和意义。从此，中国人就不断地高喊"我欲仁，斯仁至矣"、"为天地立心，为生民立命"的口号。直到近代，仍然如此。

也有从反向去理解的。如苏轼："逝者如斯，而未尝往也；盈虚者如彼，而卒莫消长也。盖将自其变者而观之，则天地曾不能以一瞬；自其不变者而观之，则物与我皆无尽也，而又何羡乎？且夫天地之间，物各有主，苟非吾之所有，虽一毫而莫取。惟江上之清风,与山间之明月,耳得之而为声,目遇之而成色,取之无禁,用之不竭,是造物者之无尽藏也,而吾与子之所共适。"(《赤壁赋》)这是对悲剧意识的消解。

三、诗词中的时空关系。西方哲学对此讨论甚多,表现也很多。西方的有些哲学流派将时间情感化,认为时间存在于情感之中,但以基督教而论,时间空间化,而时间又在上帝那里终止,其情感体验非理性也非日常生活经验,而是宗教性的。在中国,时间的作用往往是将无限的不可把握的空间划定为有限的、具体的、可感可控的空间,空间从而成为时间的显现形式。因为具体空间的存在,时间变得亲切;因时间的存在,空间变得虚灵——超越而证验。人的着眼点最终落在了空间上,但又因时间而致的虚灵使得这空间走向审美性的开放。这种时空关系,也使得蕴含在时间中的生命意识向蕴含在空间中的秩序观念趋近,从而建立生命的价值感。

作为中国人文化心理的基础模式,化时间为空间的审美方式在中国古代诗词尤其是唐诗中普遍存在,其形式大致可以分为如下几种:(1)将时间收摄入空间。作为审美客体的诗词所蕴含的时间可以分为两种,一种是诗词中情景的运动时间,如:"人间四月芳菲尽,山寺桃花始盛开。长恨春归无觅处,不知转入此中来。"(白居易《大林寺桃花》)还有一种是诗词中审美主体的审美过程的时间,如:"两个黄鹂鸣翠柳,一行白鹭上青天。窗含西岭千秋雪,门泊东吴万里船。"(杜甫《绝句四首》其三)有时,上面所说的两种时间是合一的,如"月落乌啼霜满天,江枫渔火对愁眠。姑苏城外寒山寺,夜半钟声到客船。"(张继《枫桥夜泊》)(2)在时间与空间的合一中归于空间。在很多情况下,诗词并不突出空间因素和时间因素的主次,也不太注重二者的先后顺序,往往是在诗词的内部进行真正的"时空合一"。如晏殊《浣溪沙》:"一曲新词酒一杯,去年天气旧亭台。夕阳西下几时回?无可奈何花落去,似曾相识燕归来。小园香径独徘徊。"诗词中的"时空合一"往往呈现出多维交错的情形,如孟浩然的《宿建德江》:"移舟泊烟渚,日暮客愁新。野旷天低树,江清月近人。"(3)营造往复循环的空间。中国诗画在创作和欣赏中采用的往往是流动视角,即散点透视法。在时空关系上,散点透视法体现的正是化时间为空间,及将时间性的心理"透视"过程落实到诗画营造的空间上。因此,用散点透视法营造出来的空间往往是立体的,多层次、多单元的,这就极大地丰富了作品的审美内涵,如王维的《终南别业》:"中岁颇好道,晚家南山陲。兴来每独往,胜事空自知。行到水穷处,坐看云起时。偶然值林叟,谈笑无还期。"

如果不能化时间为空间,就会造成诗词中的时间与空间的疏离,这种疏离往往导致强烈的悲剧意识,并会产生强烈的悲剧美。这方面大致可以分为三种情形:(1)时间作为否定空间的因素存在。在这方面,李贺的诗比较典型,如《天上谣》、《官街鼓》。(2)提供了空间,但不能作为时间的归宿。很多诗词的结尾部分往往会给出一个开放性的空间,这个空间无法成为诗词中的时间过程的落脚点,因而造成了时空的疏离。如李贺的《金铜仙人辞汉歌》、李白《月下独酌四首》(之一)。(3)彰显时空的客观无限性和永恒性,使时间和空间都无法把握,人也就处在价值虚空的悲剧感中,如杜牧的《登乐游原》:"长空澹澹孤鸟没,万古销沉向此中。看取汉家何事业,五陵无树起秋风。"这种时空关系往是建立在日常生活经验的基础上又融化了理性的,是即现实而又超越的情感体验。

四、审美超越。对待人生的有限性,不同的文化采取了不同的态度。基督教等追求绝对超越,佛教以空为本,道家无限扩大人生的参照系来缩小人生的意义,绝于对待,齐一生死,逍遥无为,而儒家则在执著现实的基础上深情感慨,对人生的有限性进行审美超越。孔子在说了"逝者如斯夫"后,没有对人生的有限性采取对策,而是如实地描摹了水流的性状:"不舍昼夜";孔子对流水的不可把握不做理性的追询而作深情感慨,这种深情感慨既来自人要"活着"的内在亲证,同时又来自对于人要永恒地"活着"的关照:既然逝水不回,流水不停,生命不可把握,那就执著现实,珍惜时光,人生也应该像"不舍昼夜"的流水一样,把握一切可把握的东西,做一切应该做的事情!这种感悟已不拘泥于任何具体的事物和功利,而是指向总体的、根本的原则,因而是对具体感性的超越,也就是审美的。在审美超越中,人生有限性这一具体问题就消失了。我们很多古代诗词就有这样的结尾方式,如刘长卿《送梁侍御巡永州》:"萧萧江雨暮,客散野亭空。忧国天涯去,思乡岁暮同。到时猿未断,回处水应穷。莫望零陵路,千峰万木中。"实际上,这种审美超越是"吾生本无待"、"思我无所思"(苏轼)人生的审美化,是生命的意义在于过程,是以现象为本体,典型地体现了儒家哲学执著与超越合一的追求和特征。

　　人要"活着"的内在亲证是人要建构价值的永恒的动力,在其驱动下,人通过不断地自证来积淀合理价值,自证的同时就会兴起悲剧意识,人的自证与悲剧意识的兴起是价值建构活动的一体两面。人的自证是对人"活着"的正向思考:既然要"活着",就要好好地"活着",就要建构正确的价值观念;悲剧意识的兴起是对人"活着"的反向思考:为什么要"活着",能不能不"活着",为什么不能克服"活着"的有限性。由于人必然要"活着",所以悲剧意识的兴起是通过追问和检讨从反面确立必须建立正面价值的观念,并保证正面价值不会因缺乏这一反思维度而滑落。因此,悲剧意识的兴起是正面价值建立的净化机制和保障机制。

　　"子在川上曰:'逝者如斯夫,不舍昼夜!'"首先激起的是人要"活着"的内在亲证,继之而起的是人绝待于天、人的自证,与自证同时兴起的是生命的悲情——无法超越人生的有限性;在经过这种反复的情—理相融的心灵磨啮之后,最终选择的是"天人合德"的生活方式和价值观念:"不舍昼夜"。在这里,"不舍昼夜"是即现实而又超现实的审美生活态度,也是孔门仁学所要求的人的基本生活态度。

　　在这个意义上讲,与西方相比,中国文化具有最彻底最纯净的悲剧意识,因为这种悲剧意识并不与外在相关,只是人的纯粹的内在生命感受,这样就避免了一些问题的困扰(例如,我们终究无法判定与外在命运作斗争是正确的或错误的)。正是这种纯粹的悲剧意识,在最彻底的意义上保证了价值兴起的纯粹性和人类总体意识的纯粹性。"曾子曰:'士不可以不弘毅,任重而道远。仁以为己任,不亦重乎? 死而后已,不亦远乎?'"(8.7)所以,"仁以为己任"是中国人纯粹的宗教性选择,并由此建立起宏大刚毅的人格。这个价值建构的原点及其过程,既避免了"独断

论"，也避免了"怀疑论"，其真实性、逻辑性与正当性是无可质
疑的。

　　人要"活着"是人的动物性与社会性相互融合的内在亲证。
没有人的动物性，人就变成了神；没有人的社会性，人就与动物
没有区别。人的价值建构的过程，就是克制、转化和提升人的动
物性的过程，最终达到超越性的审美境界，人格境界的高低就是
依据这种超越性的审美境界稳定程度的高低和持续时间的长短
来划分的。人要"活着"的内在亲证是价值建构的原初动力，来
源于历史实践的人类总体意识是价值建构的依据（历史实践本
体），自证（"人能弘道"）是价值建构的形式，悲剧意识的兴起是
价值建构的净化和保障机制，天道与人道的合一是价值建构的
最高状态，这是孔门仁学的价值建构思想，也是中国文化中的主
流价值建构思想。这种价值建构思想可以彻底解释中国思想文
化中的很多问题，也可以在最彻底的意义上彰显中国文化的历
史合理性。

9.17　子曰："吾未见好德如好色者也。"

【今译】

　　孔子说："我没有见过像好色那样好德的人。"

【讲记】

　　　　谢氏曰："好好色，恶恶臭，诚也。好德如好色，斯诚好
　　德矣，然民鲜能之。"《史记》："孔子居卫，灵公与夫人同车，
　　使孔子为次乘，招摇市过之。"孔子丑之，故有是言。（《论语
　　集注》）
　　　　本章叹时人薄于德而厚于色。或曰：好色出于诚，人之
　　好德每不如好色之诚。又说：《史记》"孔子居卫，灵公与夫
　　人同车，使孔子为次乘，招摇市过之。"故有是言。今按：孔

子此章所叹，古固如此，今亦同然，何必专于卫灵公而发。读《论语》，贵从人生事实上体会，不贵多于其他书籍牵说。（《论语新解》）

钱解甚好。好色之色亦可作宽泛解，不必止于女色，一切过度之华美文饰均是。（《论语今读》）

显然，钱穆承袭的是《论语集注》的说法，从"今按"看，钱氏是同意《论语集注》的说法的。朱、钱、李的解释一脉相承，但不正确。

《论语集注》中的解释是出于"灭人欲"的考虑，将"好色"的"人欲"看作人之"诚"，证明人欲的存在及对道德的危害。但《四书集注》在某些概念的使用上是有矛盾的，如《中庸集注》在"诚者，天之道也；诚之者，人之道也"下注："诚者，真实无妄之谓，天理之本然也。诚之者，未能真实无妄，而欲其真实无妄之谓，人事之当然也。"（孟子也说："诚者，天之道也；思诚者，人之道也。"《孟子·离娄上》）如与《论语集注》中的"好好色，恶恶臭，诚也"相参，其矛盾显而易见。如果后者成立，那么"好好色，恶恶臭"也就成了"天之道"，成了应该发扬的天理。

《中庸集注》对我们理解"诚"的含义很有帮助。"诚"本是来自原始巫术活动中的要求和心理感受，随着历史的发展，这种要求和心理感受被提升为宇宙的本质和人的本质。因此，"诚"是一种设定，这种设定来自人的理性的凝聚，即必然的道德伦理要求。在后来文化观念中，开放性的"诚"是对历史情景中各种因素博弈以后沉淀下来的最具合理性、开放性因素的审美体认。天依据这些因素存在和运行，谓之"诚者，天之道也"（这是人"为天地立心"），人应该力求对这些最具合理性、开放性因素进行体认，谓之"诚之者，人之道也"（这是人"为生民立命"）。这里，我们把朱熹的"真实无妄"的"天理"置换成了"最有合理性、开放性因素的总和"，更符合中国文化和中国人心灵的真实。

所以，好色仅仅是人的动物性，是人的自然欲望，而非人之诚。

如果好色是人之诚，那么，那些杀身成仁、舍生取义的人就没有了诚,只有贪生怕死、见利忘义的人才有诚。诚作为宇宙的本质("诚者,天之道也")和人的应然本质("诚之者,人之道也"),是其客观社会性决定的,具有极大的合理性和开放性,是反对一切僵化的政治意识形态最原初和最根本的心理动力。

因此,钱穆和李泽厚所说的"诚"并不是原始儒学意义上的"诚",更多的是人的自然心理,或曰人的动物性心理,而原始儒学意义上的"诚"则是一种人性心理,即经过具有历史合理性的理性过滤、升华以后的人的社会心理。在这种社会心理的指导下,人虽然不能忘掉美色,但必定首先选择道德("诚")。

在孔子看来,人性由人的动物性和社会性组成。动物性是基础,动物性的本质特征是生本能,即要活着。在普遍意义上讲,人的动物性的一面指向的是物欲,社会性的一面则是对人的动物性的规范和提升,指向的是利他和奉献。"好色"是人的动物性,"好德"是人的社会性;"好色"是人的动物性反应,"好德"是人的道德提升;"好色"自然产生,"好德"要克制私欲,艰苦修炼。虽然人生来未必愿意"好德",却必须"好德",因为不"好德"人类就不能产生、存在与发展;在人的动物性的生本能的基础上,人的高智商和高情商决定了人必然"痛苦"地选择"好德"。至于人乐于"好德",那是人的社会性发展得较为充分以及人格境界审美化的结果。所以,人未必愿意成为"仁人",却必须也必然成为"仁人"。

"吾未见好德如好色者也"隐含着孔子价值建构的逻辑起点。动物性的生本能在高智商与高情商的人这里体现为人要"活着",而人要"活着"是不依赖于外在事物的人的内在亲切的感知性证明,这种内在亲证与人的具体的物质性欲求无关,只与人要"活着"的根本性普遍性的愿望与冲动有关。人要"活着"不仅是人的动物性的生本能,同时也是人的社会性行为;人的动物性的生本能是人要"活着"的生物性基础,人的社会性则决定了人要"活着"的价值指向。二者的共同作用决定了中国文化的基本价值建构方式。

人的动物性的生本能是人要"活着"的生物性基础,人要"活着"是人的动物性与社会性相互融合的不依赖于外在事物的内在亲证,人要"活着"的内在亲证是价值建构的原初动力。来源于历史实践的人类总体意识是价值建构的依据,人的自证是价值建构的形式,悲剧意识的兴起是价值建构的净化和保障机制。这种价值建构思想可以在最彻底的意义上彰显中国文化的历史合理性。

9.18　子曰:"譬如为山,未成一篑^①,止,吾止也。譬如平地,虽覆一篑,进^②,吾往也"。

【注释】

① 篑(kuì):盛土的竹筐。
② 进:坚持做下去。

【今译】

孔子说:"譬如堆一座土山,只差一筐土就完成了,但停了下来,这是我自己要停止的;譬如在平地上堆土山,虽然只倒下了一筐,但坚持继续做下去,这是我自己要前进的。"

【讲记】

《书》曰:"为山九仞,功亏一篑。"夫子之言,盖出于此。言山成而但少一篑,其止者,吾自止耳;平地而方覆一篑,其进者,吾自往耳。盖学者自强不息,则积少成多;中道而止,则前功尽弃。其止其往,皆在我而不在人也。(《论语集注》)

这不仅是说好学由己,也是说为仁由己。"为仁由己,而由人乎哉?"(12.1)"有能一日用其力于仁矣乎? 我未见力不足者"(4.6)说的都是这个意思。

9.19　子曰:"语之而不惰者,其回也与!"

【今译】

孔子说:"听我说话而始终不懈怠的,大概只有颜回吧!"

【讲记】

称赞颜回好学。颜回对孔子之言能够举一反三,身体力行,持之以恒而不懈怠。《论语集注》:"范氏曰:'颜子闻夫子之言,而心解力行,造次颠沛未尝违之。如万物得时雨之润,发荣滋长,何有于惰,此群弟子所不及也。'"此言极是。

9.20　子谓颜渊,曰:"惜乎! 吾见其进也,未见其止也。"

【今译】

孔子谈到颜渊时说:"死得太可惜了! 我只见他不断进步,没见他停止过。"

【讲记】

颜渊得孔子"心传",是孔子的得意弟子,所以孔子屡次痛惜颜渊早亡。

9.21　子曰:"苗而不秀①者有矣夫! 秀而不实者有矣夫!"

【注释】

① 秀:庄稼吐穗扬花。

【今译】

孔子说:"庄稼只长了苗而不吐穗扬花的情况,是有的吧!

只吐穗扬花而不结实的情况,也是有的吧!"

【讲记】

《论语集注》:"盖学而不至于成,有如此者,是以君子贵自勉也。"

9.22 子曰:"后生可畏,焉知来者之不如今也? 四十、五十而无闻①焉,斯亦不足畏也已。"

【注释】

① 闻:名声。此处指道德学问。

【今译】

孔子说:"年轻人是可敬畏的,怎么就知道后来的人不如现在的人呢? 但到了四五十岁还没有什么名声,那就没有什么值得敬畏的了。"

【讲记】

勉人及时努力。朱熹《偶成》:"少年易学老难成,一寸光阴不可轻。未觉池塘春草梦,阶前梧叶已秋声。"

9.23 子曰:"法语之言①,能无从乎? 改之为贵。巽与之言②,能无说乎? 绎③之为贵。说而不绎,从而不改,吾末④如之何也已矣。"

【注释】

① 法语之言:符合礼法规则的话。

② 巽与之言：谦逊赞扬的话。巽：恭，顺；与：赞赏，称许。
③ 绎：原义为"抽丝"，这里指推究、分析。
④ 末：没有。

【今译】

孔子说："符合礼法的话，能不听从吗？按它来改正自己的错误才可贵；顺从恭维自己的话，谁听了不高兴呢？推究分析其真伪是非才可贵。听着高兴而不分析是非，表面上听从而不改正错误，这样的人我对他没有办法。"

【讲记】

道德修养要切实做起，空谈无益。

9.24 子曰："主忠信，毋友不如己者，过则勿惮改。"

【讲记】

此章重出，详见1.8。

9.25 子曰："三军①可夺帅也，匹夫②不可夺志也。"

【注释】

① 三军：周制，诸侯大国有三军。中军最尊，上军次之，下军又次之。一军一万二千五百人。此处指一国所有的军队，极言其多。
② 匹夫：一个普通的男子。

【今译】

孔子说："一个国家的军队，可以夺去它的主帅；但一个男子汉的志向不会因被强迫而改变。"

【讲记】

这里涉及自由意志的问题。

在康德看来,实践理性的对象是善恶概念,人既要服从道德法则又要追求感性幸福,这一矛盾必会引起实践理性的"二律背反",解决这矛盾就要达到德性与幸福统一的至善,但至善在现实中是无法达到的,因此康德提出了三个属于不可知的本体界的"公设",即意志自由、灵魂不朽和上帝存在。自由意志一旦设定,康德哲学的其他概念都可推出。

康德认为人的自由意志是超越时空和超越因果律的,它不被外在的任何事物所决定,因此,人的本质属性是人自己造成的。简单地说,就是人有选择的自由(当然也就有了责任),当可以选择恶的时候却选择了善,便是道德,否则便无道德可言。康德与弥尔顿对《圣经》中原罪的解释有异曲同工之处。在康德那里,作为物自体的自由意志具体体现时便是犯下原罪,但也正是因为有了原罪,人才可能通过自由意志来选择善,才有了向上帝靠拢的可能,而这个向善便是人的"主体性";弥尔顿的《失落园》也认为只有失去了乐园,才有可能向善而得到上帝的拯救。

自由意志与善恶是这样的关系:如果没有自由意志,人是被外物决定的,人不对自己的行为负责,其行为也无所谓善恶;人只有有了选择的自由,才有善恶。因此,自由意志本身不是善恶,而是善恶产生的基础和前提。

现代新儒家的代表人物牟宗三先生对康德的自由意志提出了质问:纯粹理性如何可能,自由如何可能,人对道德法则感兴趣如何可能。在牟先生看来,思辨理性有限而实践理性是开放的,康德以理性的有限对问题避而不答是不对的。牟先生反复申述,康德道德哲学最大的问题是自由意志为一设准而不是呈现,使得自由意志缺乏了内在的心性动力,并给出了自由意志的呈现方式:"孔子没有经过超越分解的方式去抽象地反显它,而只在具体清澈精诚侧怛的真实生命中去表现它,因而仁之为普遍的法则不是抽象地悬起来的普遍法则,而是混融于精诚恻怛之真实生命中而为具体的普遍,随着具体生活之曲曲折折而如水银泻地、或如圆珠走盘,遍润一切而不遗。"〔1〕这实际上为自由意志从本体界的悬设到现象界的道德生命的转变,但这也带来了一个问题,这是不是意味着自由意志的自我取消。

与康德和牟宗三不同,"三军可夺帅也,匹夫不可夺志也",其意志的自由不是物自体的呈现,也不是来自创造性实体的心体性体,而是来自摒弃理性限制的人要"活着"的内在亲证。人要"活着"是人的动物性和社会性的天然的统一,是二者的水乳交融。离开了人的动物性,人自身就不存在;离开了人的社会性,人就和动物没有区别。因此,此处的"活着"是从动物生本能的自然生命的活着引用过来的。人的这种"活着"的要求是天然的,是与生俱来的,是只要有人就会自然而然地具有的,因而不受其他条件的限制。从这一意义上讲,人要"活着"是超越时空的和超越因果律的,是人的自由的意志。这种意志的自由最重要的表现就是选择人是什么(what),人为什么"活"(why),人怎样"活"(how)。这种选择具有无数种可能,但只有一种与其出发点——人要"活着"的内在亲证——一致,这就是人类总体。在这一选择的过程中,悲剧意识同时产生,成为净化心灵,保障建立正面价值的心理机制。

人类总体为了"活着",必须超越人的动物性而建构社会性。孟子说:"口之于味也,目之于色也,耳之于声也,鼻之于臭也,四肢之于安佚也,性也。有命焉,君子不谓性也。仁之于父子也,义之于君臣也,礼之于宾主也,智之于贤者也,圣人之于天道也,命也。有性焉,君子不谓命也。"(《孟子·尽心下》)"居天下之广居,立天下之正位,行天下之大道。得志与民由之,不得志独行其道。富贵不能淫,贫贱不能移,威武不能屈。此之谓大丈夫。"(《孟子·滕文公下》)其极致的表现就是对自身存在的超越:"志士仁人,无求生以害仁,有杀身以成仁。"(15.8)

---

〔1〕 牟宗三《心体与性体》,上海古籍出版社,1999年,第100页。

人的选择的过程也是情感体认的过程,因此自由意志的选择不是一蹴而就的,而是伴随终生的。

简要地说,这是关于道德建构的理性,这种理性如果推到极致,就和感性无关(但其性质仍然是由经验而超验的,是可以理解的,因而不会导向宗教)。在这一意义上,这种理性是纯粹的,可以与康德相通,也不会导致自由意志自我取消的问题。

思辨理性的困惑在于引入无限概念。如康德讲的不被任何外在事物机械决定的自由意志仍然被至善或上帝"机械"地决定着,因为人的自由意志的确可以有无数个选择方向,但只有往这一个方向选择才是善。

也许,在一定意义上讲,原始儒家的思想更富有"实践理性"的意味。在孔子那里,人是自由的,"人能弘道","我欲仁,斯仁至矣",但也像康德的自由意志一样,只有往人类总体的根本利益方向选择才是善的。在孔门儒学那里,人是被人类总体决定的,但这个决定不是直接的机械的,而是应然的。这个应然不是康德的至善或上帝,也不是牟宗三的创造性实体,而是人类在历史实践中建构并认同的必然性。

康德、弥尔顿的自由意志看上去是自由的,其实恰恰是被至善和上帝规定好了,因为那是理性的产物;孔子、颜回的命运看上去是被天命决定的,但那恰恰是孔、颜"自由选择"的结果,因为那是实用理性的产物。孔子从来不说你必须相信我,只说你必须相信道义仁德,而道义仁德是富有实践性的,是开放的,当礼与仁发生冲突时,就会以仁破礼,弃礼存仁。这样人就有了更多的自由和主体性,所以,人被人类总体决定最终仍然是被自己决定。西方的有些观念不同,"即便没有上帝,我们也会造出一个来"是许多西方哲学家的观点,设定一个理或理念来统治世界,往往只能相信,不能反抗。朱熹的哲学的某些思维方式与此很接近。

在康德那里,意志自由比人性更根本,在孔门仁学中也是一样。孔子从来没有说过人性是善的,他的论述中只蕴含着人性应该善的思想,孔子讲的人性、道德甚至礼乐制度等都是要求在历史进程中建立的,这在多处"讲记"中不断地申述。"人之初,性本善"之类的思想,是封建政治意识形态化的表现,与孔子的思想相去甚远。

中国有没有康德式的自由意志和德国有没有孔子式的自由意志是个假问题,真问题是哪种自由意志更具合理性和普遍性。

9.26　子曰:"衣敝缊①袍,与衣狐貉者立,而不耻者,其由也与?'不忮不求,何用不臧?②'"子路终身诵之。子曰:"是道也,何足以臧?"

【注释】

① 缊(yùn):丝棉絮。

② 不忮(zhì)不求,何用不臧:这两句见《诗经·邶风·雄雉》篇。忮,害,妒忌;臧,善,称道。

【今译】

孔子说:"穿着破旧的丝棉袍子,与穿着狐皮貉皮袍子的人站在一起而不觉得羞愧的,大概只有仲由吧。《诗经》上说:'不嫉妒,不贪求,为什么不赞扬这种美德呢?'"子路听后,经常念诵这句诗。孔子又说:"这确实是做人的正道,但只做到这样,又怎么值得称赞呢?"

【讲记】

因材施教,循循善诱。"谢氏曰:'子路之贤,宜不止此。而终身诵之,则非所以进于日新也,故激而进之。'"(《论语集注》)

"衣敝缊袍,与衣狐貉者立,而不耻",是一种极高的人格境界。这种人格"不忮不求",于外无待,已经达到了道德的自足。孔子对子路不满的,大概是因为子路其他方面的行为方式还有差距。

9.27　子曰:"岁寒,然后知松柏之后凋也。"

【今译】

孔子说:"要到寒冷季节,才知松柏是最后凋谢的。"

【讲记】

该章意蕴丰厚,对后世影响很大,兹备数解。

一、"士穷见节义"

孔子曰:"是何言也!君子通于道谓之通,穷于道谓之穷。今丘抱仁义之道以遭乱世之患,其何穷之为!故内省而不穷于道,临难而不失其德,天寒既至,霜雪既降,吾是以知松柏之茂也。陈蔡之隘,于丘其幸乎!"(《庄子·让王篇》)

君子隘穷而不失,劳倦而不苟,临患难而不忘细席之言。岁不寒无以知松柏,事不难无以知君子无日不在是。(《荀子·大略篇》)

岁寒,然后知松柏之后凋。举世混浊,清士乃见。(《史记·伯夷列传》)

范氏曰:"小人之在治世,或与君子无异。惟临利害、遇事变,然后君子之所守可见也。"谢氏曰:"士穷见节义,世乱识忠臣。欲学者必周于德。"(《论语集注》)

二、比德思维方式

子曰:"知者乐水,仁者乐山;知者动,仁者静;知者乐,仁者寿。"(6.21)

孟子曰:"孔子登东山而小鲁,登太山而小天下,故观于海者难为水,游于圣人之门者难为言。观水有术,必观其澜。日月有明,容光必照焉。流水之为物也,不盈科不行;君子之志于道也,不成章不达。"(《孟子·尽心上》)

徐子曰:"仲尼亟称于水,曰'水哉,水哉!'何取于水也?"孟子曰:"源泉混混,不舍昼夜,盈科而后进,放乎四海。

有本者如是，是之取尔。苟为无本，七八月之间雨集，沟浍皆盈，其涸也，可立而待也。故声闻过情，君子耻之。"(《孟子·离娄下》)

孔子对曰："以其不息，且遍，与诸生而不为也，夫水有似乎德；其流也，则卑下倨拘，必循其理，此似义；浩浩乎无屈尽之期，此似道；流行赴百仞之嵚而不惧，此似勇；至量必平之，此似法；盛而不求概，此似正；绰约微达，此似察，发源必东，此似志；以出以入，万物就以化絜，此似善化也。水之德有若此，是故君子见必观焉。"(《孔子家语·三恕》)

子贡问于孔子曰："君子之所以贵玉而贱珉者，何也？为夫玉之少而珉之多邪？"孔子曰："恶！赐，是何言也！夫君子岂多而贱之，少而贵之哉！夫玉者，君子比德焉。温润而泽，仁也；栗而理，知也；坚刚而不屈，义也；廉而不刿，行也；折而不挠，勇也；瑕适并见，情也；扣之，其声清扬而远闻，其止辍然，辞也。故虽有珉之雕雕，不若玉之章章。《诗》曰：'言念君子，温其如玉。'此之谓也。"(《荀子·法行》)

桓公放春三月观于野。桓公曰："何物可比于君子之德乎？"隰朋对曰："夫粟内甲以处，中有卷城，外有兵刃，未敢自恃，自命曰粟。此其可比于君子之德乎？"管仲曰："苗始其少也，眴眴乎何其孺子也；至其壮也，庄庄乎何其士也；至其成也，由由乎兹免，何其君子也！天下得之则安，不得则危，故命之曰禾。在这里，作者借管仲之口此其可比于君子之德矣。"桓公曰："善！"(《管子·小问》)

子贡问曰："君子见大水必观焉，何也？"孔子曰："夫水者君子比德焉：遍与而无私，似德；所及者生，似仁；其流卑下句倨，皆循其理，似义；浅者流行，深者不测，似智；其赴百仞之谷不疑，似勇；绰弱而微达，似察；受恶不让，似贞；包蒙不清以入，鲜洁以出，似善化；主量必平，似正；盈不求概，似度；其万折必东，似意。是以君子见大水观焉尔也。"(《说苑·杂言》)

比德是天人合一思维方式的一种表现形式，即将自然美与人的道德情操相联系,将人的道德品性与自然事物的某种物性相比附,在使自然物的自然属性人格化的同时,更使人在向自然的认同中获得道德、价值的感悟与支撑。比德的思维方式起源极早,在原始文献中就有萌芽,至《周易》、《诗经》和楚辞表现得更加丰富,在后代通过各种形式的发展,更是渗透到生活和思维的方方面面。

三、以美储善

善的东西未必都是美的,但却必须是美的。如果有一种善是不美的,那就是这种善还没有被审美化,在这个意义上讲,善是审美化了的社会规则和情感方式。(参看 3.25"讲记")因此,美未必能启"真",但美却一定能储善。所谓以美储善,就是当美善一体的时候,人们往往愿意首先通过感受美再来领会其中蕴含的善,这与通过审美形式来表现道德的比德思维方式正相契合。无论是儒家的"从心所欲不逾矩"还是道家的"逍遥游",都是审美化的人格境界,都是以审美形式来蕴含道德的,因此也都是以美储善的。这些都与比德思维方式有着密切的关系。

9.28 子曰:"知者不惑,仁者不忧,勇者不惧。"

【今译】

孔子说:"智慧的人不会迷惑,仁德的人不会忧愁,勇敢的人不会畏惧。"

【讲记】

《论语集注》:"明足以烛理,故不惑;理足以胜私,故不忧;气足以配道义,故不惧。此学之序也。"如果这里的"理"、"道义"不是指朱熹的天理,而是指历史合理性,则朱熹的解释是正确的。

孔子讲"四十而不惑","智"("不惑")就是在人类总体观照下的思维方式和思维依据,只有这样才能明辨是非,不为狭理邪说所惑。"仁"是在"智"的理性认识基础上达到的一种情感状态,有了这种情感状态,自然不会有忧虑的情感。"勇"是前两者的实践状态,有了正确认识和情感认同(人格修养)为基础,在实践中自然没有心理上的畏惧感。朱熹讲"此学之序也",极得精义。

9.29　子曰:"可与共学,未可与适道①。可与适道,未可与立②。可与立,未可与权③。"

【注释】

① 适道:得到道,追求道。适,往。

② 立:坚守。

③ 权:秤锤。这里引申为通权达变。

【今译】

孔子说:"可以一起学习的人,不一定都能一起学到道;能一起学到道的人,不一定都能一起坚守道;能坚守道的人,不一定都能够一起通权达变。"

【讲记】

《论语集注》:"程子曰:'可与共学,知所以求之也。可与适道,知所往也。可与立者,笃志固执而不变也。权,称锤也,所以称物而知轻重者也。可与权,谓能权轻重,使合义也。'"这里的"义",如果不是理学的天理,而是具有实践开放性的义,就是正确的。

该章还引出了"经"与"权"的关系。《论语集注》:"程子曰:'汉儒以反经合道为权,故有权变权术之论,皆非也。权只是经也。自汉以下,无人识权字。'愚按:先儒误以此章连下文'偏其反而'为一章,故有反经合道之说。程子非之,是矣。然以《孟子》'嫂溺援之以手'之义推之,则权与经亦当有辨。"

程颐"权只是经也"一句说得极好,但朱熹的"权与经亦当有辨"其意暧昧。我们先看朱熹所举《孟子》中的例子:"淳于髡曰:'男女授受不亲,礼与?'孟子曰:'礼也。'曰:'嫂溺,则援之以手乎?'曰:'嫂溺不援,是豺狼也。男女授受不亲,礼也。嫂溺,援之以手者,权也。'曰:'今天下溺矣,夫子之不援,何也?'曰:'天下溺,援之以道。嫂溺,援之以手。子欲手援天下乎?'"(《孟子·离娄上》)此话甚辩。淳于髡本是想劝孟子出手救天下,但他没有直说,而是用类比方法设计引孟子入彀,孟子先入后脱,驳倒淳于髡,证明了"天下溺,援之以道"的正确性。更重要的是,后人经常以此来说"经"与"权"的关系,好像礼是"经",是原则,"权"是灵活性,是特殊情况下的权变,是"经"的附属和补充。根据这种理解,淳于髡提出的"今天下溺矣,夫子之不援"是"经",而"天下溺,援之以道"则是"权",是"经"的补充,这显然是轻重倒置;在前一句中,"嫂溺不援,是豺狼也"用语之严厉,也足以说明"权"的重要性。可见,在孟子那里,"经"并非高于"权",重于"权",相反,"经"仅仅是适用于庸常生活层面,遇到了"经"与道发生冲突的情况,则要以道破"经"。这与孟子的道在势上、以道抗势的一贯主张是一致的。因此,"权"与道通,"经"可僵化,"权"则常新!

把"经"与"权"的关系说成是原则性与灵活性(李泽厚《论语今读》)的关系是很不恰当的。因为现实中的灵活性永远不能推翻原则性,而"权"是可以推翻"经"的!

"义者,宜也。"(《中庸》)"义",本是在历史实践过程中建立起来的开放的合理性。孔子将"可与立,未可与权"看成是最难达到的境界,深意就在于此。

9.30　"唐棣①之华,偏其反而②。岂不尔思,室是远而③。"子曰:"未之思也,夫何远之有?"

【注释】

① 唐棣：蔷薇科小乔木，供观赏用。

② 偏其反而：形容翩翩摇摆的样子。偏，同"翩"。

③ 室是远而：只是住的地方太远了。室，家。

【今译】

"唐棣的花朵啊，翩翩地摇动。我岂能不想念你呢？可是家住得太远了。"孔子说："你还是没有真的想念，如果真的想念，有什么遥远的呢？"

【讲记】

此章有多种理解。"赋此诗者，以言权道反而后至于大顺。思其人而不得见者，其室远也。以言思权而不得见者，其道远也。"（《论语注疏》）"此逸诗也，于六义属兴。上两句无意义，但以起下两句之辞耳。其所谓尔，亦不知其何所指也。"（《论语集注》）"苏子瞻以诗为思贤不得之辞，别分一章。"（《论语后案》）自苏轼起别分一章，朱熹从之。

此章盖有"仁远乎哉，我欲仁，斯仁至矣"之意。程子曰："圣人未尝言易以骄人之志，亦未尝言难以阻人之进。但曰未之思也，夫何远之有？此言极有涵蓄，意思深远。"

乡 党 第 十

10.1　孔子于乡党①,恂恂②如也,似不能言者。其在宗庙、朝廷,便便③言,唯谨尔。

【注释】

① 乡党:指乡里。古代五百家为党,一万二千五百家为乡。

② 恂恂:恭顺诚实的样子。《论语集注》:"乡党,父兄宗族之所在,故孔子居之,其容貌辞气如此。"

③ 便便:一说善于辞令,言辞便给;一说闲雅的样子;一说谨慎的样子。

【今译】

孔子在乡里显得恭顺诚实,像是不会说话的样子。在宗庙里和朝廷上,说话却明确畅达,但很谨慎。

【讲记】

在不同的场合有不同的表现,并非不敢表现"自我",压制个性,而是要使自己的言行符合礼的要求,促进社会的和谐。至于将营造社会和谐气氛的礼变成维护封建等级制度的名教,那是封建政治意识形态的事。

10.2　朝,与下大夫言,侃侃①如也。与上大夫言,訚闇②如也。君在,踧踖③如也,与与④如也。

【注释】

　　① 侃侃:说话正直而温和的样子。

　　② 闇闇(yín):正直而恭敬的样子。

　　③ 踧踖(cú jí):恭敬而拘谨的样子。

　　④ 与与:走路从容安详的样子。

【今译】

　　孔子在上朝,在国君还没有到来时,与下大夫交谈,正直而温和;与上大夫交谈,正直而恭敬;国君来了,就显出恭敬而拘谨的样子,走路时显得从容安详。

【讲记】

　　《论语集注》:"此一节,记孔子在朝廷事上接下之不同也。"

　　10.3　君召使摈①,色勃如也②,足躩③如也;揖所与立,左右手;衣前后,襜如也④;趋进,翼如也⑤。宾退,必复命曰:"宾不顾⑥矣。"

【注释】

　　① 摈(bìn):同"傧",接待外国使者、宾客的傧相。这里用作动词。

　　② 勃:庄重,严肃。

　　③ 躩(jué):快步走的样子。

　　④ 衣前后,襜(chān)如也:意思是说向左向右俯仰作揖时衣服前后不乱。襜,衣服整齐的样子。

　　⑤ 趋进,翼如也:意思是说在从中厅至阼阶的快步走的过

程中姿势端正,如鸟儿展翅一样。

⑥ 不顾:不回头看。这里是指客人走出了一段距离,不再回头了(孔子认为这才算尽礼,这时才回来向国君回报)。

【今译】

国君召孔子去接待外国宾客,孔子的脸色庄重严肃起来,脚步也走得很快;向和他站在一起的人作揖,又向左边和右边拱手;他的衣服前后摆动,整齐不乱;快步走时,像鸟儿展翅一样。宾客走后,必定向君主回报说:"客人已经走了。"

【讲记】

《礼记·聘义》:"卿为上摈,大夫为承摈,士为绍摈。君亲礼宾,宾私面、私觌、致饔饩、还圭璋、贿赠、飨食燕,所以明宾客君臣之义也。"《周官·大行人》:"上公摈者五人,侯伯四人,子男三人。"孔子为大夫,应为承摈,立于上摈和绍摈之间,故向左右作揖。该篇所记的孔子的很多言行举止,都可以从《礼记》、《周官》等典籍中找到依据。

10.4　入公门,鞠躬如也,如不容①。立不中门,行不履阈②。过位③,色勃如也,足躩如也,其言似不足者。摄齐④升堂,鞠躬如也,屏气似不息者。出,降一等⑤,逞颜色,怡怡如也。没阶⑥,趋进,翼如也。复其位,踧踖如也。

【注释】

① 鞠躬如也,如不容:谨慎而恭敬,好像公门容不下他的身子一样。一解:"鞠躬,曲身也。公门高大而若不容,敬之至也。"(《论语集注》)

② 阈(yù):门槛。《礼记·曲礼》:"大夫士出入君门,由闑右,不践阈。"

③ 位：国君的座位。一解："位，君之虚位。谓门屏之间，人君宁立之处，所谓宁也。君虽不在，过之必敬，不敢以虚位而慢之也。"(《论语集注》)

④ 摄齐(zī)：提起衣服的下摆。齐，衣服的下摆。

⑤ 降一等：从台阶上走下一级。

⑥ 没阶：走完台阶。

【今译】

孔子进入公门，显示出谨慎而恭敬的样子，好像公门容不下他的身子一样。站立时，不站在门的中间，行走时也不踩踏门槛。经过国君的座位时，面色庄重，脚步也加快起来，说话好像气力不足。提起衣服下摆走向朝堂，恭敬而谨慎，憋住气息如同不呼吸一样。退出朝堂，走下一级台阶，脸色就舒展放松了，显出快乐高兴的样子。走完台阶，快步向前，像鸟儿展翅一样。回到自己的位置上，显得拘谨而恭敬的样子。

【讲记】

该章记孔子的在朝之容。

10.5　执圭①，鞠躬如也，如不胜。上如揖，下如授。勃如战色②，足蹜蹜③，如有循④。享礼⑤，有容色。私觌⑥，愉愉如也。

【注释】

① 圭：一种玉器，古代举行聘礼、祭礼、丧礼时使用。

② 战色：战栗的样子。

③ 蹜(sù)蹜：小步走路的样子。

④ 如有循：好像沿着固定的轨迹前行。

⑤ 享礼：向对方贡献礼物的仪式。古代使者受到接见后举

行献礼仪式。

⑥ 觌(dí)：会见。

【今译】

孔子出使别的诸侯国的时候，手里捧着国君的玉圭，恭敬谨慎，好像拿不起来的样子。将圭献给外国国君，向上举时像是作揖，放下时像是交给别人东西。脸色庄重，像是战栗的样子，步子迈得很小，像是沿着一定的轨迹前行。在举行赠送礼物的享礼时，显得和颜悦色。以私人身份与国君举行会见时，显得轻松愉快。

【讲记】

该章记孔子为君聘于邻国之礼。所谓礼出于情，即依照当时的人情需求而设立礼。这里的人情不是人的自然欲望之情，而是有利于当时的社会安定和谐的社会性人情，即人的社会性，或曰人性心理。合于这种人情要求的礼就是具有合理性的礼，否则就是束缚人的礼教。

从上几章我们可以看出，孔子遵循的礼并不迂腐可笑，相反，显示出的是对人的尊重和人性的庄严。所谓君君臣臣父父子子(不合君臣父子之道则"当仁不让于师")，这种尊重和庄严对维护社会的安定与和谐具有十分重要的意义，它在本质上是与导致社会僵化和文化禁锢的封建礼教相对立的。

10.6　君子不以绀緅饰①，红紫不以为亵服②。当暑，袗絺绤③，必表而出之④。缁衣，羔裘；素衣，麑⑤裘；黄衣，狐裘。亵裘长，短右袂。必有寝衣，长一身有半。狐貉之厚以居。去丧，无所不佩。非帷裳⑥，必杀之。羔裘玄冠不以吊。吉月⑦，必朝服而朝。

【注释】

① 绀緅(gàn zōu)：绀，深青透红，斋戒时的服色；緅，黑红

色,丧服的颜色。

　　② 褻服：便服,内衣。

　　③ 袗(zhěn)絺(chī)绤(xì)：袗,单衣。絺,细葛布。绤,粗葛布。

　　④ 必表而出之：外面穿麻衣,里面还要衬有内衣。

　　⑤ 麑(ní)：小鹿,白色。

　　⑥ 帷裳：上朝和祭祀时穿的礼服,通常用整幅织物缝制,沿边折叠缝上。

　　⑦ 吉月：每月初一。

【今译】

　　君子不用深青色或铁红色的织物做衣袖和衣领的装饰性的镶边,不用红色或紫色的织物做便服。夏天,穿粗或细的葛麻织物做的单衣,里面一定要穿内衣。黑羔羊皮袍配黑色罩衣,白色小鹿皮袍配白色罩衣,黄色狐皮袍配黄色罩衣。家常皮袍长一些,但右边的袖子短一点。一定要有睡衣,睡衣要有一身半长。用狐貉的厚毛皮做坐垫。丧期满后,衣服上可以佩带上各种装饰品。如果不是上朝或祭祀礼服,一定要剪去布料多余的部分。不穿黑羔羊皮袍和戴黑色帽子去吊丧。每月初一,一定要穿着礼服去朝拜君主。

【讲记】

　　记述孔子穿衣。遵循礼制。

　　10.7　齐①,必有明衣②,布。齐必变食③,居必迁坐④。

【注释】

　　① 齐：同"斋",斋戒。

　　② 明衣：沐浴后穿的浴衣。

③ 变食：改变饮食习惯。指不饮酒，不吃有刺激气味的东西。

④ 居必迁坐：指从内室迁到外室，且不和妻妾同房。

【今译】

斋戒沐浴时，一定要有用布做的浴衣；斋戒时也一定要改变饮食，居住也一定搬移地方（不与妻妾同房）。

【讲记】

当时，祭祀和战争是两件最大的事。祭必敬，必诚，必畏，故祭祀必沐浴斋戒，祛除俗尘杂念，以期与祖先神祇交通，获取启示、力量和佑护。这里的祭祀与殷商时期的淫祀不同。淫祀是以神为主导，而这里的祭祀是以人为主导。"祭如在，祭神如神在。子曰：'吾不与祭，如不祭。'"（3.12）孔子的祭祀，实是凝聚人性心理的一种形式。（详参看 3.12"讲记"）

10.8　食不厌精，脍①不厌细。食饐②而餲③，鱼馁④而肉败，不食。色恶，不食。臭恶，不食。失饪⑤，不食。不时⑥，不食。割不正⑦，不食。不得其酱，不食。肉虽多，不使胜食气⑧。唯酒无量，不及乱⑨。沽酒，市脯，不食。不撤姜食，不多食。祭于公，不宿肉⑩，祭肉不出三日。出三日，不食之矣。食不语，寝不言。虽疏食菜羹，瓜祭⑪，必齐如也。

【注释】

① 脍：切细的鱼、肉。

② 饐(yì)：食物放置时间过长腐败发臭。

③ 餲(ài)：食物变味。

④ 馁：腐烂，不新鲜。

⑤ 饪：烹制饭菜。

⑥ 时：应时。

⑦ 割不正：肉切得不方正。

⑧ 气：同"饩"，即粮食。

⑨ 不及乱：不到酒醉时。乱，指酒醉。

⑩ 不宿肉：不使肉过夜。当时国君举行的祭祀活动往往要持续两三天，大夫参加祭祀得到国君赐的祭肉一般都是两三天前的，再过夜就更不新鲜了。

⑪ 瓜祭：吃饭前把席上各种食物分出一点放在餐具边祭祖。

【今译】

粮食不嫌舂得精，鱼肉不嫌切得细。粮食陈旧或变味了，鱼和肉放时间过长腐烂了，不吃；食物颜色不新鲜，不吃；气味变了，不吃；烹调方法不当，不吃；不当时令的东西，不吃。肉切得不方正，不吃。酱醋佐料放得不当，不吃。肉虽多，但吃的量不超过吃饭的量。只有酒不限量，但不喝醉。从市上买来的肉干和酒，不吃。每顿饭必有姜，但不多吃。孔子参加国君的祭祀，分到的祭肉，不留到第二天；祭祀用过的肉不超过三天，超过三天，就不吃了。吃饭的时候不与人交谈，睡觉时不说话。即使是粗米饭和菜汤，吃饭前也要每样都取出一些来祭祖，而且表情一定要像斋戒时那样虔诚恭敬。

【讲记】

该章很多版本分作三章，钱穆先生《论语新解》将三章合一，应有深意。孔子生活与生命皆遵循礼制，在孔子那里，礼制不仅仅是外在的表现，而是生命的形式，或是形式化的生命，是仁、礼合一的存在状态。

《论语》中有很多关于孔子遵循礼制的记述，均应作如此解。

10.9 席①不正，不坐。

【注释】

① 席：古人无桌椅子，都是在地上铺上席子，坐在席子上。

【今译】

席子铺得不端正，不坐。

10.10　乡人饮酒①，杖者②出，斯出矣。乡人傩③，朝服而立于阼阶④。

【注释】

① 乡人饮酒：指乡饮酒礼。
② 杖者：拿拐杖的人，指老年人。
③ 傩：一种迎神驱鬼的仪式。
④ 阼（zuò）阶：东面的台阶。主人立在大堂东面的台阶，这里指欢迎客人。

【今译】

乡饮酒的礼仪结束后，等老年人出去后，孔子自己才出去。乡里人举行迎神驱鬼的仪式时，孔子穿着朝服，立于东边的台阶上。

【讲记】

参看《礼记·乡饮酒义》。

10.11　问①人于他邦，再拜而送之。

【注释】

① 问：问候。古代人在问候时往往要致送礼物。

【今译】

孔子托人向在别的诸侯国的朋友问候送礼,要向受托者拜两次并送行。

10.12　康子馈药,拜而受之。曰:"丘未达①,不敢尝。"

【注释】

① 达:了解。

【今译】

季康子向孔子馈赠药物,孔子拜谢之后接受了,说:"我不懂这种药物的药性,不敢尝。"

10.13　厩①焚。子退朝,曰:"伤人乎?"不问马。

【注释】

① 厩:马棚。

【今译】

马棚失火被焚。孔子退朝回来,说:"伤人了吗?"不问马的情况。

【讲记】

孔子的思想是以人为本。

以人为本是文化哲学,以民为本是政治哲学,以德为本是施政理念。以人为本是指把人放在第一位。在传统的天、地、人"三才"思想中,人是核心。孔子讲"人能弘道,非道弘人",就是说人对自己负责,按照人类总体的发展需要和规律来建构"道",而不是"道"在人先。民为邦本的思想正是上述观念的体现。以民为本是指在处理政治事务时要以民生、民权、民意为根本,为出发点,是民为邦本思想在政治实践中的具体体现,政得其民就是这个意思。以德为本是指在施政过程中要以道德为根据,无论是处理政治事务,还是考察官员,都要充分考虑道德因素。改易更化思想是一种符合历史道德的通变观念,仍然是以德为本的施政理念。

汉文帝刘恒对上述执政理念体现得较为集中。汉文帝可谓在乱世中即位,但他一改以前执政者的作风,修德爱民,简朴自持,废除肉刑,兴修水利,近安诸侯,远怀匈奴,使当时百姓富裕,天下小康,汉朝进入强盛安定的时期,与其后的景帝时期合称为"文景之治"。汉文帝的做法产生了强大的仁政效应,对后世影响深远。

上述这些思想具有长久的历史合理性,是中华民族思想文化、思维方式的根本,也是建立现代法治的文化、情感依据。因此,德主刑辅的传统观念在现代社会表现为以德为本、以法治国的基本政治理念。

10.14　君赐食,必正席先尝之。君赐腥①,必熟而荐②之。君赐生,必畜之。侍食于君,君祭,先饭③。

【注释】

① 腥:生肉。

② 荐:供奉祖先。

③ 先饭:先尝尝。古时君主吃饭前要有人先尝一尝,君主才吃。

【今译】

国君赐给熟食,孔子一定摆正座席先尝一尝;国君赐给生肉,一定煮熟了先供奉给祖宗;国君赐给活的牲畜,一定要饲养起来。同国君一道吃饭,在国君举行饭前祭祀初造食之神时,一定要先尝一尝。

【讲记】

　　参看朱熹《论语集注》:"正席先尝,如对君也。言先尝,则余当以颁赐矣。腥,生肉。熟而荐之祖考,荣君赐也。畜之者,仁君之惠,无故不敢杀也。"

　　10.15　疾,君视之,东首①,加朝服,拖绅②。

【注释】

　　① 东首:头朝东。
　　② 绅:束在腰间的大带子。

【今译】

　　孔子生病,国君来探视他。孔子便头朝东躺着,把朝服盖在身上,拖着大带子。

　　10.16　君命召,不俟驾行矣。

【今译】

　　国君召见,孔子不等车马驾好就先走去了。

【讲记】

　　足见孔子急君之心,亦见义在礼先。

10.17　入太庙,每事问。

【讲记】

此章重出。参看 3.15。

10.18　朋友死,无所归,曰:"于我殡①。"

【注释】

① 殡:这里指殡葬事务。

【今译】

朋友死了,没有亲属殡葬。孔子说:"殡葬的事由我来办吧。"

10.19　朋友之馈,虽车马,非祭肉,不拜。

【今译】

朋友馈赠物品,如果不是祭肉,即使是车马,孔子在接受时也是不拜的。

10.20　寝不尸,居不客。

【今译】

孔子睡觉时不像死尸一样直挺挺地躺着,平常居家也不像作客或接待客人时那样严肃。

10.21　见齐衰^①者，虽狎^②，必变。见冕者与瞽者^③，虽亵^④，必以貌。凶服者式^⑤之。式负版者^⑥。有盛馔，必变色而作。迅雷风烈必变。

【注释】

① 齐(zī)衰(cuī)：指丧服。

② 狎：亲近。

③ 瞽者：盲人，指乐师。

④ 亵：熟悉。

⑤ 式：同"轼"，古代车辆前部的横木。这里作动词用。遇见地位高的人或其他人时，驭手身子向前微俯，伏在横木上，以示尊敬或者同情。这在当时是一种礼节。

⑥ 负版者：背负国家图籍的人。当时无纸，用木版来书写，故称图籍为"版"。

【今译】

看见穿丧服的人，即使是关系很亲密的，孔子的态度也一定变得严肃；看见戴礼帽的人和盲人，即使是常在一起的，孔子也一定很有礼貌；在乘车时遇见身着丧服的人，孔子便俯伏在车前横木上以表同情；遇见背负国家图籍的人，孔子也俯伏在车前横木上以表敬意；遇有丰盛的筵席，孔子就神色一变，并恭敬地站起来；遇见突然打雷刮风，孔子一定要改变神色表示不安。

【讲记】

孔子感觉敏锐而丰富，这是礼和情的双向养成。礼始于情，礼为情而设，礼是表达情的手段和形式；这个情经过礼的规范和约束便由物欲上升为人之情，这一升华的形式可这样表示：情—理—情。第一个"情"是以人的物欲为主导的杂乱无序的情欲和情感，经过"理"——人类理性的过滤、改造和升华，最终上升为第二个"情"——人的情感。这里的第二个"情"不是终点，可以随着人格境界的提升而不断上升到新的高度。

10.22 升车,必正立执绥①。车中不内顾,不疾言,不亲指②。

【注释】

① 绥:上车时扶手用的索带。

② 不亲指:不用手指指划划。

【今译】

上车时,孔子一定端正地站好,然后拉着扶手带。在车上,不回头,不高声说话,不用手指指点点。

10.23 色斯举矣①,翔而后集②。曰:"山梁雌雉③,时哉时哉!"子路共④之,三嗅而作。

【注释】

① 色斯举矣:神色不安的样子。

② 翔而后集:飞翔一阵,然后落到树上。

③ 山梁雌雉:聚集在山梁上的雌野鸡。

④ 共:同"供",供奉。

【今译】

孔子与子路在山谷中看见一群野鸡,野鸡见子路脸色不善就飞走了,飞翔了一阵又落在了树上。孔子说:"这些山梁上的雌野鸡,得其时呀! 得其时呀!"子路误会的孔子的意思,射了野鸡烧来给孔子吃,孔子不忍拂了子路的好意,闻了几下,就走开了。

【讲记】

该章历来有多种解释。近人杨伯俊《论语译注》认为："三嗅
而作：嗅应为狊字之误。狊，音 jù，鸟张开两翅。一本作'戞'字，
鸟的长叫声。"意思是雌野鸡飞走了。《论语集注》："邢氏曰：'时
哉，言雉之饮啄得其时。子路不达，以为时物而共具之。孔子不
食，三嗅其气而起。'"符合子路性格，今取后说。

这应该是一篇借自然物事来说时事之理的生动散文，惜有
缺文。

先进第十一

11.1　子曰:"先进①于礼乐,野人②也;后进③于礼乐,君子也。如用之,则吾从先进。"

【注释】

① 先进:做官以前先去学习。

② 野人:没有爵禄的乡野平民。

③ 后进:做官以后才去学习。

【今译】

孔子说:"先学习礼乐然后才做官的人,是普通的没有爵禄的平民;先做了官然后才学习礼乐的人,是有爵禄的贵族子弟。如果要选拔任用人才,我主张选用先学习礼乐的人。"

【讲记】

关于该章,历来多有不同解释。如《论语注疏》:"孔曰:先进、后进,谓仕先后辈也。礼乐因世损益,后进与礼乐,俱得时之中,斯君子矣;先进有古风,斯野人也。"《论语集注》:"程子曰:'先进于礼乐,文质得宜,今反谓之质朴,而以为野人。后进之于礼乐,文过其质,今反谓之彬彬,而以为君子。盖周末文胜,故时人之言如此,不自知其过于文也。'"

钱穆《论语新解》:"先进一辈,从礼乐方面讲,像是朴野人。后进一辈,从礼乐方面讲,真像君子了。但若用到礼乐的话,吾还是愿从先进的一辈。"

刘宝楠《论语正义》阐发宋翔凤《论语发微》的解释，认为："夫子以先进于礼乐为野人，野人者，凡民未有爵禄之称也。春秋时，选举之法废，卿大夫皆世爵禄，皆未尝学问。及服官之后，其贤者则思为礼乐之事，故其时后进于礼乐为君子。君子者，卿大夫之称也。"杨伯峻《论语译注》持刘宝楠说。今从后者。

即便以刘宝楠、杨伯峻所论为是，论者也多从孔子的"学而优则仕"（其实"优"是有余力的意思）思想来解释该章，其实未必得孔子真义。

孔子自己就是"先进于礼乐"的"野人"的典范，但其意义并不在"学而优则仕"，而在"礼失求诸野，善在黎民中"。道统、政统、学统对立统一的运行方式构成了中国文化的发展动力机制。道统往往表现为政治意识形态，具有规范性和指导作用，但往往易于僵化；政统具有现实执行力量，但往往并不接受道统的指导，反而异化甚至控制道统；学统对每一个人开放，具有根本性和永久性的活力，但往往散漫而不成系统。理想的状态是：道统自觉地将学统中的新鲜因素吸收进来，使自己永不禁锢；政统自觉地接受道统的指导，并为道统和学统服务。但历史上的实际情况往往是道统和政统联合起来共同遏制学统，使社会走向动乱乃至崩溃。后来中国科举制度的根本意义就在于将来自社会下层的读书人所背负的具有学统性质的文化理想提升到政统的政治操作层面上来，为社会发展带来活力。孔子的"如用之，则吾从先进"，其真意应该在此。

11.2 子曰："从我于陈①、蔡②者，皆不及门③也。"
德行④：颜渊、闵子骞、冉伯牛、仲弓。言语⑤：宰我、子贡。政事⑥：冉有、季路。文学⑦：子游、子夏。

【注释】
① 陈：春秋时的陈国，在今河南省东部及与其接壤的安徽

省一部。

②蔡：春秋时的蔡国，在今河南省上蔡一带。

③不及门：这里指不在跟前受教，不在身边。

④德行：品德，这里指孝悌、忠恕等道德。

⑤言语：能言善辩，也指善于外交辞令。

⑥政事：办理政治事务。

⑦文学：这里指通晓各种古代文献。

【今译】

孔子说："跟随我到陈国、蔡地去的学生，现在都不在我身边了。"

品德行为好的有：颜渊、闵子骞、冉伯牛、仲弓。善于辞令的有：宰我、子贡。擅长办理政事的有：冉有、季路。通晓各种古代文献的有：子游、子夏。

【讲记】

关于该章有一些不同的解释，但应该是孔子晚年怀念当年一起在陈、蔡历遭困厄的学生。《史记·孔子世家》："孔子迁于蔡三岁，吴伐陈。楚救陈，军于城父。闻孔子在陈蔡之间，楚使人聘孔子。孔子将往拜礼，陈蔡大夫谋曰：'孔子贤者，所刺讥皆中诸侯之疾。今者久留陈蔡之间，诸大夫所设行皆非仲尼之意。今楚，大国也，来聘孔子。孔子用于楚，则陈蔡用事大夫危矣。'于是乃相与发徒役围孔子于野。不得行，绝粮。从者病，莫能兴。孔子讲诵弦歌不衰。子路愠见曰：'君子亦有穷乎？'孔子曰：'君子固穷，小人穷斯滥矣。'"

所谓"四科十哲"，一说即从于陈蔡者。孔子因材施教，弟子各有所长，有专业划分之概。

11.3 子曰："回也，非助我者也，于吾言无所不说①。"

【注释】

① 说：通"悦"，心悦诚服。

【今译】

孔子说："颜渊这个人，不是对我有帮助的人，对我说的话他没有不心悦诚服的。"

【讲记】

《论语集注》："助我，若子夏之起予，因疑问而有以相长也。颜子于圣人之言，默识心通，无所疑问。故夫子云然，其辞若有憾焉，其实乃深喜之。"

11.4 子曰："孝哉闵子骞！人不间①于其父母昆②弟之言。"

【注释】

① 间：非难，批评，挑剔。
② 昆：哥哥，兄长。

【今译】

孔子说："闵子骞真是孝顺呀！对于他的父母兄弟称赞他的话，人们说不出什么不同的看法。"

【讲记】

《韩诗外传》载："子骞早丧母，父娶后妻，生二子，疾恶子骞，以芦花衣之，父察之，欲逐后母。子骞曰：'母在一子寒，母去三子单。'父善之而止，母悔改之，遂成慈母。"

11.5　南容三复"白圭"①,孔子以其兄之子妻之。

【注释】

① 白圭:指《诗经·大雅·抑之》的诗句:"白圭之玷,尚可磨也,斯兰之玷,不可为也。"意思是白玉上的污点还可以磨掉,言语中有了污点就无法挽回了。这是告诫人们要谨慎自己的言语。

【今译】

南容反复诵读"白圭"诗,孔子把侄女嫁给了他。

11.6　季康子问:"弟子孰为好学?"孔子对曰:"有颜回者好学,不幸短命死矣,今也则亡①。"

【注释】

① 亡:通"无"。

【今译】

季康子问孔子:"你的学生中谁最好学?"孔子回答说:"有一个叫颜回的学生最爱学习,不幸短命死了。现在再也没有像他那样好学的人了。"

【讲记】

参看 6.2"讲记"。

11.7　颜渊死,颜路①请子之车以为之椁②。子曰:"才③不才,亦各言其子也。鲤④也死,有棺而无椁。吾不徒行以为之椁。以吾从大夫之后⑤,不可徒行也。"

【注释】

① 颜路:颜渊的父亲,也是孔子的学生。

② 椁:外棺。

③ 才:才能。

④ 鲤:孔子的儿子,字伯鱼,死时 50 岁。

⑤ 从大夫之后:跟随在大夫们的后面,意思是当过大夫。

【今译】

颜渊死了,他的父亲颜路请求孔子变卖车子,给颜渊做外椁。孔子说:"不管是不是有才能,但各自都是自己的儿子吧。孔鲤死的时候,也是只有内棺而无椁。我没有卖掉自己的车子步行而给他买椁。我曾经做过大夫,是不能徒步行走的。"

【讲记】

有一种说法,认为并不是要孔子卖车为颜回买椁,而是要用卿大夫之礼殡葬颜回,孔子认为不合礼制,又不愿意让颜路伤心,才这样说。此说较为合理。

11.8 颜渊死,子曰:"噫①! 天丧予! 天丧予!"

【注释】

① 噫:唉! 叹词。

【今译】

颜渊死了,孔子说:"唉! 上天丧我呀! 上天丧我呀!"

【讲记】

颜渊少孔子 40 岁(一说 30 岁),最有希望继承孔子的事业,却不幸早逝,孔子哀痛至深。《论语集注》:"悼道无传,若天丧己也。"

11.9　颜渊死,子哭之恸①。从者曰:"子恸矣。"曰:"有恸乎? 非夫②人之为恸而谁为?"

【注释】

① 恸:哀伤过度。
② 夫:指示代词,此处指颜渊。

【今译】

颜渊死了,孔子哭得非常悲痛。跟随孔子的人说:"您悲痛过度了!"孔子说:"真的悲伤过度了吗? 我不为这个人的去世而悲伤,又为谁呢?"

【讲记】

上一章孔子为颜渊之死说"天丧予! 天丧予!"该章孔子哭颜渊而大恸,固然有人情之悲,但更有对命运的参悟与对境界的确认。命运无常但境界有恒,"天丧予"中的"天"是指无常的命运,所谓造化弄人,"天"常不遂人愿,但境界可超越无常而至永恒。"子畏于匡,曰:'文王既没,文不在兹乎? 天之将丧斯文也,后死者不得与于斯文也。天之未丧斯文也,匡人其如予何?'"(9.5)这就是不将"文"的传承寄托于具体的人,而是寄托于人类总体,是由命运向境界的转化。(详参看 9.5"讲记")

11.10　颜渊死,门人欲厚葬①之。子曰:"不可。"门人厚葬之。子曰:"回也视予犹父也,予不得视犹子也。非我也,夫二三子也。"

【注释】

① 厚葬：丰厚隆重地安葬。

【今译】

颜渊死了,孔子的学生想隆重地安葬他。孔子说:"不可以。"学生们仍然厚葬了他。孔子说:"颜回对待我像对待父亲,我却不能对待他像亲生儿子。这不是我的过错,都是那些学生们做的呀。"

【讲记】

《论语集注》:"叹不得如葬鲤之得宜,以责门人也。"讲爱人要以礼。

11.11　季路问事①鬼神。子曰:"未能事人,焉能事鬼?"曰:"敢问死?"曰:"未知生,焉知死?"

【注释】

① 事：奉事,侍奉。

【今译】

子路问怎样事奉鬼神。孔子说:"活人还没能侍奉好,怎能去侍奉鬼神呢?"子路又说:"我大胆请问,死是怎么回事呢?"孔子回答说:"生的道理还没有弄明白,哪里知道死的事呢?"

【讲记】

《论语注疏》:"孔子言女(子路)尚未知生时之事,则安知死后乎?皆所以抑止子路也。以鬼神及死事难明,又语之无益,故不答也。"《论语集注》："问事鬼神,盖求所以奉祭祀之意。而死者人之所必有,不可不知,皆切问也。然非诚敬足以事人,则必不能事神;非原始而知所以生,则必不能反终而知所以死。盖幽明始终,初无二理,但学之有序,不可躐等,故夫子告之如此。程子曰:'昼夜者,死生之道也。知生之道,则知死之道;尽事人之道,则尽事鬼之道。死生人鬼,一而二,二而一者也。'"

这两段古注很重要。

《论语注疏》中的"皆所以抑止子路也"一句很有意味。在《论语》提到的孔子学生中,子路性格十分鲜明:"由也好勇过我,无所取材。"(5.6)"由也,千乘之国,可使治其赋也,不知其仁也。"(5.7)"由也果"(6.6),"暴虎冯河,死而无悔者,吾不与也"(7.10)。"衣敝缊袍,与衣狐貉者立,而不耻者,其由也与?"(9.26)"由也喭"(11.17),"其言不让"(11.25),"野哉,由也"(13.3)。更重要的是还有这样一个故事:"子见南子,子路不说。夫子矢之曰:'予所否者,无厌之,天厌之!'"(6.26)总的看来,子路直率、强硬,甚至有些粗野,但有较强的政事能力,对孔子忠心耿耿。对这样的人提出侍奉鬼神和如何对待死的问题,该如何回答呢? 孔子连用了两个"焉"字。

这样的句式还有几处:"管氏有三归,官事不摄,焉得俭?"(3.22)(他有三处豪华的藏金府库,他家里的管事也是一人一职而不兼任,怎么谈得上节俭呢?)"焉用佞? 御人以口给,屡憎于人。不知其仁,焉用佞?"(5.4)(何必要能言善辩呢? 靠伶牙俐齿和人辩论,常常招致别人的讨厌,这样的人我不知道他是不是做到仁,但何必要能言善辩呢?)"夫如是,则四方之民襁负其子而至矣,焉用稼?"(13.4)(要是做到这样,四面八方的老百姓就会背着自己的小孩来投奔,哪里用得着自己去种庄稼呢?)从上面的句子看,都有反驳别人以树立自己观点的意思。从孔子使用这种句式的习惯可以看出该章的几层意思:一是子路相信鬼神并要侍奉,且想弄清死的意义;二是子路注重政事,不善作"形上"探求,其观点在当时具有相当的代表性;三是孔子用反问的方式坚决反对子路的观点,并明确提出自己的观点;四即"皆所以抑止子路也",即"抑止"子路以粗率的方式来理解和提出这种根本性的问题,因为子路的这种方式在俗文化中带有相当的普遍性。

解此章者历来引子产的"天道远,人道迩"一语。子产的话是在下面的情景中说的:

> 夏五月,火始昏见。丙子,风。梓慎曰:"是谓融风,火之始也。七日,其火作乎!"戊寅,风甚。壬午,大甚。宋、卫、陈、郑皆火。梓慎登大庭氏之库以望之,曰:"宋、卫、陈、郑也。"数日,皆来告火。裨灶(当时著名的象纬学专家,《左传》中多次提到他,其言多应验)曰:"不用吾言,郑又将火。"郑人请用之,子产不可。子大叔曰:"宝,以保民也。若有火,国几亡。可以救亡,子何爱焉?"子产曰:"天道远,人道迩,非所及也,何以知之? 灶焉知天道? 是亦多言矣,岂不或信?"遂不与,亦不复火。(《左传·昭公十八年》)

"天道远,人道迩,非所及也,何以知之? 灶焉知天道?"意思是说天道与人道是不相干的,人所不能及,裨灶怎么能知道天道呢? 用玉器禳祭是无用的。但后来郑国发生了火灾,子产还是有所行动,"七月,郑子产为火故,大为社,祓禳于四方,振除火灾,礼也。"《左传》将祓禳仪式解释为礼,是修人事的"祭尽其诚"的礼,而不是殷人对鬼神的淫祀。这正是从殷商到周初开始的"从天命到人事的转变",人的理性觉醒的历史成就。[1]

"未知生,焉知死",是以由悬置到践行的方式对鬼神有无和死亡问题的解决。一般认为,孔子对鬼神有无和死亡问题悬置而不探究,立论方式是"存而不问",其实非也。鬼神有无和死亡是并非同类却又相通的问题:鬼神可从有无的角度去考察,而死亡则是必有;但鬼神有无之不可论证与死亡之不可经验又是同一问题的两面——死亡如可经验,鬼神有无自可明辨。两个问题在《论语》同一章中一并提出,是古人对此长期思虑的自然表现。该章隐含的意思是:如果有鬼神,则必定先侍奉鬼神;如果能够了解死亡,必定先去了解死亡。其真义是祈求为人的存在找到依据。孔子的回答则隐含着这样几层意思:(1)人生的要

[1] 参看拙作《中国文学的历史与审美》,中国人民大学出版社,1999年,第6页。

义乃至全部意义就在于"事人"和"知生",不必问鬼神、死亡之事。(2)尚未做好"事人""知生"之事,就不必问鬼神和死亡的问题;即便做好了,也未必要问。(3)人也很难做好"事人""知生"之事;如果真的做好了,就超越了鬼神和死亡,这个问题也就不必问。(4)鬼神和死亡是不可靠和不可知的,不能作为人的存在依据;人只能面向鬼神和死亡,自我作祖,选择"事人"与"知生",进入以彻底的悲情为底色的悦生乐世的开放境域。

《论语》还有很多章涉及这一问题。"王孙贾问曰:'与其媚于奥,宁媚于灶',何谓也? 子曰:不然。获罪于天,无所祷也。"(3.13)仍然不谈鬼神的有无,但"获罪于天,无所祷也"不仅是对王孙贾乡愿面孔的鄙夷,更是对人与鬼神关系的宣示:人生全部和唯一的任务就是追求"仁",而"为仁由己,而由人乎哉?"(12.1)人与鬼神的关系就是人与鬼神没有任何关系,探究鬼神的有无不是人生的应有之义。死亡是否可知的问题也随之而解:"朝闻道,夕死可矣。"(4.8)人生的意义在于"闻道";死亡作为一种无定的必然,对人来说并无意义,因此不必了解。

然而,孔子并没有否定鬼神和死亡,相反,鬼神和死亡是其哲学的起点。人被毫无来由地"抛"在这个世界上,鬼神不可靠,死亡不可知(二者互为因果),人因此陷入绝对的虚空。这造就了极富中国特色的悲剧意识——没有斗争对象乃至没有屈服对象,这是绝对意义上的悲剧意识。如果说中国文化是乐感文化,那也是悲极而乐(选择乐)的文化。面对人的有限性(死亡)和人的空虚性(鬼神不可靠,死亡不可知),孔子的态度是"知之为知之,不知为不知,是知也"(2.17)。在彻底的悲剧底色上,儒学选择的是生,是人自身毅然的崛立:"仁远乎哉? 我欲仁,斯仁至矣。"(7.29)"君子求诸己,小人求诸人。"(15.20)"士不可以不弘毅,任重而道远。仁以为己任,不亦重乎? 死而后已,不亦远乎?"(8.7)至北宋张载则将此意发挥到极致:"为天地立心,为生民立命,为往圣继绝学,为万世开太平。"[1]死亡可以置之度外,

---

〔1〕 张载《张载集·近思录拾遗》,中华书局,1978 年,第 376 页。

"立命"乃是根本。人生的意义被规定在求"仁",因此死亡可以被超越(不是被忽视)。这是儒学"向死而生"的真义。

鬼神和死亡的问题看似被悬置起来,实则在践行中得到了彻底解决。只是这种解决方式不是理性的认识论的,也不是非理性的存在论的,而是实用理性的。实用理性在历史实践中建立起来,又超越具体的历史阶段,关注人类总体,并以人类总体为思考一切问题的根本依据;它基于经验,重视经验,但不囿于经验,而是总结经验,并从中提升出具有普遍意义的东西,使之上升到形上高度;它将当下的心理看作人的目的,此心理不单纯是人的动物性心理或道德观念,而是二者有机融合并指向境界提升的情理结构。实用理性不去探讨世界和价值的本源,而是以可把握的人格境界取代之,从而斩断了探讨本源性问题与人格修养之间的联系。"未能事人,焉能事鬼"、"未知生,焉知死"正是在上述思维方式观照下作出的论断。在这里,孔子没有设定一个外在的本源性概念进行推导,也没有走向纯粹的人的"内感觉",而是根据普遍的社会现实和经验,总结出对待鬼神和死亡的方法和态度,并以此作为建立人生价值的原点。

11.12　闵子侍侧①,訚訚如也;子路,行行②如也;冉有、子贡,侃侃③如也。子乐。"若由也,不得其死然。"

【注释】

① 侍侧:站在孔子的旁边。

② 行行(hàng):刚强而勇武的样子。

③ 侃侃:温和而快乐的样子。

【今译】

闵子骞侍立在孔子身旁,显得恭敬而愉悦;子路侍立在孔子身旁,显得刚强而勇武;冉有、子贡侍立在孔子身旁,显得温和而快乐。孔子很高兴。但孔子又说:"像仲由这样,只怕不得善终吧!"

【讲记】

孔子了解并规劝学生。《论语集注》:"尹氏曰:'子路刚强,有不得其死之理,故因以戒之。其后子路卒死于卫孔悝之难。'"

11.13 鲁人①为长府②。闵子骞曰:"仍旧贯③,如之何?何必改作?"子曰:"夫人不言,言必有中。"

【注释】

① 鲁人:这里指鲁国执政。

② 为长府:为,改建。长府,鲁国的国库名。

③ 仍旧贯:照老样子。

【今译】

鲁国执政要改建国库。闵子骞道:"就照老样子吧,怎么样?何必要改建呢?"孔子说:"这个人平常不大说话,一开口就很中肯。"

【讲记】

改建耗费人力物力,照老样子修理可照常使用,节约俭省。

11.14 子曰:"由之瑟,奚①为于丘之门?"门人不敬子路。子曰:"由也升堂矣,未入于室②也。"

【注释】

① 奚：为什么。

② 升堂、入室：比喻学习的阶段。堂是正厅，室是内室，"升堂"比喻学问有成，"入室"比喻学问精深。

【今译】

孔子说："仲由弹瑟，为什么在我门前弹呢？"学生们因此不尊敬子路。孔子便说："仲由嘛，他的学问已经有成了，只是还没有更加深入罢了。"

【讲记】

《论语集注》："程子曰：'言其声之不和，与己不同也。'《家语》云：'子路鼓瑟，有北鄙杀伐之声。'盖其气质刚勇，而不足于中和，故其发于声者如此。'"门人以夫子之言，遂不敬子路，故夫子释之。升堂入室，喻入道之次第。言子路之学，已造乎正大高明之域，特未深入精微之奥耳，未可以一事之失而遽忽之也。"

11.15　子贡问："师与商①也孰贤？"子曰："师也过，商也不及。"曰："然则师愈②与？"子曰："过犹不及。"

【注释】

① 师与商：师，颛孙师，即子张。商，卜商，即子夏。

② 愈：胜过，强些。

【今译】

子贡问孔子："颛孙师和卜商两人谁好一些呢？"孔子回答说："颛孙师做事有些过头，卜商做事有些不足。"子贡说："那么，还是子张好一些吧？"孔子说："过头和不足是一样的。"

【讲记】

《论语集注》："尹氏曰：'中庸之为德也，其至矣乎！夫过与不及，均也。差之毫厘，缪以千里。故圣人之教，抑其过，引其不及，归于中道而已。'"（关于中庸，参看 6.27"讲记"）

"过犹不及"的"度"不是物质实践意义上的"度"。物质实践的"度"有固定的客观标准，不以人的意志为转移，各种层面和各种意义上的"度"是产生知识的基础；但"过犹不及"的"度"是虚灵的，这种社会实践意义上的"度"是根据具体的人和具体的情景而不断变化的。《中庸》言："仲尼曰：'君子中庸，小人反中庸；君子之中庸也，君子而时中；小人之中庸也，小人而无忌惮也。'""故曰：故君子尊德性而道问学，致广大而尽精微，极高明而道中庸。"君子的中庸最讲究的是"时中"，即在具体的时空中把事情做得恰到好处，而不是奉行一成不变的教条主义，从而避免了禁锢和僵化。

"过犹不及"的"度"是把人放在了第一位，而不是把外在规则放在第一位，这与孔子"人能弘道"的根本思想是一致的。必须明确的是，能够掌握"过犹不及"之"度"的人一定是遵循并超越了外在规则的"君子"，否则就是"无忌惮"的"小人"。所以，"过犹不及"绝非仅仅是一种简单的处事策略，从根本上讲其实是人格境界。

11.16　季氏富于周公①，而求也为之聚敛②而附益③之。子曰："非吾徒也。小子鸣鼓而攻之可也。"

【注释】

① 周公：周朝公侯，一说是周公旦。

② 聚敛：搜刮财物。

③ 附益：增加。

【今译】

　　季孙氏比周朝的公侯还要富有,而冉求还要帮他搜刮财物增加他的财富。孔子说:"冉求不是我的学生了,你们可以大张旗鼓地去挞伐他!"

【讲记】

　　《左传·哀公十一年》:"季氏欲以田赋,使冉有访诸仲尼。曰:'丘不识也。'三发,卒曰:'子为国老,待子而行,若之何子为不言也?'仲尼不对,而私于冉有曰:'君子之行也,度于礼。施取其厚,事举其中,敛从其薄。如是则以丘亦足矣。若不度于礼而贪冒无厌,则虽以田赋,将又不足。且子季孙若欲行尔法,则周公之典在;若欲苟而行,又何妨焉。'"季氏不听,于鲁哀公十二年春王正月用田赋,即鲁国的"初税亩"。

　　《论语集注》:"非吾徒,绝之也。小子鸣鼓而攻之,使门人声其罪以责之也。圣人之恶党恶而害民也如此。然师严而友亲,故己绝之,而犹使门人正之,又见其爱人之无已也。"

　　11.17　柴①也愚,参也鲁②,师也辟③,由也喭④。

【注释】

　　① 柴:孔子的学生高柴,字子羔。

　　② 鲁:迟钝。

　　③ 辟(pì):偏,偏激。

　　④ 喭(yàn):鲁莽,刚猛。

【今译】

　　高柴愚直,曾参迟钝,子张偏激,仲由鲁莽。

11.18 子曰:"回也其庶①乎,屡空②。赐不受命③,而货殖④焉,亿⑤则屡中。"

【注释】

① 庶:庶几,差不多。
② 屡空:常常匮乏、贫困。
③ 受命:接受命运。
④ 货殖:做生意。
⑤ 亿:同"臆",猜测,估计。

【今译】

孔子说:"颜回呀,他的道德学问接近于完善了吧,可是他的生活常常贫困;端木赐不听从命运的安排,去做生意,往往能猜测中行情。"

【讲记】

《史记·货殖列传》载:

> 子赣既学于仲尼,退而仕于卫,废著鬻财于曹、鲁之间,七十子之徒,赐最为饶益。原宪不厌糟糠,匿于穷巷。子贡结驷连骑,束帛之币以聘享诸侯,所至,国君无不分庭与之抗礼。夫使孔子名布扬于天下者,子贡先后之也。

不管"赐不受命"中的"命"作哪种解释,这里都存在一个"德福不能相配"的问题。中国主流文化解决"德福不相配"问题的方式有两种,一种是孟子式的:"口之于味也,目之于色也,耳之于声也,鼻之于臭也,四肢之于安佚也,性也。有命焉,君子不谓性也。仁之于父子也,义之于君臣也,礼之于宾主也,智之于贤者也,圣人之于天道也,命也。有性焉,君子不谓命也。"(《孟子·尽心下》)孟子进行理性的设定,以价值选择(不是价值判断)取代事实,否定了外在的命运,干脆利落,不留罅隙。

对于孟子的上述论证方式,许多西方学者——如韦伯等人都认为是缺乏逻辑的"一团不相干的类推"。其实,孟子论辩的内在逻辑仍然是人类总体的观念,即从人类总体观念出发,只能做出否定外在命运的价值选择。但这一论证和孟子其他的论证结合在一起,很容易导向脱离历史实践和人的内在亲证,以概念设定的方式用应然取代现实,在朱熹哲学中就体现为对超验的追求,在某种意义上表现出"天理"对"人欲"的控制。

另一种是苏轼式的"性命自得"。"苏氏之道,最深于性命自得之际。其次则器足以任重,识足以致远。至于议论文章,乃其与世周旋至粗者也。"(秦观《答傅彬老简》)何谓"性命自得"? 苏轼说:"情者,性之动也,溯而上,至于命,沿而下,至于情,无非性者。性之与情,非有善恶之别也,方其散而有为,则谓之情耳;命之与性,非有天人之辨也,至其一而无我,则谓之命耳。其于《易》也,卦以言其性,爻以言其情,情以为利,性以为贞。其言也,互见之,故人莫之明也。《易》曰:大哉乾乎,刚健中正,纯粹精也。夫刚健中正,纯粹而精者,此乾之大全也,卦也;及其散而有为,分裂四出而各有得焉,则爻也。故曰:六爻发挥,旁通情也。以爻为情,则卦之为性也明矣。乾道变化,各正性命,保合太和,乃利贞。以各正性命为贞,则情之为利也,亦明矣。又曰:利贞者,性情也,言其变而之乎情,反而直其性也。"(《东坡易传·乾上乾下》)《东坡易传》殊为难解,但联系苏轼丰富的相关论述再细味此段,可知苏轼是说情是性的本质,命是性的归宿,中间的关键在于"非有天人之辨也,至其一而无我",即超越一己之小我,与人类总体之大我合一,即性与命的合一。这在实质上仍是儒家的人格境界,即将外在命运("福")纳入内在境界("德")之中,"德福不能相配"的问题自然就消失了。因此,"性命自得"具体就是指通过自我人格境界的提升将外在的命运转化为完善人性本质的精神资源。其实,这是儒家超越"德福不能相配"问题的正统理路,这里之所以拈出苏轼,是因为苏轼以其创作、思想和生命实践作出了完美示范。

11.19　子张问善人①之道,子曰:"不践迹,亦不入于室②。"

【注释】

① 善人:这里指本质好但没经过学习的人。

② 入于室:比喻道德学问达到精深的程度。

【今译】

子张问本质好的人该怎样做。孔子说:"本质好的人如果不沿着前人的脚印走,其道德学问也不能达到精深的程度。"

【讲记】

孔子强调学习的重要性。

11.20　子曰:"论笃①是与②,君子者乎? 色庄者乎?"

【注释】

① 论笃:言论笃实诚恳。

② 与:赞许。

【今译】

孔子说:"遇到言论笃实诚恳的人就表示赞许,但还应看他是真君子呢,还是外表庄重的人呢?"

【讲记】

考察一个人,不仅要听其言,还要观其行。

11.21　子路问:"闻斯行诸?"子曰:"有父兄在,如之何其闻斯行之?"冉有问:"闻斯行诸?"子曰:"闻斯行之。"公西华曰:"由也问闻斯行诸,子曰,'有父兄在';求也问闻斯行诸,子曰,'闻斯行之'。赤也惑,敢问。"子曰:"求也退,故进之;由也兼人①,故退之。"

【注释】

①　兼人:一人抵多人,这里指好勇过人。

【今译】

　　子路问:"听到了,就要行动起来吗?"孔子说:"有父兄在,怎么能听到就行动起来呢?"冉有问:"听到了,就要行动起来吗?"孔子说:"听到了就要行动起来。"公西华说:"仲由问'听到了就要行动起来吗?'您回答说'有父兄健在,不能马上行动',冉求问'听到了,就要行动起来吗?'您回答'听到了就要行动起来'。我感到迷惑,大胆提出向您问个明白。"孔子说:"冉求总是退缩,所以我鼓动他;仲由好勇过人,所以我约束他。"

【讲记】

　　孔子因材施教,因人加言。《论语集注》:"圣人一进之,一退之,所以约之于义理之中,而使之无过不及之患也。"

11.22　子畏①于匡②,颜渊后。子曰:"吾以女为死矣。"曰:"子在,回何敢死?"

【注释】

①　畏:囚禁。
②　匡:地名,在今河南省长垣县西南。

【今译】

孔子在匡地受到当地人的囚禁,颜渊最后才逃出来。孔子说:"我以为你已经死了呢!"颜渊说:"老师还在,我怎么敢死呢?"

【讲记】

通过问答生动刻画出师生间的情谊。(详参看 9.5"讲记")

11.23　季子然①问:"仲由、冉求可谓大臣与?"子曰:"吾以子为异之问,曾②由与求之问。所谓大臣者,以道事君,不可则止。今由与求也,可谓具臣③矣。"曰:"然则从之④者与?"子曰:"弑父与君,亦不从也。"

【注释】

① 季子然:鲁国大夫季孙氏的同族。
② 曾:竟然,原来。
③ 具臣:备位充数的普通的臣僚。
④ 之:代词,这里指季氏。

【今译】

季子然问:"仲由和冉求可以算得上是大臣吗?"孔子说:"我以为你是问其他人,原来是问仲由和冉求呀!所谓大臣,应该能够用正道来侍奉君主,如果做不到,宁肯辞职不干。现在仲由和冉求这两个人,只能算是充数的臣僚罢了。"季子然说:"那么,他们会一切都顺从季氏吗?"孔子说:"杀害父亲和君主的事,他们也不会跟着干的。"

【讲记】

季氏僭越,当时冉求和子路又都是季氏的家臣,故有此问答,表达了孔子对季氏的强烈不满。《论语集注》:"言二子虽不足于大臣之道,然君臣之义则闻之熟矣,弑逆大故必不从之。盖深许二子以死难不可夺之节,而又以阴折季氏不臣之心也。尹氏曰:'季氏专权僭窃,二子仕其家而不能正也,知其不可而不能止也,可谓具臣矣。是时季氏已有无君之心,故自多其得人。意其可使从己也,故曰弑父与君亦不从也,其庶乎二子可免矣。'"

11.24　子路使子羔为费宰。子曰:"贼①夫人之子②。"子路曰:"有民人焉,有社稷③焉,何必读书,然后为学?"子曰:"是故恶夫佞者。"

【注释】

① 贼:害,残害。

② 夫人之子:指子羔。

③ 社稷:社,土地神。稷,谷神。在古代,社稷是国家政权的象征。

【今译】

子路让子羔去作费地的行政长官。孔子说:"他学业未成,这简直是害人啊!"子路说:"那里有老百姓,有政府机关,都可以学习,为何一定要读书才算是学习呢?"孔子说:"所以,我憎恶那种狡辩的人。"

【讲记】

那种在实践中学习的理论往往是特定历史时期的政治口号。《论语集注》的解释甚好:"治民事神,固学者事,然必学之已成,然后可仕以行其学。若初未尝学,而使之即仕以为学,其不至于慢神而虐民者几希矣。子路之言,非其本意,但理屈辞穷,而取辨于口以御人耳。故夫子不斥其非,而特恶其佞也。范氏曰:'古者学而后入政。未闻以政学者也。盖道之本在于修身,而后及于治人，其说具于方册。读而知之，然后能行。何可以不读书也？子路乃欲使子羔以政为学，失先后本末之序矣。不知其过而以口给御人，故夫子恶其佞也。'"

11.25　子路、曾皙①、冉有、公西华侍坐。子曰："以吾一日长乎尔，毋吾以也②。居③则曰：'不吾知也！'如或知尔，则何以哉？"子路率尔④而对曰："千乘之国，摄乎大国之间，加之以师旅，因之以饥馑，由也为之，比及⑤三年，可使有勇，且知方也。"夫子哂之。"求，尔何如？"对曰："方⑥六七十，如⑦五六十，求也为之，比及三年，可使足民。如其礼乐，以俟君子。""赤，尔何如？"对曰："非曰能之，愿学焉。宗庙之事⑧，如会同，端章甫⑨，愿为小相焉。""点，尔何如？"鼓瑟希⑩，铿尔，舍瑟而作⑪，对曰："异乎三子者之撰。"子曰："何伤乎？亦各言其志也。"曰："莫⑫春者，春服既成，冠者⑬五六人，童子六七人，浴乎沂，风乎舞雩⑭，咏而归。"夫子喟然叹曰："吾与点也！"三子者出，曾皙后。曾皙曰："夫三子者之言何如？"子曰："亦各言其志也已矣。"曰："夫子何哂由也？"曰："为国以礼。其言不让，是故哂之。""唯求则非邦也与？""安见方六七十如五六十而非邦也者？""唯赤则非邦也与？""宗庙会同，非诸侯而何？赤也为之小，孰能为之大？"

【注释】
① 曾皙：名点，字子皙，曾参的父亲，也是孔子的学生。
② 毋吾以也：不要认为我比你们年长一些就不敢说话。
③ 居：平日，平时。
④ 率尔：轻率，不假思索的样子。
⑤ 比(bì)及：等到。
⑥ 方：纵横。

⑦ 如：或者。

⑧ 宗庙之事：指祭祀之事。

⑨ 端章甫：端，古代礼服的名。章甫，古代的一种礼冠。

⑩ 希：同"稀"，这里指鼓瑟的节奏放慢。

⑪ 作：站起来。

⑫ 莫：同"暮"。

⑬ 冠者：成年人。古人20岁时行冠礼。

⑭ 舞雩(yú)：地名，在今山东曲阜，原为祭天求雨的地方。

【今译】

　　子路、曾皙、冉有、公西华陪着孔子坐。孔子说："我年龄比你们大一些，不要因为我年长一些就不敢说。你们平常总是说：'别人不了解我呀！'如果有人了解你们，任用你们，你们准备怎么做呢？"子路不假思索地回答："一个拥有一千辆兵车的国家，夹在大国中间，常常受到别国军队的侵犯，国内又闹饥荒，如果让我去治理，只要三年时间，我就可以使人们勇敢善战，而且懂得礼仪道义。"孔子微微一笑。孔子又问："冉求，你怎么样啊？"冉求答道："纵横各六七十里或五六十里的国家，让我去治理，用三年的时间，可以使百姓饱暖富足。至于修明礼乐，还要等贤人君子。"孔子又问："公西赤，你怎么样啊？"公西赤答道："我不敢说能做到，只是愿意学习而已。在宗庙祭祀或是诸侯会盟的时候，我愿意穿着礼服，戴着礼帽，做个小小的傧相。"孔子又问："点，你怎么样啊？"这时，曾点弹瑟接近尾声，节奏逐渐放慢，"铿"地一声结束了，离开瑟站起来回答说："我的想法和他们三位不一样。"孔子说："那有什么关系呢？不过是各人谈谈自己的志向罢了。"曾皙说："暮春三月，换上了春装，同五六位成年人，六七个孩童，到沂河里洗澡，在舞雩台上吹吹风，一路唱着歌回家。"孔子长叹一声，说："我赞同曾点的想法的啊！"子路、冉有、公西华三个人的都出去了，曾皙走在后面，他问孔子说："刚才三人的话怎么样？"孔子说："也不过是各自谈谈自己的志向罢了。"曾皙说："老师为什么要笑仲由呢？"孔子说："治理国家应该讲究礼让，可是他说话并不谦让，所以我笑他。"曾皙又问："那么冉求讲的就不是治理国家吗?"孔子说:"怎么见得纵横各六七十里或五六十里的地方就不是国家呢?"曾晳又问:"公西赤讲的不是治理国家吗?"孔子说:"有宗庙祭祀,有诸侯会盟,这不是诸侯国又是什么?如果像赤这样的人只能做小傧相,那谁又能做大傧相呢?"

【讲记】

《朱子语类·卷四十·论语二十二》对该章有大量讨论,有数则甚得其理,兹摘录如下:

> 敬之又问"曾点"章。曰:"都不待着力说。只是他见得许多自然道理流行发见,眼前触处皆是,点但举其一事而言之耳。只看他'鼓瑟希,铿尔,舍瑟而作',从容优裕悠然自得处,无不是这个道理。此一段都是这意思。今人读之,只做等闲说了。当时记者亦多少子细。曾点见子路冉有公西华几个所对,都要着力出来做,他肚里自觉得不足力。若以次对,当于子路对后便问他。圣人见他鼓瑟,意思恁地自得,且问从别人上去,待都说了,却问他。"又曰:"这道理处处都是:事父母,交朋友,都是这道理;接宾客,是接宾客道理;动静语默,莫非道理;天地之运,春夏秋冬,莫非道理。人之一身,便是天地,只缘人为人欲隔了,自看此意思不见。如曾点,却被他超然看破这意思,夫子所以喜之。日月之盈缩,昼夜之晦明,莫非此理。"〔贺孙〕

> 问:"夫子令四子言志,故三子皆言用。夫子卒不取,而取无用之曾点,何也?"曰:"三子之志趣,皆止于所能;而曾点气象又大,志趣又别,极其所用,当不止此也。"又曰:"曾点虽是如此,于用工夫处亦欠细密。"〔卓〕

> 问:"曾点浴沂气象,与颜子乐底意思相近否?"曰:"颜子底较恬静,无许多事。曾点是自恁说,却也好;若不已,便成释老去,所以孟子谓之狂。颜子是孔子称他乐,他不曾自说道我乐。大凡人自说乐时,便已不是乐了。"〔淳〕

孔子学说要义,一在人格境界,一在天下大同,所谓"曾点气象"正是合二为一。曾晳以鼓瑟之余而描绘雍雍穆穆王道乐土之情景,自深得孔子感叹。余虽不废,皆执一隅耳。

颜渊第十二

12.1 颜渊问仁。子曰:"克己复礼①为仁。一日克己复礼,天下归仁焉。为仁由己,而由人乎哉?"颜渊曰:"请问其目②。"子曰:"非礼勿视,非礼勿听,非礼勿言,非礼勿动。"颜渊曰:"回虽不敏,请事③斯语矣。"

【注释】

① 克己复礼:克制自己,使言行符合礼的要求。复,返。
② 目:具体细目。
③ 事:照着去做,从事。

【今译】

颜渊问孔子什么是仁。孔子说:"克制自己,使言行都符合礼的要求就是仁。一旦言行都符合礼,天下就会呈现出仁的状态。求仁完全靠自己,难道还靠别人吗?"颜渊说:"请问实行仁的细目。"孔子说:"不合于礼的事不看,不合于礼的事不听,不合于礼的事不说,不合于礼的事不做。"颜渊说:"我虽然不聪明,让我照您的话去做吧!"

【讲记】

《论语集注》曰:"仁者,本心之全德。克,胜也。己,谓身之私欲也。复,反也。礼者,天理之节文也。为仁者,所以全其心之德也。盖心之全德,莫非天理,而亦不能不坏于人欲。故为仁者必有以胜私欲而复于礼,则事皆天理,而本心之德复全于我矣。"程朱理学将产生于现实的道德绝对化为天理,现实中的一切制度人心皆是天理的显现,这种观点是不足取的;此处天理与人欲截然对立的观点,也不足取。但其克制人的私欲以成礼的观点是正确的。

对"克己复礼"的"己"字有不同解释。清代朴学重汉学,以"己"为"身",而宋学重义理,如朱熹就以"己"为"私欲"。从何晏《论语集解》到近人程树德《论语集释》代有争论,其间可显汉学与宋学之别,但两种解法都不影响对文本的理解。

礼应该起源于祀神、祭祖等原始礼仪,后经改造、扩展和系统化,至殷周时期而成为社会规范和制度,具有了意识形态和上层建筑的色彩。"礼缘情制",不以礼害情,是遵循礼的基本原则。"林放问礼之本。子曰:'大哉问! 礼,与其奢也,宁俭;丧,与其易也,宁戚。'"(3.4)说尽了此意。道在势上,是礼的基本精神:"齐宣王问曰:'汤放桀,武王伐纣,有诸?'孟子对曰:'于传有之。'曰:'臣弑其君,可乎?'曰:'贼仁者谓之贼,贼义者谓之残。残贼之人,谓之一夫。闻诛一夫纣矣,未闻弑君也。'"(《孟子·梁惠王下》)说的正是礼以道为本。

孔子的礼,实质上是具有历史合理性的情理结构的表现形式。所谓情理结构,指的是人的动物性和人的社会性之间以某种方式融合而成的一种动态的心理结构。"何谓人情? 喜怒哀惧爱恶欲,七者,弗学而能。何谓人义? 父慈,子孝,兄良,弟悌,夫义,妇听,长惠,幼顺,君仁,臣忠,十者,谓之人义。讲信修睦,谓之人利。争夺相杀,谓之人患。故圣人所以治人七情,修十义,讲信修睦,尚辞让,去争夺,舍礼何以治之? 饮食男女,人之大欲存焉。死亡贫苦,人之大恶存焉。故欲、恶者,心之大端也。人藏其心,不可测度也,美恶皆在其心不见其色也,欲一以穷之,舍礼何以哉?"(《礼记·礼运》)上面的"人情"说的主要是人的物欲之情,这种"人情"经"人义"的限制和转化便形成了情理结构,其表现形式便是礼(礼的实质是仁)。所以,只有"克己"(克制动物性欲望),才能"复礼",只有返回到礼的状态,才能达到仁;否则,人都依据自己的动物性欲望行事,人类社会将不复存在。

有时也将"孝子之志"叫做"人情"。"或问曰：杖者以何为也？曰：孝子丧亲，哭泣无数，服勤三年，身病体羸，以杖扶病也。则父在不敢杖矣，尊者在故也。堂上不杖，辟尊者之处也。堂上不趋，示不遽也。此孝子之志也，人情之实也，礼义之经也，非从天降也，非从地出也，人情而已矣。"(《礼记·问丧》)这里的"人情"已不再是动物性欲望，本身就是一种情理结构，是人依据自由意志选择的结果，是人的本质。只是这种自由意志不是来源于康德的"公设"和不可知的物自体，而是经验和超验的辩证统一。(详参看 9.25"讲记")

"克己复礼为仁"。孝—德—仁是人格修养的进阶，在家为孝，出门为德，晋德为仁。我们常常将伦理道德两个词连用，其实伦理更倾向僵硬的秩序，而道德则要求遵循合理的社会秩序，仁则不仅要遵循现实中合理的社会规范和要求，还要践行应然的社会规范和要求，并将这种践行上升到审美的高度。要做到最后这一点，是要经过艰苦的磨炼的。至于在仁之上的圣，则是仁的现实化形态。(参看 3.3"讲记")

"非礼勿视，非礼勿听，非礼勿言，非礼勿动。"更多的时候，人性心理的培养由外而内地进行更直接、方便和有效，所以孔子如此教人。至于在很多情况下礼成为礼教、纲常名教，成为束缚人限制人的东西，甚至以礼入法，那本是封建政治意识形态化的结果。

"为仁由己，而由人乎哉？"是说人的自足性。(参看 7.29"讲记")

需要特别说明的是，对礼的理解历来有极大的不同。孔子所说的礼起源于原始的巫术、祭祀活动，这种礼具有促进人的自我意识的觉醒、培养人性心理的根本性的作用，且一开始就具有审美属性；至于在《论语》中孔子"以仁释礼"，更是为礼规定了本质，将礼这种外在的形式内在化，成为中国文化"哲学突破"的一个重要标志。《荀子》对礼的解释正相反："礼起于何也？曰：人生而有欲，欲而不得，则不能无求；求而无度量分界，则不能不争；争则乱，乱则穷。先王恶其乱也，故制礼义以分之，以养人之欲，给人之求，使欲必不穷乎物，物必不屈于欲，两者相持而长，是礼之所起也。"(《荀子·礼论》)"故先王案为之制礼义以分之，使有贵贱之等，长幼之差，智愚、能不能之分，皆使人载其事而各得其宜，然后使悫禄多少厚薄之称，是夫群居合一之道也。"(《荀子·荣禄》)这非常具有"唯物主义"精神，特别是符合马克思主义的经典著作《家庭、私有制和国家的起源》(恩格斯著)的基本思想，但荀子所说的礼已经是社会制度，而不是孔子的可以心灵化、审美化的礼，很容易导出法家的思想。法家思想在中国历史上影响巨大，尤其在政治操作层面，更非儒家思想可比。谭嗣同说："两千年来之政，秦政也，皆大盗也。二千年来之学，荀学也，皆乡愿也。"(《仁学》)虽不全对，亦有相当道理，正所谓"上焉者王霸杂之，下焉者不堪闻问"。"齐宣王问曰：'齐桓、晋文之事，可得闻乎？'孟子对曰：'仲尼之徒无道桓文之事者，是以后世无传焉，臣未之闻也。无以，则王乎？'"(《孟子·梁惠王上》)孟子早知世多霸道，早知行王道之难。外儒内法，乃是中国古代社会常态。

12.2　仲弓问仁。子曰："出门如见大宾，使民如承大祭；己所不欲，勿施于人；在邦无怨，在家无怨①。"仲弓曰："雍虽不敏，请事②斯语矣。"

【注释】

① 在邦无怨，在家无怨：在诸侯的邦国和卿大夫的封地里做官不遭人怨恨。《论语注疏》："'在邦无怨，在家无怨'者，言既敬且恕，若在邦为诸侯必无人怨，在家为卿大夫亦无怨也。"

② 事：从事，照着去做。

【今译】

仲弓问怎样做才算是仁。孔子说："出门时好像去见贵宾，役使百姓好像承当重大祭祀。自己不喜欢的，不要强加于别人；

在诸侯的邦国做官要做到不遭人怨恨；在卿大夫的封地里做官也要做到不遭人怨恨。"仲弓说："我虽然不聪明，请让我照您的话去做。"

【讲记】

《论语集注》："敬以持己，恕以及物，则私意无所容而心德全矣。内外无怨，亦以其效言之，使以自考也。"

"己所不欲，勿施于人"，己所欲也不一定能施于人，只有己所欲人亦欲的东西才可"施于人"，而"施"的方式只能是道德影响的方式：我做好了别人自然会来学，别人不来学说明我做得还不够好。

"己所不欲，勿施于人"不是普世伦理，而是建构普世伦理的方法。世界上本没有也不应该有所谓的普世伦理，只能有建构普世伦理的方法。以所谓的普世伦理来强加于人，无论这种"普世伦理"看上去有多么的温和与善良，都只能导向僵化与冲突，只有遵循"己所不欲，勿施于人"的原则，各种制度和文化不断交流与融合，社会文化才能得到真正的发展，才能以和平的方式实现人类大同。

建构普世伦理不是哪一种文化的事，更不是宗教伦理的事，而是要通过真正的"横向比较"，从各种不同文化中找出相同的东西，将其适合于普世伦理的因素加以发展，使之相互融合，从而实现各种文化的"和而不同"。除此之外，无论哪一种所谓的"方法"，无论怎样伪装，都必然带有文化殖民的色彩，其本质与一百年前的那次殖民性的普世运动是一样的。对此必须有着清醒的认识和坚定的立场。（详参看 4.15、5.11、15.23"讲记"）

12.3　司马牛①问仁。子曰："仁者，其言也讱②。"曰："其言也讱，斯谓之仁矣乎?"子曰："为之难，言之得无讱乎?"

【注释】

① 司马牛：孔子的学生，姓司马名耕，字子牛。

② 讱(rèn)：说话谨慎而缓慢的样子。

【今译】

司马牛问怎样做才是仁。孔子说："仁人说话缓慢而慎重。"司马牛说："说话缓慢而慎重，就算是仁了吗？"孔子说："做起来困难，说的时候能不慎重吗？"

【讲记】

司马牛喜欢多言，孔子故有此语。《论语集注》："愚谓牛之为人如此，若不告之以其病之所切，而泛以为仁之大概语之，则以彼之躁，必不能深思以去其病，而终无自以入德矣。故其告之如此。盖圣人之言，虽有高下大小之不同，然其切于学者之身，而皆为入德之要，则又初不异也。读者其致思焉。"

孔子也说："刚、毅、木、讷近仁。"(13.27)"巧言令色，鲜矣仁。"(17.17)在孔门仁学中，做比说更为重要。

12.4　司马牛问君子。子曰："君子不忧不惧。"曰："不忧不惧，斯谓之君子已乎？"子曰："内省不疚①，夫何忧何惧？"

【注释】

① 疚：病，惭愧。

【今译】

司马牛问怎样做才算是君子。孔子说："君子不忧虑，也不恐惧。"司马牛说："不忧虑，不恐惧，这样做就是君子了吗？"孔子说："自己内省，无愧于心，还有什么忧虑和恐惧呢？"

【讲记】

中国人无宗教性的原罪感,所以无"主观之忧"。所忧者,乃道之不行(此为"客观之忧",与对宗教原罪的"主观之忧"不同);有所惧者,乃德之亏欠。只要道德圆满,问心无愧,君子就无所忧惧。故君子乐天不忧,知命不惧,君子的人格具有无待性与自足性。

君子人格无待于外在的客观条件,只对自己内心的道德负责,因此是无待的。"朝闻道,夕死可矣"(4.8),"不怨天,不尤人,下学而上达"(14.36),说的都是这个意思。(参看4.8、14.36"讲记")

在先秦诸子中有很多人论及这一问题。如庄子在面对理性无法超越的人之有限性时,转身建立起"美"的人生哲学。庄子的方法很简单:人的有限性是"有待"的,只要"无待",人就能超越,就能获得自由。"此虽免乎行,犹有所待者也。若夫乘天地之正,而御六气之辩,以游无穷者,彼且恶乎待哉!"(《逍遥游》)这是最典型的"有待"与"无待"的区别。紧接着的结论是:"至人无己,神人无功,圣人无名。""无"就是无待的意思。在《庄子》中,"无待"、"自然"、"齐一"、"逍遥"、"物化"等都是同一性质的概念。如:"昔者庄周梦为胡蝶,栩栩然胡蝶也,自喻适志与!不知周也。俄然觉,则蘧蘧然周也。不知周之梦为胡蝶与,胡蝶之梦为周与?周与胡蝶,则必有分矣。此之谓物化。"(《齐物论》)这是无待的超越、自由、审美的状态。

"无待"与物性的自足是一体的两面。从《逍遥游》一篇可以看到,不是大鹏、蜩、学鸠、大年、小年等没有意义,而是相互比较没有意义;它们的意义不在于进行有参照物的比较,而在于"无待"的"逍遥游",这就是事物的自足性。"逍遥游"就是对其"自性"最充分的尊重,也是其"自性"最充分的显现。事物的"自性"则是在具体历史情景中最合理和开放的内在因素的集合。《庄子》反异化的思想就在于此,其解放思想的最根本的原动力也在于此。"逍遥"的态度,正是对一切有限性——最根本的是死亡——的审美超越。

以理性考察始,以实用理性解答终,这是庄子哲学的理路。

庄子哲学不是逃避现实的哲学,相反,是突破束缚、反对异化的哲学。但在现实中,则是"运用之妙,存乎一心"。以"坐忘"来消解烦恼,消弭斗志,则庄子哲学是消极的;以"逍遥"来睥睨尘俗,建构高洁的人格,则庄子哲学是积极的。然而,庄子哲学的意义远不止此。

"无待"的哲学不是虚无的哲学,它为我们提供的"逍遥"境界仍然立足于现实,是在现实历史条件下所能理解的最美好的状态;它把人置于一个开放的境域中,为人提供不竭的精神源泉和生存动力。但这种哲学同时又时刻提示着人的有限性,时刻提示着死亡的来临,时刻提示着精神家园的不确定性。"方生方死,方死方生;方可方不可,方不可方可"(《齐物论》),正是因为对生与死、可与不可等看得那样"不齐",才有了"齐物论"。所以,这种哲学实际上是将"愤世嫉俗"乃至对人之有限性的愤慨上升到本体的高度。它不仅始终充溢着生命的悲情,更是以彻底的悲剧意识为底色,在本来无情的宇宙自然面前,"自作多情"地欢然自立。

孔子有"内省不疚,夫何忧何惧"式的人的无待、自证与自足,庄子有"逍遥游"式的无待与自足,前者以对正确价值观念的体认而获得精神的自由,后者以对外在束缚的剥除而获得人的自由,二者的取径不同,但指向是一致的。

12.5　司马牛忧曰:"人皆有兄弟,我独亡①。"子夏曰:"商②闻之③矣:死生有命,富贵在天。君子敬而无失,与人恭而有礼,四海之内④,皆兄弟也。君子何患乎无兄弟也?"

【注释】
　　① 亡:同"无"。没有。
　　② 商:子夏的名。
　　③ 闻之:从孔子那里听说。

④ 四海之内：普天下，全国范围内。

【今译】

司马牛忧伤地说："人人都有兄弟，唯独我没有啊！"子夏说："我听老师说过：死生有命，富贵在天。君子只要能敬业，做事没有过失，对人恭敬而有礼，四海之内，都是兄弟啊！君子何必担心没有兄弟呢？"

【讲记】

据前人考证，司马牛的兄弟很多，宋国的向魋、向巢都是他的兄弟，但他们在宋国横行霸道，而且谋划叛乱，司马牛与他们志趣不合，不承认和他们是兄弟。司马牛这样说，可能还另有深意，即与向魋等划清界限。或从《论语注疏》："牛兄桓魋行恶，死亡无日，故牛常忧而告人曰：'他人皆有兄弟，若桓魋死亡之后，我为独无兄弟也。'"

子夏的回答十分高明，他没有陷于司马牛有无兄弟的问题，而是提出了应该怎么做的问题。在这里，"死生有命，富贵在天"绝不是什么所谓的宿命论，而是人的境界的开启：生与死，贵贱与穷达，你能管得了吗？管不了！既然管不了，那就不要管了，把它交给命运和上天吧！

在理性的极限处，孔门仁学止步了。理性解决不了的东西，孔子没有勉强，而是交给了"命"和"天"，这里的"命"和"天"绝不是西方文化意义上的神或超验的东西，而是外在于人的无定的偶然性。

外在依待被否定了，接下来就要靠人自己了。那么，我们能管得了什么呢？其实我们能管的，只有一件事，那就是提高自己的道德境界！道德的建构是基于人要"活着"的内在的情感亲证，这种道德指向的不是个体的人要"活着"，而是人类整体的人要"活着"，即人类总体观念。

当我们放弃了对生死和贵贱穷达的这些外在偶然性的关注时，我们就会发现该做什么和能做什么一目了然。这绝不是教人用外在的算计来分清哪些是"命"、"天"，哪些属于道德境界，而是教人在道德境界的观照下来对待和超越人不能把握的外在偶然性。

那些不能用道德境界观照的"命"、"天"与我无关,可以也应该悬置不顾,可用道德境界观照的"命"、"天"则尽化为建构道德境界的资源。人生的境界因而打开!

这个境界就是所谓的"内向而超越",是关于道德的宗教!这是激动人心的!

另外"四海之内,皆兄弟也",也表现了儒家的"民胞物与"的思想。道德达到了一定的境界,就不再囿于小家的概念,有了这样的境界,就是抛弃了私欲和成见,而"天下一家"。

有人说孔子的思想中有家族观念,其实错了。儒学的根基的确扎在家庭的孝的伦理情感中,但儒学在指向社会和未来时又超越了家庭、家族观念。如果一定要说孔子的思想中有家的观念的话,那应该是天下一家的大家!

需要特别指出的是,这种境界的打开绝不意味着对"死生"、"富贵"之类现实问题的否定,而是执着中超越,指向的是"四海之内,皆兄弟也"的人类大同!

12.6 子张问明,子曰:"浸润之谮①,肤受之愬②,不行③焉,可谓明也已矣。浸润之谮,肤受之愬,不行焉,可谓远④也已矣。"

【注释】

① 浸润之谮:像水一样逐渐渗透而不易觉察的谗言。

② 肤受之愬(sù):有切肤之痛的直接的诬告。愬,诬告。

③ 不行:不起作用。

④ 远:远见,高明之至的境界。

【今译】

子张问怎样做才算是明白事理。孔子说:"像水那样渗透的谗言,有切肤之痛的直接诽谤,在你那里都行不通,你就可算是明白事理了;像水那样渗透的谗言,有切肤之痛的直接诽谤,在你那里都行不通,你就可算是有高远之见了。"

【讲记】

明辨是非并不是最难的,最难的是辨明了是非还能采取正确的做法。对于谗言和诽谤,我们不难辨别,但很难做到无动于心。因此,境界与智慧并不完全是一回事。

12.7　子贡问政。子曰:"足①食,足兵,民信②之矣。"子贡曰:"必不得已而去③,于斯三者何先?"曰:"去兵。"子贡曰:"必不得已而去,于期二者何先?"曰:"去食。自古皆有死,民无信不立④。"

【注释】

① 足:使充足。

② 信:相信。这里是说这样国家就有信用、信义。

③ 去:去掉。

④ 立:成立,存立。

【今译】

子贡问如何处理政事。孔子说,"使粮食充足,让军备充分,百姓信任统治者。"子贡说:"如果不得已要去掉一项,那么在这三项中先去掉哪一项呢?"孔子说:"去掉军备。"子贡说:"如果不得已要再去掉一项,在剩下的两项中去掉哪一项呢?"孔子说:"去掉粮食。自古以来,人没有不死的,如果没有百姓的信任,国家就不能存在。"

【讲记】

这就是著名的"去兵去食不去礼"。历来争讼极多,所解未合《论语》精神。

孔子之意决非不重视"食",而是从人类社会的组织制度说起。如果各国都没有军队,那可能就没有战争;如果没有粮食却有"信"(即礼,社会组织形式),人可以生产出粮食,使人类存在与发展;但如果没有"信"(礼),即便有粮食,人类社会也陷入混乱而灭亡。从这个意义上讲,"礼"比粮食更为根本和重要。

"民以食为天",但此"天"要靠礼来建构;民生为"天",但民为生则必定建构有利于民生的价值观念和行为准则,"克己复礼"是唯一的建构路径。

12.8　棘子成①曰:"君子质而已矣,何以文为?"子贡曰:"惜乎! 夫子之说君子也! 驷不及舌②。文犹质也,质犹文也,虎豹之鞟③犹犬羊之鞟。"

【注释】

① 棘子成:卫国大夫。古代大夫都可以被尊称为夫子。

② 驷不及舌:四匹马拉的一辆车赶不上话快,指说出口的话就收不回来了。

③ 鞟(kuò):去掉毛的皮,即革。

【今译】

棘子成说:"君子只要品质好就行了,何必要讲究表面仪式呢?"子贡说:"真遗憾,您谈论君子的话不对啊! 一言既出,驷马难追。文采就是本质,本质就是文采,都是同等重要的。如果拔掉了毛,虎皮、豹皮也就如同去掉了毛的犬皮、羊皮一样。"

【讲记】

《论语集注》:"棘子成,卫大夫。疾时人文胜,故为此言。""言文质等耳,不可相无。若必尽去其文而独存其质,则君子小人无以辨矣。夫棘子成矫当时之弊,固失之过;而子贡矫子成之弊,又无本末轻重之差,胥失之矣。"朱熹认为子贡完全是错误的,就在于朱熹以质为根本。(参看 6.16"讲记")

子曰:"质胜文则野,文胜质则史。文质彬彬,然后君子。"(6.16)"文质彬彬",仁(内)礼(外)一体,是原始儒家对人的本质规定。孔子由内向外,以"仁"释"礼",荀子则由外及内,以"礼"释"仁",荀子之"礼"成了维护"仁"的强硬的外在社会秩序乃至强权,这种貌似合乎"历史唯物主义"的解释并不符合礼仪产生和发展的实际情况,但确实给战国时期的各种社会现象以"合理"的解释,并为制定各种强权措施提供了理论依据。所以,孔子的文、质一体的关系到荀子那里开始分途:"正名而期,质请而喻,辨异而不过,推类而不悖,听则合文,辨则尽故,以正道而辨奸,犹引绳以持曲直。是故邪说不能乱,百家无所窜。"(《荀子·正名》)荀子的目的已很清楚,荀子的学生韩非更是走向极端:"礼为情貌者也,文为质饰者也。夫君子取情而去貌,好质而恶饰。夫恃貌而论情者,其情恶也;须饰而论质者,其质衰也。何以论之? 和氏之璧,不饰以五采,隋侯之珠,不饰以银黄,其质至美,物不足以饰之。夫物之待饰而后行者,其质不美也。"(《韩非子·解老》)这些论述代表了中国思想史上祛除文饰、唯重实用的倾向,导向了人格片面乃至畸形的发展,对后世重道轻文的文艺思想也产生了不可低估的影响。

12.9 哀公问于有若曰:"年饥,用不足,如之何?"有若对曰:"盍彻乎①?"曰:"二②,吾犹不足,如之何其彻也?"对曰:"百姓足,君孰与不足? 百姓不足,君孰与足?"

【注释】

① 彻:抽十分之一的税法。《论语集注》:"周制:一夫受田百亩,而与同沟共井之人通力合作,计亩均收。大率民得其九,

公取其一,故谓之彻。"

②二:抽取十分之二的税。

【今译】

鲁哀公问有若说:"年成不好,国家用度不足,怎么办呢?"有若回答说:"何不实行只抽十分之一田税的彻法呢?"哀公说:"现在实行抽十分之二的税法,我还不够用,怎么可以实行彻法呢?"有若说:"百姓富足了,您怎么会不富足呢? 如果百姓不富足,您又怎么会富足呢?"

【讲记】

讲孔门的爱民思想。

春秋时期,由于牛耕和铁制农具的使用,生产力水平提高,很多私田被开垦出来,这些私田不向国家交税。鲁宣公十五年(前594),鲁国实行初税亩,"履亩而税",承认私有土地的合法性,同时也向私有土地征收十分之一的田税。鲁哀公所说的征收十分之二的税,是将鲁国的公田(井田)和私田各征十分之一的税合并重复计算的。

12.10 子张问崇德①辨惑。子曰:"主忠信,徙义②,崇德也。爱之欲其生,恶之欲其死,既欲其生,又欲其死,是惑也。'诚不以富,亦祇以异。'③"

【注释】

①崇德:提高道德修养水平。

②徙义:向义靠拢,追求正义。

③诚不以富,亦祇以异:这是《诗经·小雅·我行其野》篇的最后两句,此处难解。《论语集注》:"程子曰:'此错简,当在第十六篇齐景公有马千驷之上。因此下文亦有齐景公字而误也。'"

【今译】

子张问怎样提高道德修养和辨别是非的能力。孔子说:"坚持忠信,追求正义,这就提高了道德修养的水平。爱一个人就希望他活下去,厌恶起来就恨不得让他死,既要他活,又要他死,这就是迷惑。《诗经》上说:'不是他富有,只是你见异思迁。'"

【讲记】

《论语集注》:"主忠信,则本立,徙义,则日新。"

12.11　齐景公①问政于孔子。孔子对曰:"君君②、臣臣、父父、子子。"公曰:"善哉! 信如③君不君,臣不臣,父不父,子不子,虽有粟④,吾得而食诸?"

【注释】

① 齐景公:姓姜,名杵臼,齐国国君。
② 君君:君要像君。
③ 信如:诚如。
④ 粟:谷子,这里泛指粮食。

【今译】

齐景公向孔子请教如何治理国家。孔子说:"君要像君的样子,臣要像臣样子,父亲要像父亲的样子,儿子要像儿子的样子。"齐景公说:"说得好呀! 诚如你所说,如果君不像君,臣不像臣,父不像父,子不像子,即使有粮食,我又能吃得上吗?"

【讲记】

这成为后人否定孔子的口实,认为孔子的思想是为封建政治意识形态服务,维护封建等级秩序的,甚至将这段话定为"名教"之始。其实,这是误会。

我们先看《孟子·梁惠王下》中的两段：

> 孟子谓齐宣王曰："王之臣有托其妻子于其友，而之楚游者。比其反也，则冻馁其妻子，则如之何？"王曰："弃之。"曰："士师不能治士，则如之何？"王曰："已之。"曰："四境之内不治，则如之何？"王顾左右而言他。

> 齐宣王问曰："汤放桀，武王伐纣，有诸？"孟子对曰："于传有之。"曰："臣弑其君，可乎？"曰："贼仁者谓之'贼'，贼义者谓之'残'。残贼之人，谓之'一夫'。闻诛一夫纣矣，未闻弑君也。"

孟子是说，国君不合格，可以撤了他，至于诛纣不为弑君，就更是直接强调以德制势、以道制势了。

在这点上，孔子、孟子的思想是完全一致的。孔子描绘的是一个"随才器使"的理想化社会，最有才德的人应该居于社会的最上层，以才德的多寡来决定社会位置的高下。国君如果才德不堪，也应该由有德之人取而代之；父亲不像父亲，也就不应该有父亲的尊严和地位。所以，孔子的"君君、臣臣、父父、子子"说的是理想社会秩序，这样的社会秩序一旦实现，天下就会大同。

但齐景公说的正与孔子的意思相反，他的"君君、臣臣、父父、子子"是现实秩序，或曰现实政治意识形态。后来，沿着齐景公的思路，其中的文化理想的因素被抽空了，仅仅剩下了一个等级、名分的空壳，这就形成了所谓的"名教"。

这段对话意义极其重大，它表明了文化理想是怎样向现实政治意识形态蜕变的！

文化理想向现实政治意识形态的蜕变是必然的，但这种蜕变终究不能完全取代和毁灭文化理想；相反，文化理想以其永恒的活力在不断矫正着政治意识形态，指引着现实前进的方向。

李泽厚《论语今读》在该章的记曰："'名'之如此重要，因为它们即是礼制的现实载体。'名'在这里是规范，是义务，是行为，是活动。参看 Chad Hanson 'Language in the Heart-mind'

(《Understanding the Chiness Mind》)。"〔1〕他和西方人一样认为该章就是谈名分问题,未得其是。(详参看 15.35"讲记")

12.12　子曰:"片言①可以折狱②者,其由也与?"子路无宿诺③。

【注释】

① 片言:诉讼双方中一方的话。一解为"半言"。

② 折狱:断案。狱,案件。

③ 宿诺:很久没有兑现的诺言。宿,过夜,这里指很久。

【今译】

孔子说:"根据单方面的证言就可以判决案件的,大概只有仲由吧。"子路许诺的事没有拖很久的。

【讲记】

孔子赞扬子路办事明快,受人信任。

朱熹认为"片言"是"半言"。《论语集注》:"片言,半言。折,断也。子路忠信明决,故言出而人信服之,不待其辞之毕也。"意思是别人信任子路,不等子路的话说完就信服了。

12.13　子曰:"听讼①,吾犹人也。必也使无讼②乎!"

【注释】

① 听讼:审理诉讼案件。

〔1〕 李泽厚《论语今读》,安徽文艺出版社,1998 年,第 288 页。

② 使无讼：不使诉讼案件发生。

【今译】

孔子说："审理诉讼案件，我同别人也是一样的。一定使诉讼案件根本不发生！"

【讲记】

王弼云："听讼，吾犹人也，必也，使无讼乎！无讼在于谋始，谋始在于作制。契之不明，讼之所以生也。物有其分，职不相滥，争何由兴？讼之所以起，契之过也。故有德司契而不责于人。"是化之在前也。（《论语注疏》）

范氏曰："听讼者，治其末，塞其流也。正其本，清其源，则无讼矣。"杨氏曰："子路片言可以折狱，而不知以礼逊为国，则未能使民无讼者也。故又记孔子之言，以见圣人不以听讼为难，而以使民无讼为贵。"（《论语集注》）

以道德为根本，以法制为辅助，这是以德为本、以法治国思想的最早表述。孔子从未提过要废除法制，而是坚持道德为本，道德在先，以道德教化来减少乃至消除诉讼案件，实现人类大同。孔子的这一思想在最根本的意义上契合了法律的精神——法律终极目的不是为了法律自身的存在，而是为了消除法律自身。（详参看 13.18"讲记"）

12.14 子张问政。子曰："居①之无倦，行之以忠。"

【注释】

① 居：居官。

【今译】

子张问如何对待政事。孔子说："居于官位不倦怠，执行政令要忠实。"

【讲记】

王曰:"言为政之道,居之于身,无得解倦,行之于民,必以忠信。"(《论语注疏》)

程子曰:"子张少仁。无诚心爱民,则必倦而不尽心,故告之以此。"(《论语集注》)

12.15　子曰:"博学于文,约之以礼,亦可以弗畔矣夫!"

【讲记】

本章重出,见6.25。

12.16　子曰:"君子成人之美,不成人之恶。小人反是。"

【今译】

孔子说:"君子成全别人的好事,不促成别人的坏事。小人则与此相反。"

【讲记】

正义曰:"此章言君子之于人,嘉善而矜不能,又复仁恕,故成人之美,不成人之恶也。小人则嫉贤乐祸,而成人之恶,不成人之美,故曰反是。"(《论语注疏》)

12.17　季康子问政于孔子。孔子对曰:"政者,正也。

子帅①以正,孰敢不正?"

【注释】

① 帅:带头。

【今译】

季康子问孔子如何治理政事。孔子回答说:"政,就是正的意思。你本人带头走正道,还有谁敢不走正道呢?"

【讲记】

郑曰:"康子,鲁上卿,诸臣之帅也。"……言康子为鲁上卿,诸臣之帅也,若己能每事以正,则己下之臣民谁敢不正也。(《论语集注》)

范氏曰:"未有己不正而能正人者。"胡氏曰:"鲁自中叶,政由大夫,家臣效尤,据邑背叛,不正甚矣。故孔子以是告之,欲康子以正自克,而改三家之故。惜乎康子之溺于利欲而不能也。"(《论语注疏》)

根据具体的历史情景看,这里的"正"有位置之正与道德之正两重含义。在社会秩序中如果不能摆正自己的应有位置,道德当然是不正的,也就不能做到"名正言顺";即便摆正了自己的位置,如果不能修己明德,也未必是正的。无正位会"天下大乱",无正德则正位徒有虚名,正位与正德的合一才是正、政。

12.18 季康子患盗①,问于孔子。孔子对曰:"苟子之不欲,虽赏之不窃。"

【注释】

① 患盗:担心盗贼猖獗。

【今译】

季康子担心盗贼猖獗,问孔子怎么办。孔子回答说:"如果你自己不贪心,即使奖励偷窃,也不会有人偷盗。"

【讲记】

《论语集注》有云:

胡氏曰:"季氏窃柄,康子夺嫡,民之为盗,固其所也。盍亦反其本耶? 孔子以不欲启之,其旨深矣。"孔子尖锐讽刺季康子,并教育他要以身作则。

12.19 季康子问政于孔子曰:"如杀无道①,以就有道②,何如?"孔子对曰:"子为政,焉用杀? 子欲善而民善矣。君子之德风,小人之德草。草上之风,必偃③。"

【注释】

① 无道:这里指无道的人。

② 有道:这里指有道的人。

③ 偃:倒伏。

【今译】

季康子向孔子请教如何治理政事,说:"假如杀掉无道的人,接近有道的人,怎么样?"孔子说:"您治理政事,哪里用杀戮的手段呢? 你只要想着行善,百姓也就会跟着行善了。在上的君子的品德好比风,在下的小人的品德好比草,风吹到草上,草就必定顺风倒伏。"

【讲记】

接连几章揭露季康子窃权、贪婪、残暴的嘴脸,教育他要以身作则,以德为本,教化当先。孔子可谓苦口婆心。

12.20　子张问:"士,何如斯可谓之达①矣?"子曰:"何哉,尔所谓达者?"子张对曰:"在邦②必闻③,在家④必闻。"子曰:"是闻也,非达也。夫达也者,质直而好义,察言而观色,虑以下人⑤。在邦必达,在家必达。夫闻也者,色取仁而行违,居之不疑。在邦必闻,在家必闻。"

【注释】

① 达:通达,显要。
② 在邦:指在诸侯封地为官。
③ 闻:名声,名望。
④ 在家:指在卿大夫封地做事。
⑤ 下人:以谦恭的态度对待人。

【今译】

子张问:"士怎样才算是通达呢?"孔子说:"你所说的通达是什么意思?"子张答道:"在朝廷做官时一定要有名望,在大夫的封地做事也一定要有名望。"孔子说:"这只是虚假的名声,不是'达'。所谓'达',是指品质正直且喜好道义,善于体察别人的话,善于观察别人的脸色,常常想着谦逊待人。这样的人在朝廷做官和在大夫的封地里都可通达。所谓'闻',表面上似乎实行了仁德,而行动上却违背了仁德,自己还以仁人自居而不疑。这样的人在国君的朝廷和大夫的封地里都会有名望。"

【讲记】

该章主要讲名与实的问题。《论语集注》:"程子曰:'学者须是务实,不要近名。有意近名,大本已失。更学何事? 为名而学,则是伪也。今之学者,大抵为名。为名与为利虽清浊不同,然其利心则一也。'"程颐之论极是。

该章旨在明闻达之辨,区分道德成就与社会名声。道德成就与社会名声并不一定相符,不相符倒是常态。社会逐利,而人多求名,故此二者易合。名往往与利合,所谓名利也;名未必与德合,所谓名不副实也。现实中以名代德者多多。

闻达之辨的关键在于可为求仁而有声望,不能因求声望而得仁。一味追名逐利,必为趋炎附势者,必不能依仁而行,必然害仁。仁永远是走在现实前面的,因此,在现实中,往往闻者不达,达者不闻。既闻且达者,其术亦可疑矣。

其中的"察言而观色"句被一些学者解为小人之行,疑与孔子之意矛盾。其实"察言观色"一词被用为褒义的情况很多,如《册府元龟》:"帝尧临政,皋陶作士,观色听声,哀矜靡失。"(卷八十四《帝王部·赦宥第三》)"吴滕胄为丹阳太守,徙吴郡会稽。每听辞讼,断罪法,察言观色,务尽情理。"(卷六百七十五《牧守部·仁惠》)"前秦苻融为司隶校尉,苻坚及朝臣雅皆叹服,疑狱莫不折之于融。融观色察形无不尽其情状。"(卷六百九十《牧守部·强明》)

12.21 樊迟从游于舞雩之下,曰:"敢问崇德、修慝①、辨惑。"子曰:"善哉问! 先事后得②,非崇德与? 攻其恶,无攻人之恶,非修慝与? 一朝之忿,忘其身,以及其亲,非惑与?"

【注释】

① 修慝(tè):改正邪恶的念头。
② 先事后得:先致力于事,把得益放在后面。

【今译】

樊迟跟着孔子在舞雩台下游玩,说:"敢问怎样提高道德修养? 怎样改正自己的不良念头? 怎样不被迷惑?"孔子说:"问得好啊! 先努力做事,然后才有所得益,这不是提高品德修养吗? 只批评自己的错误,不攻击别人的过失,这不就是改正了不良念头了吗? 由于一时的气愤,就忘了自身的安危,以至于牵连了自己的亲人,这不就是迷惑吗?"

【讲记】

先事后得,犹言先难后获也。为所当为而不计其功,则德日积而不自知矣。专于治己而不责人,则己之恶无所匿矣。知一朝之忿为甚微,而祸及其亲为甚大,则有以辨惑而惩其忿矣。樊迟粗鄙近利,故告之以此,三者皆所以救其失也。(《论语集注》)

12.22 樊迟问仁。子曰:"爱人。"问知。子曰:"知人。"樊迟未达①。子曰:"举直错②诸枉,能使枉者直。"樊迟退,见子夏曰:"乡③也,吾见于夫子而问知,子曰'举直错诸枉,能使枉者直',何谓也?"子夏曰:"富④哉言乎! 舜有天下,选于众,举皋陶⑤,不仁者远矣。汤有天下,选于众,举伊尹⑥,不仁者远矣。"

【注释】

① 未达:没有完全理解。
② 错:同"措",置、放。
③ 乡:同"向",过去、刚才。
④ 富:内容丰富。
⑤ 皋陶:舜时贤臣,掌管刑法。
⑥ 伊尹:汤时贤臣。

【今译】

樊迟问孔子仁是什么,孔子说:"爱人。"樊迟问智是什么,孔子说:"了解人。"樊迟没能彻底理解。孔子说:"选拔正直的人放到邪曲的人上面,就能使邪曲的人归于正直。"樊迟退了出来,见到子夏说:"刚才我见到老师,请教什么是智,老师说:'选拔正直的人放到邪曲的人上面,就能使邪曲的人归于正直。'这是什么意思?"子夏说:"这话的内容多么丰富深刻啊!舜治理天下时,在众人中选拔人才,把皋陶选拔出来放在上面,不仁的人就远去了;汤治理天下时,在众人中挑选人才,把伊尹选拔出来放在上面,不仁的人就远去了。"

【讲记】

仁就是"爱人",这是孔子仁学的精核。但何谓爱人? 为什么爱? 怎样爱? 爱谁? 孔子没有说。根据《论语》的基本思想,孔子的"爱人"应该是超越种族、等级和时代的对人类总体的大爱,是基于现实(对现实中每一个人的爱)而又具有宗教意味的爱(由于"人能弘道");在应然的社会等级秩序中,人的地位是平等的,对人的爱也是平等无差的;"爱人"本身也并非建立在概念设定上,而是建立在人要"活着"的内在亲证上的,所以,"爱人"是对由人要"活着"而必然产生的奉献这一价值概念的情感表达。

孔子的"仁者爱人"与孟子的"仁者爱人"有着重大区别。(参看1.5"讲记")自孔子到王阳明一脉,以"人"为根本,其基本哲学思想可用"人能弘道"来概括;从孟子到朱熹一脉,倾向理念设定,其基本哲学思想大致表现为"道弘人"。期间虽有各种复杂情形,但理路基本如此。同为儒学,根底迥异。孔子一脉的基本思想观念,在中国文学艺术中有着极其丰富的表现,积淀入民族文化心理,深刻地影响着人伦日用;而以朱熹为代表的理学思想观念,在文学艺术中少有体现,往往只能停留在案头或政治意识形态方面,并未充分积淀入民族文化心理。孰主孰次,一目了然。

一般认为,孔子讲的"爱人"是有差别的爱。"孝悌也者,其为仁之本欤",仁以孝为本,而孝悌是有等级的,据此认为儒家"爱人"思想是从完善人格出发,力求在"父子有亲,君臣有义,夫妇有别,长幼有序,朋友有信"(《孟子·滕文公上》)的"人之大伦"[1]中施行有差等的爱,因此来实现社会的和谐稳定。其实

[1] 朱熹《论语集注·微子第十八》,"子路从而后"章,商务印书馆,2015年。

这是一种误解。

孔子的确强调和维护社会秩序，但从来没有说人是不平等的，更没有说过人没有追求价值的权利；相反，无论孔子还是孟子，都认为道在势上。所谓"性相近也，习相远也"，也没有将人区分为不同的等级。至于社会的等级差别，那是客观存在，每个人在社会中都有自己的身份，但身份并不意味着特权，更不意味着人格的尊卑；孔子认为"君使臣以礼，臣事君以忠"，地位的高下仅与行为方式有关，与人格的高下无关。

至于将社会地位与人格、权力联系起来，那是典型的封建政治意识形态，是为孔子的思想所反对的。两千多年来，封建政治意识形态常常打着儒家的幌子贯彻法家的思想，造成了严重的思想混乱。至于今天人们把很多反动的封建政治意识形态的东西归到孔子的名下，并不奇怪。（详参看2.19"讲记"）

12.23　子贡问友。子曰："忠告而善道之，不可则止，毋自辱也。"

【今译】

子贡问如何对待朋友。孔子说："忠诚地劝告他，恰当地引导他，如果他不肯听，就罢了，不要自取其辱。"

【讲记】

凡事有度，尽力而已，不可强求。

12.24　曾子曰："君子以文会友，以友辅仁。"

【今译】

曾子说："君子以文章学问来聚会朋友，用朋友来辅助自己培养仁德。"

【讲记】

《论语集注》有云：

讲学以会友,则道益明;取善以辅仁,则德日进。

子路第十三

13.1　子路问政。子曰："先之劳之^①。"请益^②。曰："无倦^③。"

【注释】

① 先之劳之：先之，即做在百姓前面，先行教化。劳之，使老百姓勤劳起来。

② 益：增加。

③ 倦：疲倦，松懈。

【今译】

子路问怎样治理政务。孔子说："先做在老百姓前面，使老百姓勤劳起来。"子路请求再多讲一点。孔子说："坚持不懈。"

【讲记】

以身作则是一个人影响社会的基础和前提。荀子说："古之学者为己，今之学者为人。君子之学也，以美其身，小人之学也，以为禽犊。"(《荀子·劝学》)"小人之学"往往以仁义道德来要求别人，自己却是"为禽犊"。在这点上，荀子与孔子的思想是一致的。

从最根本上讲，人对社会发生影响的方式就是道德影响，而不是通过权力、经济和军事的方式来强制别人。自己做好了别人自然会来学，别人不来学是因为自己做得还不够好，只有坚持这一根本原则,现实中随时随地都在产生的种种形态的暴力才会逐渐消融,最终走向人类大同。孔子对此不惮其烦地进行强调,在该章中,当子路要求孔子再多讲一点时,孔子的回答是"坚持不懈地这样做",可谓意味深长。

13.2　仲弓为季氏宰,问政。子曰:"先有司①,赦小过,举贤才。"曰:"焉知贤才而举之?"曰:"举尔所知。尔所不知,人其舍诸②?"

【注释】

① 有司:负责某方面具体事务的官吏。
② 诸:兼词,"之乎"二字的合音。

【今译】

仲弓做了季氏的总管,问孔子如何管理政事。孔子说:"先给下面部门的负责人树立榜样,赦免他们的小过失,举荐贤才来任职。"仲弓又问:"怎样知道是贤才而把他们选拔出来呢?"孔子说:"选拔你所知道的,你所不知道的贤才,难道别人还会舍弃他们吗?"

【讲记】

《论语集注》:"程子曰:'人各亲其亲,然后不独亲其亲。仲弓曰'焉知贤才而举之',子曰'举尔所知,尔所不知,人其舍诸',便见仲弓与圣人用心之大小。推此义,则一心可以兴邦,一心可以丧邦,只在公私之间尔。'"其中公私之论极是。

13.3　子路曰:"卫君①待子而为政,子将奚②先?"子曰:"必也正名③乎!"子路曰:"有是哉,子之迂④也! 奚其正?"子曰：“野⑤哉，由也！君子于其所不知，盖阙如⑥也。名不正则言不顺，言不顺则事不成，事不成则礼乐不兴，礼乐不兴则刑罚不中⑦，刑罚不中，则民无所措手足。故君子名之必可言也，言之必可行也。君子于其言，无所苟⑧而已矣。”

【注释】

① 卫君：卫出公，名辄，卫灵公之孙。

② 奚：何，什么。

③ 正名：端正名分。

④ 迂：迂腐。

⑤ 野：粗野，粗鲁。

⑥ 阙如：指存疑。阙同“缺”。

⑦ 中（zhòng）：得当。

⑧ 苟：苟且，马虎。

【今译】

子路对孔子说：“卫国国君等您去治理国家，老师打算先做哪些事情呢？”孔子说：“一定要先端正名分。”子路说：“有这样做的吗？老师太迂腐了吧！名怎么正呢？”孔子说：“仲由，你真粗野啊！君子对于他所不知道的事情，一般是取存疑的态度。名分不正，说话就不顺；说话不顺，事情就办不成；事情办不成，礼乐就不能兴盛；礼乐不能兴盛，刑罚就不会得当；刑罚不得当，百姓就不知所措。所以，君子要确定一个名分，就一定能说清楚道理，说出来也一定能够行得通。君子对自己说的话，从来不马虎。”

【讲记】

《史记·孔子世家》：“孔子曰：‘鲁卫之政，兄弟也。’是时，卫君辄父不得立，在外，诸侯数以为让。而孔子弟子多仕于卫，卫君欲得孔子为政。”孔子是在这样的背景中说了上述的话。

卫君即卫出公,名辄,蒯聩之子,卫灵公之孙。其父太子蒯聩与灵公夫人南子有恶,欲杀南子。结果被南子发现,告知灵公,太子蒯聩逃往宋国。卫灵公死后,蒯辄继位。蒯聩要回国争夺君位,遭到蒯辄拒绝。该章是孔子对此事的看法。

卫国因为有了这个争名分的问题,很多诸侯国为了各自的利益不断干预,卫国内忧外患交集,战乱频仍,四十年间不得安宁。

从具体的历史事件看,孔子的话没有错。孔子主张卫出公将君位让给自己的父亲蒯聩(后来的后庄公),如果卫出公真的按孔子的话做了,后来一系列的战乱或许可以避免或减少,起码不会因这一问题而引发战乱。但这在当时似乎不可能,所以子路直接说孔子“迂”。

从整个春秋时期来看,很多战乱也是因名分不正而引发的,孟子曰:“春秋无义战。彼善于此,则有之矣。征者,上伐下也,敌国不相征也。”(《孟子·尽心下》)(孟子说:“春秋时期没有合乎道义的战争。好一点的诸侯国倒是有的。但所谓征,是指以上伐下,同等级的国家之间是不能够相互讨伐的。”)“天下有道,则礼乐征伐自天子出。天下无道,则礼乐征伐自诸侯出。”(16.2)这是孔子、孟子的历史观和政治观的体现,是从春秋时期的基本的历史经验中总结出来的,对于医治战乱痼疾来讲,是切中肯綮的。

在这个大是大非问题上,子路谓孔子“迂”,孔子谓子路“野”,直到现在,孔子也不能尽脱其“迂”之名。但事实是“正名”之教在中国数千年来一直被广泛深入地接受着,并起到了维护民族稳定和发展的根本性的作用。像子路那样安于既成事实的实用主义思想,往往会埋下隐患。

但“正名”之教不是名教。名教是以等级名分的现实秩序为最终依据,而“正名”之教是以理(道德理想主义)为最终依据。(参看12.11“讲记”)子曰:“当仁,不让于师。”(15.35)至孟子则发展为当理不让于势。“正名”之教反而是抗衡封建政治意识形态、名教的最有活力的思想。

子曰:“无为而治者,其舜也与? 夫何为哉? 恭己正南面而已矣。”(15.4)在政治哲学中,儒道法三家均讲“无为而治”。法家的"无为而治"是一种权术,如韩非说:"权不欲见,素无为也","动之溶之,无为而改之","夫物者有所宜,材者有所施,各处其宜,故上下无为"。(《韩非子·扬权》)"明君无为于上,君臣竦惧乎下。"(《韩非子·主道》)所以韩非说:"术者,因任而授官,循名而责实,操杀生之柄,课群臣之能者也,此人主之所执也。法者,宪令著于官府,刑罚必于民心,赏存乎慎法,而罚加乎奸令者也,此臣之所师也。"(《韩非子·定法》)这当然可以付诸实践,但这种纯粹的"法治"所导致的结果是人所共知的。道家的"无为而治"要求顺其自然,尊重事物的"自性",这在理论上具有矫正严酷封建统治的重要意义,但它自身作为一种政治哲学,很难实行。儒家的"无为而治"讲究的是"顺理成章","名不正则言不顺,言不顺则事不成,事不成则礼乐不兴,礼乐不兴则刑罚不中,刑罚不中,则民无所措手足。"这不仅是一种政治哲学,也是社会理想。我们没有虚幻的乌托邦和天国,我们的一切都建立在现实中,"名正言顺"的理想社会虽然难以完全实现,但绝非完全不能实现。(参看 2.1"讲记")

13.4　樊迟请学稼①。子曰:"吾不如老农。"请学为圃②。曰:"吾不如老圃。"樊迟出。子曰:"小人哉,樊须也!上好礼,则民莫敢不敬;上好义,则民莫敢不服;上好信,则民莫敢不用情③。夫如是,则四方之民襁④负其子而至矣,焉用稼?"

【注释】
　　① 学稼:学习种庄稼。
　　② 圃:菜地,引申为种菜。
　　③ 用情:用真心对待。情,情实。
　　④ 襁(qiǎng):背负婴儿的衣服。

【今译】

樊迟向孔子请教怎样种庄稼。孔子说："我不如老农。"樊迟又向孔子请教怎样种菜,孔子说："我不如菜农。"樊迟退出去后,孔子说："樊须真是小人啊!在上位的人只要好礼,老百姓就不敢不敬;在上位的人只要好义,老百姓就不敢不服从;在上位的人只要重视信义,老百姓就不敢不真心对待你。如果能做到这样,四面八方的老百姓就会背着自己的小孩来归附,哪里用得着自己去种庄稼呢?"

【讲记】

近人程树德所解甚是:"迟问稼圃,夫子即以上好礼等词为教,何其针锋之不相对,所答非所问。自古注以来,均不得其解。学稼之请,即欲习农家之书也。孔子告以止须用礼治则民服,不必采用农家之说,如此一问一答,方可衔接。"(《论语集释》)区别在于农家以农治国和儒家以礼治国。清毛奇龄《四书剩言》:"迟以为世好文治,民不信从,不如以本治治之,此亦时近战国,几几有后此神农之言之意,特非并耕耳,然而小人之用矣。古凡习稼事者,皆称小人。"

13.5　子曰:"诵诗①三百,授之以政,不达②;使于四方,不能专对③。虽多,亦奚以④为?"

【注释】

① 诗:《诗经》。
② 达:通达,这里是会运用的意思。
③ 专对:独立对答,随机应变。
④ 以:用。

【今译】

孔子说:"把《诗》三百篇背得很熟,交给他政务,却不会办理;让他当外交使节,却不能独立地应对;背得很多,又有什么用呢?"

【讲记】

《论语集注》:"诗本人情,该物理,可以验风俗之盛衰,见政治之得失。其言温厚和平,长于风谕。故诵之者,必达于政而能言也。程子曰:'穷经将以致用也。世之诵诗者,果能从政而专对乎? 然则其所学者,章句之末耳,此学者之大患也。'"都是强调学以致用。

《左传·襄公八年》:"晋范宣子来聘,且拜公之辱,告将用师于郑。公享之,宣子赋《摽有梅》。季武子曰:'谁敢哉! 今譬于草木,寡君在君,君之臭味也。欢以承命,何时之有?'武子赋《角弓》。宾将出,武子赋《彤弓》。宣子曰:'城濮之役,我先君文公献功于衡雍,受彤弓于襄王,以为子孙藏。匄也,先君守官之嗣也,敢不承命?'君子以为知礼。"晋国的范宣子吟诵《摽有梅》是告知晋国将出兵郑国,并希望鲁国出兵帮助。季武子以草木为喻,说两国一体,吟诵《角弓》,表示欢喜承命。范宣子要走时,季武子又吟诵《彤弓》,意思是希望晋悼公继承晋文公的霸业。这些史实证明《诗经》在当时的实用性,其实,汉代对《诗经》的实用性引用更加广泛。

《诗经》固然是文艺作品,但与一般的文艺作品又并不完全相同。《诗经》的某些篇目不仅有"本事",还有特定的象征意。如上面引用的《小雅·彤弓》就是一首宴飨之辞,主人设宴招待客人时吟唱,歌词的内容原来可能是周文王对商纣王的虚应之辞,也可能是对友好邻邦的允诺之言,歌时反拿着弓起兴,主人将亲手用过的彤弓赏赐给部下,表示歌者不会动用刀兵。所以,这样的诗歌具有政治、外交上的实用性是必然的。当然,还有一些民歌被解释出某些政治含义,并被当作辅翼政教的工具,那又是另一种情形。

某些论者以该章来证明儒家文化重实用不重审美,这种说法是不确当的。一方面是因为春秋战国时代审美的这一维度尚未完全独立出来,另一方面更是因为《诗》本身所具有的实用功能所致。以《诗》来帮助处理政治和外交事务,"君子以为知礼",就是讲究做事的"艺术",其实就是重视了《诗》的审美维度。(详参看 16.13"讲记")

13.6　子曰:"其身正,不令而行;其身不正,虽① 令不从。"

【注释】
①　虽:即使。

【今译】
孔子说:"在上位的人自身做好了,不发布命令老百姓也会跟着去做;在上位的人如果自身做不好,即使发布命令,老百姓也不会服从。"

【讲记】
参看 2.1"讲记"。

13.7　子曰:"鲁卫之政,兄弟也。"

【今译】
孔子说:"鲁国和卫国的政事,就像相差不多的兄弟一样。"

【讲记】
鲁国国君是周公之后,卫国国君是康叔之后,始封者本是兄弟,其衰微程度亦相似,故孔子叹之。苏轼《论语解》:"是时鲁哀公七年,卫出公五年也。卫之政,父不父,子不子;鲁之政,君不君,臣不臣。卒之哀公孙邾而死于越,出公奔宋亦死于越,其不相远如此。"

13.8 子谓卫公子荆①:"善居室②。始有,曰:'苟合③矣'。少有,曰:'苟完矣。'富有,曰:'苟美矣。'"

【注释】
① 卫公子荆:卫献公的儿子,字南楚。
② 居室:善于管理家庭经济。
③ 苟合:差不多够用。合,足够。

【今译】
孔子谈到卫国的公子荆,说:"他善于居家理财。刚开始有一点家产,就说:'差不多就够了。'稍微多一点时,他说:'差不多完备了。'财产更多时,他说:'差不多算完美了。'"

【讲记】
清李中孚《四书反身录》:"公子荆以家世豪胄,居室不求华美,其居心平淡可知。"《论语集注》:"杨氏曰:'务为全美,则累物而骄吝之心生。公子荆皆曰苟而已,则不以外物为心,其欲易足故也。'"孔子称赞公子荆,主要是说人可善于理财但要"不以外物为心"。

13.9 子适①卫,冉有仆②。子曰:"庶③矣哉!"冉有曰:"既庶矣,又何加焉?"曰:"富之。"曰:"既富矣,又何加焉?"曰:"教之。"

【注释】

① 适：到。

② 仆：驾马车。

③ 庶：众多，这里指人口多。

【今译】

孔子到卫国去，冉有为他驾车。孔子说："卫国的人口真多呀！"冉有说："人口已经够多了，下一步该怎么办呢?"孔子说："让他们富裕起来。"冉有说："富裕了以后又该做些什么呢?"孔子说："对他们进行教化。"

【讲记】

管子说："凡治国之道，必先富民。民富则易治也，民贫则难治也。奚以知其然也? 民富则安乡重家，安乡重家则敬上畏罪，敬上畏罪则易治也。民贫则危乡轻家，危乡轻家则敢凌上犯禁，凌上犯禁则难治也。故治国常富，而乱国常贫。是以善为国者，必先富民，然后治之。"（《管子·治国第四十八》）孔子也是同一思想，只是宋代以降的儒家往往只讲"心性"，不讲民生，曲解孔门仁学之真义。

"教"未必能"富"，但不"教"则必贫。"子贡曰：'贫而无谄，富而无骄，何如?'子曰：'可也。未若贫而乐，富而好礼者也。'"（1.5）在儒家看来，物质文明和精神文明互为因果和目的，最终走向人类大同。（详参看 1.15"讲记"）

13.10 子曰："苟有用我者，期月① 而已可也，三年有成。"

【注释】

① 期（jī）月：指一年。

【今译】

孔子说:"如果有君主任用我治理国家,一年就可以改变面貌,三年就一定会有大成。"

【讲记】

> 灵公老,怠于政,不用孔子。孔子喟然叹曰:"苟有用我者,期月而已,三年有成。"孔子行。(《史记·孔子世家》)

古代三年一考核,故有"三年有成"之说。

历史事实证明,孔子具有杰出的理政和外交才能,但宋代以后的儒者往往缺乏这样的能力。颜元对宋明儒者的习气深恶痛绝,曾气愤地说:"宋元来儒者却习成妇女态,甚可羞。'无事袖手谈心性,临危一死报君王',即为上品矣。"(《四存编·存学编》)

13.11 子曰:"'善人①为邦②百年,亦可以胜残去杀矣。'诚哉是言也!"

【注释】

① 善人:道德高尚的人,贤人。
② 为邦:治理国家。

【今译】

孔子说:"'如果有贤王治理国家,经过一百年,也就可以消除残暴和刑罚杀戮了。'这话真对呀!"

【讲记】

孔子是坚信这样的目标会实现的。《论语集注》:"程子曰:'汉自高、惠至于文、景,黎民醇厚,几致刑措,庶乎其近之矣。'"

13.12　子曰:"如有王者①,必世②而后仁。"

【注释】
　　① 王者:像尧舜那样的圣王。
　　② 世:三十年。古代三十年为一世。

【今译】
　　孔子说:"如果有圣王在位,也一定要经过三十年的治理才能实现仁政。"

【讲记】
　　该章承上章,通过呼唤贤王、圣君出现而表达以德为本的社会政治思想,也坚信王道社会可以实现。孟子就说得更决绝:"待文王而后兴者,凡民也。若夫豪杰之士,虽无文王犹兴。"(《孟子·尽心上》)

13.13　子曰:"苟正其身矣,于从政乎何有①? 不能正其身,如正人何?"

【注释】
　　① 何有:有何,这里指有什么困难。

【今译】
　　孔子说:"如果自身能够行为端正,管理政事又有什么困难呢? 如果自身不能行为端正,又怎么能使别人端正呢?"

【讲记】
　　参看 2.1"讲记"。

13.14　冉子退朝。子曰:"何晏①也?"对曰:"有政②。"子曰:"其事也? 如有政,虽不吾以③,吾其与闻之。"

【注释】

① 晏:晚。

② 政:政事,政务。

③ 以:用。

【今译】

冉求退朝回来,孔子说:"为什么回来得这样晚呀?"冉求说:"有政事。"孔子说:"只是一般的事务吧? 如果有重大政事,虽然国君不用我了,我也会知道的。"

【讲记】

《国语·鲁语》:"自卿以下,合官职于外朝,合家事于内朝。"韦昭注:"外朝,君之公朝也;内朝,家朝也。"当时冉有是季氏家臣,他退的朝是季氏的家朝,不能称为政事,只能称一般的事务。清刘宝楠《论语正义》:"当以政、事公、私之别,故夫子辨之,亦正名分之意。"孔子及时纠正冉求的说法,辨清名分,也表达了对季氏专权越政的不满。

13.15　定公①问:"一言②而可以兴邦,有诸?"孔子对曰:"言不可以若是其几③也。人之言曰:'为君难,为臣不易。'如知为君之难也,不几乎一言而兴邦乎?"曰:"一言而丧邦,有诸?"孔子对曰:"言不可以若是其几也。人之言曰:'予无乐乎为君,唯其言而莫予违也。'如其善而莫之违也,不亦善乎? 如不善而莫之违也,不几乎一言而丧邦乎?"

【注释】

① 定公：鲁国国君，名宋。昭公之弟。

② 一言：一句话。

③ 几：简单。

【今译】

鲁定公问孔子说："一句话就可以使国家兴盛，有这样的话吗？"孔子答道："话不能说得这样简单绝对。有人说：'做国君难，做臣子也不易。'如果知道了做君难，这不就接近一言兴邦了吗？"鲁定公又问："一句话就可以亡国，有这样的话吗？"孔子回答说："话也不能说得这样简单绝对。有人说过：'我做君主并没有什么感到快乐的，只对别人不敢违抗我的话感到快乐。'如果说得对而没有人违抗，不也很好吗？如果说得不对而没有人违抗，那不就接近一句话可以亡国吗？"

【讲记】

《论语集注》："因此言而知为君之难，则必战战兢兢，临深履薄，而无一事之敢忽。""范氏曰：'言不善而莫之违，则忠言不至于耳。君日骄而臣日谄，未有不丧邦者也。'"

13.16　叶公问政。子曰："近者说①，远者来。"

【注释】

① 说：通"悦"，高兴。

【今译】

叶公问孔子如何管理政事。孔子说："使国内的人安居乐业，使国外的人前来归附。"

【讲记】

《韩非子·难篇》:"叶公子高问政于仲尼,仲尼曰:'政在悦近而来远。'哀公问政于仲尼,仲尼曰:'政在选贤。'齐景公问政于仲尼,仲尼曰:'政在节财。'三公出,子贡问曰:'三公问夫子政一也。夫子对之不同,何也?'仲尼曰:'叶都大而国小,民有背心,故曰政在悦近而来远。鲁哀公有大臣三人,外障距诸侯四邻之士,内比周而以愚其君,使宗庙不扫除,社稷不血食者,必是三臣也,故曰政在选贤。齐景公筑雍门,为路寝,一朝而以三百乘之家赐者三,故曰'政在节财。'"其实,近悦远来,是儒家德政思想的具有普遍意义的现实显现,"政在选贤"、"政在节财"与其不在一个层面上。《礼记》云:"古之教者,家有塾,党有庠,术有序,国有学。比年入学,中年考校。一年视离经辨志。三年视敬业乐群,五年视博习亲师,七年视论学取友,谓之小成;九年知类通达,强立而不反,谓之大成。夫然后足以化民易俗,近者说服,而远者怀之,此大学之道也。"(《礼记·学记第十八》)教与学的最终目的就是实现"近者说服,而远者怀之"的社会效果。

13.17 子夏为莒父①宰,问政。子曰:"无欲速,无见小利。欲速则不达,见小利则大事不成。"

【注释】

① 莒父:鲁国的一个城邑,在今山东省高密东南。

【今译】

子夏做莒父的行政长官,问孔子怎样办理政事。孔子说:"不要求快,不要贪图小利。求快反而不能达到目的,贪图小利就做不成大事。"

【讲记】

莒父为鲁国下邑,其政久废,子夏又性急,孔子故有此告,但亦有普遍意义。凡事要从根本处抓起,不能急功近利,不能因小失大,儒家的以德为本的社会政治思想对此尤为强调。

13.18　叶公语①孔子曰:"吾党②有直躬者③,其父攘④羊,而子证⑤之。"孔子曰:"吾党之直者异于是:父为子隐⑥,子为父隐,直在其中矣。"

【注释】
　　① 语:告诉。
　　② 党:乡党,家乡。《论语集注·雍也第六》"子华使于齐"章:"五家为邻,二十五家为里,万二千五百家为乡,五百家为党。"
　　③ 直躬:胸怀正直、坦率。躬,身子。
　　④ 攘:偷、盗。
　　⑤ 证:告发,检举揭发。
　　⑥ 隐:隐瞒,隐藏。

【今译】
　　叶公告诉孔子说:"我们家乡有一个正直的人,他的父亲偷了别人的羊,他去告发了父亲。"孔子说:"我家乡的正直的人不是这样,父亲替儿子隐瞒,儿子替父亲隐瞒,正直就体现在其中了。"

【讲记】
　　先来看《孟子》中分析舜应该怎样对待父亲瞽瞍杀人的事。舜的父亲和哥哥对他很不好,联合起来要杀他,但如果有一天瞽瞍杀了人,舜应该怎么办呢?《孟子》中设计了一段极富意味的对话:

　　　桃应问曰:"舜为天子,皋陶为士,瞽瞍杀人,则如之何?"孟子曰:"执之而已矣。""然则舜不禁与?"曰:"夫舜恶得而禁之?夫有所受之也。""然则舜如之何?"曰:"舜视弃

> 天下犹弃敝蹝也。窃负而逃,遵海滨而处,终身诉然,乐而
> 忘天下。"(《孟子·尽心上》)

于法,舜不能干涉皋陶;于情,舜未必喜欢父亲;于理,舜则应该弃天下如敝屣,背父而逃,且应终身欣欣然。

这可能只是一场虚拟的辩论,未必真有此事,但影响巨大。《二十四孝》中的第一个故事便是《孝感动天》:"虞舜,瞽瞍之子。性至孝。父顽,母嚚,弟象傲。舜耕于历山,有象为之耕,鸟为之耘。其孝感如此。帝尧闻之,事以九男,妻以二女,遂以天下让焉。"

《论语集注》:"父子相隐,天理人情之至也。故不求为直,而直在其中。谢氏曰:'顺理为直。父不为子隐,子不为父隐,于理顺邪?瞽瞍杀人,舜窃负而逃,遵海滨而处。当是时,爱亲之心胜,其于直不直,何暇计哉?'"钱穆《论语新解》解曰:"父为子隐,子为父隐,此乃人情,而理即寓焉,不求直而直在其中。"[1]此处的"人情",不是个人的具体感情,而是按伦理应有的感情,这种情已经具有了很多的理的性质,所以,"理即寓焉"。从个人感情讲,舜未必喜欢父亲瞽瞍,但依据伦理要求,舜应该尽到做儿子的责任,并将上述的"要求"和"责任"化为感情。所以,舜干了违法的事,还要终生欣欣然。这就是所谓的"情理互融"。(传统的"情"在很多情况下含有很多的"理",在讲中国文化的"情本体"时要小心厘清概念。)

然则,置法律于何处?这首先要看一下中国法律中的亲亲相隐原则。

亲亲相隐即亲属间有罪应当并可以互相隐瞒,这一直是中国封建刑律中的一项原则,历代立法者多予肯定。汉宣帝时期规定,卑幼匿尊长不负刑事责任,三国、两晋及南北朝时期的法律中也有这方面的内容,《唐律疏议》则更为典型。《唐律疏议》规定除谋反、谋大逆、谋叛及其他某些重罪外,控告应相隐的亲属要处刑;亲属有罪相隐,不论罪或减刑。直到民国《刑法》仍规

---

[1] 钱穆《论语新解》,三联书店,2008年,第341页。

定藏匿犯罪的亲属可减轻处罚。

亲亲相隐不是无限度的容忍，任何时代都将谋反等重罪排除在亲亲相隐的容忍限度之外，这充分说明，亲亲相隐的目的是为了维护社会的稳定，且中国历代各朝多倡导以孝治天下，更需要以此张目。但在忠孝不能两全时，忠的地位历来是不容含混的。所以，亲亲相隐原则只是一种手段，不是目的。

而孔子讲的是目的，不是手段。在孔子这里，父子相隐是德、仁产生的基础，是没有法律只有温情的天下大同社会的基本要素。法律仅仅是手段，如果把法律当作目的，一切法律皆是恶法。在法律产生之前是道德在维系人类社会，在法律消失之后也是这样。消灭法律而达到天下大同的唯一方法不是以法止法（"以恶止恶"），而是以道德包容、消融法律。在父子相隐中，人的道德感易被激发出来，道德感的普遍增强会使法律渐无所用，直至退出历史舞台。

西方法学也讲亲亲相隐，认为从犯罪学上讲，亲属之间的背叛可能导致犯罪分子的绝望；而一个充满信任和温情的家庭更有利于犯罪分子的最终改造。但这是西方法律的"更大利益"原则，孔子讲的是根本利益的问题。

必须看到的是，孔子的父子相隐和孟子的负父而逃并不是要对抗当时的法律。"子曰：'道之以政，齐之以刑，民免而无耻。道之以德，齐之以礼，有耻且格。'"（2.3）"子曰：'听讼，吾犹人也。必也使无讼乎！'"（12.13）孔子承认"齐之以刑"和"听讼，吾犹人也"的现实，但提出了"道之以德"的"无讼"的根本性的原则。只有在这一原则的观照下，"恶法"才可能变为善法。

这里要讨论自然法与实在法之间的关系。实证法学认为，自然法学混淆了 to be（实际是）和 ought to be（应当是）的区别，因此在现实中陷入了形而上的泥潭，因为如果每个人都可以根据自己的观念来判断法律的对错，那法律就不存在了，所以"恶法亦法"。只有像苏格拉底那样，既论证现实的不合理又接受法律的制裁，才是真正的维护法制。而自然法学则有所谓的"革命性"，认为"恶法非法"，对于"恶法"，人民无服从之义务，有革新之责任。

孔子的法律思想指向的好像是"自然法"而不是"实在法"，但又不是那么简单。孔子思想意义上的道德与法律的关系并不像西方的自然法与实在法之间的关系。法律与道德并非相互否定的对立性存在，因人情的引入使二者进入了良性融通的状态。礼源自情，法出于礼，法的根源仍在情，其现实功用上也指向情。因情而"恶法"不恶，法之"恶"被消除后，法律也就有了合法性，故"恶法亦法"这一特点是由中国从情出发、情理互融的"情理结构"决定的，与西方的从理出发的二元对立的思维方式不同。一个问题的无解与有解，往往是由思维方式决定的。

在苏格拉底的眼里，舜背父而逃是违法的，但在中国人眼里，舜的行为促进了社会道德建设（哪怕舜为此受到法律的制裁），在更高的意义上维护了"法治"，与法律精神相吻合。如果按照西方自然法与实在法的观点争论下去，很难找到出路。（参看12.13"讲记"）

13.19 樊迟问仁。子曰："居处恭，执事敬，与人忠。虽之①夷狄，不可弃也。"

【注释】

① 之：到。

【今译】

樊迟问孔子什么是仁。孔子说："平常在家端庄规矩，办事的时候严肃认真，待人忠诚可靠。即使到边远的夷狄之地，这些原则也不可背弃。"

【讲记】

程子曰："此是彻上彻下语。圣人初无二语也，充之则睟面盎背；推而达之，则笃恭而天下平矣。"（《论语集注》）

13.20　子贡问曰:"何如斯可谓之士^①矣?"子曰:"行已有耻,使于四方,不辱君命,可谓士矣。"曰:"敢问其次。"曰:"宗族称孝焉,乡党称弟^②焉。"曰:"敢问其次。"曰:"言必信,行必果,硁硁^③然小人哉!抑亦可以为次矣。"曰:"今之从政者何如?"子曰:"噫!斗筲之人^④,何足算也?"

【注释】

① 士:商、周时代贵族的最低一级,介于卿大夫和庶民之间。

② 弟:通"悌",敬爱兄长。

③ 硁硁(kēng):敲击小器发出的声音。

④ 筲(shāo):竹器,容一斗二升。

【今译】

子贡问:"怎样做才可以叫做士?"孔子说:"对自己的行为有羞耻之心,出使外国,不辱没国君交付的使命,可以叫做士。"子贡说:"请问次一等的呢?"孔子说:"宗族中的人称赞他孝敬父母,乡党称赞他尊敬兄长。"子贡又问:"请问再次一等的呢?"孔子说:"说话一定要守信用,做事一定要果敢,虽然这样固执浅陋是小人,但也可以算是再次一等的士了。"子贡说:"现在的执政者怎么样?"孔子说:"唉!这些器量狭小的人,哪里能算得上呢?"

【讲记】

子贡问了四类人,清人刘宝楠对后两类解释得很好:"言必信,行必果,谓不度于义,但守小忠小信之节也。""言今之从政,但事聚敛也。"(《论语正义》)

13.21　子曰:"不得中行^①而与^②之,必也狂^③狷^④乎!狂者进取,狷者有所不为^⑤也。"

【注释】

① 中行：行为合乎中庸之道。中道，中庸。

② 与：交往。

③ 狂：积极进取，敢于作为。

④ 狷（juàn）：拘谨，洁身自好。

⑤ 有所不为：有些事不肯干。

【今译】

孔子说："我找不到言行符合中庸之道的人和他交往，只能与狂者、狷者相交往了。狂者激进，敢于进取；狷者洁身自好，有些事是不肯干的。"

【讲记】

> 万章问曰："孔子在陈曰：'盍归乎来！吾党之小子狂简，进取，不忘其初。'孔子在陈，何思鲁之狂士？"孟子曰："孔子'不得中道而与之，必也狂狷乎！狂者进取，狷者有所不为也'。孔子岂不欲中道哉？不可必得，故思其次也。""敢问何如斯可谓狂矣？"曰："如琴张、曾皙、牧皮者，孔子之所谓狂矣。""何以谓之狂也？"曰："其志嘐嘐然，曰：'古之人，古之人。'夷考其行，而不掩焉者也。狂者又不可得，欲得不屑不洁之士而与之，是狷也，是又其次也。"（《孟子·尽心下》）

中庸之道总是处在虚灵状态，是理想和追求，对现实起着范导作用，但很难在现实中真正实现。在现实中，中庸之道的最好状态就是"狂"和"狷"。"狂者"锐意进取，甚至偏激，往往比中庸之道"过"一点，但仍在正确的方向上；"狷者"偏向保守，但能洁身自好，守住底线，知道哪些事不该做，也不去做，往往比中庸之道有所"不及"，也仍在正确的方向上。中庸，是"极高明"的圣人才有可能做到的，在现实中，如果能选择"狂"或"狷"的做事方式，就已经算是贤人了。

"狂"、"狷"是现实选择，在对"狷"与"狂"的不断调适中无限接近中庸之道则是理想与追求。

13.22　子曰:"南人①有言曰:'人而无恒,不可以作巫医②。'善夫!""不恒其德,或承之羞。"③子曰:"不占而已矣。"

【注释】
① 南人:南方人。这里指吴、楚等地的人。
② 巫医:古代用祝祷、占卜等巫术为人治病的人。
③ 不恒其德,或承之羞:此二句引自《周易》恒卦的爻辞。

【今译】
孔子说:"南方人有句这样的话:'人如果没有恒心,巫医也治不了。'这句话说得真好啊!"《周易·恒卦》说:"人不能长久地保持自己的德操,终究要遭受羞辱。"孔子说:"这句话是让没有恒心的人不用去占卦了。"

【讲记】
不能持之以恒的人是无药可救的。无恒心的人早晚是要遭受羞辱的,所以不用占卜也可知道。
提高道德修养是一个艰苦漫长的过程,所以儒家特别强调恒心。

13.23　子曰:"君子和①而不同②,小人同而不和。"

【注释】
① 和:和谐,不同的事物依据正当的原则和谐相处。
② 同:苟同,不同的事物依据不正当的原则聚合在一起。

【今译】

孔子说:"君子讲求和谐而不苟同,小人只求苟同而不讲求和谐。"

【讲记】

正义曰:"此章别君子小人志行不同之事也。君子心和,然其所见各异,故曰不同。小人所嗜好者则同,然各争利,故曰不和。"(《论语注疏》)

尹氏曰:"君子尚义,故有不同。小人尚利,安得而和?"(《论语集注》)

和因义起,同由利生。义者义也,各适其宜,未有方体,故有不同。然不同因乎义,而非执己之见,无伤于和。利者,人之所同欲也。民务于是,侧有争新,故同而不和。此君子小人之异也。(《论语正义》)

古人的注疏已经说得十分清楚,一言不能加矣。唯"同而不和"日多,"和而不同"日少,可一叹也!

13.24　子贡问曰:"乡人皆好①之,何如?"子曰:"未可也。""乡人皆恶②之,何如?"子曰:"未可也。不如乡人之善者好之,其不善者恶之。"

【注释】

① 好:喜欢。
② 恶:厌恶。

【今译】

子贡问孔子说:"全乡的人都称赞他,这个人怎么样?"孔子说:"还不能下结论。"子贡又问:"全乡人都厌恶他,这个人怎么样?"孔子说:"也是不能下结论。最好是全乡的好人都喜欢他,全乡的坏人都厌恶他。"

【讲记】

"不如乡人之善者好之，其不善者恶之。"将评价权交给了道德，而不是某些具体的个人。在这里，"选举"票数的多少是无效的，有效的是道德评价和道德份额。这就保证了评价标准的内在性、灵动性和开放性，使评价体系不致僵化，评价结果也更具有合理性。

所谓"民主不是最好的制度，但比起其他制度来说是最好的选择"（丘吉尔语）。一般认为，民主政体之所以可取，并非因为它是最好的制度，也不是因为大多数人都是或总是正确的，而是因为它的弊病最少。这种制度本身并不给人民提供幸福，只是给人民追求幸福提供保障。"不如乡人之善者好之，其不善者恶之"的评价制度也许是最好的制度，它本身也能够给人提供幸福，但因对"善者"、"不善者"及好恶的方式、程度等问题无法量化而难于操作；对于现代社会，它当然只能是制度理想，而不能成为制度，但它绝非没有意义。

这里有一个"天赋人权"与"人赋人权"的问题。

翻译为中文的"天赋人权"其本意是指自然权利（Natural right）。自然权利源于古希腊哲学的自然法理论，其思想体系自文艺复兴以来得到了重要的发展，基本观点是自然权利是天赋予的，是自然生物所共有的，是不可转让和剥夺的。"人们……生来就享有自然的一切同样的有利条件，能够运用相同的身心能力，就应该人人平等，不存在从属或受制的关系"；"人们既然都是平等和独立的，任何人就不得侵害他人的生命、健康、自由或财产。"[1]美国《独立宣言》对"自然权利"作了这样的解释："我们认为下面这些真理是不言而喻的：人人生而平等，造物者赋予他们若干不可剥夺的权利，其中包括生命权、自由权和追求幸福的权利。"近代以来"自然权利"被用作思想解放的武器。

---

[1] ［英］洛克《政府论》，商务印书馆，1997年，第5—6页。

原始儒家的立法思想也是指向自然法的,但并没有导向自然权力意义上的"天赋人权",而是导向了民胞物与、与天地参的万物平等的思想。当然,这种平等不是实在法意义上的平等,而是价值权利的平等,在权利与善的关系中,善被推向了绝对性的优先地位。这样一来,人的权利就缺乏实在法范畴中的明晰性,往往要靠人来赋予。

"人赋人权"中"权"也不是按人头量化的"自然权利",而是道德份额,份额的多少与道德的高下呈正相关状态,由此而决定的中国古代的政治方式就是德政。这的确缺乏近现代意义上的"天赋人权"的可操作性,但中华民族据此"操作"了数千年而不灭亡,其原因在于"人赋人权"的思想不仅不否认"天赋人权"中的"生命权、自由权和追求幸福的权利",而且要用道德的方式来最大限度地保障这种权利。更重要的是,"人赋人权"要破除那种魔鬼因共同的利益而订立的共同遵守的"美德"(康德语),努力使"恶法"变为"善法",保证了法律的合法性。

"天赋人权"的观念来自概念的人为设定,而人为设定是不可靠的;"人赋人权"的观念来自道德,道德来自人要"活着"的内在亲证。"人赋人权",人的权利的合法性、正当性与人类总体发展的一致性就得到了根本性的保障。(详参看 13.18 "讲记")

13.25　子曰:"君子易事①而难说②也。说之不以道,不说也;及其使人也,器之③。小人难事而易说也。说之虽不以道,说也;及其使人也,求备④焉。"

【注释】

① 易事:易于共事。

② 难说:难于使高兴。说通"悦"。

③ 器之:量才录用。

④ 求备：求全责备。

【今译】

孔子说："与君子共事很容易,但讨君子喜欢很难。不按正道去讨他的喜欢,他是不会喜欢的;但等到用人的时候,君子总是量才录用。与小人共事很难,但要取得小人的喜欢却很容易的。不按正道去讨小人的喜欢,小人也会喜欢;但等到小人使用人的时候,总是求全责备。"

【讲记】

君子之心公而恕,小人之心私而刻。(《论语集注》)

13.26　子曰："君子泰而不骄,小人骄而不泰。"

【今译】

孔子说："君子坦然安泰而不傲慢骄横,小人傲慢骄横而不坦然安泰。"

【讲记】

君子循理,故安舒而不矜肆。小人逞欲,故反是。(《论语集注》)

13.27　子曰："刚、毅、木①、讷②近仁。"

【注释】

① 木：朴质。
② 讷：言语谨慎迟钝。

【今译】

孔子说:"刚强、坚毅、朴实、谨言,具有这四种品德就接近于仁。"

【讲记】

李泽厚先生将人性分为人性情感、人性能力与善恶观念三个部分。所谓人性情感是指如恻隐之心等与生俱来的自然情感,与动物共有;但这种情感不是先验的,仍然是在漫长的历史实践中形成的,即所谓的人的动物性;人性能力则是指由人的意志支配的行动能力,这种能力可能指向善,也可能指向恶,为动物所无。三者的关系是由人性情感发动,经善恶观念分辨,由人性能力执行,形成人类的伦理道德行为。[1] 这里的"刚、毅、木、讷"是人性能力与善的指向合一的状态,这种状态"近仁"。

> 正义曰:"此章言有此四者之性行,近于仁道也。仁者静,刚无欲亦静,故刚近仁也。仁者必有勇,毅者果敢,故毅近仁也。仁者不尚华饰,木者质朴,故木近仁也。仁者其言也讱,讷者迟钝,故讷近仁也。"(《论语注疏》)

13.28　子路问曰:"何如斯可谓之士矣?"子曰:"切切偲偲①,怡怡②如也,可谓士矣。朋友切切偲偲,兄弟怡怡。"

【注释】

① 切切偲偲(sī):友爱地批评、鼓励的样子。
② 怡怡:亲切和气的样子。

【今译】

子路问孔子:"什么样的人才可以称为士呢?"孔子说:"友爱

---

[1]　李泽厚《人类学历史本体论》,天津社会科学出版社,2008年,第280页。

地相互批评勉励,和睦相处,可以算是士了。朋友之间要督促鼓
励,兄弟相处要和和气气。"

【讲记】

　　友爱、和气、批评、鼓励等都是子路之不足。孔子因材施教。

13.29　子曰:"善人教①民七年,亦可以即②戎③矣。"

【注释】

　　① 教:教化,教练。
　　② 即:就,接近,参加。
　　③ 戎:军事,作战。

【今译】

　　孔子说:"善人在位,教练百姓七年,就可以让他们参军作
战了。"

【讲记】

　　孔子并不反对一切战争,只是反对不正义的战争。公元前
484年,齐、鲁发生战争,孔子学生冉求率鲁左师败齐。事后,"季
康子曰:'子之于军旅,学之乎? 性之乎?'冉有曰:'学之于孔
子。'"(《史记·孔子世家》)

13.30　子曰:"以不教民战,是谓弃之。"

【今译】

　　孔子说:"如果用不经过教育和训练的百姓进行作战,这就

叫抛弃他们。"

【讲记】

　　参看 13.29"讲记"。

宪问第十四

14.1　宪①问耻。子曰："邦有道，谷②；邦无道，谷，耻也。""克③、伐④、怨、欲不行焉，可以为仁矣？"子曰："可以为难矣，仁则吾不知也。"

【注释】
　　① 宪：姓原名宪，字子思，宋国人，孔子的学生，孔子在鲁国任大司寇时，原思曾做他家的总管。
　　② 谷：小米，这里指做官者的俸禄。
　　③ 克：好胜。
　　④ 伐：自我夸耀。

【今译】
　　原宪问什么是耻辱。孔子说："国家政治清明的时候，可以做官食俸禄；国家政治昏暗的时候，还做官食俸禄，就是耻辱。"原宪又问："好胜、自夸、怨恨、贪欲都没有的人，可以算是做到仁了吧？"孔子说："这可以说是很难得的，但至于是否做到了仁，我就不知道了。"

【讲记】
　　原宪是孔子弟子中具有隐士、游侠气质的人。"原宪，闾巷人也，读书怀独行君子之德，义不苟合当世，当世亦笑之。故季次、原宪终身空室蓬户，褐衣疏食不厌。"（《史记·游侠列传》）

"孔子卒,原宪遂亡在草泽中。子贡相卫,而结驷连骑,排藜藿入穷阎,过谢原宪。宪摄敝衣冠见子贡。子贡耻之,曰:'夫子岂病乎?'原宪曰:'吾闻之,无财者谓之贫,学道而不能行者谓之病。若宪,贫也,非病也。'子贡惭,不怿而去,终身耻其言之过也。"(《史记·仲尼弟子列传》)

从原宪的行为来看,他大概很知廉耻,也没有"克、伐、怨、欲"的缺点,所以想知道自己是否做到了仁。孔子认为原宪的做法已很难得,但未必是仁。在孔子看来,仁是情感,是人格境界,是以人要"活着"为永恒动力对历史合理性因素的审美生成,所以,"不行""克、伐、怨、欲"如果仅仅停留在理性的行为规范层面,就还不是仁,只有将这些品德内化为人的生命情感,才在这方面做到了仁;况且,"不行""克、伐、怨、欲"离"仁者,爱人"的要求也还有不小的距离。

14.2　子曰:"士而怀居①,不足以为士矣。"

【注释】

① 怀居:留恋安逸的家居生活。

【今译】

孔子说:"士如果贪恋安逸的生活,就不足以做士了。"

【讲记】

"子曰:'士志于道,而耻恶衣恶食者,未足与议也。'"(4.9)"君子无终食之间违仁,造次必于是,颠沛必于是。"(4.5)无论哪个时代,士人都应该永远走在社会的前面,为使社会变得更美好而奋斗,因此士人不可能享受安逸的生活,这是士人的本分和品格,也是士人的宿命。

14.3　子曰："邦有道，危^①言危行；邦无道，危行言孙^②。"

【注释】

① 危：直，正直。
② 孙：同"逊"。

【今译】

孔子说："国家政治清明时，说话和做事都要正直；国家政治不清明时，行为要端正，但说话要谨慎。"

【讲记】

这并非所谓的滑头哲学，而是要"守死善道"。（详参看 8.13 "讲记"）

14.4　子曰："有德者必有言^①，有言者不必有德。仁者必有勇，勇者不必有仁。"

【注释】

① 言：言论，著述。

【今译】

孔子说："有道德的人一定有言论、著述，有言论、著述的人不一定有道德。仁人一定勇敢，勇敢的人不一定有仁德。"

【讲记】

有德者，和顺积中，英华发外。能言者，或便佞口给而已。仁者，心无私累，见义必为。勇者，或血气之强而已。

> 尹氏曰:"有德者必有言,徒能言者未必有德也。仁者志必勇,徒能勇者未必有仁也。"(《论语集注》)

这也是对仁德的阐发。孔子的仁德不是像宋儒及其后的末流那样空谈心性就能实现的,而是要通过现实功业来证明的;当然,仅有现实功业也不能证明就做到了仁德,而是必须把外在的现实功业转化为内在的生命情感才能称之为仁德。仅以外在现实功业来考量一个人,那是当下的"考核"方式。

14.5　南宫适问于孔子曰:"羿①善射,奡②荡舟,俱不得其死然。禹稷③躬稼而有天下。"夫子不答。南宫适出。子曰:"君子哉若人！ 尚德哉若人！"

【注释】

① 羿:传说中夏代有穷国的国君,善射,曾夺夏太康的王位,后被其臣寒浞所杀。

② 奡(áo):传说中寒浞的儿子,善水战,后为夏少康所杀。

③ 稷:传说中舜时掌农业的官,周人始祖。

【今译】

南宫适问孔子:"羿擅长射箭,奡擅长水战,但最后都不得好死。禹、稷亲自种植庄稼,却得到了天下。"孔子没有回答。南宫适出去后,孔子说:"这个人真是个君子呀！ 这个人真是崇尚道德啊！"

【讲记】

南宫适的意思是:崇尚武力的,都不得善终;为民谋福祉的,终得天下。这正符合儒家的思想,所以孔子给予高度赞赏。至于为什么要在南宫适出去以后才赞赏,有注释说南宫适以羿、奡来比喻当时的统治者,以禹、稷来比喻孔子,孔子不好当面承认并回答。

14.6 子曰："君子而不仁者有矣夫，未有小人而仁者也。"

【今译】
孔子说："君子中有缺少仁德的人，但小人中不会有有仁德的人。"

【讲记】
　　谢氏曰："君子志于仁矣，然毫忽之间，心不在焉，则未免为不仁也。"（《论语集注》）

14.7 子曰："爱之，能勿劳①乎？忠焉，能勿诲乎？"

【注释】
① 劳：使动用法，意思是使之勤劳，使之操劳。

【今译】
孔子说："爱他，能不让他操劳吗？忠于他，能不劝告他吗？"

【讲记】
讲爱与忠的原则。《论语集注》："苏氏曰：'爱而勿劳，禽犊之爱也；忠而勿诲，妇寺之忠也。爱而知劳之，则其为爱也深矣；忠而知诲之，则其为忠也大矣。'"明蔡清《四书蒙引》："爱不但父子之爱，兄之爱弟，士爱友，君爱臣民，师爱弟子，亦有如此者。忠不但臣之忠君，子亦有尽忠于父处，凡为人谋亦有尽其忠处，士亦有尽忠于友处,但不必贯忠爱而一之也。"蔡清之论当合孔子之意。

14.8　子曰:"为命①,裨谌②草创之,世叔③讨论之,行人④子羽⑤修饰之,东里⑥子产润色之。"

【注释】
① 命：国家的外交文书。
② 裨谌：郑国大夫。
③ 世叔：即子太叔,名游吉,子产死后为郑相。
④ 行人：掌管外交事务的官名。
⑤ 子羽：郑国大夫公孙挥,字子羽。
⑥ 东里：子产居住的地方。

【今译】
孔子说:"郑国制定外交文书,先由裨谌起草,再交由世叔修改,然后由外交官子羽加以修饰,最后由东里子产作润色完成。"

【讲记】
子产之从政也,择能而使之。冯简子能断大事;子大叔美秀而文;公孙挥能知四国之为,而辨于其大夫之族姓、班位、贵贱、能否,而又善为辞令;裨谌能谋,谋于野则获,谋于邑则否。郑国将有诸侯之事,子产乃问四国之为于子羽,且使多为辞令。与裨谌乘以适野,使谋可否。而告冯简子,使断之。事成,乃授子大叔使行之,以应对宾客。是以鲜有败事。北宫文子所谓有礼也。(《左传·襄公三十一年》)

郑国处于晋、楚两大国之间,搞好外交十分重要。子产执政期间(前548—前522)聚集人才,发挥各自的长处,慎重从事,所以使郑国外交"鲜有败事"。

14.9　或问子产。子曰:"惠人也。"问子西①。曰:"彼哉! 彼哉!"问管仲。曰:"人也。夺伯氏②骈邑③三百,饭疏食,没齿④无怨言。"

【注释】

① 子西:这里的子西指孔子同时的楚国令尹公子申。一说指子产同宗兄弟公孙夏,子产继他主政。

② 伯氏:齐国的大夫,《论语义疏》说他名偃。

③ 骈邑:地名,伯氏的采邑。

④ 没齿:老年。

【今译】

有人问子产是个怎样的人。孔子说:"是个对人有恩惠的人。"又问子西。孔子说:"他呀! 他呀!"又问管仲。孔子说:"他是个有才干的人,他剥夺了伯氏的三百家骈邑,使伯氏终生吃粗粮食,但伯氏至老也都没有怨言。"

【讲记】

古注对该章讲得很清楚。

《论语注疏》:"马曰:'子西,郑大夫。彼哉彼哉,言无足称。'"孔曰:"伯氏食邑三百家,管仲夺之,使至疏食,而没齿无怨言,以其当理也。"

> 子产之政,不专于宽,然其心则一以爱人为主。故孔子以为惠人,盖举其重而言也。……子西,楚公子申,能逊楚国,立昭王,而改纪其政,亦贤大夫也。然不能革其僭王之号。昭王欲用孔子,又沮止之。其后卒召白公以致祸乱,则

其为人可知矣。彼哉者,外之之辞。(《论语集注》)

14.10 子曰:"贫而无怨难,富而无骄易。"

【今译】
孔子说:"贫穷而不发怨言很难做到,富有而不骄傲容易做到。"

【讲记】
参看1.15"讲记"。

14.11 子曰:"孟公绰①为赵、魏老②则优③,不可以为滕、薛④大夫。"

【注释】
①孟公绰:鲁国大夫,属于孟孙氏家族。
②老:古代大夫家臣的首领。
③优:有余。
④滕、薛:滕,诸侯国家,在今山东滕县。薛,诸侯国家,在今山东滕县东南一带。

【今译】
孔子说:"孟公绰做晋国赵氏、魏氏家臣的首领才干有余,但不能做滕、薛这样小国的大夫。"

【讲记】
公绰性寡欲,赵、魏贪贤,家老无职,若公绰为之,则优游有余裕也。滕、薛乃小国,而大夫职烦,则不可为也。
(《论语注疏》)

老,家臣之长。大家势重,而无诸侯之事;家老望尊,而
无官守之责。(《论语集注》)

14.12　子路问成人①。子曰:"若臧武仲②之知,公绰之
不欲,卞庄子③之勇,冉求之艺,文之以礼乐,亦可以为成人
矣。"曰:"今之成人者何必然? 见利思义,见危授命,久要④不
忘平生之言,亦可以为成人矣。"

【注释】
　　① 成人:完美的人。
　　② 臧武仲:鲁国大夫臧孙纥。
　　③ 卞庄子:鲁国卞邑大夫,以勇武著称,曾刺死老虎。
　　④ 久要:长久处于贫困中。要通"约",贫困。

【今译】
　　子路问孔子怎样做才是一个完美的人。孔子说:"像臧武仲
那样具有智慧,像孟公绰那样能够清心寡欲,像卞庄子那样勇
敢,像冉求那样多才多艺,再通达礼乐,就可以算是一个完美的
人了。"孔子又说:"现在的完人何必要这样呢? 看到财利就想到
道义,遇到危险能献出生命,长期处于穷困之中都不忘平生的诺
言,这样也可以算是完美的人了。"

【讲记】
　　《论语集注》:"胡氏曰:'今之成人以下,乃子路之言。盖不
复闻斯行之之勇,而有终身诵之之固矣。未详是否?'"把"今之
成人"以下看成是子路的话,也有一定道理,即子路觉得古之完
人的要求太高,今之完人可以降格以求。孔子是不会以牺牲"文

之以礼乐"为代价来降低完人的标准的。

孔子强调了古之完人和今之完人的区别：有无"文之以礼乐"。"文之以礼乐"绝非简单地用礼乐来文饰，而是把礼乐精神内在化，成为生命状态。如果没有礼乐精神作为导向，所有的"智"、"勇"、"艺"都只是外在的技术，与人格境界无关。当然，如果只有礼乐精神，而没有"智"、"勇"、"艺"，礼乐精神也就无法显现，最多也只是"平日袖手谈心性，临危一死报君王"的腐儒！

14.13　子问公叔文子①于公明贾②曰："信乎，夫子不言，不笑，不取乎？"公明贾对曰："以③告者过也。夫子时然后言，人不厌其言；乐然后笑，人不厌其笑；义然后取，人不厌其取。"子曰："其然？岂其然乎？"

【注释】

① 公叔文子：卫国大夫，一说卫献公之孙，名拔。

② 公明贾：卫国人。

③ 以：此。

【今译】

孔子向公明贾问公叔文子的情况，说："先生不说话，不笑，也不取财物，真的吗？"公明贾回答道："这是告诉你情况的那个人说错了。他老先生该说时才说，别人不厌恶他说话；高兴的时候才笑，因此别人不厌恶他笑；合于道义的财物他才取，因此别人不厌恶他取财物。"孔子说："原来这样啊，难道真是这样吗？"

【讲记】

公叔之子是卫国大夫，汉孔安国认为他是公孙拔，谥"文"，朱熹认为他是公孙枝，清阮元认为他是公子发。

该章述孔子不轻信传言。

14.14　子曰："臧武仲以防①求为后②于鲁,虽曰不要③君,吾不信也。"

【注释】

① 防：臧武仲的采邑,在今山东费县东。

② 后：后代。

③ 要：要挟。

【今译】

孔子说："臧武仲凭借采邑防邑要求鲁襄公在鲁国立臧氏后人,虽然有人说他不是要挟君主,我是不会相信的。"

【讲记】

古注说得很清楚：

> 孔曰："防,武仲故邑。为后,立后也。"鲁襄公二十三年,武仲为孟氏所谮,出奔邾。自邾如防,使为以大蔡纳请曰："纥非能害也,知不足也。非敢私请。苟守先祀,无废二勋,敢不辟邑!"乃立臧为。纥致防而奔齐。此所谓要君。(《论语注疏》)

> 武仲得罪奔邾,自邾如防,使请立后而避邑。以示若不得请,则将据邑以叛,是要君也。(《论语集注》)

> 武仲之请,其辞甚逊,当时未有言其非者。夫子正要君之名,《春秋》诛意之法也。(《论语意源》)

14.15　子曰："晋文公① 谲② 而不正,齐桓公③ 正而不谲。"

【注释】

① 晋文公：姓姬名重耳，春秋五霸之一。

② 谲（jué），欺诈，玩弄手段。

③ 齐桓公：姓姜名小白，春秋五霸之首。

【今译】

孔子说："晋文公做事诡谲而不正派，齐桓公做事正派而不诡谲。"

【讲记】

齐桓公曾经伐楚，责其苞茅之贡不入，并问周昭王南巡不回之事，义正辞严，所以"正而不谲也"。晋文公曾召天子至河阳，使诸侯朝之，以臣召君，是为非礼，且城濮之战以诈术胜，是"谲而不正"。

14.16　子路曰："桓公杀公子纠①，召忽②死之，管仲不死。"曰："未仁乎？"子曰："桓公九合诸侯③，不以兵车④，管仲之力也。如其仁⑤，如其仁。"

【注释】

① 公子纠：齐桓公小白的哥哥，后小白与他争位杀掉了他。

② 召忽：与管仲同为公子纠的家臣、师傅，召忽自杀后，管仲为国相辅佐齐桓公。

③ 九合诸侯：多次盟会诸侯。

④ 兵车：武器和战车，这里指武力。

⑤ 如其仁：这就是管仲的仁德。

【今译】

子路说："齐桓公杀了公子纠，召忽为公子纠自杀了，但管仲没有自杀。管仲不能算是仁人吧?"孔子说:"桓公多次会盟诸侯而不用武力,都是管仲的力量啊! 这就是管仲的仁了,这就是管仲的仁了!"

【讲记】

《论语集注》引胡安国《春秋传》述说史实并有评论:"按《春秋传》,齐襄公无道,鲍叔牙奉公子小白奔莒。及无知弑襄公,管夷吾、召忽奉公子纠奔鲁。鲁人纳之,未克,而小白入,是为桓公。使鲁杀子纠而请管、召,召忽死之,管仲请囚。鲍叔牙言于桓公以为相。子路疑管仲忘君事雠,忍心害理,不得为仁也。……不以兵车,言不假威力也。如其仁,言谁如其仁者,又再言以深许之。盖管仲虽未得为仁人,而其利泽及人,则有仁之功矣。"(详参看 14.17"讲记")

14.17 子贡曰:"管仲非仁者与? 桓公杀公子纠,不能死,又相之。"子曰:"管仲相桓公,霸诸侯,一匡天下,民到于今受其赐。微①管仲,吾其被发左衽②矣。岂若匹夫匹妇之为谅③也,自经④于沟渎⑤而莫之知也。"

【注释】

① 微:无,没有。

② 被发左衽:披散着头发,衣襟向左开。这是当时的少数民族的服饰风俗。被,同"披"。

③ 谅:信用,这里指小的诚信。

④ 自经:上吊自杀。

⑤ 渎:小渠。

【今译】

子贡说:"管仲不是仁德之人了吧? 齐桓公杀死了公子纠,

他不能为公子纠而死,反而做了齐桓公的宰相。"孔子说:"管仲辅佐齐桓公,称霸诸侯,天下得到匡正,老百姓至今享受到他赐予的好处。如果没有管仲,我们恐怕还要披散着头发,衣襟向左开。难道要像普通男女那样拘于小信,在山沟里上吊而死,没有人知道吗?"

【讲记】

关于管仲事桓公的评价问题,历来争论不休。《论语集注》中程子与朱熹就有争论:"程子曰:'……若计其后功而与其事桓,圣人之言,无乃害义之甚,启万世反复不忠之乱乎?如唐之王珪、魏徵,不死建成之难,而从太宗,可谓害于义矣。后虽有功,何足赎哉?'"

历来为孔子辩护的基本都是说"舍小节,论大功,孔子之意尽显"(钱穆《论语新解》),其实托名管仲所作的《管子》一书早对管仲事桓公的事进行了这样的辩解:"管仲曰:'夷吾之为君臣也,将承君命,奉社稷,以持宗庙,岂死一纠哉?夷吾之所死者,社稷破,宗庙灭,祭祀绝,则夷吾死之;非此三者,则夷吾生。夷吾生,则齐国利;夷吾死,则齐国不利。'"(《管子·大匡第十八》)

李泽厚在《论语今读》中问道:"这又是一个如何掌握原则性("经")与灵活性("权")的大问题,大意是说,要从全局看,这是历史主义,但当时(公子纠死时)管仲的功勋未建,业绩未显,又怎能即丢下伦理主义?孟子轻鄙管仲,因当时已无落后民族入主中原之类的问题。"[1]

其实,要理解孔子对管仲的评价,既不能拘于"舍小节,论大功",也不能停留在"历史主义"与"伦理主义"互不相容的关系上,而应该从大忠大义上着眼。所谓大忠大义,不是忠于一人一事,而是忠于国家天下,忠于百姓人民。当然,选择大忠大义是有条件的,那就是选择者必须有相应的才能和境界;否则,没有选择的能力却强词夺理,就是为变节寻找借口。在"人赋人权"

---

〔1〕 李泽厚《论语今读》,安徽文艺出版社,1998年,第336页。

的意义上,孔子的这种思想与恪守静止僵化的伦理主义的道学不同,是对所谓"伦理主义"和"历史主义"的双重突破,使二者相互融通(现实中,伦理主义与历史主义中的合理因素总是相互融通),昭示着富有开放性的历史—伦理观。(详参看 13.24 "讲记")

14.18　公叔文子之臣大夫僎①与文子同升诸公②。子闻之,曰:"可以为文矣。"

【注释】

① 僎:人名。公叔文子的家宰。

② 升诸公:升到公室,即做大夫。公,公室、公朝。

【今译】

公叔文子的家臣僎和文子一同被擢升为卫国的大夫。孔子知道了,说:"公叔文子死后可以以'文'为谥号了。"

【讲记】

赞扬公叔文子举贤荐能的美德。《论语集注》:"洪氏曰:'家臣之贱而引之使与己并,有三善焉:知人,一也;忘己,二也;事君,三也。'"

14.19　子言卫灵公之无道也,康子曰:"夫如是,奚而不丧①?"孔子曰:"仲叔圉②治宾客,祝鮀治宗庙,王孙贾治军旅,夫如是,奚其丧?"

【注释】

① 丧:败亡,灭亡。

② 仲叔圉(yǔ)：即孔文子，卫国大夫。后面提到的祝鮀、王孙贾也是卫国的大夫，各有一定才能。

【今译】

孔子说卫灵公无道。季康子说："既然如此，卫国为什么没有灭亡呢？"孔子说："卫国有仲叔圉接待宾客，有祝鮀管理宗庙祭祀，有王孙贾统率军队，像这样，怎么会败亡呢？"

【讲记】

梁代皇侃《论语义疏》："或问曰：'灵公无道，焉得有好臣？'答曰：'或是先人老臣未去者也。'"无道而善于用才，也能保国家一时不至败亡，但终不能长久。

14.20 子曰："其言之不怍，则为之也难。"

【今译】

孔子说："说话大言不惭，实现这些话就会很困难。"

【讲记】

孔子反对言过其实，夸夸其谈。（详参看 1.3"讲记"）

14.21 陈成子①弑简公②。孔子沐浴而朝，告于哀公曰："陈恒弑其君，请讨之。"公曰："告夫三子③。"孔子曰："以吾从大夫之后，不敢不告也。君曰'告夫三子'者。"之④三子告，不可。孔子曰："以吾从大夫之后，不敢不告也。"

【注释】

① 陈成子：陈成子即陈恒，齐国大夫，又叫田成子，古音田、

陈音近,也称为田恒,汉朝为汉文帝刘恒避讳,称为田常,"成"为谥号。

② 简公:齐简公,姓姜,名壬。

③ 三子:指鲁国当时的执政季孙氏、孟孙氏、叔孙氏。

④ 之:往。

【今译】

陈恒杀了齐简公。孔子沐浴斋戒后上朝,向鲁哀公报告说:"陈恒杀了他的君主,请出兵讨伐他。"哀公说:"你去向那三位大夫报告吧。"孔子退朝后说:"因为我曾经做过大夫,不敢不来报告这样的大事,君主却说'你向那三位大夫报告吧'!"孔子向那三位大夫报告,三位大夫不出兵讨伐。孔子又说:"因为我曾经做过大夫,我不敢不来报告这样的大事呀!"

【讲记】

孔子为什么要去报告?《论语集注》说得很清楚:"臣弒其君,人伦之大变,天理所不容,人人得而诛之,况邻国乎? 故夫子虽已告老,而犹请哀公讨之。"《论语集注》还进一步讨论说:"程子曰:'左氏记孔子之言曰:陈恒弒其君,民之不予者半,以鲁之众,加齐之半,可克也。此非孔子之言。诚若此言,是以力不以义也。若孔子之志,必将正名其罪,上告天子,下告方伯,而率与国以讨之。至于所以胜齐者,孔子之余事也,岂计鲁人之众寡哉? 当是时,天下之乱极矣,因是足以正之,周室其复兴乎? 鲁之君臣,终不从之,可胜惜哉!'胡氏曰:《春秋》之法,弒君之贼,人得而讨之。仲尼此举,先发后闻可也。'"

这里面有四个问题:

一、孔子该不该"告"? 齐国出了这样的事,的确是"礼崩乐坏"了,但鲁国就很好吗? 孔子说:"天下有道,则礼乐征伐自天子出。天下无道,则礼乐征伐自诸侯出。"(16.2)鲁国的"礼乐征伐"恐怕是出自"三子"吧,否则,哀公为什么要他向"三子"报告呢? 而"三子"连诸侯也算不上。但孔子仍然要"告",这表示了他维护礼制的基本态度。孔子尽人事以安吾心,所以该"告"。

二、孔子真的愿意"率与国以讨之"吗？孔子仅仅是说"不敢不告也"，并未说"小子鸣鼓而攻之可也"，况且孔子是个清醒的人，不是"暴虎冯河"之徒，所以他不会"率与国以讨之"。"率与国以讨之"且能轻易"胜齐"，实在是程颐等书生的一厢情愿。"孔子这么做，其实是在无道的天下宣道而已。

三、如果能胜，孔子愿意"率与国以讨之"吗？未必！因为田氏在齐国很得人心，按照孔子的思想，"举直错诸枉，则民服；举枉错诸直，则民不服"，(2.19)为什么要讨伐？仅仅是为了礼制的虚名吗？

四、如何看待孔子的这一态度呢？这与自然法和实在法的关系很相似。实在法应该以开放合理的态度来接受自然法的合理因素，自然法也要遵循实在法的规则，二者在融通中良性发展。齐国田氏深得人心，田氏代齐处于理想的合理状态，是"自然法"所允许的，而礼制则属于"实在法"的范畴。孔子的做法其实是"做做样子"（对祸国殃民的乱臣贼子就不仅仅是做做样子了），还是接受了田氏代齐的某些合理因素的。纵观孔子的言论，可知他是希望礼法与合理现实的良性融通的。此非"滑头哲学"，乃中庸也。"滑头哲学"与中庸之道的重要区别之一就在于前者是无原则的暂时的调和，而后者则以形上原则为主导，所谓"极高明而道中庸"者也。二者的现实形态很难区分，正乃"运用之妙，存乎一心也"！

14.22　子路问事君。子曰："勿欺也，而①犯②之。"

【注释】
① 而：而且，并且。
② 犯：冒犯，触犯，指不顾君主的意愿直谏。

【今译】

　　子路问怎样侍奉君主。孔子说:"不要欺骗他,并且要直颜净谏。"

【讲记】

　　揣摩上意,其心可诛。臣子应该依据本心对君主直言,方是直臣、净臣,否则就是佞臣,奸臣。儒家之道,不仅对君主如此,对父母、兄弟、朋友也是如此。

14.23　子曰:"君子上达,小人下达。"

【今译】

　　孔子说:"君子向上追求仁德,小人向下追求财利。"

【讲记】

　　本章的"上"、"下"有三解。上达达于道,下达达于器(工商农贾等)。《论语注疏》:"本为上,谓德义也。末为下,谓财利也。"《论语集注》:"君子循天理,故日进乎高明;小人循人欲,故日究乎污下。"

　　《论语》中此类相关的论述很多,如:"君子怀德,小人怀土;君子怀刑,小人怀惠。"(4.11)"君子不可小知,而可大受也。小人不可大受,而可小知也。"(15.33)"君子易事而难说也。说之不以道,不说也;及其使人也,器之。小人难事而易说也。说之虽不以道,说也;及其使人也,求备焉。"(13.25)主要论述的是君子和小人在道德追求和价值取向上的区别。

　　孔子往往喜欢将君子和小人对举,但从来不以善恶、对错评价之,而是以上下分辨之。善恶是道德价值评判,道德不能强加于人,故不宜判君子小人之别;对错是社会规范评判,君子小人都在同一规范内行事,为社会规则所允许,故无对错;上下是人格上的格位评判，人有不同，格位有高低。

人是有区别的，谁也无法改变这一基本事实。但孔子的这一评判方法没有将人分成僵固不变的好坏等级，而是充分体现了人的平等性和人的发展的开放性。

14.24　子曰："古之学者为己①，今之学者为人②。"

【注释】

① 为己：为了提高自己的道德修养。

② 为人：为了给别人看。

【今译】

孔子说："古代的人学习是为了提高自己的道德修养，现在的人学习是为了装饰自己给别人看。"

【讲记】

《论语集注》："程子曰：'为己，欲得之于己也。为人，欲见知于人也。'程子曰：'古之学者为己，其终至于成物。今之学者为人，其终至于丧己。'愚按：圣贤论学者用心得失之际，其说多矣，然未有如此言之切而要者。于此明辨而日省之，则庶乎其不昧于所从矣。"程子和朱熹的解释都指向对先验的"道"的体认，与孔子的本意有距离。

该章可谓阐明儒学要义，因而有时儒学被称为"为己之学"。"为己"即为提高自己的道德修养，通过提高自己的道德水平来对社会发生影响，通过以身作则使"有朋自远方来"，社会影响反过来证明了自己的道德水平，这样就形成了一个不断提高的循环。在原始儒家那里，道德修养决非空谈"心性"就能证明，而是要通过现实功业来证明，但这里的现实功业又不依据外在的标准，如官位和权势等等，而是要将其转化为道德和境界，即现实功业是道德境界观照下的现实功业。这才是原始儒家道德境界的完整内涵。所以,"为己之学"不是从"心性"出发,也不归于先验的"道",而是以"己"的不证自明的内在感受(人要"活着"的内在亲证)为动力和依据来进行价值建构的哲学。

至于"为人",则是装点自己,用来给别人看,也可理解成为了指挥、控制别人。

14.25　蘧伯玉①使人于孔子,孔子与之坐②而问焉。曰:"夫子何为?"对曰:"夫子欲寡其过而未能也。"使者出,子曰:"使乎! 使乎!"

【注释】

① 蘧(qú)伯玉:蘧瑗,字伯玉,春秋时期卫国大夫,有贤名,孔子曾数次到他家居住。死后封"先贤",奉祀于孔庙东庑第一位。

② 与之坐:与使者对座。表示对使者和主人的尊重。

【今译】

蘧伯玉派使者去探望孔子。孔子与使者对坐,然后问道:"先生近来在做什么?"使者回答说:"先生想减少自己的过失但未能做到。"使者走了以后,孔子说:"好一位使者! 好一位使者!"

【讲记】

蘧伯玉善于省察自己的过失,使者又回答得体,故孔子称赞感叹。

14.26　子曰:"不在其位,不谋其政。"

【讲记】

重出。见 8.14。

14.27　曾子曰:"君子思不出其位。"

【今译】

曾子说:"君子考虑问题不超出自己的职位范围。"

【讲记】

参看 8.14"讲记"。

14.28　子曰:"君子耻其言而①过其行。"

【注释】

① 而:用法同"之"。

【今译】

孔子说:"君子认为说得多而做得少是可耻的。"

【讲记】

参看 8.14"讲记"。

14.29　子曰:"君子道者三,我无能焉:仁者不忧,知者不惑,勇者不惧。"子贡曰:"夫子自道①也。"

【注释】

① 自道：自己述说。

【今译】

孔子说："君子有三个方面的标准，我都未能做到：仁德的人不会忧愁，智慧的人不会迷惑，勇敢的人不会畏惧。"子贡说："这正是老师自己说的自己啊！"

【讲记】

参看 9.28"讲记"。

14.30　子贡方人①。子曰："赐也贤乎哉？夫我则不暇。"

【注释】

① 方人：比较别人的长短，指评论、诽谤别人。

【今译】

子贡议论别人的短处。孔子说："赐啊，你就那么贤能吗？我就没有闲工夫议论别人。"

【讲记】

好像是世俗格言，其实蕴有深厚哲理。儒学乃修身之学，要求严于律己，宽以待人，凡事从自身找原因，从自己做起，而不是找客观原因，对别人求全责备。如果陷入对别人的议论中，就会只看到别人的短处，看不到自己的缺陷，最终背离儒家修身之道。

14.31　子曰："不患人之不己知，患其不能也。"

【今译】

孔子说:"不担心别人不知道自己,只担心自己没有能力。"

【讲记】

钱穆先生认为:"《论语》有两章文字全同者,当是一章重出。有文字小异而章义全同者,当是孔子屡言之,而闻者各自记之。如本章四见,文各有异,是必孔子之丁宁反复而屡言常道之也。"[1](详参看 1.16"讲记")

14.32　子曰:"不逆诈①,不亿②不信,抑亦先觉者,是贤乎!"

【注释】

① 逆诈:事先怀疑别人欺诈。逆,迎,预测。

② 亿:同"臆",猜测。

【今译】

孔子说:"不预先怀疑别人欺诈,不猜测别人不诚实,但又都能事先觉察,这就是贤人了吧。"

【讲记】

孔子认为贤人除了有很高的道德修养外,还必须有丰富的社会经验和出色的才干。《论语集注》:"言虽不逆不亿,而于人之情伪,自然先觉,乃为贤也。杨氏曰:'君子一于诚而已,然未有诚而不明者。故虽不逆诈、不亿不信,而常先觉也。若夫不逆不亿而卒为小人所罔焉,斯亦不足观也已。'"但其中的"诚明"之道是指道德自觉的方式,与社会能力关系不大。

---

[1]　钱穆《论语新解》,三联书店,2008 年,第 378 页。

14.33　微生亩①谓孔子曰："丘,何为是②栖栖③者与? 无乃为佞乎?"孔子曰："非敢为佞也,疾固④也。"

【注释】

① 微生亩:姓微生,名亩,鲁国隐士。从他对孔子说话的口 气看,应该年长于孔子。

② 是:如此。

③ 栖栖(xī):忙碌不安的样子。

④ 疾固:疾,恨。固,顽固,愚陋。

【今译】

微生亩对孔子说:"孔丘啊,你为什么这样忙碌不安呢? 这 难道不是要显示自己能言善辩吗?"孔子说:"我不是要显示能言 善辩,只是疾恨愚陋顽固的人。"

【讲记】

康有为《论语注》:"数十年羁旅之苦,车马之尘,万世当思此 大圣至仁之苦心也。"该章述世人对孔子的不理解,亦孔子为周 游列国述志。

14.34　子曰:"骥①不称其力,称其德也。"

【注释】

① 骥:千里马,善跑的良马。

【今译】

孔子说:"对于千里马,不要称赞它的气力,而要称赞它的 品德。"

【讲记】

如果将才与德分开,儒家当然是将德放在第一位的,但事实上儒家在很多情形下是将才与德合为一体的,如道德修养、人格境界等。有德无才,德就难以得到证明;有才无德,才也就不能称之为才。这里将才、德分开讲,与具体历史情景有关:

> 正义曰:"此章疾时尚力取胜,而不重德。骥是古之善马名,人不称其任重致远之力,但称其调良之德也。马尚如是,人亦宜然。"(《论语注疏》)

14.35　或曰:"以德报怨,何如?"子曰:"何以报德? 以直报怨,以德报德。"

【今译】

有人问孔子说:"用恩德来报答怨恨怎么样?"孔子说:"如果这样,那用什么来报答恩德呢? 应该是用正直来报答怨恨,用恩德来报答恩德。"

【讲记】

> 所以不以德报怨者,若行怨而德报,则天下皆行怨以要德报之。如此者,是取怨之道也。(《论语义疏》)

儒学不是宗教,所以不从概念设定出发推导出现实道德观念和伦理秩序(如佛教的"割肉贸鸽"、"舍身饲虎",基督教的"别人打你的右脸,你把左脸也送上"等等),而是从人要"活着"的内在亲证出发来建构价值观念和伦理秩序("以直报怨,以德报德")。

14.36　子曰:"莫我知①也夫!"子贡曰:"何为其莫知子

也?"子曰:"不怨天,不尤②人。下学而上达③。知我者,其天④乎!"

【注释】

① 莫我知:没有人知道我。

② 尤:责备、怨恨。

③ 下学而上达:下学,指学习一般事理,学习礼乐等知识;上达,指向上了解天命,达到人生的最高境界。

④ 天:这里指义理之"天",即社会客观性或人类总体观念。

【今译】

孔子说:"没有人了解我啊!"子贡说:"为什么说没有人了解您呢?"孔子说:"我不埋怨天,也不责备别人,下学事理礼乐而上知天命。了解我的,大概只有上天了!"

【讲记】

"不怨天,不尤人":人的自足性的建立。

人的自足性是指价值完全依靠自己而建立,不受任何外在因素的干扰。孔门儒学不信仰鬼神,因此人无原罪,亦无原善,一切都是面对死亡——人生有限性——的自我设立,因此人具有最彻底的自足性。

与孟子具有先验色彩的性善论不同,孔子并未将人性规定为任何东西,而是把人性的建立看作在实践中养成的过程。从《论语》可以清楚地发现,孔子是将人性分成两个部分:一是人的社会性,一是人的动物性。"吾未见好德如好色者也"(15.12),"好德"是人的社会性,而"好色"则是人的动物性。人只有不断地克制自己动物性的一面,才能上升到社会性的一面,才能最后达至仁。当然,动物性与社会性不能截然分开,动物性是基础,社会性则是在此基础上进行人性心理培养而不断生成的。但"好德"的动力在哪里?鬼神既不可信奉,从实然状态上讲,人性

善恶就无依据。问题还在于,何谓善恶?从人类总体的角度讲,
一个人贡献多于索取,谓之善,反之则是恶。因为只有贡献多于
索取,人类社会才能存在和发展,反之则是倒退和灭亡。因此,
人生来未必是"好德"、"性善"的,却必须是"好德"、"性善"的。
"子曰:'性相近也,习相远也。'"(17.2)"性相近"不仅是说作为
动物的人有着相近的动物性,更是说人有自己必须和必然的选
择,这种选择使人性相近;"习相远"是说在后来的生命实践中未
必能坚持同样的选择,即使同样的选择,实现的成就和达到的境
界差别也很大。"人之生也直,罔之生也幸而免。"(6.17)是说只
有正道直行才是人生的本分,但生活中不正直的人也能生存,那
只是靠侥幸而避免灾祸罢了,其实是说性善才是本分。人性之
善是应然的,是人在无外在依傍的背景下的毅然崛立的必然选
择,是人的彻底的自足。

于鬼神无所待,于人是否有待?"不怨天,不尤人"是说不
去、不应该也无法怨天尤人,这是对上天(鬼神)和人(他人、社
会)的绝待,是对外在因素的剪除,是对人之自足性的确认;"下
学而上达"是进德的方式,是从践履到超越的取径;而"知我者其
天乎"则是人格的最终归宿,是"上达"之所。这里的"天"是虚灵
的(此"虚灵"出自朱熹《大学集注》"明德者,人之所得乎天,而虚
灵不昧,以具众理而应万事者也"),具有"客观社会性"的合理
性,是人类总体。

绝待之时,便是境界的开启。"司马牛忧曰:'人皆有兄弟,
我独亡。'子夏曰:'商闻之矣,死生有命,富贵在天。君子敬而无
失,与人恭而有礼。四海之内,皆兄弟也。君子何患乎无兄弟
也?'"(12.5)既然生与死、贵贱与穷达是人所左右不了的,那就
把它交给命运和上天。在理性的极限处,孔子的儒学止步了。
理性解决不了的问题,孔子没有勉强,而是将其交给"命"和
"天"——纯粹中国式的自然而然。这种自然而然,与人的主观
意志和客观努力无关,但它不是神秘的,而是与人的价值无关的
偶然性。于是,一切有待都被否定,在绝待中,人能做的只有一
件事,那就是提高自己的道德境界。那些不能用道德境界观照
的"命"、"天"与人无关,可以也应该悬置不顾;可用道德境界观

照的"命"、"天"则尽化为建构道德境界的精神资源。人生的境界因此豁然打开。需要特别指出的是,这种境界的打开绝不意味着对"死生"、"富贵"之类现实问题的否弃,而是执着中超越,指向的是"四海之内皆兄弟"的社会理想。

在具体的现实情景中,人的自足性有着各种表现形态,如1.15、4.5等。

"下学而上达,知我者,其天乎!"人格境界来自道德践履,最终归于义理之"天",即社会客观性或人类总体观念,而无论是人格境界,还是"天",这些说到底就是人的心理结构(即情理结构,但这种情理结构是以人类总体观念为根据的),所以,"知我者,其天乎"在本质上是人格境界和身份的自我认同。这是中国文化中心理本体——将外在本体内在化——的要义。

14.37 公伯寮①愬②子路于季孙。子服景伯③以告,曰:"夫子④固有惑志于公伯寮,吾力犹能肆诸市朝⑤。"子曰:"道之将行也与,命也;道之将废也与,命也。公伯寮其如命何!"

【注释】

① 公伯寮:姓公伯名寮,字子周,孔子的学生,曾任季氏的家臣。

② 愬:同"诉",诽谤,告发。

③ 子服景伯:姓子服,名何,鲁国大夫,"景"是他的谥号。

④ 夫子:指季孙。

⑤ 肆诸市朝:处死后陈尸街市和朝廷。肆,暴露尸体。

【今译】

公伯寮在季孙面前诽谤子路。子服景伯把这件事告诉了孔子,并说:"季孙氏的情志已经被公伯寮迷惑了,但凭着我的力量还能把公伯寮杀掉,并把他陈尸街市。"孔子说:"我主张的道能够推行,是天命决定的;不能推行,也是天命决定的。公伯寮能把天命怎么样呢?"

【讲记】

与 9.5 章中论证匡人"必不能违天害己"的方式一样,他所表现出的巨大的自信绝非盲目地相信命运,而是基于与天命(人类总体或客观社会性)相通、与历史道义合一的人格境界。(详参看 9.5"讲记")

14.38　子曰:"贤者辟①世,其次辟地,其次辟色,其次辟言。"子曰:"作者七人矣。"

【注释】

① 辟:同"避",逃避。

【今译】

孔子说:"贤人避开社会隐居,次一等的逃到别的地方去,再次一点的避开别人难看的脸色,再次一点的避开不好听的言语。"孔子又说:"这样做的已经有七个人了。"

【讲记】

关于"七人"具体指谁有多种说法。《论语注疏》:"包曰:'作,为也。为之者凡七人,谓长沮、桀溺、丈人、石门、荷蒉、仪封人、楚狂接舆。"这是《论语》中提到的七位隐士,今从。

对于乱世,孔子采取的是"非暴力,不合作"的方式。长沮、桀溺、楚狂接舆等人曾经嘲笑他,但他不以为忤,反而赞扬他们是隐士。"笃信好学,守死善道。危邦不入,乱邦不居。天下有道则见,无道则隐。邦有道,贫且贱焉,耻也;邦无道,富且贵焉,耻也。"这不是随世俯仰,而是"弘道"的处世策略。(详参看 8.13

"讲记")

14.39 子路宿于石门①。晨门②曰:"奚自?"子路曰:"自孔氏。"曰:"是知其不可而为之者与?"

【注释】

① 石门:地名。鲁国都城的外门。
② 晨门:早上守城门的人。

【今译】

子路在石门过夜。早上守城门的人问:"你从哪里来?"子路说:"从孔子那里来。"守门人说:"是那个知道不可能却还要去做的人吗?"

【讲记】

《论语集注》:"胡氏曰:'晨门知世之不可而不为,故以是讥孔子。然不知圣人之视天下,无不可为之时也。'"此论极是。

历来多认为"晨门"是石门隐者。孔子周流在外,回鲁天晚,宿在门外,及晨而入,守门人有此语,以讥讽孔子,后人多以"知其不可而为之"概括儒家之悲壮精神。

事实上,孔子之道具有无限的开放性,对于具体的现实而言永远"不可为",但孔子之道所代表的文化理想却对现实有着永恒的范导作用,因此又"圣人之视天下,无不可为之时也"。这也正是儒家思想永不过时,任何时候都能直指当下的原因。

14.40 子击磬于卫,有荷蒉①而过孔氏之门者,曰:"有心哉,击磬乎!"既而曰:"鄙哉! 硁硁②乎! 莫己知也,斯己而已矣。'深则厉,浅则揭'③。"子曰:"果哉! 末④之难矣。"

【注释】

① 蒉(kuì)：草筐。

② 硁硁(kēng)：击磬的声音。

③ 深则厉，浅则揭：水深穿着衣服涉水过河，水浅提起衣襟涉水过河。《卫风·匏有苦叶》："匏有苦叶，济有深涉。深则厉，浅则揭。"

④ 末：无。

【今译】

孔子在卫国敲磬，有一位背着草筐经过门前的人说："这个击磬的人，有心思啊！"一会儿又说："磬声硁硁作响，真是固执呀，没有人了解自己，就只为自己算了。如同过河，水深就穿着衣服过去，水浅就撩起衣服过去。"孔子说："说得真是干脆啊，简直无法说服他了。"

【讲记】

卫国当时人口较多，贤人较多，经济状况也较好，应该说是个较为理想的推行仁政的地方，所以孔子在卫国住的时间最长，但卫灵公年老倦事，最终没有任用孔子。荷蒉隐士从孔子的击磬声中听出了孔子的失落之意，出言讥讽，并引《卫风·匏有苦叶》中的诗句来讥讽孔子不识时务，所以孔子说"简直无法说服他了"。朱熹注得好："果哉，叹其果于忘世也。末，无也。圣人心同天地，视天下犹一家，中国犹一人，不能一日忘也。故闻荷蒉之言，而叹其果于忘世。且言人之出处，若但如此，则亦无所难矣。"（《论语集注》）一个人若如此忘世，说服他很难，但圣人以天下为己任，是不忘世的。该章借讽而讽，语意隐曲深厚。

14.41　子张曰："书云：'高宗①谅阴②，三年不言。'何谓也?"子曰："何必高宗？古之人皆然。君薨，百官总己③以听于冢宰④三年。"

【注释】

① 高宗：商王武丁。

② 谅阴：古时天子守丧之称。

③ 总己：总摄自己的职务。

④ 冢宰：官名，相当于后世的宰相。

【今译】

子张问："《尚书》上说：'殷高宗守丧，三年不谈政事。'是什么意思？"孔子说："何必一定是高宗，古人都这样。国君死了，朝廷百官都各自处理自己的职事，三年内服从宰相的命令。"

【讲记】

怀胎十月，一朝分娩，三年不免于怀，故父母去世有三年之丧。恩报之义，既源于情——自然血缘之情，亦源于理——非此则人不愿养育后代。情由内生，理由外烁，情理融合为孝，孝之社会规范形式为礼，礼上升为政治意识形态则为法。（参看1.2、3.4"讲记"）

14.42 子曰："上好礼，则民易使也。"

【今译】

孔子说："在上位的人喜好礼制，那么百姓就容易指使了。"

【讲记】

礼源于俗，礼在上古是习惯法，至孔子明确礼的本质是仁，使仁礼合一，所以在理想状态中礼治便是德治。《论语集注》："谢氏曰：'礼达而分定，故民易使。'"其实不确。谢良佐强调的是名分、等级和秩序，而孔子说的其实是以德使民，即以德为本，以礼（习惯法而非成文法）治国。上行下效，这是德治社会的情

景;依法行事,这是法治社会的规则。上行下效依靠的是内在的
道德力量,依法行事仰仗的则是外在的人对惩罚的恐惧感。至
于将法治上升到宗教般的神圣实在的高度,其基础仍然是观念
设定,其逻辑起点无法说明;而上行下效的德治源于人要"活着"
的内在亲证,其逻辑起点不证自明。(详参看 15.28"讲记")

14.43　子路问君子。子曰:"修己以敬。"曰:"如斯而已
乎?"曰:"修己以安人。"曰:"如斯而已乎?"曰:"修己以安百
姓。修己以安百姓,尧舜其犹病诸?"

【今译】

　　子路问怎样才算君子。孔子说:"修养自己,对人对事严肃
认真。"子路说:"这样就够了吗?"孔子说:"修养自己,使别人安
乐。"子路说:"这样就够了吗?"孔子说:"修养自己,使百姓安乐。
修养自己使百姓安乐,连尧、舜恐怕都不易做到吧?"

【讲记】

　　对于子路的问题,孔子"修己以敬"的回答已经很完备了,但
子路似乎没有领悟,还要再问,孔子的"修己以安人"、"修己以安
百姓"其实只是对"修己以敬"的具体解释。

　　"修身"为本,以严肃认真的敬畏态度来对待人和事,就是君
子。何以要"敬"?"敬"来源于人类社会的组织形式(信义)和人
的自由意志(对现实功利的超越),是普遍性理性形式,没有这
些,人类将失去行动和思维的依据,因此"敬"是人类总体的理性
选择。(详参看 2.7"讲记")

　　在孔子那里,从来没有空洞的"心性",修身必定与"安人"、
"安百姓"合二为一,即将道德和功业合二为一,功业与道德相互
涵容转化,成为人生境界,与宋儒及其以后儒学的某些说法有着
本质的区别。

在人我关系上,孔门仁学真正的精神是修己达人,而非后儒总结的修己治人。前者的理路是以对社会作出的贡献来证明自己的修养,从内在出发,是为己之学;后者是以某种制度方法来治理别人,从外在出发,迹近法家,是为人之学。

14.44　原壤①夷②俟。子曰:"幼而不孙弟③,长而无述焉,老而不死,是为贼。"以杖叩其胫。

【注释】

① 原壤:鲁国人,孔子的老朋友。朱熹说他"母死而歌,盖老氏之流,自放于礼法之外者"。(《论语集注》)

② 夷:蹲踞,即双腿分开而坐。

③ 孙弟:同"逊悌"。

【今译】

原壤叉开双腿坐着等孔子。孔子说:"你小的时候不讲孝悌,长大了又没有什么成就可称道,老了还不死,这叫做祸害。"说着,用手杖敲击他的小腿。

【讲记】

老朋友对他不敬,孔子骂人亦不留情,但很深刻,也很有艺术。

14.45　阙党①童子将命②。或问之曰:"益者与?"子曰:"吾见其居于位③也,见其与先生并行也。非求益者也,欲速成者也。"

【注释】

① 阙党：党名，即阙里，孔子家住的地方。

② 将命：在宾主之间传言。

③ 居于位：坐在长者的位子上。

【今译】

阙里的一个童子来向孔子传达使命。有人问孔子："这是个求上进的孩子吗？"孔子说："我见他坐在大人的位子上，又见他和师长并肩而行，这不是要求上进，只是急于求成。"

【讲记】

上进与求成之判。上进乃求道德，求成乃为功利，其间多有难辨处，学者不可不慎。

卫灵公第十五

15.1　卫灵公问陈①于孔子。孔子对曰:"俎豆②之事,则尝闻之矣;军旅之事,未之学也。"明日遂行。在陈绝粮,从者病,莫能兴。子路愠见曰:"君子亦有穷乎?"子曰:"君子固穷③,小人穷斯滥矣。"

【注释】

① 陈:同"阵",军队作战时的排兵布阵。

② 俎(zǔ)豆之事:指祭祀礼仪的事。俎豆,古代祭祀时放祭品的器皿。

③ 固穷:安守穷困。

【今译】

卫灵公向孔子请教军队列阵作战之法。孔子回答说:"祭祀礼仪的事情,我还听说过;列阵打仗的事,从来没学过。"第二天孔子就离开了卫国。孔子在陈国断粮,随从的人都饿病了,站不起来。子路很不高兴地来见孔子说:"君子也有穷困没有办法的时候?"孔子说:"君子有穷困的时候,但能安守坚持;小人一旦穷困,就无所不为了。"

【讲记】

孔子多次到卫国,尤其是在不得意的时候回到卫国,卫灵公也不拒绝。孔子初次到卫,"卫灵公问孔子:'居鲁得禄几何?'对曰:'奉粟六万。'卫人亦致粟六万。"(《史记·孔子世家》)可见卫灵公对孔子十分尊重。但孔子为什么离开卫国?"尹氏曰:'卫灵公,无道之君也,复有志于战伐之事,故答以未学而去之。'"(《论语集注》)尹焞称卫灵公是无道之君有些过分,但认为孔子因卫灵公欲行霸道而离开卫国是正确的。孔子帮卫灵公分析过军事问题,他的学生冉有也是出色的将领,孔子并非不懂军事,而是不谈军事而已。

关于孔子绝粮,《史记·孔子世家》载:

> 孔子迁于蔡三岁,吴伐陈。楚救陈,军于城父。闻孔子在陈蔡之间,楚使人聘孔子。孔子将往拜礼,陈蔡大夫谋曰:"孔子贤者,所刺讥皆中诸侯之疾。今者久留陈蔡之间,诸大夫所设行皆非仲尼之意。今楚,大国也,来聘孔子。孔子用于楚,则陈蔡用事大夫危矣。"于是乃相与发徒役围孔子于野。不得行,绝粮。从者病,莫能兴。孔子讲诵弦歌不衰。子路愠见曰:"君子亦有穷乎?"孔子曰:"君子固穷,小人穷斯滥矣。"

关于子路愠见孔子,《史记·孔子世家》的有关记载可以帮助我们理解:

> 孔子知弟子有愠心,乃召子路而问曰:"诗云'匪兕匪虎,率彼旷野'。吾道非邪? 吾何为于此?"子路曰:"意者吾未仁邪? 人之不我信也。意者吾未知邪? 人之不我行也。"孔子曰:"有是乎! 由,譬使仁者而必信,安有伯夷、叔齐? 使知者而必行,安有王子比干?"
>
> 子路出,子贡入见。孔子曰:"赐,诗云'匪兕匪虎,率彼旷野'。吾道非邪? 吾何为于此?"子贡曰:"夫子之道至大也,故天下莫能容夫子。夫子盖少贬焉?"孔子曰:"赐,良农能稼而不能为穑,良工能巧而不能为顺。君子能修其道,纲而纪之,统而理之,而不能为容。今尔不修尔道而求为容。赐,而志不远矣!"
>
> 子贡出,颜回入见。孔子曰:"回,诗云'匪兕匪虎,率彼旷野'。吾道非邪? 吾何为于此?"颜回曰:"夫子之道至大,

故天下莫能容。虽然，夫子推而行之，不容何病，不容然后
见君子！夫道之不修也，是吾丑也。夫道既已大修而不用，
是有国者之丑也。不容何病，不容然后见君子！"孔子欣然
而笑曰："有是哉颜氏之子！使尔多财，吾为尔宰。"

孔子以道之不行的问题来考问三个学生。子路的回答是道之不
行是道自身有问题，完全是"实用主义"的态度；子贡的回答并没
有怀疑道的正当性，但建议是降低一点标准，仍然是向现实屈
从；唯有颜回的回答是正确的："不容然后见君子。"

孔子将道的必然性与现实的偶然性作出了严格的区分。掌
握道的必然的人未必能在现实中成功，在现实中取得成功的人
未必掌握了道的必然，这也是"命"（道的必然）和"运"（现实中的
成功）的区别。因此，君子在不成功时，"君子固穷"，坚守道的必
然性；而小人则以无所不为来换取成功，"小人穷斯滥矣"。"君
子固穷"决非不关注现实，恰恰相反，君子一直在坚强地奋斗，同
时也一直坚持原则而不妥协。

15.2　子曰："赐也！女以予为多学而识之者与?"对曰：
"然，非与?"曰："非也。予一以贯之。"

【今译】

孔子说："赐啊！你以为我是博学多识的人吗?"子贡答道：
"对啊，难道不是这样吗?"孔子说："不是的。我是用一个根本的
东西将它们贯穿始终的。"

【讲记】

"一以贯之"的东西是什么，历来有争论。《论语集注》"尹氏
曰：'孔子之于曾子，不待其问而直告之以此，曾子复深谕之曰
唯。若子贡则先发其疑而后告之，而子贡终亦不能如曾子之唯
也。二子所学之浅深，于此可见。'"这是比较 4.15 章所说。孔

子告曾子"一以贯之"说,曾子性格敦笃,平日尽心体认,当面一唯,不再发问;而对子贡,则要循循善诱。如此看来,此处"一以贯之"的仍是道。

以道贯学问,以学问证道,正是道与学问的关系。孔子怕别人把他与一般的学问家混淆起来,故有此说。(详参看 4.15 "讲记")

15.3　子曰:"由! 知德者鲜矣。"

【今译】

孔子说:"仲由啊! 懂得德行的人,太少了。"

【讲记】

有三层含义:一、孔子历来认为"好仁者稀",此类意思在《论语》中多有表述,是《论语》的基本思想之一;二、子曰:"中人以上,可以语上也;中人以下,不可以语上也。"(6.19)人的道德自觉水平并不是一样的,与天赋有关;三、对有成德潜能者的激励。

15.4　子曰:"无为而治①者,其舜也与? 夫②何为哉? 恭己正南面而已矣。"

【注释】

① 无为而治:国家的统治者不必有所作为便可以治理国家了。
② 夫:代词,他。

【今译】

孔子说:"能够无为而治的人,大概只有舜吧? 他做了些什么呢？只是恭恭敬敬端坐在天子之位上罢了。"

【讲记】

老子讲"无为而治"，是讲祛除繁苛，顺其自然；孔子讲"无为而治"，是讲德盛化民，"惇信明义，崇德报功，垂拱而天下治"。（《尚书·武成》）

> 无为而治者，圣人德盛而民化，不待其有所作为也。独称舜者，绍尧之后，而又得人以任众职，故尤不见其有为之迹也。（《论语集注》）

15.5 子张问行①。子曰："言忠信，行笃敬，虽蛮貊之邦②，行矣。言不忠信，行不笃敬，虽州里③，行乎哉？立则见其参④于前也，在舆则见其倚于衡⑤也，夫然后行。"子张书诸绅⑥。

【注释】

① 行：行得通。
② 蛮貊(mò)之邦：古代指少数民族落后地区。蛮在南方，貊在北方。
③ 州里："五家为比，使之相保；五比为闾，使之相受；四闾为族，使之相葬；五族为党，使之相救；五党为州，使之相赒；五州为乡，使之相宾。"（《周礼·地官司徒第二》）这里指近处。
④ 参：显现，对照。
⑤ 衡：车辕前面的横木。
⑥ 绅：腰间的大带。

【今译】

子张问孔子如何才能使自己的主张到处都能行得通。孔子说："说话要忠诚信实，行事要实在恭敬，即使到了蛮貊地区，也会行得通。说话不忠诚信实,行事不实在恭敬,就是在本乡本土,能行得通吗?站着就好像看见忠信笃敬这几个字在面前,乘车就好像看到这几个字刻在车辕前的横木上,这样就能到处行得通。"子张把这些话记在腰带上。

【讲记】

子张重行,故孔子有此告诫,使其不忘修身。《论语集注》:"程子曰:'学要鞭辟近里,著己而已。博学而笃志,切问而近思;言忠信,行笃敬;立则见其参于前,在舆则见其倚于衡;只此是学。质美者明得尽,查滓便浑化,却与天地同体。其次惟庄敬以持养之,及其至则一也。'"程朱理学将孔子的内在道德与外在功业合一的人格境界解释成一味在"学"上做功夫("只此是学"),专务体悟天理,掏空了其历史实践的基础,终于走向追求超验的歧途。

所谓"内圣外王",在孔子那里,是合一的,即内在道德与外在功业相互融通转化,共同形成人格境界,而绝非所谓"内圣开出外王"。"内圣开出外王"的思维方式从根底上讲是指向超验的,即体悟到了"天理"就能"拯救人类"。这与原始儒家的以历史实践为本体的,既现实而又超现实的运思方式相悖。

15.6 子曰:"直哉史鱼①!邦有道,如矢②;邦无道,如矢。君子哉蘧伯玉!邦有道,则仕;邦无道,则可卷而怀之。"

【注释】

① 史鱼:卫国大夫,名鳅,字子鱼,临终时让儿子不要在正室治丧,以此劝谏卫灵公任用贤人蘧伯玉,斥退小人弥子瑕。
② 如矢:像箭一样正直。

【今译】

孔子说:"正直啊,史鱼!国家有道,他的言行像箭一样正直;国家混乱黑暗,他的言行也像箭一样正直。君子呀,蘧伯玉!国家有道他就做官,国家无道他就把自己的主张收藏起来。"

【讲记】

卫蘧伯玉贤而灵公不用,弥子瑕不肖反任之,史鱼骤谏而不从。史鱼病将卒,命其子曰:"吾在卫朝,不能进蘧伯玉,退弥子瑕,是吾为臣不能正君也。生而不能正君,则死无以成礼。我死,汝置尸牖下,于我毕矣。"其子从之,灵公吊焉,怪而问焉,其子以其父言告公,公愕然失容曰:"是寡人之过也。"于是命之殡于客位,进蘧伯玉而用之,退弥子瑕而远之。孔子闻之曰:"古之谏者,死则已矣,未有若史鱼死而尸谏,忠感其君者也,不可谓直乎!"(《孔子家语·困誓篇》)

从文中所述内容看,史鱼与伯玉是有所不同的。史鱼当国家有道或无道时,都同样正直,而伯玉则只在国家有道时出来做官。所以,孔子说史鱼是"直",蘧伯玉是"君子"。孔子对蘧伯玉的评价高于史鱼,一方面是因为蘧伯玉是著名的贤人,更重要的是孔子认为君子应该"守死善道,危邦不入,乱邦不居,天下有道则见,无道则隐。"(详参看 8.13"讲记")

15.7　子曰:"可与言而不与之言,失人;不可与言而与言,失言。知者不失人,亦不失言。"

【今译】

孔子说:"可以同他谈论正道却不同他谈,是失掉朋友;不可以同他谈论正道却同他谈,是说错话。有智慧的人既不失去朋友,又不说错话。"

【讲记】

有两解：一解为君子贵言，一解为君子善于知人。

15.8 子曰："志士仁人，无求生以害仁，有杀身以成仁。"

【今译】

孔子说："有志之士和仁德之人，没有因为求生而损害仁的，只有牺牲生命来成全仁的。"

【讲记】

《孟子·告子上》："孟子曰：'鱼，我所欲也；熊掌，亦我所欲也，二者不可得兼，舍鱼而取熊掌者也。生，亦我所欲也；义，亦我所欲也，二者不可得兼，舍生而取义者也。生亦我所欲，所欲有甚于生者，故不为苟得也；死亦我所恶，所恶有甚于死者，故患有所不辟也。如使人之所欲莫甚于生，则凡可以得生者，何不用也？使人之所恶莫甚于死者，则凡可以辟患者，何不为也？由是则生而有不用也，由是则可以辟患而有不为也。是故所欲有甚于生者，所恶有甚于死者，非独贤者有是心也，人皆有之，贤者能勿丧耳。'"朱熹在该部分注曰："欲生恶死者，虽众人利害之常情；而欲恶有甚于生死者，乃秉彝义理之良心，是以欲生而不为苟得，恶死而有所不避也。""设使人无秉彝之良心，而但有利害之私情，则凡可以偷生免死者，皆将不顾礼义而为之矣。""羞恶之心，人皆有之，但众人汩于利欲而忘之，惟贤者能存之而不丧耳。"（《孟子集注》）这是一个将应然等同于必然的思路，略与康德哲学思路相同。宋明理学的核心是人性论，其理论资源更多地取自孟子，必然导向先验论。

"孟子说：'恻隐之心，人皆有之；羞恶之心，人皆有之；恭敬之心，人皆有之；是非之心，人皆有之。恻隐之心，仁也；羞恶之心,义也;恭敬之心,礼也;是非之心,智也。仁义礼智,非由外铄我也,我固有之也,弗思耳矣。'"(《孟子·告子上》)这种粗糙的性善论在现实中会遇到各种窘境,到张载则提出"天地之性"与"气质之性"两个概念。"天地之性"就是与天地共生共在的先验的永恒秩序和律令,"气质之性"是与人的感性欲求相关的有限性;前者存在于后者之中,但又是后者的主导。这是借助易学与释道资源对孟子人性论思想的深化和发展,也是导向先验论的重要标志。但由于中国文化"一个世界"和"天人合一"的基本特征,这种对先验或超验的追求往往只能停留在士人的案头,最多反映在政治意识形态上,很难植根到民族文化心理中,也很少在文学艺术作品中表现出来。

　　事实上,孔曰"杀身成仁",孟曰"舍生取义",隐含的意思是对"身"、"生"的眷恋是人的本能,是人要"活着"的内在亲证,而人之所以成为人,就在于人能够为人类总体的"仁"、"义"而舍弃或奉献自己的感性生命。这种舍弃或奉献的依据不是概念推导出来的先验或超验的,而是基于人要"活着"的内在亲证和若不遵守奉献原则人类就要灭亡的切身体会。由这种亲证和体会而生成的"杀身成仁"、"舍生取义"观念也可以看成是先验甚至是超验的,但它不是由概念推导来的,而是由人的活生生的"经验"升华来的,这才是真正的"经验变先验"。(详参看9.25"讲记")

15.9　子贡问为仁。子曰:"工欲善其事,必先利其器。居是邦也,事其大夫之贤者,友其士之仁者。"

【今译】

　　子贡问怎样培养仁德。孔子说:"工匠要想做好他的工作,首先要把他的工具打磨锋利。住在这个国家,就应该侍奉那些大夫中的贤者,与士人中有仁德的人交朋友。"

【讲记】

　　孔子针对子贡的性格和问题而发。《论语集注》:"贤以事言,仁以德言。夫子尝谓子贡悦不若己者,故以是告之。欲其有所严惮切磋以成其德也。程子曰:'子贡问为仁,非问仁也,故孔子告之以为仁之资而已。'"

　　15.10　颜渊问为邦。子曰:"行夏之时①,乘殷之辂②,服周之冕,乐则韶舞。放③郑声④,远佞人。郑声淫,佞人殆。"

【注释】

　　① 夏之时:夏代的历法。时,历法。《论语集注》:"夏时,谓以斗柄初昏建寅之月为岁首也。天开于子,地辟于丑,人生于寅,故斗柄建此三辰之月,皆可以为岁首。而三代迭用之,夏以寅为人正,商以丑为地正,周以子为天正也。然时以作事,则岁月自当以人为纪。故孔子尝曰:'吾得夏时焉。'而说者以为谓《夏小正》之属。盖取其时之正与其令之善,而于此又以告颜子也。"

　　② 殷之辂:殷代的木制大车。殷车朴实实用。

　　③ 放:排斥,禁绝。

　　④ 郑声:郑国的乐曲,曲调浮靡华丽。

【今译】

　　颜渊问如何治理国家。孔子说:"用夏代的历法,乘殷代的车子,戴周代的礼帽,奏《韶》乐,舍弃郑国的乐曲,疏远巧言令色的人。郑国的乐曲浮靡放荡,巧言令色的人很危险。"

【讲记】

　　颜渊是孔子最得意的弟子,所以与颜渊谈具体的治国方法和国家制度,其中包括农事(历法)、器物(殷辂)、礼仪(周之冕)、教化(韶舞,放郑声)和为政(远佞人)等,几乎涉及了治国理政的所有主要方面。不能将这些措施简单地看成是所谓的复古,孔子是对前代有"损"有"益",集合其众多优势而建立德化醇美的理想社会。

15.11　子曰:"人无远虑,必有近忧。"

【今译】

　　孔子说:"人如果没有长远的考虑,一定会产生近期的忧患。"

【讲记】

　　一般理解为治国格言,也可理解为处世格言。

　　在原始儒家看来,人性是由人的动物性和社会性融合而成的,人的社会性指向奉献,但人的动物性指向追逐利益;追求人的社会性的道德提升很难,而放任人的动物性的自然欲望却很容易。根本意义上的忧患意识就此产生。

　　在一般意义上讲,儒学重义轻利,因为重义比重利更能维护人类社会的长远发展,最终使义上升为具有先验或超验意味的存在。

　　人的最大的"远虑"就是人类总体意识,最大的"近忧"就是当下时刻都在涌动着的人的动物性。只有当"远虑"持续占据主导地位的时候,人类社会才能和平发展。

15.12　子曰:"已矣乎! 吾未见好德如好色者也。"

【讲记】

　　该章重出。见9.17。

15.13 子曰:"臧文仲,其①窃位②者与! 知柳下惠③之贤而不与立也。"

【注释】

① 其:大概。

② 窃位:居官而不称职。

③ 柳下惠:姓展名获,又名禽,鲁国贤人,封地地名柳下,"惠"是他的私谥。

【今译】

孔子说:"臧文仲大概是个窃居官位的人吧! 他明知道柳下惠贤能,却不举荐他做官。"

【讲记】

孔子认为,为政者举贤任能是要务,故此处对臧文仲严厉批评。

范氏曰:"臧文仲为政于鲁,若不知贤,是不明也;知而不举,是蔽贤也。不明之罪小,蔽贤之罪大。故孔子以为不仁,又以为窃位。"(《论语集注》)

15.14 子曰:"躬自厚①而薄责于人,则远怨矣。"

【注释】

① 躬自厚:多责备自己,厚责自己。躬,亲身。

【今译】

孔子说:"多责备自己而少责备别人,那就可以远离怨恨了。"

【讲记】

修养之道,蕴含着深厚的中国哲学精神。

人要"活着"的内在亲证是人价值建构的永恒动力,而要想更好、更长久地"活着",就必须建立起相应的社会规则,这个社会规则必定是奉献。因为只有我为人人奉献,才能人人为我奉献,最终建立适合人类存在与发展的美好社会,否则,只有灭亡。"躬自厚而薄责于人"正是从自己做起,讲奉献,以道德的影响和榜样的力量来使社会风气和社会制度向良性方向发展,最终走向人类大同。

15.15　子曰:"不曰'如之何,如之何'者,吾末①如之何也已矣。"

【注释】

① 末:没有,这里指没有办法。

【今译】

孔子说:"不说'怎么办,怎么办'的人,我对他也不知该怎么办。"

【讲记】

遇事不审慎思虑而仓促行事之人,圣人也拿他没办法。孔子的幽默活泼跃然纸上。

15.16　子曰:"群居①终日,言不及义,好行小慧②,难矣哉!"

【注释】

① 群居：大家聚集在一起。

② 小慧：小聪明。

【今译】

孔子说："整天聚在一块，说的话都不涉及正道，只爱卖弄小聪明，这种人是难以教诲的啊！"

【讲记】

《论语集注》说得很透彻："小慧，私智也。言不及义，则放辟邪侈之心滋。好行小慧，则行险侥幸之机熟。难矣哉者，言其无以入德，而将有患害也。"钱穆先生说："孔子此言，历世如见，坏人才，害世道，其病非小，有志之士不可不深戒。"[1] 长期言不及义，爱耍小聪明，灵明日蔽，积重难返，此类人甚多。

15.17 子曰："君子义以为质，礼以行之，孙①以出之，信以成之。君子哉！"

【注释】

① 孙：通"逊"，谦逊。

【今译】

孔子说："君子以义为本质，以礼来推行它，用谦逊的语言来表达它，用忠信的态度来完成它。这才是真正的君子。"

【讲记】

讲君子的本质、使命及行为方式。

---

〔1〕 钱穆《论语新解》，三联书店，2008 年，第 409 页。

15.18 子曰:"君子病①无能焉,不病人之不己知也。"

【注释】

① 病:担忧,担心。

【今译】

孔子说:"君子只忧虑自己没有才能,不忧虑别人不知道自己。"

【讲记】

参看 1.16"讲记"。

15.19 子曰:"君子疾没世①而名不称焉。"

【注释】

① 没世:死亡之后。

【今译】

孔子说:"君子担忧的是自己死后名字不为人们所称颂。"

【讲记】

子曰:"弗乎弗乎,君子病没世而名不称焉。吾道不行矣,吾何以自见于后世哉?"乃因史记作《春秋》,上至隐公,下讫哀公十四年,十二公。(《史记·孔子世家》)

君子之疾,非疾其无名也,疾其无实也;非疾人之不见知也,疾我之无可知也。夫子此言盖勉人进修也。(《论语义府》)

小人为一时之利,君子为万世功业,故君子有此忧。

15.20　子曰:"君子求诸己,小人求诸人。"

【今译】

孔子说:"君子责求自己,小人责求别人。"

【讲记】

《论语注疏》:"正义曰:'此章言君子责于己,小人责于人也。'"君子凡事责求自己,小人凡事责求别人;责求自己则导向价值建构,提升境界,责求别人则导向怨怒和权力控制。所以,这不是简单的求己、求人的问题,而是涉及文化建构方向和德治与法治分途的大问题。

15.21　子曰:"君子矜①而不争,群②而不党③。"

【注释】

① 矜:庄重。
② 群:合群。
③ 党:结党营私。

【今译】

孔子说:"君子庄重而不与别人争执,合群而不结党。"

【讲记】

所谓"君子群而不党,小人党而不群"。君子以道义为原则,以天下为己任,所以与大众群体相一致;而小人以私利为目的,所以结党营私。

15.22　子曰:"君子不以言举人,不以人废言。"

【今译】

　孔子说:"君子不会根据一个人说的话来举荐他,也不因为人不好而废弃他的正确的话。"

【讲记】

　"子曰:'有德者必有言,有言者不必有德。'"(14.4)所以不能以言举人。但无德或德寡者有时也可说出正确的意见,也要采纳。这是君子理政的实事求是的态度。但历史和现实中的实际情形往往相反。

15.23　子贡问曰:"有一言而可以终身行之者乎?"子曰:"其恕①乎! 己所不欲,勿施②于人。"

【注释】

　① 恕:恕道,以自己的心推想别人的心,推己及人。
　② 施:加给。

【今译】

　子贡问孔子:"有没有一个字可以终身奉行的呢?"孔子回答说:"那就是'恕'字吧! 自己不愿意的,不要强加给别人。"

【讲记】

　"恕",推己及人,"己所不欲,勿施于人",己所欲的东西也不一定能够施于人,只有己欲人亦欲的东西才可以施于人,而施于人的方式只能是道德影响。这是最具有合理性、开放性和普遍性的建构人际关系的原则。在当前"普世伦理"运动搞得如火如茶的情况下,我们不得不审视孔子这一原则的合理性。

1999 年 8 月 28 日至 9 月 4 日,在美国的芝加哥召开了"第二届世界宗教议会",在会议的最后一天,公开发表了由当代普世伦理的主要倡导者之一、德国著名神学家汉斯·昆(Hans Kung)所起草的《世界宗教议会走向全球伦理宣言》,并得到了绝大多数与会代表的同意与签名。此后,"全球伦理"问题更加引起了世界范围内的广泛的重视与讨论,在中国似乎也成为"显学"。

全球伦理(the Universal Ethics,又译为"普世伦理"、"普适伦理"或"世界伦理")在《世界宗教议会走向全球伦理宣言》中是这样定义的:"我们所说的全球伦理,并不是指一种全球的意识形态,也不是指超越一切现存宗教的一种单一的统一的宗教,更不是指用一种宗教来支配所有别的宗教。我们所说的全球伦理,指的是对一些有约束性的价值观、一些不可取消的标准和人格态度的一种基本共识。没有这样一种在伦理上的基本共识,社会或迟或早都会受到混乱或独裁的威胁,而个人或迟或早也会感到绝望。"[1]按照汉斯·昆的解释,这样一种全球伦理应当是"由所有宗教所肯定的、得到信徒和非信徒支持的、一种最低限度的共同的价值、标准和态度"。[2]普世伦理的提出,是基于各家各界对于全球性的战争问题、资源问题、污染问题以及价值信仰的空虚、行为失范、社会混乱等问题的共识。正像汉斯·昆和卡尔—约瑟夫·库舍尔所说:"世界正处于这么一个时期,它比以前任何时期都更多地由世界性政治、世界性技术、世界性经济、世界性文明所塑造,它也需要一种世界性伦理。"[3]在这样的历史条件下按上述定义普世伦理是否合适,是大有商榷的余地的。

诚然,汉斯·昆的这种普世伦理观已经具有了跨文化系统、宗教派别、地域文明乃至社会意识形态的某些因素,起码在形式

────────

〔1〕 [德]孔汉思、库舍尔编《全球伦理——世界宗教议会宣言》,何光沪译,四川人民出版社,1997 年,第 12 页。

〔2〕 同上,第 171 页。

〔3〕 同上,第 1 页。

上摆脱了西方"基督教文化中心论"或西方价值优越论的框架，不再将文明或文化之间的关系看作是冲突，并且设定了"最低限度"的理论目标，使其保持着一种开放性和合理的文化姿态，有利于避免霸权话语的产生。但问题的关键不在这里，而在于它仅仅是一种宗教伦理，其立论基础只能是宗教理论，由此导出的"普世伦理"最多也只能为某些宗教徒接受，不可能成为真正的"普世伦理"。更为严重的是，其建构方法在本质上仍然是霸权式的，其表现就是不从各种具体的文化的内部特征和内在需求出发，而是从某些文化出发（起码是从宗教出发），从外部施加影响，以基督教的"己所欲，施于人"（有人认为错译）的方式干预其他文化，尽管打扮得"公平合理"，其本质依然是霸权的，最起码会导向霸权。

事实上，不可能在某一种文化或是某几种文化中存在所谓的普世伦理，我们只有像以往建构其他的伦理那样来建构普世伦理，普世伦理的出现和发展才是可能的。那么，建构普世伦理的方法就成为问题的关键。如果这一问题得不到明确的解决，以现在的情况而论，建构出来的"普世伦理"就必然带有某种文化和某种意识形态的影子，甚至会像一百年前的那次"普世化"运动一样，成为某种文化的变相的殖民运动。

"己所不欲，勿施于人"的基础是因为人性相近，人同此心，情同此理。那么，什么样的东西才可以"施于人"呢？在"己所欲"、"己所不欲"和"众所欲"三个概念中，其概念的内涵与外延是呈反向状态的，"己所欲"的外延最大，"众所欲"的外延最小，只有外延最小的"众所欲"，才是大家"互施"的范围，也是我们所追求的普世伦理的范围。但是，这里所讲的"众所欲"，不是政治和经济上的共同利益，不是世俗中所谓的"双赢"，而是一种伦理建构原则，即"己所不欲，勿施于人"的伦理信仰。只有建立了这种伦理信仰，人类才会具有真正的普世伦理，各个国家和民族才能真正在"和而不同"中发展。

世上本不存在现成的普世伦理，只有建构普世伦理的方法和原则。"忠恕"之道，"己所不欲，勿施于人"的思想，正是这种方法和原则。（详参看 4.15、5.11、12.2"讲记"）

15.24　子曰:"吾之于人也,谁毁谁誉? 如有所誉者,其有所试矣。斯民①也,三代之所以直道而行也。"

【注释】

① 斯民:这些人民。这里指夏、殷、周三代直到当时的正道而行的百姓。

【今译】

孔子说:"对于别人,我诋毁过谁? 赞美过谁呢? 假如我有所赞扬,他一定是曾经被考验过的。这些夏、殷、周三代直到现在的正道而行的百姓,就是这样做的啊!"

【讲记】

《论语注疏》:"马曰:'三代夏、殷、周用民如此,无所阿私,所以云直道而行。'"所谓历史自有公论,公道自在人心,一时的毁誉不是最终的结论。孔子坚定地相信历史与道德的统一。

15.25　子曰:"吾犹及史之阙文①也,有马者借人乘之②,今亡矣夫。"

【注释】

① 阙文:文献资料中空缺存疑的地方。"古之良史,于书字有疑则阙之,以待能者,不敢穿凿。孔子言我尚及见此古史阙疑之文。"(《论语注疏》)阙,同"缺"。

② 有马者借人乘之:一说有马先借给别人骑乘。一说此句系错出。

【今译】

孔子说:"我还能够看到史书存疑和空缺的地方,有马的人先给别人骑坐,现在没有这种人了罢。"

【讲记】

《论语集注》:"胡氏曰:'此章义疑,不可强解。'"

15.26 子曰:"巧言乱德。小不忍则乱大谋。"

【今译】

孔子说:"花言巧语会败坏人的道德。小的事情不能忍耐,就会坏掉大局。"

【讲记】

讲人的道德修养。《论语集注》:"小不忍,如妇人之仁、匹夫之勇皆是。""子路曰:'子行三军,则谁与?'子曰:'暴虎冯河,死而无悔者,吾不与也。必也,临事而惧,好谋而成者也。'"(7.10)孔子坚决反对不讲究策略的莽夫行为,匹夫之勇与"知者不惑,仁者不忧,勇者不惧"(9.28)有本质的区别。

15.27 子曰:"众恶之,必察焉;众好之,必察焉。"

【今译】

孔子说:"大家都厌恶他,我一定要考察;大家都喜欢他,我也一定要考察。"

【讲记】

对这两种人,不能轻易下定论,一定要认真考察。"王曰:'或众阿党比周,或其人特立不群,故好恶不可不察也。'"(《论语注疏》)孔子的知人之明是建立在科学的态度上的。

15.28　子曰:"人能弘^①道,非道弘人。"

【注释】

① 弘:弘扬,发扬。

【今译】

孔子说:"人能够使道发扬光大,不是道使人的才能扩大。"

【讲记】

人为什么能弘道？根据什么来弘道？为什么不是道能弘人?

人的动物性的生本能决定了自己不愿意灭亡(在孔子看来,人性由人的动物性和社会性组成,动物性是基础。因此,选择自杀是人的社会性在起作用),人就必然为了人类社会的产生、存在与发展对自己负责,就必然选择对人类社会的产生、存在与发展有利的价值观念、社会规范和行为准则,因此,道是由人创造并不断弘扬的。

"弘道"的依据是人类总体。人类总体是指以人类社会的产生、存在与发展为出发点和归结点来考察事物和评判是非的思想观念和文化意识。人类总体意识(或称人类总体、人类总体观念)来源于中华民族极其漫长的历史实践,与中国文化中的"天下"观念密切相关,它将人类看作一个整体,以人类时空总和的思想意识来观照人类阶段性历史问题,把具体历史情景中的问题纳入到人类时空总和的系统中加以考虑,超越民族、种族、国家的限制,试图为人类建立普遍性规则。人类总体观念具有历史性、开放性和社会客观性的基本特征。

"人能弘道",人根据不同的历史情景不断选择出正确的思想观念向"道"积淀,"道"就总是处于开放状态中,就不会僵化,

"道"也始终与鲜活的现实相联系,而不会变成先验或超验的东西;如果是"道弘人",把"道"放在第一位,那么,"道"就容易变成先验或超验的东西,就容易变得禁锢和僵化,这样,"道"不仅不能"弘人",反而极易变成束缚人的桎梏。

"人能弘道"、"为仁由己"、"我欲仁,斯仁至矣",把人放在第一位,确立了人的绝对中心地位,人成为天地万物中的绝对主体。人向历史实践敞开,人在历史实践中自我构建。这是孔子对人的价值、意义和存在方式的具有宗教意味的宣示。

"人能弘道",人不是先验的,而是历史实践中的具体存在,但人又对人类总体负责,在历史实践中建立道,即所谓"历史建理性",在这一意义上又有了先验或超验的指向;一切皆从历史实践出发,最终也归于历史实践,所以,"人能弘道"是历史实践本体论的宣言。

"人能弘道"是人的自我设定(与西方哲学或宗教中的设定不同,这里的设定具有社会客观性)和贞立,而对这种设定的怀疑和追询则造成强烈的悲剧意识,怀疑和追询的极致最后落到人生有限上。

孔门仁学以人要"活着"的内在亲证为永恒的"创生"动力,在人要"活着"意识的观照下对历史实践进行能动选择,在历史实践与人的相互创造中,人仍然是主动性因素。人要"活着"的内在亲证摒弃了理性的局限,却并不排斥外在实践,而是涵容外在实践,并进一步将外在实践化为内在亲证,形成审美化的人格境界;这样就打通了由理性产生的"天(历史总体、外在实践)人(道德境界、内在亲证)"之隔,将被理性分离开的本体界(实践的无限性)与现象界(感知的有限性)贯通起来,实现了所谓的天人不二、彼岸与此岸的统一。

"仁"是以人的内在亲证为动力,以人类总体意识为依据,以人的自证为形式的审美生成。为了人类总体的存在与发展,"欲仁"是人的必然选择,而"道不远人","仁在人心",所以只要"欲仁","仁"就会来到人的心中。

在中国文化传统中,人最感焦虑的三个问题是宇宙中性、价值无解和生命有限,而在三个问题中,人的生命有限性处于核心和基础地位。生命有限性如果得到了解决,其余两个问题也就有了解决的思路和可能;反之,无论是希望把宇宙自然当作人的外在归依,还是将人的精神价值当作人的内在归宿,都落不到实处。因此,先秦儒道的立论方式均是从解决人的有限性入手,而解决的方式就是对现实的超越,尤其是儒家,十分明确地要求将有限的个体融入人类总体中(即奉献)而获得超越性价值,实现人生的永恒。

人要求"活着"的内在亲证最终指向两个方面,即因生命有限而建立超越性价值和因生命有限而兴起悲剧意识。因此中国悲剧意识的基本来源就是人的生命的有限性,而悲剧意识的兴起又是建立超越性价值的必由之路。人类总体意识保证了悲剧意识的兴起不会将人类引向自我毁灭,而是必然在悲剧意识的消解中获得新生。消解悲剧意识的方式正如解决人的生命有限性一样,将有限的个体融入人类总体,在暴露人的生存困境的同时加以弥合,在超越性的弥合中建构更具合理性的新的价值。这是中国悲剧意识的根本特征。大致而论,中西悲剧意识的区别在于:在起源上,中国悲剧意识主要源自"天人合一"的思维方式,"天"无限而人生有限,其间的矛盾必然酝酿出浓烈的悲剧意识;西方悲剧意识主要源自"天人二分"的思维方式,其间的斗争促生了悲剧意识。在本质上,中国悲剧意识倾向于价值悲剧意识,西方更多地倾向于命运悲剧意识。在悲剧意识的彻底性上,中国悲剧意识建立在价值虚空的基础上,从人何以为人的根本问题上着眼,绝无依傍,即便抗争失败也找不到可以"投降"的对象;西方悲剧意识强调人与外在事物以及命运的抗争,失败后往往可以获得社会、道德等许多层面的赞誉,并非处在价值虚空中。在对悲剧意识的超越上,中国悲剧意识指向的是人在价值虚空中的毅然崛立,人为自己立命,人在人类总体意识观照下的觉醒,凝聚的是"人能弘道"的超越性的悲剧精神;西方悲剧意识因有斗争的对象,也就留下了可以"投降"的出路,宗教的产生就是对悲剧意识的彻底消解,其另一指向是抗争精神和个体的觉醒。还必须看到的是,悲剧意识源于对人的生命有限性的感知,而价值建构源于人要"活着"的内在亲证;后者是对人"活着"的正向思考,前者是对人"活着"的反向思考;但由于人必然要"活着",所以悲剧意识导向的是人的价值的建构,而且是价值建构的必要手段。二者不仅是一体的两面,还以其绝于外待的彻底的纯粹性保证了价值建构的正当性。

"人能弘道"的自我设定和贞立是允许思考、追问和怀疑的,由此而导致的强烈的悲剧意识并不指向对"人能弘道"的推翻,而是指向对"人能弘道"的更深刻的体认。因此,中国的悲剧意识以"向空(人生本无价值)而有(应该建立价值)"的方式不断积淀着价值,即便是那些"向有而空"的诗词小说,最终也必然沿着"人生来未必是有价值的,却是必须有价值的"这一运思理路导向价值的建立。(详参看9.1、17.2"讲记")

15.29　子曰:"过而不改,是谓过矣。"

【今译】

　　孔子说:"有了过错而不改正,这才真的叫错了。"

【讲记】

　　孔子从来不要求人不犯错误,他要求的是人犯了错误必须改。改错不仅是对社会负责,更重要的是进德的契机。知错不易,改错更难,人只有克服心理上的惰性,克服人性中的自私,才能改正错误。正是在这样的改错的过程中,人性心理得到了培养,道德境界得到了提高。孔子以过错为人之不可避免,视改错为人之必然的伦理实践,正是孔门仁学的成德之教。(参看4.7、19.21"讲记")

15.30　子曰:"吾尝终日不食,终夜不寝,以思,无益,不如学也。"

【今译】

孔子说:"我曾经整天不吃饭,整夜不睡觉,冥思苦想,结果没有收益,不如努力学习。"

【讲记】

孔门仁学重实践,与后世儒学中重心性一派有显著区别。说孔门仁学与王阳明心学为一脉,仅是从"人能弘道"意义上讲;心学掺入了很多禅学元素,在对实践的强调上弱于孔门仁学。

15.31 子曰:"君子谋道不谋食。耕也,馁在其中矣;学也,禄①在其中矣。君子忧道不忧贫。"

【注释】

① 禄:俸禄。

【今译】

孔子说:"君子谋求大道而不谋求衣食。耕田,也有饿肚子的;学习,也可以得到俸禄。君子只忧虑大道不能实行,不担心贫穷。"

【讲记】

《论语注疏》:"正义曰:'此章亦劝人学也。人非道不立,故必先谋于道,道高则禄来,故不假谋于食。馁,饿也。言人虽念耕而不学,则无知岁有凶荒,故饥饿。学则得禄,虽不耕而不馁。是以君子但忧道德不成,不忧贫乏也。然耕也未必皆饿,学也未必皆得禄,大判而言,故云耳。'"这样解释虽通,但把"君子忧道不忧贫"世俗化了,好像君子就是为了更有可能避免饥饿才学的。

孔子的意思应该是:耕田也可能饥饿,学也可能获得俸禄(但君子也不一定就能获得俸禄),耕和学都不能保证不饥饿,但是否饥饿不应在君子的考虑之中,君子不考虑无定的"谋食",君子只考虑有定的"谋道"。这也是由不可把握的无定的外在命运向自己可以把握的有定的内在境界的转变。

15.32　子曰:"知及之①,仁不能守之;虽得之,必失之。知及之,仁能守之,不庄以莅②之,则民不敬。知及之,仁能守之,庄以莅之,动之不以礼,未善也。"

【注释】

① 之:一说是指百姓,一说是指国家。

② 莅:临,到。

【今译】

孔子说:"依靠聪明才智得到它,不能用仁德去守护它,即使得到,也一定会丧失。依靠聪明才智得到它,能够用仁德守住它,但不能用庄重严肃的态度来对待它,那么百姓就会不敬重它。依靠聪明才智得到它,用仁德来保持它,用庄重严肃态度来对待它,但行动时不依照礼的要求,那也是不完善的。"

【讲记】

讲治国理政的要求,智、仁、敬、礼缺一不可。

15.33　子曰:"君子不可小知①,而可大受②也。小人不可大受,而可小知也。"

【注释】

① 小知:知,作为的意思,做小事情。

② 大受：受，责任、使命的意思。承担大任。

【今译】

孔子说："君子不能用小事来考验他，可以让他们承担重大的任务；小人不能让他们承担重大任务，可以用小事来考验他。"

【讲记】

言观人与用人之法。《论语注疏》："王曰：'君子之道深远，不可小了知，而可大受；小人之道浅近，可小了知，而不可大受也。'"

15.34 子曰："民之于仁也，甚于水火。水火，吾见蹈①而死者矣，未见蹈仁而死者也。"

【注释】

① 蹈：遵循，这里指追求。

【今译】

孔子说："百姓需要仁，比需要水、火更迫切。我只见过为追求水、火而死的，却没有见过为追求仁而死的。"

【讲记】

该章古注、今释皆有难通之处，现作如下解。

"蹈"有"遵循"、"追求"义，如循规蹈矩，蹈节死义，"后之君子，蹈常而习故"（苏轼《伊尹论》）等。

孔子的思路应该是这样的：人对道德的需要甚于对美色的需要，但"吾未见好德如好色者也"（9.17）；百姓需要仁，比需要水、火更迫切，但我只见过为追求水、火这些生活资料而死的，却没有见过为追求仁而死的。

在一定意义上,人与动物的根本区别在于动物只为追求生活资料和满足物欲而行动,人则应该为追求仁德而行动,否则以人的能力就会导致自身的灭亡,所以,"民之于仁也,甚于水火"。但现实中人却往往追求利益,并不首先追求仁德,所以孔子才有这样的感叹。儒学的要义就是要将动物的人提升为仁德的人!(详参看 9.17"讲记")

15.35　子曰:"当仁,不让于师。"

【今译】

孔子说:"面对着仁德,就是老师,也不同他谦让。"

【讲记】

孔子的这种思想,在孟子和荀子那里就说得更为明确:

齐宣王问曰:"汤放桀,武王伐纣,有诸?"孟子对曰:"于传有之。"曰:"臣弑其君,可乎?"曰:"贼仁者谓之贼,贼义者谓之残。残贼之人,谓之一夫。闻诛一夫纣矣,未闻弑君也。"(《孟子·梁惠王下》)

自反而不缩,虽褐宽博,吾不惴焉?自反而缩,虽千万人,吾往矣。(《孟子·公孙丑上》)

以顺为正者,妾妇之道也。居天下之广居,立天下之正位,行天下之大道;得志,与民由之;不得志,独行其道。富贵不能淫,贫贱不能移,威武不能屈,此之谓大丈夫。(《孟子·滕文公下》)

入孝出弟,人之小行也;上顺下笃,人之中行也;从道不从君,从义不从父,人之大行也。若夫志以礼安,言以类使,则儒道毕矣,虽尧、舜不能加毫末于是矣。(《荀子·子道第二十九》)

原始儒家的思想是以道为本,以道制势,因实立名,明确反

对名教的。逢无道之君,人人可以"替天行道",可以"革"其
"命",可以得而诛之,只有那些违背正义和道德而制造混乱的人
才是犯上作乱。因此,原始儒家的思想在一定意义上讲是最富
开放性和最具"革命性"的思想。

名教是反动的封建政治意识形态强加给原始儒家的。我们
今天要做的重要工作就是要正本清源,在历史的长河中分辨出
哪些是文化理想,哪些是封建政治意识形态,找出那一泓未被污
染的清泉!(详参看 12.11"讲记")

15.36 子曰:"君子贞①而不谅②。"

【注释】

① 贞:坚贞,指坚持正道。一说是"大信"的意思。
② 谅:信,守信用。

【今译】

孔子说:"君子坚守正道而不拘泥于小信。"

【讲记】

这不仅仅是"经"与"变"的问题,而是历史主义与伦理主义
融通的问题。儒家文化的价值建构不是来自概念的设定,而是
来自人要"活着"的内在亲证,所以并不拘泥于僵固的历史主义
或伦理主义,不会产生席勒式的诘难:"我乐意为亲友们效劳,可
是——唉!这样我就有对他们偏爱之嫌了。于是有一个问题折
磨着我:我是否真有道德?这里没有别的办法:那就尽量蔑视
他们,并心怀厌恶去做义务要求我做的事吧。"[1](详参看 14.17
"讲记")

---

〔1〕[苏联]阿尔森·古留加《康德传》,贾泽林等译,商务印书馆,1992 年,第164 页。

15.37　子曰："事君,敬其事而后其食①。"

【注释】

① 食：食禄,俸禄。

【今译】

孔子说："奉侍君主,要认真做事,把获取俸禄的事放在后面。"

【讲记】

当时,君臣之间还可以较为自由地双向选择,士人的地位也还较高,有些士人做官的目的首先是为了俸禄,故有此语。

15.38　子曰："有教无类①。"

【注释】

① 无类：不分类别。

【今译】

孔子说："教育学生不分类别。"

【讲记】

伟大的教育思想,也是儒家之爱无差等的重要证明。

一般认为孔子是中国历史上第一个办私学的人,打破了官学对学生身份的限制,实行了"有教无类",对学生不分贵贱、贤愚、地域等,只要向学,就善加教诲。据说孔子弟子三千,贤者七十,在七十贤人中,只有司马牛、南宫敬叔、孟懿子、孟武伯四人出身贵族,颜路、颜回、原宪、仲弓、颜涿聚等人都是出身平民贱民。

《论语集注》:"人性皆善,而其类有善恶之殊者,气习之染也。故君子有教,则人皆可以复于善,而不当复论其类之恶矣。"朱熹之论非孔子之意。孔子从未讲性善,只是说人性未必是善的,却必须是善的,"人能弘道",人为了人类社会的存在与发展必然建构起善的人性,是把活人放在了第一位,因此,人是平等的,对人的爱和教育也是平等的。朱熹继承的是孟子的性善论和张载的"天命之性"与"气质之性"的学说,将"善"绝对化,使之具有了超验的性质,教育的目的也是"人皆可以复于善",这将把"善"放在了第一位,以"善"来否定活生生的人,必然导向封闭和禁锢。(详参看15.28"讲记")

15.39 子曰:"道不同,不相为谋。"

【今译】

孔子说:"主张和道路不同,就不要互相商议谋划。"

【讲记】

非志同道合之人不要相互商量谋划,更重要的是如不远离不行正道之人,就容易受到不良影响。

15.40 子曰:"辞,达而已矣。"

【今译】

孔子说:"言辞,只要能表达意思就行了。"

【讲记】

《礼记·聘礼》:"辞无常,孙而说。辞多则史,少则不达。辞苟足以达,义之至也。"《论语集注》:"辞,取达意而止,不以富丽为工。"苏轼《与谢民师推官书》最能得孔子之意:"所示书教及诗赋杂文,观之熟矣。大略如行云流水,初无定质,但常行于所当行,常止于不可不止,文理自然,姿态横生。孔子曰:'言之不文,行之不远。'又曰:'辞达而已矣。'夫言止于达意,疑若不文,是大不然。求物之妙,如系风捕影,能使是物了然于心者,盖千万人而不一遇也。而况能使了然于口与手者乎?是之谓辞达。辞至于能达,则文不可胜用矣。"[1]孔子的"辞达"与最高境界的文采是统一的,孔子反对的是虚饰,绝非对文采的否定。

15.41　师冕①见,及阶,子曰:"阶也。"及席,子曰:"席也。"皆坐,子告之曰:"某在斯,某在斯。"师冕出,子张问曰:"与师言之道与?"子曰:"然,固②相③师之道也。"

【注释】

①　师冕:乐师,冕是乐师的名字。古代乐师一般由盲人担任。

②　固:本来。

③　相:帮助。

【今译】

乐师冕来见孔子,走到台阶边,孔子说:"这是台阶。"走到坐席旁,孔子说:"这是坐席。"等到大家都坐下了,孔子告诉他说:"某某坐在这里,某某坐在这里。"师冕走后,子张就问孔子:"这是与乐师谈话的方式吗?"孔子说:"对,这本来是帮助乐师的方式。"

---

〔1〕　苏轼《苏轼文集》,中华书局,1986,第1418页。

【讲记】

记孔子帮助盲人,以身作则。《论语集注》中云:

> 尹氏曰:"圣人处己为人,其心一致,无不尽其诚故也。有志于学者,求圣人之心,于斯亦可见矣。"范氏曰:"圣人不侮鳏寡,不虐无告,可见于此。推之天下,无一物不得其所矣。"

季氏第十六

16.1　季氏将伐颛臾①。冉有、季路见于孔子曰:"季氏将有事②于颛臾。"孔子曰:"求! 无乃尔是过与? 夫颛臾,昔者先王以为东蒙主③,且在邦域之中矣,是社稷之臣④也。何以伐为?"冉有曰:"夫子⑤欲之,吾二臣者皆不欲也。"孔子曰:"求! 周任⑥有言曰:'陈力就列⑦,不能者止。'危而不持,颠而不扶,则将焉用彼相⑧矣? 且尔言过矣,虎兕⑨出于柙⑩,龟玉毁于椟中,是谁之过与?"冉有曰:"今夫颛臾,固而近于费。今不取,后世必为子孙忧。"孔子曰:"求! 君子疾夫舍曰欲之而必为之辞。丘也闻有国有家者,不患寡而患不均,不患贫而患不安。盖均无贫,和无寡,安无倾。夫如是,故远人不服,则修文德以来之。既来之,则安之。今由与求也,相夫子,远人不服而不能来也,邦分崩离析而不能守也;而谋动干戈于邦内。吾恐季孙之忧,不在颛臾,而在萧墙⑪之内也。"

【注释】

①　颛臾(zhuān yú):国名,传为伏羲之后,风姓,在今山东省费县东北,当时为鲁国的附属国。

②　有事:这里指用兵。

③　东蒙主:祭祀东蒙山的主持人。

④　社稷之臣:与国家命运联系在一起的大臣。

⑤　夫子:指季孙氏。

⑥ 周任：周代史官名。

⑦ 陈力：发挥能力。

⑧ 相：扶助盲人的人。

⑨ 兕(sì)：雌性犀牛。

⑩ 柙(xiá)：关押野兽的木笼。

⑪ 萧墙：鲁国国君在宫内设的照壁屏风，这里指宫廷之内。

【今译】

　　季氏将要讨伐颛臾。冉有、子路去见孔子，说："季氏将对颛臾用兵。"孔子说："冉求，这不就是你的过错吗？这个颛臾，从前周天子命它主持东蒙的祭祀，而且现在它的国土也已经在鲁国的封疆之内了，是国家的臣属啊，为什么要攻打它呢？"冉有说："是季孙大夫要攻打的，我们两个人都不愿意。"孔子说："冉求，周任曾经说过这样的话：'尽力去担任你的职务，做不好就辞职。'盲人遇到危险不去扶助，跌倒了不去搀扶，那还要扶助的人吗？而且你说的话错了。老虎、犀牛从笼子里逃了出来，龟甲、美玉在匣子里毁坏了，这是谁的过错呢？"冉有说："现在颛臾城墙坚固，而且靠近季氏的采邑费，现在不夺取它，将来一定会成为子孙的祸患。"孔子说："冉求，君子痛恨那种不肯说自己的真实欲望却想找借口辩解的人。我听说，诸侯治国和大夫治家，不担心贫穷而担心财富不均，不担心人口少而担心不安定。财富平均了就没有贫穷，大家和睦了就不会觉得人少，安定了就不会有倾覆危险。这样做了，如果远方的人还不归服，再修明仁义礼乐招致他们；他们已经来了，就让他们安心住下。现在，仲由和冉求你们两个人辅助季氏，远处的人不归服，而不能招致他们，国内分崩离析而不能保全，反而谋划着在国内使用武力。我只怕季孙的忧患不在颛臾，而在自己的内部吧！"

【讲记】

　　孔子借此教育冉有、子路要以德治国，并鞭策他们要负起自己应负的责任。

　　"不患寡而患不均，不患贫而患不安"两句应为"不患贫而患不均，不患寡而患不安"，疑有错简。此二句流传极广，近年来往往被谳为阻碍改革的平均主义思想。其实在孔子时代，这是一种反对兼并、掠夺和战乱的具有进步意义的思想。《孟子·梁惠王上》："孟子见梁惠王。王曰：'叟！不远千里而来，亦将有以利吾国乎？'孟子对曰：'王！何必曰利？亦有仁义而已矣。王曰何以利吾国？大夫曰何以利吾家？士庶人曰何以利吾身？上下交征利，而国危矣。万乘之国，弑其君者，必千乘之家；千乘之国，弑其君者，必百乘之家。万取千焉，千取百焉，不为不多矣。苟为后义而先利，不夺不餍。未有仁而遗其亲者也，未有义而后其君者也。王亦曰：仁义而已矣，何必曰利？'"孔子和孟子绝非反对富裕和利益，而是坚决反对利先而仁后。在孔孟看来，效率和公平并不是水火不相容的，义、公平是利、效率的主导，利、效率是义、公平的显现，义与利、公平与效率本是一体的两面。人类应该在否定和杜绝战争、杀戮、掠夺这一人类最大公平的基础上实现社会发展的效率，否则，任何效率都只能导致人类的灭亡。当然，这是文化理想，并不能在现实中完全实现，但人类之所以能够发展到今天，也正是因为有了这种文化理想。

"吾恐季孙之忧，不在颛臾，而在萧墙之内也。"有人认为此句是孔子警告冉有、子路说，鲁君有可能借季氏攻打颛臾而收回季氏的公室的权力。

16.2　孔子曰："天下有道，则礼乐征伐自天子出。天下无道，则礼乐征伐自诸侯出。自诸侯出，盖十世①希不失矣。自大夫出，五世希不失矣。陪臣②执国命，三世希不失矣。天下有道，则政不在大夫。天下有道，则庶人③不议。"

【注释】
　　① 世：代，古代三十年为一代。
　　② 陪臣：大夫的家臣。

③ 庶人：百姓。

【今译】

孔子说："天下政治清明，制作礼乐和出兵打仗都由天子决定；天下政治混乱，制作礼乐和出兵打仗由诸侯决定。由诸侯做决定，大概经过十代很少有能传下去的；由大夫决定，经过五代很少有能传下去的。大夫的家臣掌握国家政权，经过三代很少有能传下去的。天下政治清明，政权就不会旁落到大夫手中；天下政治清明，百姓就不会议论国家政治。"

【讲记】

孔子或根据当时情况而作的判断，杨伯峻《论语译注》考据可作参考："'自天子出'，孔子认为尧、舜、禹以及西周都如此的；'天下无道'则自齐桓公以后，周天子已无发号施令的力量了。齐自桓公称霸，历孝公、昭公、懿公、惠公、顷公、灵公、庄公、景公、悼公、简公十公，至简公而为陈恒所杀，孔子亲身见之；晋自文公称霸，历襄公、灵公、成公、景公、厉公、平公、昭公、顷公九公，六卿专权，也是孔子所亲见的。所以说：'十世希不失'。鲁自季友专政，历文子、武子、平子、桓子而为阳虎所执，更是孔子所亲见的。所以说'五世希不失'。至于鲁季氏家臣南蒯、公山弗扰、阳虎之流都当身而败，不曾到过三世。当时各国家臣有专政的，孔子言'三世希不失'，盖宽言之。"[1]

16.3　孔子曰："禄①之去公室，五世矣。政逮②于大夫，四世矣。故夫三桓③之子孙微矣。"

【注释】

① 禄：俸禄，此处指国家政权。

〔1〕 杨伯峻《论语译注》，中华书局，2006年，第197页。

② 逮：及。

③ 三桓：指鲁国孟孙氏、叔孙氏、季孙氏，因他们都是鲁桓公的后代，所以称三桓。

【今译】

孔子说："鲁国的政权已有五代不由国君作主了，政权落在各大夫之手也已有四代了，所以三桓的子孙也衰微了。"

【讲记】

该章与上章都是谈论鲁国的事，两章可能都出于鲁定公时。《论语集注》："鲁自文公薨，公子遂杀子赤，立宣公，而君失其政。历成、襄、昭、定，凡五公。""自季武子始专国政，历悼、平、桓子，凡四世，而为家臣阳虎所执。"

16.4　孔子曰："益者三友，损者三友。友直，友谅①，友多闻，益矣。友便辟②，友善柔③，友便佞④，损矣。"

【注释】

① 谅：诚信。

② 便辟：阿谀奉承。

③ 善柔：善于媚悦别人。

④ 便佞：花言巧语。

【今译】

孔子说："有三种有益的交友方式，有三种有害的交友方式。同正直的人交朋友，同诚信的人交朋友，同见闻广博的人交朋友，这是有益的。同不走正道的人交朋友，同善于阿谀谄媚的人交朋友，同惯于巧言令色的人交朋友，这是有害的。"

【讲记】

讲交友与修身。儒学是实践的哲学,而非纯粹的心性之学,这种实践既包括物质实践,也包括社会实践,交友就是重要的社会实践内容。以历史实践(一定历史长度的物质实践和社会实践的总和)为本体,以人要"活着"的内在亲证为主导,儒学建构起具有历史合理性的开放的价值体系。

16.5 孔子曰:"益者三乐,损者三乐。乐节礼乐①,乐道人之善,乐多贤友,益矣。乐骄乐②,乐佚③游,乐晏乐④,损矣。"

【注释】

① 节礼乐:以礼乐来节制人。
② 骄乐:骄纵不知节制的乐。
③ 佚:同"逸",放任。
④ 乐晏乐:沉迷于宴饮享乐。

【今译】

孔子说:"有三种快乐是有益的,另有三种喜好则是有害的。把以礼乐作为调节自我的工具,作为喜好,把称赞他人的优长作为喜好,把结交更多贤德之人作为喜好,这些都是有益的爱好。嗜好骄傲,恣意游玩,醉心宴乐,这些爱好便是有害的。"

【讲记】

修身之道。凡事从切己处做起,从小事做起,从当前做起,一切都出于现实经验,最后达到超凡入圣。

儒学重人伦,以自然血缘为情感根据来建立伦理秩序,并使这种开放的伦理秩序指向超验(人类总体)。其实,上述的伦理建构冲动仍然来自人要"活着"的内在亲证,它是人的一切现实经验的原点。所以,讲儒学从经验到超验,还是应该从人要"活着"的内在亲证讲起。

16.6　孔子曰:"侍于君子有三愆①:言未及之而言,谓之躁。言及之而不言,谓之隐。未见颜色而言,谓之瞽②。"

【注释】

① 愆(qiān):错失。

② 瞽(gǔ):盲人,意指盲目。

【今译】

孔子说:"侍奉并进而与君子交谈,要避免三种过失:没有轮到自己说话时便抢先发言,是过于急躁;轮到自己说话却不说,便是隐瞒;不看君子的脸色而轻率发言,则是盲目。"

【讲记】

是处世之道,是具体的生活,更是由情景中的人生指向超验的人生。情景生活蕴含着超验性,"极高明而道中庸";超验的人生有着丰富的情景,"道中庸"而又"极高明"。

16.7　孔子曰:"君子有三戒。少之时,血气未定,戒之在色。及其壮也,血气方刚,戒之在斗。及其老也,血气既衰,戒之在得①。"

【注释】

① 得:贪求之心。

【今译】

孔子说："有三件事是君子需要惕守戒备的：年少时，因为血气还未稳定，要戒除对女色的迷恋；等到身体成熟了，血气方刚，需要戒除与他人的争斗之心；等到老年，血气已经衰弱了，需要戒除贪求之心。"

【讲记】

生活经验的绝佳总结，但总结这些生活经验的目的是为了提高人的修养。人皆乃血肉之躯，非神非佛，故性情、欲望皆与年龄阶段有关，知之而后戒，方可使血肉之欲入圣贤之境。此非"灭人欲"，戒其过而已。

16.8 孔子曰："君子有三畏：畏天命，畏大人①，畏圣人之言。小人不知天命而不畏也。狎②大人，侮③圣人之言。"

【注释】

① 大人：古代称有地位或有道德的人，如《易·乾卦》"利见大人"，《孟子·尽心下》"说大人，则藐之，勿视其巍巍然"，《礼记·礼运》"大人世及以为礼"。有时也指有道德的人。如《孟子·告子上》："从其大体为大人，从其小体为小人。"这里指在高位的人。

② 狎：轻视。

③ 侮：侮慢。

【今译】

孔子说："君子有三种敬畏：敬畏天命，敬畏有地位的王公大人，敬畏圣人的言论；小人不懂得天命，所以无所敬畏，侮慢王公大人，轻侮圣人的言论。"

【讲记】

　　天命者,天所赋之正理也。知其可畏,则其戒谨恐惧,自有不能已者。而付畀之重,可以不失矣。大人圣言,皆天命所当畏。知畏天命,则不得不畏之矣。……尹氏曰:"三畏者,修己之诚当然也。小人不务修身诚己,则何畏之有?"(《论语集注》)

　　何谓"天命"?在"五十而知天命"时说:"天命"是"指这种义理或道义的必然性、普遍性,是历史的必然的选择。它不是外在于人的,而是内在于人的,不仅要靠人的理性认知,更要靠人的情感体认。"(参看2.4"讲记")朱熹讲"天命者,天所赋之正理也",其理路是正确的,但其中的"天理"是超验和封闭的,与孔子的富有实践性和开放性的天命思想不同。

　　其实,"天"的超验性在《尚书》中有很多表现,有超验的善、超验的正义、超验的监督与惩罚等等。如:"予畏上帝,不敢不正。"(《汤誓》)"尔有善,朕弗敢蔽;罪当朕躬,弗敢自赦,惟简在上帝之心。其尔万方有罪,在予一人;予一人有罪,无以尔万方。"(《汤诰》)"惟上帝不常,作善降之百祥,作不善降之百殃。尔惟德罔小,万邦惟庆;尔惟不德罔大,坠厥宗。"(《伊训》)"先王顾諟天之明命,以承上下神祇,社稷宗庙,罔不祇肃。天监厥德,用集大命,抚绥万方。"(《太甲上》)"惟天无亲,克敬惟亲。民罔常怀,怀于有仁。鬼神无常享,享于克诚。"(《太甲下》)"天佑下民,作之君,作之师,惟其克相上帝,宠绥四方。有罪无罪,予曷敢有越厥志?同力,度德;同德,度义。受有臣亿万,惟亿万心;予有臣三千,惟一心。商罪贯盈,天命诛之。予弗顺天,厥罪惟钧。予小子夙夜祇惧,受命文考,类于上帝,宜于冢土,以尔有众,厎天之罚。天矜于民,民之所欲,天必从之。尔尚弼予一人,永清四海,时哉弗可失!"(《泰誓上》)"天视自我民视,天听自我民听。"(《泰誓中》)等等。但这些往往是不可靠的,《诗经》中便有抱怨:"悠悠昊天,曰父母且。无罪无辜,乱如此幠。昊天已威,予慎无罪。昊天大幠,予慎无辜"。(《小雅·巧言》)《毛诗注疏》:"王(周幽王)之始者言曰:'我当且为民之父母也。'自许欲行善政。今乃刑杀其无罪无辜者之众人,王政之乱,如此甚大也。昊天乎,王甚可畏! 我诚无罪而罪我,是可畏也。昊天乎,王甚虐大! 我诚无辜而辜我,是虐大也。"

在《尚书》中的天人关系中,人是主导,并不完全依赖天,至孔子则基本抛弃了"天"。子曰:"不怨天,不尤人。下学而上达,知我者其天乎!"(14.36)人不再依靠外在的天,而是转而依靠自己。因此,孔子的"天命"是历史的必然和人的选择合一的结果,也就是所谓的"合规律性与合目的性的统一"的结果。

那么,为什么要"畏天命"?"天命"是人之心,无"天命"人则"不知其可"! 人的自觉意识越强,畏惧感就越强。"孔子曰:'不知命,无以为君子也。'"(20.3)这是一种内心之畏,是内向超越性的,并不来自外在性的他律。"畏"字当作"敬畏"讲,牟宗三、徐复观、李泽厚等均解作"敬畏",唯杨伯峻先生释为"怕",少了圣贤气象。以孔子思想渊源看,周初文诰多用"敬"字,且敬畏来自觉悟后的内在情感,而惧怕则来自外在的强迫与威胁。(参看2.7"讲记")

16.9　孔子曰:"生而知之者,上也;学而知之者,次也;困①而学之,又其次也;困而不学,民斯为下矣。"

【注释】

① 困:困难,疑惑。

【今译】

孔子说:"生来便知道的人,是上等;经过学习以后才领悟的,就次一等;遇到困难才开始学习,就更次一等了;遇到困难还不能够学习,就是最下等的了。"

【讲记】

人生有贤愚,其实人是生而不平等的。孔子承认人的先天禀赋的不同，是实事求是的态度。只有承认这些基本事实，儒学的人格修养才有意义，否则，就陷入了命定论。

孔子的教育思想是"有教无类"，对人的爱是无差等的，认为人享受教育的权利也是没有区别的。"生而知之者"未必能成圣人，"困而不学"者未必不能有一念之仁。对于提高人格修养来讲，这些先天的禀赋不是唯一的决定因素，后天的学习与努力是更重要的。

16.10　孔子曰："君子有九思：视思明，听思聪，色思温，貌思恭，言思忠，事思敬，疑思问，忿思难①，见得思义。"

【注释】

① 难：灾祸、困苦，意指后患。

【今译】

孔子说："君子有九种需要谨慎思考的问题：看的时候，要考虑是否看得透彻清晰；听的时候，要考虑听得是否清楚明彻；表现出的脸色，要思考是否温和；表现出的态度举止，要思考是否谦恭；言谈的时候，要思考是否忠诚；处理事情时，要思考是否能够谨慎严肃；遇到疑问时，要思考向他人询问求教；忿怒时，要思考是否会留有后患；获取利益时，要思考是否合乎义的准则规范。"

【讲记】

敬事修身，三思而后行。思深行果，贤者之所尚也。

16.11　子曰："'见善如不及，见不善如探汤。'吾见其人矣，吾闻其语矣。'隐居以求其志，行义以达其道。'吾闻其语矣,未见其人也。"

【今译】

孔子说:"看到善良的行为,虽努力追求,却仍旧担心达不到;而看到不善的行为,则会像要把手伸到开水中一样,想要极力避开。我见到过这样的人,也听到过这样的话。以隐居避世来保全他的志向,依照义而贯彻他的主张。我听到有人这样说,却未能见到有人这样做。"

【讲记】

所谓疾恶如仇,见善若惊,既是指人的道德修养,也是指人的道德自觉能力,在现实中,闵子骞、曾晳、冉求、子路等就是这样的人,所以孔子说能够见到,但"隐居以求其志,行义以达其道"的人就只能闻其语,难以见其人了,因为前者是贤人,后者是圣人。

所谓贤人,指有较高的道德修养和才能,并对社会产生了良好的影响的人,圣人则是指引导历史文化前进的方向,并能执着现实而又超越现实的人。"行义以达其道",与对贤人的要求相比,这里要有对"道"的明确追求和正确的方式方法,这在现实中已鲜见其人;更难做到的是"隐居以求其志",面对困难与挫折,始终不懈,把"穷"看成是砥砺自己、自我丰富发展的机会,这样就使"穷"和"达"统一起来。"盖惟伊尹、太公之流,可以当之。当时若颜子,亦庶乎此。然隐而未见,又不幸而蚤死,故夫子云然。"(《论语集注》)(参看18.6"讲记")

16.12　齐景公有马千驷,死之日,民无德而称焉。伯夷、叔齐饿死于首阳之下,民到于今称之。其斯之谓与?

【今译】

　　齐景公圈养了四千余匹骏马,而死的时候,百姓们却认为他并没有可以被歌颂的德行。而伯夷、叔齐虽然最终饿死在首阳山下,百姓们却到现在还在称颂他们的德行。其中所包含的就是这个意思吧。

【讲记】

　　《论语集注》中有云:

　　　　胡氏曰:"程子以为第十二篇错简'诚不以富,亦只以异',当在此章之首。今详文势,似当在此句之上。言人之所称,不在于富,而在于异也。"愚谓此说近是,而章首当有孔子曰字,盖阙文耳。大抵此书后十篇多阙误。

　　历史总是选择那些对历史发展有正面价值的人和事保留下来并加以称颂,否则,历史早就中断了。

　　16.13　陈亢①问于伯鱼②曰:"子亦有异闻③乎?"对曰:"未也。尝独立,鲤趋④而过庭。曰:'学诗乎?'对曰:'未也'。'不学诗,无以言。'鲤退而学诗。他日又独立,鲤趋而过庭。曰:'学礼乎?'对曰:'未也'。'不学礼,无以立。'鲤退而学礼。闻斯二者。"陈亢退而喜曰:"问一得三。闻诗,闻礼,又闻君子之远⑤其子也。"

【注释】

　　① 陈亢(gāng):即陈子禽。

　　② 伯鱼:孔子的儿子,名鲤。

　　③ 异闻:这里指不同于其他学生所听到的特殊的教学内容。

　　④ 趋:快步走。

　　⑤ 远(yuàn):不亲近,不偏爱。

【今译】

陈亢问伯鱼:"你听到过老师特别的教诲吗?"伯鱼回答说:"没有呀。有一次他独自站在堂上,我快步走过庭院,他说:'学《诗》了吗?'我回答说:'没有。'他说:'不学诗,就不懂得怎么说话。'我回去就学《诗》。又有一天,他又独自站在堂上,我快步从庭里走过,他问:'学礼了吗?'我回答说:'没有。'他说:'不学礼就不懂得怎么立身。'我回去就学礼。我只听到过这两件事。"陈亢回去后高兴地说:"我问了一个问题,得到了三方面的收获,听到了学《诗》的道理,听到了学礼的道理,又知道了君子不偏爱自己儿子。"

【讲记】

"不学诗,无以言。"《诗》渗透到当时的政治、外交、文化生活中,主要是因为受周代"郁郁乎文"的礼乐制度的影响。孔子所处的时代虽然"礼崩乐坏",但周礼的余荫还在,作为周礼文化的重要组成部分的《诗》还在各个领域发挥着作用。在处理各种事务和关系时,《诗》能够以自身的隐喻性、讽喻性、象征性等艺术和审美特征表达出更多的言外之意和丰富的情感,能够很好地起到调节气氛、缓和矛盾的作用,能够帮助礼乐制度更好地实现"礼之用,和为贵"的根本追求。因此,"不学诗,无以言"不仅指说话的内容,更是对发言者的人格修养提出了更高的要求。(参看13.5"讲记")

16.14　邦君之妻,君称之曰"夫人",夫人自称曰"小童";邦人称之曰"君夫人",称之异邦曰"寡小君";异邦人称之亦曰"君夫人"。

【今译】

国君的妻子,国君应称她为"夫人",夫人应自称为"小童";

国中之人应称她为"君夫人";对他国人提及时则应称她为"寡小君";他国之人也应（像邦人那样）称她为"君夫人"。

【讲记】

　　孔子谈论不同人对国君之妻的不同称谓，要求正名，合礼。

阳货第十七

17.1　阳货①欲见孔子,孔子不见,归孔子豚②。孔子时其亡③也,而往拜之,遇诸涂④。谓孔子曰:"来! 予与尔言。"曰:"怀其宝而迷其邦⑤,可谓仁乎?"曰:"不可。""好从事而亟⑥失时,可谓知乎?"曰:"不可。""日月逝矣,岁不我与。"孔子曰:"诺,吾将仕矣。"

【注释】

① 阳货:又叫阳虎,季氏家臣。后掌握鲁国国政,欲削除"三桓"而未能成功,逃亡晋国,后为赵简子所用。

② 归(kuì)孔子豚(tún):归,赠予。豚,小猪。

③ 亡:外出不在时。

④ 遇诸涂:涂,同"途",道路。在路上遇到。

⑤ 迷其邦:放任国家混乱不堪。

⑥ 亟:屡次。

【今译】

阳货想要孔子来见自己,而孔子不见。于是,阳货送给孔子一只熟的小猪,希望孔子回礼时与自己会面。(为避免见面)孔子便打听到阳货不在家时,才前往阳货家拜谢,却在半路上遇见了。阳货对孔子说:"来,我要与你说话。"(孔子才走过去)阳货说:"把自己的才德隐藏起来而放任国家混乱,难道可以称为仁吗?"(见孔子并未回答)便自己说:"不可以。"(紧接着又问)说:

"希望参与政事而又屡次错失机会,可以被称为明智吗?"(孔子仍未回答)阳货自己回答说:"不可以。"阳货说:"岁月流逝,时光不会等人。"孔子说:"好,我将出来做官。"

【讲记】

阳货是季氏家臣,曾囚禁季桓子,并专鲁国国政,于鲁定公八年(前502)叛鲁,"瞰亡往拜"的事应发生在阳货未叛鲁之前。当时,孔子名声很大,阳货想让孔子为己所用,多次让孔子去见他,但阳货是孔子非常鄙视和反对的"乱贼臣子",孔子不肯与他交往,阳货就派人送了一只蒸熟的小猪给孔子。按照古礼,"大夫亲赐士,士拜受,又拜于其室"(《周礼·玉藻》),孔子一定要去回拜阳货,这样阳货就能会见孔子了。孔子趁阳货不在家的时候去回拜他,结果在路上遇见了阳货。

清王引之《经传释词》:"以人自为词答,加'曰'字以别之。"一连三个"曰",都是阳货的话,表示孔子不愿与阳货多说,也使人感受到孔子巧妙地制造了阳货自问自答的情景。

该章表现了孔子与"乱贼臣子"打交道的策略。《论语集注》:"阳货之欲见孔子,虽其善意,然不过欲使助己为乱耳。故孔子不见者,义也。其往拜者,礼也。必时其亡而往者,欲其称也。遇诸涂而不避者,不终绝也。随问而对者,理之直也。对而不辩者,言之孙而亦无所诎也。"至于"诺,吾将仕矣",一方面可能是虚与委蛇的应对脱身之辞,一方面可能是孔子真的感觉到从政的必要,但阳货想不到的是,孔子从政的目的正是要消灭像他那样的"乱贼臣子"。

17.2 子曰:"性①相近也,习相远也。"

【注释】

① 性:本性。一说为"生"。

【今译】

孔子说:"人的本性是相接近的,由于后天的习染不同才拉大了距离。"

【讲记】

纵观《论语》,我们可以清楚地发现,孔子是将人性分成两个部分的:一是人的社会性,一是人的动物性。"吾未见好德如好色者也"(9.17),"好德"说的是人的社会性,而"好色"则是人的动物性。人只有不断地克制自己动物性的一面,才能提升人的社会性的一面,最终达至仁。动物性与社会性是不能截然分开的,动物性是基础,社会性是在这一基础上进行人性心理的培养而不断生成的。

那么,什么是人性的善、恶呢?从人类总体的角度来讲,一个人来到这个世界上,贡献的比索取的多,谓之善,反之则是恶。因为只有贡献多于索取,人类社会才能产生、存在和发展,反之则要倒退和灭亡。因此,在这一意义上讲,人生来未必是性善的,但却必须是性善的。

所以,孔子的"性相近也"不是说作为动物的人,其动物性是相近的,而是说人有自己的必然选择,这种必然选择使人性相近;"习相远也"是说在后来的生命实践中未必能坚持同样的选择,即使有同样的选择实现的成就也有所不同,所达到的境界也有很大的差别。

孔子说:"人之生也直,罔之生也幸而免。"(6.17)意思是说,只有正道直行才是人生的本分,我们的生活中不正直的人也能生存,那只是靠侥幸而避免灾祸罢了。其实就是说"善"才是本分,是人的应然选择。

《论语集注》曰:"此所谓性,兼气质而言者也。气质之性,固有美恶之不同矣。然以其初而言,则皆不甚相远也。但习于善则善,习于恶则恶,于是始相远耳。"程子曰:"此言气质之性。非言性之本也。若言其本,则性即是理,理无不善,孟子之言性善是也。何相近之有哉?"孔子的思想切实易懂,理学的解释复杂而玄妙,往往梗塞难通。

　　人性未必是善的，但必须也必然是善的。孔子在哲学上的
这种运思方式不是空洞的设定，也不是从概念到概念的理论推
演，而是根据必然的客观要求而进行的规定。这种转换性的规
定《孟子·尽心下》的一段中表现得最为典型："口之于味也，目
之于色也，耳之于声也，鼻之于臭也，四肢之于安佚也，性也。有
命焉，君子不谓性也。仁之于父子也，义之于君臣也，礼之于宾
主也，智之于贤者也，圣人之于天道也，命也。有性焉，君子不谓
命也。"其意是说，人喜欢感官享受，是天性，但能否得到这些享
受，却是命运，所以君子不把乐于享受看作是人的天性的必然；
至于仁义天道能否实现，虽然属于命运，但也是天性的必然，所
以君子不认为能否实现仁义天道属于命运，而应该看作是属于
人的天性，因此应该努力去实现仁义天道。孟子在此通过人的
感官享受的不能实现和仁义天道的应该实现而将社会性的仁义
天道规定为人的天性，于是，自然性的感官享受就成了外在于人
的命运，而社会性的仁义道德就成了内在于人的本性。这是
"性"与"命"的置换，也是人的自然本性和社会角色的置换。这
种置换基于人类总体的要求，是中国哲学的基本运思方式之一。
后来的程朱理学将这种运思方式片面发展，以概念设定为基础，
以致有了"仁为孝之本"的思路，就是脱离了孔子哲学的历史实
践本体，将"仁"、"天理"先验化，甚至超验化。
　　《论语》中的很多基本思想都可以用上述论证方式来表述。
如：人生来未必是爱学习的，却是必须学习的；人生来未必是爱
奉献的，却是必须奉献的；人生来未必是爱孝的，却是必须孝的；
人生来未必是性善的，却必须是性善的；人生来未必是爱仁德
的，却是必须爱仁德的；人生来未必是快乐幸福的，却是必须快
乐幸福的；人生来未必是喜欢大同的，但人类必须也必然走向大
同。这些对人的规定都是基于人类总体和历史实践本体，是一
种"客观性推断"，而非容易导向各种唯心主义的"主观性设定"。
　　原始儒家的这种价值建构方式与西方很多哲学流派的价值
建构方式不同。原始儒家奉行的人类总体观念基于人要"活着"
（人性中的动物的生本能生存欲望）的根本要求和人要"活着"的
最为真切的内在证明，而历史实践也是在人要"活着"意识的观

照下的人的能动选择。从这个意义上讲,在历史实践与人的相互创造中,人(要求"活着"的人)仍然是主动性因素,这也是"人能弘道,非道弘人"的最深层的含义。所以,从根本上讲,原始儒家的价值建构不是建立在对外在客观世界的认识和实践的基础上,而是来自人要求"活着"的内在亲证。必须特别强调的是,这种内在亲证并不排斥外在实践,而是涵容外在实践,并进一步将外在实践化为内在亲证。这种内在的亲证是人的最后的"自足"——对外在绝待的内在"自足"。这并不是唯心主义,而是将人(要求"活着"的人)作为最后、最根本也是最重要的现实,以此为出发点来建构一切价值。这种价值建构方式因此具有了内在的可靠性,避免了因不能绝待而引发的一系列问题,如鬼神有无的问题。因鬼神有无的问题难以达成一致结论,故在体认据此建立的价值时会不断回溯这一问题。否定性因素往往在回溯过程中积累起来。即便是建立在其他自然科学理念上也不可靠,因为一方面自然科学不断发展,没有一种自然科学理念是终极真理;另一方面自然科学理念如果不经转化就不能直接产生精神价值,直接来自自然科学理念的精神价值与人的情感必定是疏离的。(参看 4.25"讲记")

从《易传》来看孔子关于"性"的思想。《易传》称"一阴一阳"为道或天道或天命。《周易》与《连山》、《归藏》相比,极大地突出了"生","天地之大德曰生"(《系辞下》)、"生生之谓易"(《系辞上》)。乾卦卦辞元、亨、利、贞显示一阴一阳、一乾一坤的流行过程,乾"资生",坤"成物",乾坤和而不同,犹如父与母。所以《易传》说:"一阴一阳之谓道,继之者善也,成之者性也。"(《系辞上》)宇宙万物是变化的,变化就是生,生就是道,生、天道、天命是善的,能施行道是善的,而性并无善与不善,性的作用就是将道施诸现实,以成万物。因此,性、人性未必是善的,却必须也必然是善的。

后世遵循孔子"性相近也,习相远也"思想的理论很多,如王安石:"习于善而已矣,所谓上智者;习于恶而已矣,所谓下愚者;一习于善,一习于恶,所谓中人者。上智也、下愚也、中人也,其卒也命之而已矣。"(《性说》)苏轼:"圣人以其喜怒哀惧爱恶欲七者御之，而之乎善；小人以是七者御之，而之乎恶。由此观之，则夫善恶者，性之所能之，而非性之所能有也。且夫言性者，安以其善恶为哉！"（《扬雄论》）

这里要提到《孟子》中那段著名的话："孟子曰：'人皆有不忍人之心。先王有不忍人之心，斯有不忍人之政矣。以不忍人之心，行不忍人之政，治天下可运之掌上。所以谓人皆有不忍人之心者，今人乍见孺子将入于井，皆有怵惕恻隐之心，非所以内交于孺子之父母也，非所以要誉于乡党朋友也，非恶其声而然也。由是观之，无恻隐之心，非人也；无羞恶之心，非人也；无辞让之心，非人也；无是非之心，非人也。恻隐之心，仁之端也；羞恶之心，义之端也；辞让之心，礼之端也；是非之心，智之端也。人之有是四端也，犹其有四体也。有是四端而自谓不能者，自贼者也；谓其君不能者，贼其君者也。凡有四端于我者，知皆扩而充之矣，若火之始然，泉之始达。苟能充之，足以保四海；苟不充之，不足以事父母。'"（《公孙丑上》）在这里，"恻隐之心"、"羞恶之心"、"辞让之心"、"是非之心"其实已具备康德哲学意义上的先验性，上述的"四心"也就成为能够"弘人"的"道"，因此背离了孔子的"人能弘道，非道弘人"的基本思想。孟子的这一运思理路，经"北宋五子"，至朱熹终于发展为对超验的追求。

17.3 子曰："唯①上知与下愚不移。"

【注释】

① 唯：只有。

【今译】

孔子说："只有上等的智者与下等的愚者是改变不了的。"

【讲记】

孔子一方面说"有教无类"（15.38），一方面说"中人以上，可以语上也；中人以下，不可以语上也"(6.19)，这并不矛盾。前者是说人人都应该有享受教育的机会，教育不能有歧视，这是孔子平等思想的体现；后者是说教育的具体方法，是因材施教。后者将人分成"中人"及其上下等级，并不是将人分成社会等级，而是贤愚等级，或道德自觉能力（"德商"）、智商、情商合一意义上的等级。这种差别是一种不以人的意志为转移的客观存在，也是"上天不公"的体现，任何否认这种差别的理论都会导向政治乌托邦主义。

好仁者稀，上智者少。不因愚者存在而迷惑，且勇于体认孤独，富有奋进之精神，因守仁不移而为上者；愚者非智之弱者，乃德之恶者，怙恶不悛，亦为不移。上智之善不可使为恶，下愚之恶不可使为善，故"唯上知与下愚不移"。孔子标出此意，以明世间之善恶也。

治世上智者愈善，下愚者难以为恶；乱世上智者善，下愚者可为恶矣。大仁大义者少，大奸大恶者亦少，唯"中人"居多。历史的主体虽是"中人"，但主角往往是"上智"或"下愚"者。

"上天不公"，人生而有智愚、贤不肖的区别，人在一定程度上是生而被决定的，并无绝对的"自由意志"，因此，孔门儒学对人的评价标准也是灵动的："有能一日用其力于仁矣乎？我未见力不足者"(4.6)。意思是对一个人的道德评价，要以他的禀赋、资质为前提条件。"自由意志"论者以一个人在可以选择恶的情况下选择了善为道德，孔门儒学则以一个人能够尽最大努力选择善为道德。前者看上去界限分明而易操作，但会导向禁锢；后者看上去好像模糊不易操作，但会导向灵动与开放。

17.4　子之武城①，闻弦歌②之声。夫子莞尔③而笑，曰："割鸡焉用牛刀？"子游对曰："昔者偃也闻诸夫子曰：'君子学道则爱人，小人学道则易使也。'"子曰："二三子！偃之言是也。前言戏之耳。"

【注释】

① 武城：鲁国的小城，在今山东费县西南，子游时任武城宰。

② 弦歌：以琴瑟伴奏着歌唱。

③ 莞尔：微笑的样子。

【今译】

孔子到了武城，听见弹琴唱诗歌的声音。孔子微笑着说："杀鸡哪里用得着宰牛的刀呢？"子游回答说："以前我听先生说过：'君子学道就会懂得爱人，老百姓学道就容易指使人。'"孔子说："学生们，言偃的话是正确的。我刚才说的话只是开个玩笑。"

【讲记】

"君子学道则爱人"中的"爱人"与"节用而爱人"、"樊迟问仁，子曰：'爱人'"中的"爱人"同义，都是超越种族、等级和时代的具有宗教意味的"大爱"，即爱人类总体的情怀。这至关重要，必须明确。

> 治有大小，而其治之必用礼乐，则其为道一也。但众人多不能用，而子游独行之。故夫子骤闻而深喜之，因反其言以戏之。而子游以正对，故复是其言，而自实其戏也。（《论语集注》）

孔子之言有失严肃，经学生提示后马上改正，表现的正是知错善改的儒家精神和真挚和谐的师生关系，是活泼泼的生命状态。历来注释多曲为辩解，实是看低了孔门师徒。

17.5 公山弗扰①以费畔②，召，子欲往。子路不悦，曰："末之也，已③，何必公山氏之之也④。"子曰："夫召我者，而岂徒⑤哉？如有用我者，吾其为东周乎？"

【注释】

　　① 公山弗扰：人名，复姓公山，名不狃（也作弗扰、不扰），字子泄，鲁国季桓子的家臣。

　　② 畔：谋逆。

　　③ 末之也已：末，无；之，到；末之，无处去。已，止。

　　④ 之之也：第一个"之"字是倒装结构助词；后一个"之"字是动词，是去至的意思。

　　⑤ 徒：徒然，无所原由、依据。

【今译】

　　公山弗扰占据费邑反叛，来招纳孔子。孔子准备前去，子路因而很不高兴，便说："难道没有地方去了，为什么要去公山弗扰那里呢？"孔子说："他来招纳我，难道只是一句空话吗？如果有人能使我有所作为，我就会使周在东方复兴。"

【讲记】

　　对于孔子愿意往公山弗扰的费地"助叛"，历来多有争议。《论语集注》："程子曰：'圣人以天下无不可有为之人，亦无不可改过之人，故欲往。然而终不往者，知其必不能改故也。'"这种解释，近乎强词夺理。钱穆先生认为公山弗扰为人与阳货不同，召孔子必有说辞，孔子愿往费地可信。也有人认为孔子是在说笑话，与上章一样，"前言戏之耳"。

　　17.6　子张问仁于孔子。孔子曰："能行五者于天下为仁矣。""请问之。"曰："恭、宽、信、敏、惠。恭则不侮，宽则得众，信则人任焉，敏则有功，惠则足以使人。"

【今译】

　　子张向孔子问仁。孔子回答："能够施行五种品德于天下的,便是仁人。"子张说:"请问是哪五种?"孔子说:"庄重、宽厚、诚实、勤敏、慈惠。庄重就不会遭受侮辱,宽厚就能够得到众人拥戴,诚信就能得到别人的任用,勤敏则能够作出成绩,慈惠则能够差使他人。"

【讲记】

在孔子的学生中,子张最重政治,所以孔子从政治层面回答什么是仁。在孔子那里,仁不仅仅停留在审美生成的情感层面,还必须有外在体现,对于个人来讲,"恭、宽、信、敏、惠"就是仁者的外在表现,至于能将内在情感转化为外在功业,就是圣人了。

17.7　佛肸①召,子欲往。子路曰:"昔者由也闻诸夫子曰:'亲于其身为不善者,君子不入也。'佛肸以中牟②畔,子之往也,如之何?"子曰:"然,有是言也。不曰坚乎,磨而不磷③;不曰白乎,涅④而不缁⑤。吾岂匏瓜⑥也哉?焉能系⑦而不食?"

【注释】

① 佛肸(bì xī):晋国大夫中行氏、范氏家臣,为中牟城地方官。

② 中牟:地名,在晋国,约在今河北邢台与邯郸之间。

③ 磷:损伤。

④ 涅:一种矿物质,可用作颜料染衣服。

⑤ 缁(zī):黑色。

⑥ 匏瓜:葫芦中的一种,味苦不能吃。

⑦ 系(jì):结、扣。

【今译】

佛肸召孔子去,孔子打算前去。子路说:"以前我曾听先生说过：'亲自做了坏事的人那里，君子是不会去的。'现在佛肸据有中牟反叛，而您却要前往，这如何说得过去呢？"孔子说："是的，我有过这样的话。不是说坚硬的东西磨也磨不坏吗？不是说洁白的东西染也染不黑吗？我难道是个苦味的葫芦吗？怎么能只挂在那里而不给人吃呢？"

【讲记】

《史记·孔子世家》："佛肸为中牟宰。赵简子攻范、中行，伐中牟。佛肸畔，使人召孔子。孔子欲往。"佛肸是范氏、中行氏的家宰，据中牟而叛简子，对范氏、中行氏则是忠。该处连续三章说孔子是否"欲往"的问题，历来难有定论。清刘宝楠《论语正义》说："盖圣人视斯人之徒，莫非吾与，而思有以治之，故于公山、佛肸，皆有欲往之意。且其时天下失政久矣，诸侯畔天子，大夫畔诸侯，少加长，下凌上，相沿成习，恬不为怪。若必欲弃之而不与易，则滔滔皆是，天下安得复治。故曰：'天下有道，丘不与易也。'"

定公九年，阳虎不胜，奔于齐。是时孔子年五十。公山不狃以费畔季氏，使人召孔子。孔子循道弥久，温温无所试，莫能己用，曰："盖周文武起丰镐而王，今费虽小，傥庶几乎！"欲往。子路不说，止孔子。孔子曰："夫召我者岂徒哉？如用我，其为东周乎！"然亦卒不行。（《史记·孔子世家》）

在阳虎（阳货）、公山不狃（公山弗扰）和佛肸三人中，孔子最反对的是阳虎，孔子选择的标准主要还是看这些人是否贤良。《史记》中的这些话，说中了肯綮。（参看18.6"讲记"）

17.8　子曰："由也，女闻六言①六蔽矣乎？"对曰："未也。""居②，吾语女。好仁不好学，其蔽也愚；好知不好学，其蔽也荡③；好信不好学，其蔽也贼④；好直不好学，其蔽也绞⑤；好勇不好学，其蔽也乱；好刚不好学，其蔽也狂。"

【注释】

① 言：这里实际是指品德。

② 居：坐。

③ 荡：放荡。好高骛远而没有根基。

④ 贼：害。

⑤ 绞：说话尖刻。

【今译】

孔子说："仲由呀，你听说过有六种品德便会有六种弊病吗？"子路回答说："没有。"孔子说："坐下，我告诉你。爱好仁德却不爱好学习，其弊病就是容易受人愚弄；爱好智慧却不爱好学习，其弊病是行为放荡；爱好诚信而不爱好学习，其弊病是反成伤害；爱好直率却不爱好学习，其弊病是说话尖刻；爱好勇敢却不爱好学习，其弊病是容易犯上作乱；爱好刚强却不爱好学习，其弊病是会变得狂妄自大。"

【讲记】

修身的至理名言。学习是"六德"之本，没有学习，"六德"不仅不完善，甚至还会走向邪道。因此，孔子的"六德"不是概念设定，而是从社会实践中来。在社会实践中，以人要"活着"的内在亲证为原初动力，发挥人的主观能动性，不断体会、发展和完善"六德"，使"六德"始终处于开放性的境域中，走的仍然是"人能弘道"的路径。

在孔门仁学中，学习，也就是社会实践，具有本体性的地位，与宋代以降儒学中某些空谈心性的做法有着本质的不同。

17.9　子曰："小子何莫①学夫诗？诗，可以兴②，可以观③，可以群④，可以怨⑤。迩⑥之事父，远之事君。多识于鸟兽草木之名。"

【注释】

　　① 何莫：为什么不。
　　② 兴：激发感情。一说是诗的"六义"之一的"兴"。
　　③ 观：观察，了解自然与社会。
　　④ 群：合群。
　　⑤ 怨：讽谏。
　　⑥ 迩：近。

【今译】

　　孔子说："学生们，你们为什么不学习《诗》呢？学《诗》可以激发情感，可以提高观察力，可以使人懂得合群，可以使人懂得怎样讽谏。从近处说，可以用来侍奉父母；从远处说，可以用来侍奉君主。而且还可以多认识一些鸟兽草木的名字。"

【讲记】

　　关于该章的文艺学和伦理学意义，古人已经说得很清楚了。《论语集注》："子曰：'小子！何莫学夫《诗》？（夫，音扶。小子，弟子也。）《诗》，可以兴（感发志意），可以观（考见得失），可以群（和而不流），可以怨（怨而不怒）。迩之事父，远之事君。（人伦之道，《诗》无不备，二者举重而言。）多识于鸟兽草木之名。'（其绪余又足以资多识。学《诗》之法，此章尽之。读是经者，所宜尽心也。）"《论语注疏》："子曰：'小子何莫学夫《诗》（包曰：小子，门人也。）《诗》，可以兴（孔曰：兴，引譬连类。），可以观（郑曰：观风俗之盛衰。），可以群（孔曰：群居相切磋。），可以怨（孔曰：怨刺上政。）。迩之事父，远之事君（孔曰：迩，近也。），多识于鸟兽草木之名。'"但哲学意义涉及很少。

　　《诗》在中国文化中具有如此重要的地位，是与中国人的思维方式密切相关的。中国文化并不注重先验性的反思和超验性的概念，而是注重当下的经验性的情景，并将这种情景逐渐积淀入心理结构中，这可以称为所谓的"经验变先验"。在中国文化中，人不是生活在理念中，而是生活在与历史、宇宙、人生的情感融通中，人不是与外在的一切对峙，而是生活在"天人合一"的情感中,《诗》是当时最有利于营造这种情景的文本。

在"兴观群怨"中,"兴"是基础,也是最重要的。"兴"之激发感情,引类连譬不仅仅是引发理性思维上的联想,更重要的是激发了审美情感,进而使人建构起审美化的生活态度。

至于《诗》为什么可以"兴",赵沛霖《兴的源起》〔1〕一书从发生学的角度"论证兴的一般的规范化的形式如何由这些原始兴象演化和积淀而来,并进而论证兴的本质、性质、兴起源的时间和意义"(《兴的源起·序论》),可资借鉴。

17.10　子谓伯鱼曰:"女为《周南》、《召南》①矣乎？人而不为《周南》、《召南》,其犹正墙面而立②也与？"

【注释】

①《周南》、《召南》:《诗经》十五国风的前两者。

② 正墙面而立:面对墙壁站立。

【今译】

孔子对伯鱼说:"你研读《周南》、《召南》了吗？如果一个人不研读《周南》、《召南》,便会像面对墙壁站立着吧？"

【讲记】

古注说得很清楚。《论语注疏》:"马曰:'《周南》、《召南》,《国风》之始。乐得淑女以配君子,三纲之首,王教之端,故人而不为,如向墙而立。'"《论语集注》:"《周南》、《召南》,诗首篇名。所言皆修身齐家之事。正墙面而立,言即其至近之地,而一物无所见,一步不可行。"文学作品的现实功用化、意识形态化并不是从汉代开始的,孔子是其重要的代表人物。这个解释过程是学

---

〔1〕 赵沛霖《兴的源起》,中国社会科学出版社,1987 年。

统向道统输入的典型例证,但必须看到的是,孔子讲的应该主要利用《周南》、《召南》来启发人的情志,培养人性心理,尚未完全脱离文学的范畴,但到了东汉马融就将其看作是"三纲之首,王教之端",走向了僵化和禁锢。

17.11 子曰:"礼云礼云,玉帛云乎哉? 乐云乐云,钟鼓云乎哉?"

【今译】

孔子说:"礼呀礼呀,仅仅指的是玉帛之类的礼器吗? 乐呀乐呀,说得只是钟鼓之类的乐器吗?"

【讲记】

这是孔子以仁释礼的经典性解释。礼,不只是玉帛类的形式;乐,也不只是钟鼓奏出的声响。仁是礼的本质,礼是仁的形式;无仁则礼徒具外壳,无礼则仁难以表现。仁与礼的统一才是完整的。孔子以仁释礼,为礼规定了本质属性,是中国"哲学突破"时期的一大事件。

17.12 子曰:"色厉而内荏①,譬诸小人,其犹穿窬②之盗也与?"

【注释】

① 色厉内荏:厉,严厉。荏,怯弱。外表严厉而内心虚弱。
② 窬(yú):洞。

【今译】

孔子说:"外表严厉而内心虚弱,以小人作为比喻的话,就像是挖墙洞的小偷吧?"

【讲记】

"色厉而内荏"与今天成语色厉内荏的意思并不完全一样,主要指装腔作势,靠声势唬人,实际上道德水平低下,内心虚弱。这样的人在现实中很多,又往往占据高位,因此具有很大的危害性。在孔子看来,这样的人连小人都不如,实际上就是挖洞跳墙的小偷——盗用道德的名义而善搞阴谋耍手腕的坏人!

17.13　子曰:"乡愿①,德之贼也。"

【注释】

① 乡愿:阉然媚世的人。

【今译】

孔子说:"没有原则而只懂得媚世的人,其实正是破坏道德的人。"

【讲记】

《孟子·尽心下》:"何以是嘐嘐也? 言不顾行,行不顾言,则曰:'古之人,古之人,行何为踽踽凉凉? 生斯世也,为斯世也,善斯可矣。'阉然媚于世也者,是乡原也。"又说:"非之无举也,刺之无刺也。同乎流俗,合乎污世。居之似忠信,行之似廉洁。众皆悦之,自以为是,而不可与入尧舜之道。故曰'德之贼'也。"

乡愿就是没有纲领、缺乏追求、不讲原则的好好先生,看上去乡愿最像道德,但却残害道德,是道德的敌人。

乡愿是最具迷惑性的混世主义,有时乡愿能够暂时消除某些矛盾,甚至能够做成某些事情,但由于背离道德和正义的原则,奉行的是工具主义和精致的利己主义,最终会产生根本性的危害。

17.14　子曰："道听而涂①说,德之弃也。"

【注释】

① 涂:通"途"。

【今译】

孔子说:"在路上听到传言便四散传播,这是道德所唾弃的。"

【讲记】

习惯于道听途说,不认真思考,人云亦云,甚至掘泥扬波,当然是"德之弃也"。

17.15　子曰："鄙夫①可与事君也与哉?　其未得之也,患得之。既得之,患失之。苟患失之,无所不至矣。"

【注释】

① 鄙夫:人品鄙陋、见识浅薄的人。

【今译】

孔子说:"可以和一个人品鄙陋的人一起事奉君主吗?　这样的人在没有得到官位时,总是担心得不到。一旦得到了,就又怕失去它。如果有了这种患得患失的心理,那么他就什么事都干得出来了。"

【讲记】

《论语集注》言:"小则吮痈舐痔,大则弑父与君,皆生于患失而已。"清梁章钜《论语集注旁证》言:"志于道德,圣贤之徒也;志于功名,豪杰之士也;志于富贵,则鄙夫也。圣贤非不事功名也,可则为,不可则不为,不害于道也。豪杰非恶富贵也,视功名为重,则富贵为轻也。鄙夫则富贵而外,他无所志,故其得失之想至于此也。"

17.16　子曰:"古者民有三疾,今也或是之亡也。古之狂也肆①,今之狂也荡②;古之矜也廉③,今之矜也忿戾④;古之愚也直,今之愚也诈而已矣。"

【注释】

① 肆:不拘礼节。

② 荡:放荡无羁。

③ 廉:本意指器物有棱角,此处指为人方正有威。

④ 戾:蛮横无理。

【今译】

孔子说:"古代的人民有三种(可贵的)毛病,时至今日,其中可贵的内容却已经无存了。古代的狂者不拘礼节,而今日的狂妄之人却是放荡无羁;古代矜持自守的人是方正而有威,而今日那些矜守的人却是蛮横无理;古代愚笨的人显得直率,而今天的愚笨者却是欺诈啊!"

【讲记】

《论语集注》:"狂者,志愿太高。肆,谓不拘小节。荡则逾大闲矣。矜者,持守太严。廉,谓棱角峭厉。忿戾则至于争矣。愚者,暗昧不明。直,谓径行自遂。诈则挟私妄作矣。范氏曰:'末世滋伪。岂惟贤者不如古哉?民性之蔽,亦与古人异矣。'"论当世民风浇薄,希望建立德化淳美的王道乐土。

17.17　子曰:"巧言令色,鲜矣仁。"

【讲记】

该章重出。参看 1.3。

17.18　子曰:"恶紫之夺朱也,恶郑声之乱雅乐也,恶利口之覆邦家者。"

【今译】

孔子说:"我厌恶用紫色取代红色的光彩和地位,厌恶用郑国淫靡的声乐扰乱典雅的正乐,厌恶用伶牙俐齿而颠覆国家的事情。"

【讲记】

《周易乾凿度》(《易纬乾凿度》):"朱赤者,盛色也。"夏尚黑,殷尚白,周尚赤,孔子从周,故尚赤。自春秋时鲁桓公始,渐尚紫,很多国君、大夫以紫色为服饰,所以孔子疾其以邪乱正。孔子推崇雅乐,尤其是《韶》乐,所以孔子嫉恶当时以淫荡的郑声代替传统雅乐的潮流。至于"恶利口之覆邦家者",清代黄式三《论语后案》说:"古今覆家邦者,皆以利口变乱黑白者也。"

17.19　子曰:"予欲无言。"子贡曰:"子如不言,则小子何述焉?"子曰:"天何言哉? 四时行焉,百物生焉,天何言哉?"

【今译】

孔子说:"我想不说话了。"子贡说:"老师如果不说话,那么我们这些学生还传述什么呢?"孔子说:"天何尝说话呢? 一年四季照常运行,百物照样生长。天说了什么呢?"

【讲记】

《论语集注》:"四时行,百物生,莫非天理发见流行之实,不待言而可见。圣人一动一静,莫非妙道精义之发,亦天而已,岂待言而显哉? 此亦开示子贡之切,惜乎其终不喻也。"其实,孔子的"天"既非朱熹的"天理",也非人格神,而是宇宙自然与人类总体的统一体。(参看 20.3"讲记")这样,宇宙自然就成了合目的性与规律性的存在,人不仅仅是"参赞化育"、"与天地参",而是成为天、地、人"三才"中的核心,成为"为天地立心"者。人不仅为中性的自然赋予了价值,更以人类总体意识观照自然,超越了自然黑暗与暴力的一面,建构起彻底的乐感文化。

必须看到的是,这种乐感文化绝非不承认客观困难,而是把与困难作斗争并最后克服困难看作人的必然、人的目的、人为天地立心的现实行动。大半个世纪前英国哲学家罗素在谈及中国的文化精神时说"中国人似乎是富于理性的快乐主义者",且以那些挣扎在社会底层却又昏昏而乐的样子为证。其实那只是中国文化层级中的世俗文化。后羿射日、女娲补天、大禹治水、精卫填海、夸父逐日、愚公移山这些神话,表现的才是真正的乐感文化。

乐感文化与悲剧意识并不矛盾,相反,中国的乐感文化是悲极而乐的文化,即在人的绝无依傍的空虚中崛然自立的文化。王国维先生在《红楼梦评论》中说:"吾国人之精神,世间的也,乐天的也,故代表其精神之戏曲小说,无往而不著此乐天之色彩。"此论不尽确当。以戏曲而论,很多著名的"大团圆"结局的剧目其前半段都是悲剧,只有后半段才"加上了一个光明的尾巴"。这不是分裂,而是从人类不同的阶段来看问题得出的结论。亚里士多德说,悲剧是"对一个严肃完整、有一定长度的行动的摹仿"(这个"一定长度"必定是人类历史的有限阶段)。从人类历史中有限阶段看,历史一定是悲剧;而从人类总体看,却应该也必然是"大团圆"。必须说明的是,人类有限阶段是现实的,而人类总体是虚灵的(尽管人类总体观念是"虚"的,但在现实中是可以验证的,是灵验的)。善恶有报的观念在有限历史阶段中(具体事件上)是不可靠的,但在人类总体中(所有事件上)是必然的,因为善有恶报或恶有善报,人类社会就会悖乱和灭亡,所以在具体事件上也就必然要践行善恶有报的观念。因此,中国的"大团圆"式的悲剧绝非是什么"悲喜剧",而是表现"有一定长度"的悲剧和人类总体意识的统一体。(参看7.18"讲记")

17.20　孺悲①欲见孔子,孔子辞以疾。将命者出户,取瑟而歌,使之闻之。

【注释】

① 孺悲:鲁国人,鲁哀公曾派他向孔子学礼。

【今译】

孺悲想要求见孔子,孔子以身体有病为由推辞不见。而传话的人刚出房门,孔子便取出瑟来边弹边唱,有意让孺悲听到。

【讲记】

《礼记·杂记下》:"哀公使孺悲之孔子,学士丧礼,士丧礼于是乎书。"孺悲应该是孔子的学生,并且编纂了士丧礼。至于孔子为什么不接待孺悲,历来注家有不同解释,但大都是说孺悲可能失礼于孔子,或是做错了事,孔子借此警戒他。

17.21　宰我问:"三年之丧,期①已久矣。君子三年不为礼,礼必坏;三年不为乐,乐必崩②。旧谷既没③,新谷既升,钻燧改火④,期⑤可已矣。"子曰:"食夫稻,衣夫锦,于女安乎?"曰:"安。""女安则为之。夫君子之居丧,食旨⑥不甘,闻乐不乐,居处不安,故不为也。今女安,则为之!"宰我出,子曰:"予之不仁也!子生三年,然后免于父母之怀⑦,夫三年之丧,天下之通丧也。予也有三年之爱于其父母乎?"

【注释】

① 期:为期,日期。

② 崩:崩溃,此处指荒疏。

③ 没:吃完。

④ 钻燧改火:古人钻木取火,所用木材四时不同,一年轮一遍,叫改火。

⑤ 期(jī):一年。

⑥ 旨:甜美,指好吃的食物。

⑦ 怀:怀抱。

【今译】

宰我问孔子:"服丧三年,为时也太长了吧!君子三年不演习礼仪,礼仪一定会毁坏;三年不演奏音乐,音乐一定会荒废。旧谷已经吃完,新谷登场,钻燧取火的木头已经换过一遍,服丧一年就可以了吧!"孔子说:"(服丧一年)你就吃大米饭,穿锦缎衣,心安吗?"宰我说:"我心安。"孔子说:"你心安,你就那样去做吧!君子在守丧期间吃美味的食物不知道香甜,听音乐不觉得快乐,住在房子里不觉得安逸,所以才不那样去做。今天你既然觉得心安,你就那样去做吧!"宰我出去后,孔子说:"宰予真是没有仁德啊!儿女生下来以后,三岁时才能离开父母的怀抱。服丧三年,是天下通行的丧礼啊!宰予对他的父母也有三年的爱吗?"

【讲记】

十月怀胎,一朝分娩,三年不免于怀,内外两个向度合一是孝的起点,也是礼的起点。外向度是理,但最终为情所体认,"化理为情"。(参看1.2"讲记")

以情为本,"道始于情",是原始儒家哲学的起点。由个体情感而社会规范而人类总体的超越性的终极关怀,是原始儒家哲学的建构逻辑,也是在中国文化中影响最大的思维方式。

社会秩序、价值观念是建立在人的情感之上的,起码是不弃绝人的情感的。这种情感固然也是历史实践的产物,会随着历史的发展有所不同,但始终不会脱离人的感性。

与西方不同,中国哲学对感性的超越始终不弃绝感性,这好像不能保证超越的纯粹性,但也正是这种不纯粹的超越,使中国人总是从自身出发,将心比心,"己所不欲,勿施于人",不至于走向极端。西方哲学对感性的弃绝,固然可以保证所谓的"至善",但由于对人的感性心理的漠视,往往不能推己及人,在某种"绝对理念"的指导下,就会走向极端,人类文明史上几次灭绝种族的大屠杀,主要是在这种文化的观照下发生的。谁也不敢保证,这样的种族灭绝不会在将来以新的形式出现!

这里涉及"三年之丧"是精华还是糟粕的问题。

从传统中取经,一般的原则是取其精华、弃其糟粕,但似乎精华与糟粕并无简单的分野,该怎么办?

其实,历史上并不存在纯粹的或静态的精华和糟粕,精华和糟粕都是在具体的历史情景中形成的,在历史上产生过积极作用的东西,在现实中未必就同样有效。我们所说的精华,准确地讲应该是历史上的某种思想、文化、观念或措施中的历史合理性,而这种合理性,是根据我们当下的思想观念来判定的。任何一种传统的观念在运用到当下的时候,都必须和当下的实际情况和应然的要求相结合,而不能复古式地照搬。

在具体的操作中,最重要的是要对"精华"取其神而遗其形,即取"精华"中的合理因素,抛弃这些"精华"在历史上的操作形式,因为这些操作形式很多时候就是糟粕。比如"孝"的观念,对今天精神文明建设仍有十分积极和重要的意义,但传统社会一些操作形式就不可取。从政治制度讲,汉代以来即提倡"以孝治天下",把"孝"当作封建等级制度的基础;从思想观念讲,"不孝有三,无后为大",把"孝"僵化为束缚人的外在形式,忽视甚至剥夺了人的情感;从"孝"的制度讲,有些时代规定父母去世儿子要在家"守孝三年",这些都是要抛弃的糟粕。今天要吸收的是"孝"对人性心理培养的核心内涵,即以适合现代生活的形式,通过爱父母而爱别人,通过爱家而爱国、爱社会,从而提高人的精神境界,为社会做出更多的贡献。讲到一些传统的治国措施,也是这样,比如"礼法合治"的思想,在传统社会往往具体表现为以礼入法,甚至以礼取代法,所以礼法往往被看作是传统中国法律体系的基本特征,等级观念和纲常名教是其两大支柱,这显然是封建糟粕。而"礼法合治"真正的精神是以德为本,以礼弥补法治的不足,通过提高人的道德文化水平来减少诉讼案件,这正是当下所需要的。

17.22　子曰:"饱食终日,无所用心,难矣哉! 不有博^①弈者乎? 为之,犹贤乎已。"

【注释】

① 博: 古代的一种棋戏。

【今译】

孔子说:"整日吃饱了饭,却什么事都不做,是不行的呀! 不是还有博戏和弈棋吗? 做一做,也比闲着好。"

【讲记】

孔子坚决反对饱食终日,无所用心。清宦懋庸《论语稽》言:"博弈之事,不惟使人废时失业,而又易起贪争之心,是岂可为之哉? 然饱食而心无所用,则淫辟之念生,而将无所不为矣,故不若博弈者为害之小也。"

17.23　子路曰:"君子尚勇乎?"子曰:"君子义以为上。君子有勇而无义为乱,小人有勇而无义为盗。"

【今译】

子路问:"君子崇尚勇敢吗?"孔子回答:"君子将义作为最崇高的品德。君子如果有勇而无义则会作乱,小人如果有勇而无义便会成为匪盗。"

【讲记】

孔子因材施教,对子路强调义的重要性:仁义是指导,是灵魂。

17.24　子贡曰:"君子亦有恶①乎?"子曰:"有恶。恶称人之恶者,恶居下流②而讪③上者,恶勇而无礼者,恶果敢而窒④者。"曰:"赐也,亦有恶乎?""恶徼⑤以为知者,恶不孙⑥以为勇者,恶讦⑦以为直者。"

【注释】

① 恶(wù):厌恶。
② 下流:下等的,处于下位的。
③ 讪(shàn):诽谤。
④ 窒:阻塞,不通事理,顽固不化。
⑤ 徼(jiǎo):窃取,抄袭。
⑥ 孙:通"逊",谦逊。
⑦ 讦:攻击、揭发他人短处。

【今译】

子贡问:"君子也有厌恶的事吗?"孔子说:"有厌恶的事。厌恶一味宣扬别人坏处的人，厌恶身居下位而诽谤上位者的人，厌恶勇敢却不懂得礼节的人，厌恶固执而不通事理的人。"孔子又问子贡："赐，你也有厌恶的事吗？"子贡说："厌恶窃取别人的成绩而作为自己的聪明的人，厌恶把不谦虚当做勇敢的人，厌恶将揭发别人隐私作为直率的人。"

【讲记】

孔子是非分明，爱憎分明，所以不是乡愿；孔子又对人有无差等的爱（对人格、人性平等的爱，对人类总体的爱），所以又具有对现实的超越性。

17.25　子曰："唯女子与小人为难养也。近之则不孙，远之则怨。"

【今译】

孔子说："只有女子和小人是难以教养或共处的。如果亲近他们，他们就会肆意无礼；一旦疏远他们，他们便会心生怨怼。"

【讲记】

此章历来注释很多，但似乎均未得其意。此处的女子，并非指所有的女性，而应该进行反推，即女子中的小人。当时的女子一般都没有受过教育，只有部分贵族妇女才有条件和可能进行社会交往，而她们的社会交往基本不会直接涉及大事，往往只是些有关个人利益的小事，所以孔子才将这些女子与小人并称。

由于这样的女子和小人与人交往的标准是私利，因此与他们接近一些，他们就"熟悉滋长轻视"，他们不懂得君子的人格，更不会尊重君子的人格；如果君子和他们交往少了，他们自然就会抱怨。

现实中，以利不以义交者甚多，他们划分人际关系的方式就是非友即敌。

17.26　子曰："年四十而见恶焉,其终也已。"

【今译】
　　孔子说:"一个人如果到了四十岁仍旧还被人所厌弃,那么他这一生也就算是完了。"

【讲记】
　　"四十而不惑。"四十岁是不惑之年,如果此时还不能明白事理,还被人厌恶,一生想有所建树就很难了。所谓勉人及时改过也。

微子第十八

18.1　微子①去之，箕子②为之奴，比干③谏而死。孔子曰："殷有三仁焉。"

【注释】

①微子：殷纣王同母庶兄，屡次谏阻不被采纳，惧祸远走。

②箕子：殷纣王叔父。劝谏纣王不听，便披发佯疯，被降为奴隶。

③比干：殷纣王的叔父，多次强行谏讽，因激怒纣王而被杀。

【今译】

微子去国远行，箕子装疯为奴，比干则因劝谏而被杀。孔子说："这正是殷末的三位仁人志士啊！"

【讲记】

"'仁'和'仁者'不一定得好运好报，古今同然。然而'福'、'德'如何统一？这个至善在哪里？既不能如 Kant 的道德的神学那样归之于上帝，那么只能统一于子孙不断的人类总体了。"[1]其实说得还不彻底，在孔门仁学中，"仁"和"仁者"一

〔1〕李泽厚《论语今读》，安徽文艺出版社，1998 年，第 420 页。

定不能得到好报,如果得到好报,"仁"和"仁者"就不是真正的
"仁"和"仁者",其超越性就不纯粹,就失去了其虚灵的导向意
义。从这一意义说,现实中的"福"、"德"必定不能相配。在孔
门仁学中,虚灵的人类总体就是至善,就是上帝,就是终极实
在,"德"、"福"相配,善有善报就在其中;人一旦体认了人类总
体,"德"、"福"的区别便即消失,审美性的天地境界呈现,此之
谓"配"和"报"。

18.2 柳下惠①为士师②,三黜③。人曰:"子未可以去
乎?"曰:"直道而事人,焉往而不三黜? 枉道而事人,何必去
父母之邦?"

【注释】

① 柳下惠:展氏,名获,为鲁国大夫。
② 士师:《周礼》将其列为司寇的属官。掌狱讼、刑罚、禁令
之事。
③ 黜:罢免。

【今译】

柳下惠担任鲁国典狱官的职务,却三次被罢免。有人问他:
"难道你不可以离开鲁国吗?"柳下惠说:"以正直来处事,到哪里
不会被多次罢官呢? 如果不按正道来侍奉君主,又为什么一定
要离开父母之邦呢?"

【讲记】

联系上章,可知对于现实来讲,"道是穷人物",这其实是仁
者对于社会的自觉。
这种思想在后世有各种形式的论述,在苏轼的诗文中,这种
"道是穷人物"就转化为"诗是穷人物"。如苏轼说:"吾穷本坐

诗,久服朋友戒。五年江湖上,闭口洗残债。今来复稍稍,快痒如爬疥。先生不讥诃,又复寄诗械。幽光发奇思,点黜出荒怪。诗成一自笑,故疾逢虾蟹。"〔1〕"旧病应逢医口药,新妆渐画入时眉。信知诗是穷人物,近觉王郎不作诗。"〔2〕"诗能穷人,所从来尚矣,而于轼特甚。"〔3〕这不是偶然现象,更不是牢骚,苏轼将其上升到了具有普遍意义的高度:"大雅初微缺,流风困暴豪。张为词客赋,变作楚臣骚。展转更崩坏,纷纶阅俊髦。地偏蓄怪产,源失乱狂涛。粉黛迷真色,鱼虾易豢牢。谁知杜陵杰,名与谪仙高。扫地收千轨,争标看两艘。诗人例穷苦,天意遣奔逃。……"〔4〕在这里,杜甫个人的命运被提升到了诗人的普遍的命运的高度,"诗人例穷苦,天意遣奔逃",甚至不"穷苦"不"奔逃"的诗人就不是真正的诗人。

苏轼从理想与现实的关系中来考察诗与诗人的本质:"贵、贱、寿、夭,天也。贤者必贵,仁者必寿,人之所欲也。人之所欲,适与天相值实难,譬如匠庆之山而得成镰,岂可常也哉。因其适相值,而责之以常然,此人之所以多怨而不通也。至于文人,其穷也固宜。劳心以耗神,盛气以忤物,未老而衰病,无恶而得罪,鲜不以文者。天人之相值既难,而人又自贼如此,虽欲不困,得乎?"〔5〕"贤者必贵,仁者必寿"是"人之所欲"的应然的状态,但却不是必然或实然的状态,即使真的出现了这种情况,也不过是"适相值"的偶然,"与天相值实难"才是现实中经常出现的状态,但人们却对这种偶然"责之以常然",这就是"怨而不通"的根源。更有甚者,"劳心以耗神,盛气以忤物","人又自贼如此,虽欲不困,得乎?"所以文人"其穷也固宜"。序文层层递进,最后得出了"无恶而得罪,鲜不以文者"的结论。所谓"无恶",是从应然的角度来审视的,所谓"得罪",则是从现实着眼,"无恶而得罪",便是

---

〔1〕 苏轼《孙莘老寄墨四首》,《苏轼诗集》,中华书局,1982年,第1319页。

〔2〕 苏轼《呈定国》,同上,第1639页。

〔3〕 苏轼《答陈师仲主簿书》,《苏轼文集》,中华书局,1986年,第1428页。

〔4〕 苏轼《次韵张安道读杜诗》,《苏轼诗集》,中华书局,1982年,第265页。

〔5〕 苏轼《邵茂诚诗集叙》,《苏轼文集》,中华书局,1986年,第320页。

理想与现实的矛盾，便是"文"的本质，也是仁者本质。

18.3 齐景公待孔子曰："若季氏，则吾不能；以季、孟之间待之。"曰："吾老矣，不能用也。"孔子行。

【今译】

齐景公讲到对待孔子的礼遇时说："要像鲁君对待季氏那样，我做不到。我可以用比季氏低、比孟氏高的待遇来对待他。"不久却又说："我老了，不能用了。"孔子遂离开了齐国。

【讲记】

鲁昭公二十六年（前517），鲁国发生内乱，鲁昭公攻打三桓失败，三桓驱逐昭公，鲁昭公奔齐。孔子因鲁乱来齐国，"景公问政孔子，孔子曰：'君君，臣臣，父父，子子。'景公曰：'善哉！信如君不君，臣不臣，父不父，子不子，虽有粟，吾岂得而食诸！'他日又复问政于孔子，孔子曰：'政在节财。'景公说，将欲以尼谿田封孔子。晏婴进曰：'夫儒者滑稽而不可轨法；倨傲自顺，不可以为下；崇丧遂哀，破产厚葬，不可以为俗；游说乞贷，不可以为国。自大贤之息，周室既衰，礼乐缺有间。今孔子盛容饰，繁登降之礼，趋详之节，累世不能殚其学，当年不能究其礼。君欲用之以移齐俗，非所以先细民也。'后景公敬见孔子，不问其礼。异日，景公止孔子曰：'奉子以季氏，吾不能。'以季孟之间待之。齐大夫欲害孔子，孔子闻之。景公曰：'吾老矣，弗能用也。'孔子遂行，反乎鲁。"（《史记·孔子世家》）在鲁国，季氏为上卿，孟氏为下卿，后人将"季孟之间"用作成语，意思是比上不足，比下有余。

孔子到齐国是想实行仁政，景公对孔子的回答也很满意，但孔子的主张遭到了晏婴等人的反对，齐景公本人也不坚决，而是纠缠在待遇标准上，孔子见道不可行，不肯枉道以事人，离齐返鲁。（参看12.11"讲记"）

18.4　齐人归①女乐,季桓子②受之,三日不朝。孔子行。

【注释】

① 归:同馈,馈赠。

② 季桓子:季孙斯,其时为鲁国宰相。

【今译】

齐国人赠送给鲁国一些歌女,季桓子(私自)接受了,因而三天都未朝。孔子(知道后)便离开了鲁国。

【讲记】

(孔子摄行相事)齐人闻而惧,曰:"孔子为政必霸,霸则吾地近焉,我之为先并矣。盍致地焉?"黎鉏曰:"先尝沮之,之而不可则致地,庸迟乎!"于是选齐国中女子好者八十人,皆衣文衣而舞《康乐》,文马三十驷,遗鲁君。陈女乐文马于鲁城高门外。季桓子微服往观再三,将受,乃语鲁君为周道游,往观终日,怠于政事。子路曰:"夫子可以行矣。"孔子曰:"鲁今且郊,如致膰乎大夫,则吾犹可以止。"桓子卒受齐女乐,三日不听政;郊,又不致膰俎于大夫。孔子遂行。(《史记·孔子世家》)

鲁国在孔子的治理下很有起色,但仍然矛盾重重,且君臣沉溺酒色,也不按礼制送膰肉(当时郊祭用的供肉)给孔子,孔子于是离开鲁国到卫国,开始了为时十四年的"周游列国"的活动。是年孔子五十五岁。

18.5　楚狂接舆①歌而过孔子曰:"凤兮凤兮! 何德之衰? 往者不可谏,来者犹可追。已而已而! 今之从政者殆而!"孔子下,欲与之言。趋而辟之,不得与之言。

【注释】

① 接舆:曹之升《四书摭余说》云:"《论语》所记隐士皆以其事名之。门者谓之'晨门',杖者谓之'丈人',津者谓之'沮'、'溺',接孔子之舆者谓之'接舆',非名亦非字也。"

【今译】

楚国的狂人接舆唱着歌从孔子的车旁走过,歌为:"凤凰啊,凤凰啊,你的德运为什么就衰微了? 过去的尽皆不可挽回,将来的尚可以补救。算了吧,算了吧。今天的执政者真是危乎其危!"孔子下车,想与他相谈。接舆却赶快避开,孔子没能和他交谈。

【讲记】

参看18.6"讲记"。

18.6　长沮、桀溺①耦而耕②。孔子过之,使子路问津③焉。长沮曰:"夫执舆④者为谁?"子路曰:"为孔丘。"曰:"是鲁孔丘与?"曰:"是也。"曰:"是知津矣。"

问于桀溺。桀溺曰:"子为谁?"曰:"为仲由。"曰:"是孔丘之徒与?"对曰:"然。"曰:"滔滔者,天下皆是也,而谁以易⑤之? 且而与其从辟⑥人之士也,岂若从辟世之士哉?"耰⑦而不辍。

子路行以告。夫子怃然曰:"鸟兽不可与同群,吾非斯人之徒与而谁与? 天下有道,丘不与易也。"

【注释】

① 长沮、桀溺：其时的两位隐士。

② 耦而耕：两个人合力耕作。

③ 津：渡口。

④ 执舆：即执辔，拉住马的缰绳。

⑤ 易：变动，变革。

⑥ 辟：同"避"。

⑦ 耰（yōu）：播种后用土覆盖种子。

【今译】

　　长沮、桀溺两人一同耕田，孔子路过，便让子路去寻问渡口的位置。长沮问子路："那个驾车的人是谁？"子路说："是孔丘。"长沮说："是鲁国的那位孔丘吗？"子路说："是的。"长沮便说："那他早就已经知道渡口在哪里了。"

　　子路再去问桀溺。桀溺说："你是谁？"子路说："我是仲由。"桀溺说："你是鲁国孔丘的门徒吗？"子路说："是的。"桀溺说："坏的事物如同滔滔洪水一般冲决天下，你们又同谁一起去变革它呢？你与其跟着孔丘那样躲避坏人的人，还不如跟着我们这些躲避社会的人呢？"说完，仍旧不停地播种、覆土。

　　子路返回向孔子述说。孔子怅然失意地说："飞禽走兽是不能相处与共的，我们不同这样的人一起，又同谁在一起呢？如果天下清平，我就不会与你们一道来从事改革了。"

【讲记】

　　该章要说两个问题，一是隐士问题，二是"天下有道，丘不与易也"的问题。

　　隐士问题。18.5、18.6、18.7 三章集中涉及了隐士问题，这里重点说隐逸文化的精神价值。"归去来兮，田园将芜胡不归。"陶渊明的这一声清啸，引得林泉激荡，岩穴来风，千载之下尚令人追慕不已。其实，这并非陶渊明有特别的卓异之处，而是因为隐逸文化是传统文化的重要的一翼，它不仅存在于传统文化的深处，也还以一种潜隐的方式存在于现实生活的深处。

　　说起隐士，似乎非常富有诗意。的确，避开世俗的扰攘，过一种自由自在的生活，尽情地体味着本真生命，原是人们梦寐以求的生存状态，古人也确实为我们描绘过极富诱惑力的隐士生活图："松下问童子，言师采药去。只在此山中，云深不知处。"（贾岛《寻隐者不遇》）"群峭碧摩天，逍遥不记年。拨云寻古道，倚树听流泉。花暖青牛卧，松高白鹤眠。语来江色暮，独自下寒烟。"（李白《寻雍尊师隐居》）真所谓"山静似太古，日长如小年"，在静静的体味中变成了"羲皇上人"，世俗的尘嚣已不撄其心了。然而，这只是隐士生活的诗意，真实的隐逸生活不只有宁静和诗意，更多的是艰辛、无奈、愤懑乃至血泪。

　　如果从传说中的巢父、许由算起，中国的隐逸传统应与民族的文明史几乎同源，隐士亦不下万余人，有文献记载、事迹可考的就有几千人，各主要正史几乎都用很长的篇幅为隐士作传。上古时期，隐士的名称有许多，如逸士、高处士、幽人、高人、逸氏、隐者、处人等，这标志着隐士作为一个社会类别还不够定型、成熟。"隐士"这个名称虽然最早出现在《庄子》里，但隐士作为一个阶层，直到汉唐时代才被确定。在这以前，隐士的文化身份还不够十分确定，隐逸文化作为一种传统也还没有完全成熟。

　　对于传统隐逸文化的评价历来多有争论，似乎以蒋星煜的观点较有代表性，即使在今天，也并不是没有市场。他说："一般说来，理想的人生应该乐观、前进、仁爱、谦和、坚韧、强壮、勤勉、敏捷、精细，而隐士刚巧完全相反地是悲观、保守、冷酷、倨傲、浮躁、衰弱、懒惰、滞钝、疏忽，隐士既然不是理想的人生，我们当然没有理由逃避现实去做隐士，更没有理由赞成别人家这样去做。我们要大声地疾呼：勇敢地生活，不做隐士。"这是20世纪40年代上海三联书店出版的《中国隐士与中国文化》一书的结论，本书只有七八万字，对隐逸文化的研究并无太多的创见，但这种观点却是其来有自。它适应了当时抗战的形势，用政治学、社会学的方法来分析传统文化，不能不说具有一定的合理性。时至今天，在尘埃落定之后，再作这样的分析，是不是过于简单了呢？

　　我们应该学会摒弃偏见，历史地看待问题。具体到隐逸文化来说，它作为传统文化的组成部分，与整个传统文化的关系有一个十分复杂的机理,他们之间是一种动态平衡的关系,而不是从属关系,不是主动与被动的关系,这与中国传统文化和传统社会的基本运作方式——即道统、政统、学统之间的关系——有关。

与西方不一样,中国没有一个神权价值观念系统凌驾于世俗政权之上,但中国自从民族文化的"哲学突破"时期就产生了道统,孔子就为维护、宣传、推行"道"而奔波终生。中国的道统应当说源自孔子,成形于汉代,完成、强化于宋代,但道统并不等于封建政治意识形态,而是对现实政治和社会生活产生直接影响的主流思想观念和文化意识,其中包括某些为统治者所承认和执行的思想观念。政统即现实政治的各种因素的总和,包括方针、政策、法令、制度等。学统是思想文化和学术传统,包括文统、思统和艺统等。学统的突出特点是它的自发性和开放性,它向全社会开放,故能把来自社会各个层面尤其是社会底层的最富活力的思想、文化汇聚起来,所以它是道统的源头活水。三者之间的最为理想的关系是,道统以开放的姿态接纳来自学统的富有活力的新鲜的因素,不断地为自己补充新鲜血液,使自己不至于因久居社会上层而禁锢、僵化乃至反动;政统应该自觉地接受道统的思想理论的指导、矫正乃至批判,使自己的政治行为指向社会进步的一面。当然,三者之间的这种理想关系只有在孔子描绘的理想社会中才会出现,在中国历史上的任何朝代里都没有完全实现过。

相反的情形倒是经常出现。在没有民主、只靠"人治"的封建社会里,政统没有外在的制约机制,因此,政统往往并不去自觉地听从道统的指导,相反,它经常凭借政治的强权去压制、摧残、篡改道统,并进一步扼杀学统。秦王朝短命的原因之一就是"焚书坑儒"、"以吏为师",消灭思想文化,结果使社会失去了舆论导向,也就失去了矫正机制,政治变得极端的专制、残酷和腐败。"坑灰未冷山东乱,刘项原来不读书",不是思想、文化的繁荣使秦朝灭亡,而是消灭思想、文化才使秦王朝短命。

学统与道统是脆弱的,但又无限倔强,具有无穷的生命力。在残暴的强权过后,它必然萌发出更加勃勃的生机,是它保证了中国数千年的历史不致沦落,中国的这种政治、文化运作机制相对于世界其他民族来讲是十分独特鲜明的,有着丰富的内在合理性,即使对未来也还具有重要的意义。而学统和道统的最主要的承当者是士,即知识分子,知识分子实际上是中国封建社会的良心,是这种运作机制的轴心。

中国"哲学突破"时期对士的认识就十分接近现代知识分子的概念。以色列的著名学者康菲诺(Michael Confino)认为知识分子有五个特点:"一、对于公共利益的一切问题——包括社会、经济、文化、政治各方面的问题——都抱着深切的关怀。二、这个阶层常自觉有一种负罪感,因此认为国家之事及上述各种问题的解决都是他们个人的责任。三、倾向于把一切政治、社会问题看作道德问题。四、无论在思想或生活上,这个阶层的人都觉得他们有义务对一切问题找出逻辑答案。五、他们深信现状不合理,应当加以改进。"

隐士则是士阶层的重要组成部分,甚至是其中最优秀的组成部分。在此必须指出的是,隐士是一个复杂的概念,绝不仅仅指那些啸傲山林而不问世事的人,更重要的是指隐逸传统、隐逸文化。隐逸的精神价值在于对禁锢的主流价值观念系统的叛逆,对僵化的道统和无道的政统的矫正,更在于它为学统这个永远开放的系统提供了强劲有力的原始能量。它实现精神价值的机制就在于通过学统输入道统,再由道统矫正政统。

历史地看,隐士人格的强劲的辐射力和隐逸文化的强劲的张力使任何板结顽固的社会土壤都不能不为之松动,为历史文化灌注的新鲜的活力,其精神价值在文化的深层发动,对社会发挥着直接或间接的不可替代的作用。(参看8.13"讲记")

"天下有道,丘不与易也"的问题。这里有这样几层意思:一、孔子之所以要进行社会变革,是因为天下无道,孔子进行社会变革的合法性是社会赋予的;二、孔子进行社会变革是正义的,进步的,积极的;三、天下若有道,孔子也不想一生奔波,"惶惶如丧家之犬",宁愿过长沮、桀溺一样的生活,孔子的选择是"理性凝聚"的结果;四、无道与有道的标准是相对的,都是历史概念,即使天下有道,也不会是绝对完美的,仍然有需要变革的地方,因此孔子的选择具有永恒的意义。

18.7　子路从而后，遇丈人，以杖荷蓧①。子路问曰："子见夫子乎？"丈人曰："四体不勤，五谷不分，孰为夫子？"植其杖而芸。子路拱而立。止子路宿，杀鸡为黍而食②之，见其二子焉。明日，子路行以告。子曰："隐者也。"使子路反见之。至，则行矣。子路曰："不仕无义。长幼之节，不可废也。君臣之义，如之何其废之？欲洁其身而乱大伦。君子之仕也，行其义也。道之不行，已知之矣。"

【注释】

① 蓧(diào)：古代耘田所用的竹器。

② 食(sì)：拿东西给人吃。

【今译】

子路跟随孔子出行，远远落在后面，遇到一位正用拐杖挑着耘田工具的老人。子路便问："您看到我的老师了吗？"老人说："你这个人手脚不勤快，五谷也分不清楚，谁知道你的老师是什么人！"说着便把拐杖插在地上，除草去了。子路拱手恭敬站立一旁。老人便留子路在他家住宿，并杀鸡、做饭给他吃，接着又叫两个儿子出来与子路相见。第二天，子路赶上孔子，向孔子汇报了此事。孔子说："这是位隐士啊。"吩咐子路返回见见他。子路回去，而老人已经走了。子路说："不出来做官是不合于道义的。长幼次序的礼节不应废弃，那么君臣间的道义又怎能废弃呢？想要保持自己的清白，却因而破坏了君臣间的根本关系。君子做官，是为了推行自己的责任和义务。至于自己主张不能得到行通，却也早就知道了。"

【讲记】

关于隐士的问题，参看18.6"讲记"。

孔子并不排斥隐士，甚至对他们都很尊重，对他们的傲慢也很理解，但并不完全赞同他们思想和做法。通过与隐士的辩论，孔子阐明了自己的基本主张：隐逸固然没有错，但不能都去隐逸；没有隐士会出问题，但都去做隐士更会出问题；如果贤能之士都去隐逸了，天下怎么办呢？这是一个朴素、简单的道理，但却是至理。

该章最后子路的话，完全代表了孔子的意思。尤其"道之不行，已知之矣"一句，更表明了孔子对自己以及所从事事业的前途和命运的清醒的认识。历史恰恰在人的这种"知其不可为而为之"的悲剧状态中延续和发展，如果人人都深陷在物欲功利中，社会只能萎缩，历史更无法发展。

孔子从事的是悲剧性的事业，或者说，事业本来就是悲剧性的，岂止是事业，人生本来就是悲剧性的。不明了这一点，事业就是功利，人生也就是虚幻！（参看18.6"讲记"）

18.8 逸①民：伯夷、叔齐、虞仲、夷逸、朱张、柳下惠、少连。子曰："不降其志，不辱其身，伯夷、叔齐与?"谓"柳下惠、少连，降志辱身矣。言中伦，行中虑，其斯而已矣。"谓"虞仲、夷逸，隐居放②言，身中清，废中权"。"我则异于是，无可无不可。"

【注释】

①逸：同"佚"，散失、遗弃。
②放：放置，不再谈论世事。

【今译】

以前被遗落的人有：伯夷、叔齐、虞仲、夷逸、朱张、柳下惠、少连。孔子说："能够不动摇自己的意志，不辱没自己的身份，这样的人就是伯夷、叔齐吧。"又说"柳下惠、少连虽然被迫降低自己的意志，屈辱自己的身份，但说话合乎法度，行为合乎人心，能如此便罢了。"又说"虞仲、夷逸隐遁出世且不再谈论世事，能洁身自爱,离开官位也是合乎权宜的。""我却同这些人不同,没有什么可以,也没有什么不可以做。"

【讲记】

孔子举出三类逸民:第一类是伯夷、叔齐,他们"不降其志,不辱其身";第二类是柳下惠、少连,他们"降志辱身",但言行有理;第三类是虞仲、夷逸,他们"隐居放言",行为高洁,善于权变。孔子与他们都不相同,能做到"无可无不可",即用舍行藏,将人生的各种际遇化为提高自己人格修养的资源,最终达到"极高明而道中庸"的境界。

18.9 大师挚①适齐,亚饭干适楚,三饭缭适蔡,四饭缺适秦②,鼓方叔③入于河,播鼗④武入于汉,少师⑤阳、击磬襄⑥入于海。

【注释】

① 大师挚:大同"太"。太师是鲁国乐官之长,挚是人名。
② 亚饭、三饭、四饭:都是乐官名。干、缭、缺是人名。
③ 鼓方叔:击鼓的乐师名方叔。
④ 鼗(táo):小鼓。
⑤ 少师:乐官名,副乐师。
⑥ 击磬襄:击磬的乐师,名襄。

【今译】

太师挚逃到了齐国,亚饭干逃到了楚国,三饭缭逃到了蔡国,四饭缺逃到了秦国,打鼓的方叔隐居到黄河边,敲小鼓的武逃遁到汉水之滨,少师阳和击磬的襄则避居到了海滨。

【讲记】

该章无孔子言论,纯记事,记鲁哀公时政治衰微,"礼崩乐坏"，乐官四散。

> 张子曰："周衰乐废，夫子自卫反鲁，一尝治之。其后伶人贱工识乐之正。及鲁益衰，三桓僭妄，自大师以下，皆知散之四方，逾河蹈海以去乱。圣人俄顷之助，功化如此。如有用我，期月而可。岂虚语哉?"(《论语集注》)

18.10　周公谓鲁公①曰："君子不施②其亲，不使大臣怨乎不以③。故旧无大故，则不弃也。无求备于一人。"

【注释】

① 鲁公：指周公的长子伯禽，鲁国第一任国君。
② 施：同"弛"，轻慢、怠慢。
③ 以：用。

【今译】

周公对鲁公说："君子不会轻慢疏远他们的亲族，也不会使大臣们抱怨自己不被信用。如果旧臣老友没有大的过错，就不要抛弃他们，不要求一个人具备所有好的品质。"

【讲记】

这是鲁周公戒其子伯禽的话。周公戒伯禽的话很多，孔子独举此，盖讽哀公不能亲信贤人也。《论语集注》："胡氏曰：'此伯禽受封之国，周公训戒之辞。鲁人传诵，久而不忘也。其或夫子尝与门弟子言之欤?'"

18.11　周有八士①：伯达、伯适、伯突、仲忽、叔夜、叔夏、季随、季騧。

【注释】

　　① 八士：皆已不可考。

【今译】

　　周代有八位贤达之士：伯达、伯适、伯突、仲忽、叔夜、叔夏、季随、季骦。

【讲记】

　　孔子追念周之盛德。

子 张 第 十 九

19.1　子张曰:"士见危致命,见得思义,祭思敬,丧思哀,其可已矣。"

【今译】

子张说:"士人应当在遇见危险时能不顾及自己的生命,看到利益时能够审度是否合于道义,祭祀时能够思虑严肃恭敬,居丧时候能够思虑哀伤,这样也就可以了。"

【讲记】

士人的立身四大节。

19.2　子张曰:"执德不弘,信道不笃,焉能为有? 焉能为亡?"

【今译】

子张说:"实行道德行为不坚定,信仰不忠实,(这样的人)怎么能说他有德行,又怎么能说他没有德行呢?"

【讲记】

士人的标准应该是保持并弘扬道德,士人不能是机会主义者。在后世儒家看来,纵横家虽然有这样那样的历史作用,但毕竟开了中国机会主义的先河。

19.3 子夏之门人问交于子张。子张曰:"子夏云何?"对曰:"子夏曰:'可者与之,其不可者拒之。'"子张曰:"异乎吾所闻:'君子尊贤而容众,嘉善而矜不能。'我之大贤与,于人何所不容? 我之不贤与,人将拒我,如之何其拒人也?"

【今译】

子夏的学生向子张寻问结交朋友的道理。子张便问:"子夏是怎么说的?"学生答道:"子夏说:'可以想结交的便结交,不能结交的就拒绝他。'"子张说:"我所听到的和这些不同:君子尊重贤人,也容纳普通人;赞美善人,又同情能力不足的者。如果我是非常贤良之人,对别人又有什么不能容纳的呢? 如果我并不贤良,那人家就会拒绝我,又怎么能拒绝人家呢?"

【讲记】

该章记子夏、子张的交友之道。

19.4 子夏曰:"虽小道,必有可观者焉,致远恐泥①,是以君子不为也。"

【注释】

① 泥(nì):阻碍,阻滞。

【今译】

子夏说:"即便是小的技艺,也一定有可取的地方,而以其来达成远大的目标,恐怕便会成为阻滞,因此君子不去修习这些小的技艺。"

【讲记】

《论语集注》有云:

> 杨氏曰:"百家众技,犹耳目鼻口,皆有所明而不能相通。非无可观也,致远则泥矣,故君子不为也。"

道存于技,存于事,无技无事则无大道。小道与大道的区别,就在于大道涵容小道,进技于道;而小道则排斥大道,止于技,浮于事,不能致仁德之远。

习小道可以速成而无以致远,修大道可以致远而难以速成。

19.5 子夏曰:"日知其所亡,月无忘其所能,可谓好学也已矣。"

【今译】

子夏说:"每日都能有新的收获,每月都能不忘已经领会掌握的,这就可以叫做好学了。"

【讲记】

子夏论学,未得孔子之意。孔子之学,乃由学而至乐也。

19.6 子夏曰:"博学而笃志①,切问②而近思,仁在其中矣。"

【注释】

① 笃志：坚守自己的志趣。

② 切问：与切己相关的问题。

【今译】

子夏说："博览群书广泛学习并且能够坚守志趣，能够从切己的角度发问并进一步思考，那么仁就在其中了。"

【讲记】

《论语集注》中有云：

> 程子曰："博学而笃志，切问而近思，何以言仁在其中矣？学者要思得之。了此，便是彻上彻下之道。"又曰："学不博则不能守约，志不笃则不能力行。切问近思在己者，则仁在其中矣。"又曰："近思者以类而推。"

子夏之论，唯"切问近思"得孔子之意。"切问"必问至人要"活着"的内在亲证，"近思"必思及人的自证的价值建构，这是仁产生的根源和形式，故"仁在其中矣"。

19.7　子夏曰："百工居肆① 以成其事，君子学以致其道。"

【注释】

① 肆：作坊。

【今译】

子夏说："各类工匠在专门的作坊中完成活计，君子则通过学习来达成道。"

【讲记】

子夏论君子的本分,将君子与百工分开,未得孔子之意。

19.8 子夏说:"小人之过也必文①。"

【注释】

① 文:掩饰。

【今译】

子夏说:"小人对于自己所犯的过错一定会加以掩饰。"

【讲记】

子贡曰:"君子之过也,如日月之食焉。过也,人皆见之;更也,人皆仰之。"(19.21)

君子坦荡荡,小人则文过饰非。在对待错误的态度上,君子和小人判然有别。(参看4.7、19.21"讲记")

19.9 子夏曰:"君子有三变:望之俨然,即之也温,听其言也厉①。"

【注释】

① 厉:严厉而不苟。

【今译】

子夏说:"君子有三变:远远看去庄重严肃,靠近接触又温和可亲,听他的话语则严厉不苟。"

【讲记】

子夏论君子。

19.10　子夏曰:"君子信而后劳其民;未信,则以为厉己也。信而后谏;未信,则以为谤己也。"

【今译】

子夏说:"君子应当先取信于民,方能役使百姓;未能取信,则会使百姓觉得受到虐待。应当先取得信任,然后才能谏言;否则,君主就会以为是在诽谤他。"

【讲记】

子夏论君子。

19.11　子夏曰:"大德不逾闲①,小德出入可也。"

【注释】

① 闲:木栏,这里指界限。

【今译】

子夏说:"重大节操上不能超越界限,作风小节上也可以有一些出入。"

【讲记】

《论语集注》中有云:

言人能先立乎其大者,则小节虽或未尽合理,亦无害也。吴氏曰:"此章之言,不能无弊。学者详之。"

君子乃是一种道德境界,子夏以当下之"纪律"观念来考量,是说不清楚的。

19.12　子游曰:"子夏之门人小子,当洒扫应对进退则可矣。抑①末也。本之则无,如之何?"子夏闻之,曰:"噫,言游过矣! 君子之道,孰先传焉? 孰后倦焉? 譬诸草木,区以别矣。君子之道,焉可诬②也? 有始有卒者,其惟圣人乎?"

【注释】

① 抑:表示转折的意思。
② 诬:欺骗。

【今译】

子游说:"子夏的学生,让他们做一些打扫和迎送客人的事情还可以,但这些不过是小事末节罢了。根本的东西却没有把握到,怎么行呢?"子夏听了,说:"唉,子游错了。君子之道先传授哪一条,后传授哪一条? 这就像草木一样,应当是要以类别区分的。君子之道怎么能够歪曲呢? 能按次序有始有终地教授学生们,恐怕只有圣人吧!"

【讲记】

《论语集注》中有云:

程子曰:"君子教人有序,先传以小者近者,而后教以大者远者。非先传以近小,而后不教以远大也。"

19.13　子夏曰:"仕而优①则学,学而优则仕。"

【注释】

① 优：行有余力。

【今译】

子夏说："做官之人还有余力，便去学习，学习之人尚有余力，就可以去做官。"

【讲记】

《论语集注》中有云：

> 仕与学理同而事异，故当其事者，必先有以尽其事，而后可及其余。然仕而学，则所以资其仕者益深；学而仕，则所以验其学者益广。

人以学为本，以提高道德修养为本。后世对"学而优则仕"多误解。

19.14　子游曰："丧，致乎哀而止。"

【今译】

子游说："治丧事，极尽哀伤也就足够了。"

【讲记】

强调"诚"。

19.15　子游曰："吾友张也，为难能也，然而未仁。"

【今译】

子游说："我的朋友子张算得上是难能可贵，然而却还做不到仁。"

【讲记】

　　《论语集注》:"子张行过高,而少诚实恻怛之意。"有难能可贵的行为,但缺少相应的情感,这些行为就是外在的,就不是发自内心的,所以不能算是仁。

　　在很多情况下,仁被当作一种社会规范或社会客观性,这当然是可以的;但从本源上讲仁是一种心理状态,即依据主体的思想和情感对历史合理因素进行审美生成的心理状态,这种心理状态的稳定和深刻程度决定了人格境界的高下。仁的最高表现还不是"慷慨赴死",而是"从容就义",即历史合理因素彻底将生命情感化,在这种化理为情的最高表现中,人真正意义上实现了审美、逍遥和"云在青天水在瓶",儒释道一体的生命状态。(参看1.2"讲记")

　　19.16　曾子曰:"堂堂乎张也,难与并为仁矣。"

【今译】

　　曾子说:"子张仪表堂堂而高不可攀,难以与其一同达到仁德。"

【讲记】

　　《论语集注》:"范氏曰:'子张外有余而内不足,故门人皆不与其为仁。'"

　　19.17　曾子曰:"吾闻诸夫子,人未有自致者也,必也亲丧乎。"

【今译】

曾子说:"我听老师说过,平时人不可能自动将情感发挥到极致,(如果有)也一定是在父母死亡的时候。"

【讲记】

曾子论情,以孝为本。一般说来,传统意义上情理的"情"不是动物性的物欲之情,而是"人情",这种情往往已经将某些理——如孝等理念——充分情感化了。在传统意义上的"情理结构"中,其中的"理"往往是指没有被充分情感化的那部分。再以王维《送元二使安西》为例:"渭城朝雨浥轻尘,客舍青青柳色新。劝君更尽一杯酒,西出阳关无故人。"其中有与亲人、爱人、友人的相聚之理,也有建功立业、保家卫国之理。前者是"天理",也是人情,理被充分情感化了;后者也是"天理",却未必是人情,因为理没有被一般人充分情感化,只有不断提高人格境界才能将此理更好地情感化。所以,传统意义上的情是被充分情感化的理,而理则是应该被情感化却尚未被情感化的应然选择。至于那些反对人类总体进步的观念,根本就不是理。(参看19.19"讲记")

19.18 曾子曰:"吾闻诸夫子:'孟庄子①之孝也,其他可能也;其不改父之臣与父之政,是难能也。'"

【注释】

① 孟庄子:鲁国大夫孟孙速。

【今译】

曾子说:"我听老师说过,孟庄子的孝,其他的都还可以做到,但他能不更换父亲的故旧僚属和施政原则,这是他人难以做到的。"

【讲记】

《论语集注》:"献子有贤德,而庄子能用其臣,守其政。故其他孝行虽有可称,而皆不若此事之为难。"

19.19 孟氏使阳肤①为士师,问于曾子。曾子曰:"上失其道,民散②久矣。如得其情③,则哀矜④而勿喜。"

【注释】

① 阳肤:曾子的学生。
② 散:离心离德。
③ 情:情态,情实,真情。
④ 矜:怜悯。

【今译】

孟孙氏任命阳肤做法官,阳肤向曾子请教。曾子说:"在上位的人丧失了正道,百姓离心离德已经很长时间了。你如果能弄清楚犯人的真实情态,就应当怜悯他们,而不要以为自己有功而沾沾自喜。"

【讲记】

这里单讲"如得其情"的"情",并由此而及"情本体"。

一、什么是"情"? 此字在这里可解释为真实情况或真实情形、情态,虽是"情"的引申义,但仍然以人情的"情"为基础。"情"从何来? 从最根本的意义上讲,"情"来源于人要"活着"的永恒的内在亲证。"情,人之阴气有欲者也。"(《说文》)"何谓人情? 喜怒哀惧爱恶欲七者,弗学而能。"(《礼记·礼运》)"情者,阴之化也。"(《白虎通·情形》)这些所谓的"情"都不是单纯的动物性的物欲之情,而是在人要"活着"的内在亲证的基础上将理向情积淀后的"情",即建立具有历史合理性的情理结构的人性心理。有情必有理，理是指在人类历史发展的过程中积累起来的各种社会规范、制度和思想的总和，是由"度"的合理性凝聚而成，在理想状态中，它指历史合理因素。

二、情理关系。理由情生，"道始于情"，情是基础，是第一位的。理是在情的基础上产生的，以情为主导；情随时随地自然而然地产生，但必须接受理的影响，理的积淀越是丰富、深刻，对情的影响也就越是深刻和持久，人性心理也就发展得越加充分。尤其必须看到的是，理是处于尚未被充分情感化的状态，一旦被充分情感化，它就是情，不再是理。

三、具体说来，中国人的情核心是指亲子之情，但在具体的历史条件和情景中，不同的人会有不同的侧重点和不同的选择，它是一个开放的结构，如故乡情、夫妻情以及对祖国的热爱之情、献身艺术的热情等等。

四、在大多数历史情景中，往往重理而轻情，情这一最活跃也最富有合理性的因素往往受到压制，因此，突出情的重要性就显得尤为必要。

五、"向无而有"的心理主义原则使中国人的价值建构首先来自个体的心理，这种个体心理尽管蕴含着理的因素，但毕竟首先浸透着个体的情感。因此，情的因素是第一位的。"子曰：'仁远乎哉，我欲仁，斯仁至矣！'"（7.29）可为显证。

上述这些方面结合起来便是李泽厚先生倡言的所谓"情本体"，但这个"情本体"的根据是人要"活着"的永恒的内在亲证。实际上，"情本体"中的"情"就是由人要"活着"的永恒的亲证之情为动力而建立起来的有利于人类更好更长久地活着的情理结构。

曾子的"得其情"的深意应该就在于此，而绝不止于了解具体案情。曾子此意，与孔子的"但使无讼"同。

19.20　子贡曰："纣之不善，不如是之甚也。是以君子恶居下流①，天下之恶皆归焉。"

【注释】

① 下流：地势低下而水流汇集处。

【今译】

子贡说："纣王的残忍暴虐，并不像传说中的那样严重。所以君子憎恨居于下流，那样天下的坏名声便会汇集到他的身上。"

【讲记】

《论语集注》："子贡言此，欲人常自警省，不可一置其身于不善之地。非谓纣本无罪，而虚被恶名也。"

19.21　子贡曰："君子之过也，如日月之食①焉。过也，人皆见之；更②也，人皆仰之。"

【注释】

① 日月之食：日食和月食。食通"蚀"。
② 更：更改，改正。

【今译】

子贡说："君子犯过错就好像日蚀和月蚀。他犯过错，人们都看得见；他改正过错，人们都仰视着他。"

【讲记】

中国人的是非观念和是非标准是在历史实践中形成的，不是宗教性的设定，因此，在"过"与"不及"中寻找那个适当而灵动的度时就很难避免"过错"。那么，如何对待"过错"？孔门仁学的态度是"大道之行也，天下为公"（《礼记·礼运》），君子无私藏，君子无私过，并把改正过错看成是成德的进阶。

孔子不以有无过错来衡量君子，而是以是否善于改错来衡

量君子,充分表明了其执着现实而又超越现实的态度。(参看
4.7"讲记")

19.22　卫公孙朝①问于子贡曰:"仲尼焉学?"子贡曰:
"文武之道,未坠于地,在人。贤者识其大者,不贤者识其小
者,莫不有文武之道焉。夫子焉不学? 而亦何常师之有?"

【注释】
　　① 卫公孙朝:卫国大夫公孙朝。

【今译】
　　卫国的公孙朝问子贡:"仲尼先生的学问是从哪里学来的?"
子贡说:"周文王、武王的道,并未丧失,还保留在人间。贤能的
人能够了解它的根本,不贤能的人只能了解它的末节,没有什么
地方无文王、武王之道。我们老师何处不学,又何必要有固定的
某位老师来传授呢?"

【讲记】
　　子贡论孔子为学,回答了一个极其重要的问题:孔子的学
问,来自历史实践中的"人能弘道"。

19.23　叔孙武叔①语大夫于朝,曰:"子贡贤于仲尼。"子
服景伯②以告子贡。 子贡曰;"譬之宫墙③,赐之墙也及肩,窥
见室家之好。夫子之墙数仞,不得其门而入,不见宗庙之类,
百官④之富。得其门者或寡矣。夫子之云,不亦宜乎!"

【注释】

① 叔孙武叔：鲁国大夫，名州仇，三桓之一。

② 子服景伯：鲁国大夫。

③ 宫墙：围墙。

④ 官：这里指房舍。

【今译】

叔孙武叔在朝廷上对大夫们说："子贡比仲尼更贤能。"子服景伯将此话告诉子贡。子贡说："如果以围墙作比喻，我家的围墙只有齐肩高，因此能看见家居的华美。而老师家的围墙却有几仞高，如果找不到门进去，便看不到里面宗庙的雄伟壮观，和房舍的富丽多样。能够找到门进去的人很少。叔孙武叔那么讲，不也是很自然吗？"

【讲记】

子贡对孔子的描述。

19.24　叔孙武叔毁仲尼。子贡曰："无以为也！仲尼不可毁也。他人之贤者，丘陵也，犹可逾也。仲尼，日月也，无得而逾焉。人虽欲自绝，其何伤于日月乎？多①见其不知量也。"

【注释】

① 多：用作副词，只是的意思。

【今译】

叔孙武叔诽谤仲尼。子贡说："这样做是并没有什么作用！仲尼是毁谤不了的。他人的贤德可以比作丘陵，还是可以跨越过去的，而仲尼的贤德就好比太阳和月亮，是无法超越的。虽然

有人要自绝于日月,却又对日月有何损害呢? 只能表明他的不
自量。"

【讲记】

子贡对孔子的称颂。

19.25　陈子禽谓子贡曰:"子为恭也? 仲尼岂贤于子
乎?"子贡曰:"君子一言以为知,一言以为不知,言不可不慎
也。夫子之不可及也,犹天之不可阶而升也。夫子之得邦家
者,所谓立之斯立,道之斯行,绥之斯来,动之斯和,其生也
荣,其死也哀,如之何其可及也。"

【今译】

陈子禽对子贡说:"您过于谦逊了,仲尼怎么会比您更贤良
呢?"子贡说:"君子一句话便可体现出他的智识,一句话也会体
现出他的不智,所以说话不可以不谨慎。夫子的高不可及,就像
不能顺着梯子爬上天一样。夫子如果有国而作为诸侯,或获得
到采邑而成为卿大夫的话,那就会像人们说的那样,教百姓立于
礼,百姓就会立于礼;要引导百姓,百姓就会跟着走;安抚百姓,
百姓就会归顺;动员百姓,百姓就会齐心协力。(夫子)活着是十
分荣耀的,死了是极其可惜的。我怎么能赶得上他呢?"

【讲记】

子贡对孔子的称颂,具有宗教意味。

尧曰第二十

20.1　尧曰①:"咨②！尔舜！天之历数③在尔躬,允④执其中,四海困穷,天禄永终。"

舜亦以命禹⑤。

曰:"予小子履⑥,敢用玄牡⑦,敢昭告于皇皇后帝⑧。有罪不敢赦。帝臣不蔽,简⑨在帝心。朕躬⑩有罪,无以万方。万方有罪,罪在朕躬。"

周有大赉⑪,善人是富。"虽有周亲⑫,不如仁人。百姓有过,在予一人。"

谨权量⑬,审法度⑭,修废官,四方之政行焉。兴灭国,继绝世,举逸民,天下之民归心焉。所重民、食、丧、祭,宽则得众,信则民任焉,敏则有功,公则说。

【注释】

①尧曰:尧说。后面引号内的话是尧在禅让帝位时对舜说的话。

②咨:即"啧",啧啧,好哇。

③历数:星辰岁月的运行之数,这里指命运。

④允:忠诚,确实。

⑤舜亦以命禹:舜后逊位于禹,也以这样的话来告诫他。

⑥履:商汤的名字。

⑦玄牡:黑色的公牛。玄,黑色。

⑧ 后帝：天帝。

⑨ 简：阅，知道。

⑩ 朕躬：我自己。朕：我，从秦始皇起专门用作帝王的自称。

⑪ 赉：赏赐，此处指封诸侯。

⑫ 周亲：至亲。

⑬ 权量：此处指称量器具。权，秤锤。量，斗斛。

⑭ 法度：此处指长度标准。

【今译】

尧说："啧啧！你这位舜！上天的历数命运已落在你身上了。好好地掌握中道吧！假如四海民生艰难，那么上天赐给你的天禄也就永远终结了。"

舜也拿这样的话告诫禹。

商汤祈雨时说："我小子履，谨用黑色的公牛祭祀禀告皇皇天帝：对有罪的人，我不敢擅自赦免。那些侍奉天帝的臣仆，我不敢掩蔽，都由天帝自己来简择。若是我本人有罪，不要牵累天下万方；天下万方若有罪，都归我一个人承担。"

周朝大行分封，使善人富裕。周武王说："纵然有至亲，不如有仁人。百姓有过错，都在我一人。"

认真检查度量衡，制定周密的法度，修立废旧的官职，四方的政令就会畅行无阻。恢复被灭亡的国家，接续已断绝了的家族，任用散逸隐居的在野贤人，百姓就会归心了。所重视事情有四件：人民、粮食、丧礼、祭祀。宽厚就能得到拥护，诚信就能得到任用，勤勉就能取得成绩，公平则百姓心悦诚服。

【讲记】

杨氏曰："《论语》之书，皆圣人微言，而其徒传守之，以明斯道者也。故于终篇，具载尧舜咨命之言，汤武誓师之意，与夫施诸政事者。以明圣学之所传者，一于是而已。所以著明二十篇之大旨也。《孟子》于终篇，亦历叙尧、舜、汤、

文、孔子相承之次,皆此意也。"(《论语集注》)

该章是一部上古政治简史。第一部分记述尧禅位于舜时对他的告诫之辞,是对《尚书·尧典》的扩充。第二部分记述舜禅位于禹,出自古文《尚书·虞书·大禹谟》。第三部分记述汤武革命,代夏而立,祭告上天。第四部分记述周武革命,代殷而立,依靠仁人治理国家。第五部分记述二帝三王典章制度、政治措施以及施政方针,据考证是孔子所言。

该章各部分之间似乎缺乏必要的连接,又与伪古文《尚书》转据为说,难有定论。

整章的宗旨是强调以仁德为本的历史传承,这是天命与人事合一的历史本体(道德本体)。这不仅是叙述上古的历史事实,也是为历史立法!

"兴灭国,继绝世,举逸民,天下之民归心焉。"历史被解释为复古,其实孔子是在强调传承。孔子反对灭人国、绝人后、散人族,反对以暴力的方式进行"革命",主张在传承中融合,在融合中发展,最终实现人类大同。

20.2　子张问孔子曰:"何如斯①可以从政矣?"子曰:"尊五美,屏②四恶,斯可以从政矣。"

子张曰:"何谓五美?"子曰:"君子惠而不费,劳而不怨,欲而不贪,泰而不骄,威而不猛。"

子张曰:"何谓惠而不费?"子曰:"因民之所利而利之,斯不亦惠而不费乎? 择可劳而劳之,又谁怨? 欲仁而得仁,又焉贪? 君子无众寡,无大小,无敢慢,斯不亦泰而不骄乎? 君子正其衣冠,尊其瞻视,俨然人望而畏之,斯不亦威而不猛乎?"

子张曰:"何谓四恶?"子曰:"不教而杀谓之虐,不戒视成③谓之暴,慢令致期④谓之贼,犹之与人也,出纳之吝谓之有司⑤。"

【注释】

① 斯：就。

② 屏（bǐng）：通"摒"。除去，排除，摈弃。

③ 不戒视成：不告诫就急于看到成就。

④ 慢令致期：开始时的督促很松懈，到了一定时候又突然限期完成。

⑤ 犹之与人也，出纳之吝谓之有司：同样是给人财物，出纳之际却很吝啬，这是主管部门的做法。意思是说当政者不应当有这样的行为。犹之，同样。有司：本为官吏的统称。这里指库吏之类的小官，他们在出纳财物时都要精确计算，从政者如果这样就显得吝啬、刻薄和小家子气了。

【今译】

子张向孔子请教说："怎样才可以治理好政事呢？"孔子说："尊重五种美德，摒弃四种恶政，这样就可以管理好政事了。"

子张又问："五种美德是什么？"孔子说："君子施惠于百姓而自己却无所浪费，使百姓劳作而百姓不怨恨，追求仁德而无贪心，庄重但不倨傲，表情威严但不凶猛。"

子张说："什么是施惠于百姓而自己不浪费呢？"孔子说："让百姓们去做对他们有利的事，这不就是施惠于百姓而自己不浪费吗？选择百姓愿意做的事而让百姓去做，又有谁会怨恨呢？追求仁德而得到了仁德，又有什么贪念呢？君子对人，无论人多少，无论权势大小，都不怠慢他们，这不就是庄重而不倨傲吗？君子端正自己的衣冠，目不斜视，一派严谨庄重的样子，使人见了生敬畏之心，这不是威严而不凶猛吗？"

子张又问："什么是四种恶政呢？"孔子说："不经教化就杀戮叫做虐，不先告诫便要求成功叫做暴，督促得很慢而突然限期完成叫做贼害，同样是给人财物，出纳之际却很吝啬，这是主管部门的做法，不是当政者的行为。"

【讲记】

该章是孔子总结为政之法与为政之道。清杨名时《四书札记》："此章溯源穷流,见微知著,抉尽病根,只在'贪'、'骄'、'猛'三字,而王道圣学,直昭揭日月而行。"

内圣未必能外王,但外王必定要内圣。该章将人格修养与施政方法融为一体而分目列之,足见内圣外王之道本就是不可分割的。内圣之道,终究起于现实实践,所以孔子的哲学是实践的哲学。

20.3 孔子曰:"不知命①,无以为君子也。不知礼,无以立也。不知言,无以知人也。"

【注释】

① 命:天命,这里解释为人类总体。

【今译】

孔子说:"不懂得天命,就无法成为君子;不知道礼,就无法在社会上立身;不善于分辨别人的话,就无法真正了解别人。"

【讲记】

在《论语》中,讲到天命、知天命的意思的连该章在内共有四处,其他三处是"五十而知天命"(2.4),"君子有三畏:畏天命,畏大人,畏圣人之言。小人不知天命而不畏也,狎大人,侮圣人之言"(6.8),"子罕言利,与命,与仁"(9.1)。

"孟子曰:'尽其心者,知其性也。知其性,则知天矣。存其心,养其性,所以事天也。殀寿不贰,修身以俟之,所以立命也。'"(《孟子·尽心上》)何为"天命"?"天"最初有其超验性,在《尚书》中有充分表现,如超验的善、超验的正义、超验的监督与惩罚等。但这样的"天"在《诗经》中便受到抱怨:"悠悠昊天,曰父母且。无罪无辜,乱如此幠。昊天已威,予慎无罪。昊天泰幠,予慎无辜。"(《小雅·巧言》)至孔子则基本抛弃了外在超验的"天",将之改造成了"天命"。

1993 年出土的郭店楚墓竹简被誉为"改写中国思想史的典籍",其中《性自命出》篇言:"凡人虽有性,心无定志,待物而后作,待悦而后行,待习而后定。喜怒哀乐之气,性也;及其见于外,则物取之也。性自命出,命自天降;道始于情,情生于性。始者近情,终者近义。……诗、书、礼、乐,其始皆生于人……理其情而出之,然后复以教。教,所以生得于中者也。礼作于情,或兴之也。"提出"道始于情"的思想和天—命—性—情—道—教的理路,这非常符合中国哲学—文化的基本事实。

何谓天、命、性、情、道、教?

天是宇宙总体,是物质与超物质(被赋予意义的物质)、情感与超情感(以理性为指导的情感)的总和,是物质情感化、情感物质化的统一体,它是人类在漫长的历史实践中建立起来的最终的物质—精神依托。它拒绝理性分析,只要情感认同,因此是绝对的;但它又不是超验或先验的,因为它的绝对性是由经验积淀而来的;它与现实情感有着天然的密切联系,是"道始于情"而非道始于理,因此它又不是宗教。

"命自天降",命本具有个体意义上的无定的偶然性,但命因天降,命必然具有超越偶然的品格,因此,人类总体的必然谓之天命,了解并奉行这种必然叫做知命,即所谓"君子知命"。如果将人类总体必然机械地照搬到个人命运上,则谓之宿命;例如,就总体或长远来讲必定是善有善报,恶有恶报,但对具体的个体来讲未必就善恶有报。"君子知命"是指君子对人类总体的光明前途与个人为实现这种光明前途而必然遭遇命运的坎坷有清醒的认识。

何谓性、情、道?《性自命出》言:"凡人虽有性,心无定志,待物而后作,待悦而后行,待习而后定。喜怒哀乐之气,性也;及其见于外,则物取之也。"意思是说,人都有性,但性要依赖人的心情和外物,因此是不确定的,为了确定人性(人的本质规定性),故要"性自命出"。"喜怒哀乐之气,性也",但此"性"具有浓厚的动物性——人的自然性——色彩,它需要在"命"的指导下人化,祛除其纯粹的物欲的一面,明辨善恶,充分培养人性心理,才能建构起人的性(人的本质规定性)。这种人性心理的感性显现便是人的"情",即"情生于性"。"始者近情,终者近义","道始于情","义"、"道"莫不从人的"情"(人的自然性,人要"活着"的内在亲证)开始,然后依据人类总体观念上升为具有普遍意义的社会规则;"情生于性"则是指"情"要经过人性心理化,方可成为"道始于情"的"情",是对"情"的规定。

简要地说,"道"是社会规则,"性"是对人的本质规定,"情"则分为以人要"活着"的内在亲证为基础表现出来的原初情感和人性心理的感性显现两种情形。只有在"性"的规定下"情"才可靠,而"情"是以人的动物性欲望为基础的心理情感,它具有最鲜活的开放性,因此只有以"情"为基础的"道"才会具有合理性和开放性,同样,只有以这样的"道"为基础的"性"("命"、"天")才是正确的。这样,三者之间就形成了一个相互制约促进的良性循环。在"情"、"道"、"性"("命"、"天")三个概念中,前者分别为后者的基础,后者分别为前者的导向,三者不可分离。在天、命、性、情、道、教这些概念中,"道始于情"是以情为本,可以称作"情本体","情生于性"表面上是以"性"为基础,实际上这里的性是更高层次的情,即经过人性心理升华的情,而这种情是人生的根本和归宿,所以仍然是"情本体"。但必须看到的是,"情"归根结底是产生于历史实践中的,因此最终仍是以人要"活着"的内在亲证为主导的历史实践为本体,即人类历史实践本体。

宣传此道并培养人的遵道之心谓之"教"。《中庸》中的"天命之谓性;率性之谓道;修道之谓教"就是此意,但少了核心因素"情"。

现实实践中的顺序往往是:由教而遵道,因道而生情(对理性选择的道的应然的情感体认),因情而定性(情的稳定形态、理性形态、"意识形态"),因性而知命,因命而依天。

以情为核心,为起点,以"命"(对人类总体意识的审美体认,仍是情)为归宿,这是中国哲学的"情本体"特征;从个体情感出发,以"知命"(按照"命"的要求行动并对"命"进行体认)为人的归宿,是中国人情理(情是充分情感化了的理,理是尚未被充分情感化的应然推定)交融的生存方式,也是现实性与超越性的合一,即人道与天道的合一。

这种人道与天道的合一既是人的超越状态,也是人的现实状态;人在现实实践中体味永恒,同时在永恒的观照下进行现实实践,这是一种不能须臾分离的融合状态,也是价值建构最高状态。在上述的天、命、性、情、道、教的逻辑链条中,情是核心,是起点,也是归宿,尽管"情"是对动物性心理和人性心理交融的不同层次的感性显现,但人要"活着"仍然是"情"的根本性基础。所以,从根本上讲,"道始于情"仍然是"道"始于人要"活着"的内在亲证。

"从时、空开始,《批判》(李泽厚《批判哲学的批判》)把各种康德所谓的先验的'普遍必然性'作了人类学的历史解释,即解释它们是人类生存所必须具有'客观社会性'的合理性,认为这种对个体来说的'先验理性',实际上是合理性经由历史积淀而成的心理形式,并通过广义的教育传递给后代。它们只是工具,是人类通过实践而历史地构建出来的。"[1]在一定意义上,与其说李泽厚先生对康德哲学进行了马克思主义的解读,毋宁说是以中国哲学的眼光来审视康德哲学的。康德哲学中的"普遍必然性"、"客观社会性"、"先验理性",其实就是孔子所说的"命",就是人类总体。

整部《论语》以"君子知命"作结,使人知《论语》之要旨!

---

[1] 李泽厚《人类学历史本体论》,天津社会科学出版社,2008年,第87页。

后　记

该书是在课堂讲义的基础上精简凝练而成。

1996 年初,我应系里要求开设"《论语》研读"课,先是给本科生讲,后给硕士生讲,间或有博士生讲座,直到现在,几乎每年都讲。

犹记 2011 年 10 月 11 日晚,"《论语》导读"课结束后,约包树望、董宇宇两同学到人大西区小花园讨论课堂内容的几个问题,两位同学提了不少好的意见。从那时算起,眨眼五年又过去了。

但该书的写作应该从第一次开课算起,当时的情景,犹如昨日,那时虽已不很年轻,却还有些盛气;二十年后,该书定稿,面对《论语》,只有敬畏之意了。

这二十年,社会发展变化很快,我却似乎没有什么感觉,一直缩于书斋,希望能体悟《论语》的精神。二十年间,对于学习《论语》,其实只做了一件事:从概念游戏的浮云到情感体认的真诚!

最初习读《论语》,选取的本子是朱熹的《四书集注》,结合《十三经注疏》,旁参新儒家诸作,但玩味十年,总觉细处甚妙,大本处难通。程朱之满篇"天理",为《论语》所无;新儒家之心为创生实体,不明所以;更有时彦之文,以西释中,方枘圆凿。后十数年间,即便侥幸解得一两章,亦不能与他章尽合,每每为此辗转不眠。

五年前,忽悟得人何以能"弘道",知人要"活着"的内在亲证为价值建构的永恒动力和原点,由此构建理论系统,以解释《论语》精神及传统思想文化艺术的诸多基本问题,多有豁然贯通之感,遂觉儒学之要义、中国文化之精神非以往诸说所能统摄,亦以知文明断续之所本矣!

讲稿本是课堂上的"为己之学","讲记"在日新之中,还未想过要整理出版。去年文学院有一笔支持"双一流"大学建设的资金到位,搜求书稿，才勉强报此选题。当此国学"民科"占据荧屏、书肆之际，此稿公之于世，未审合时宜否？

　　本为"私学"，一旦曝之，不胜惴惴。方家其正之！

冷成金

2016 年 8 月于中国人民大学文学院